U0896719

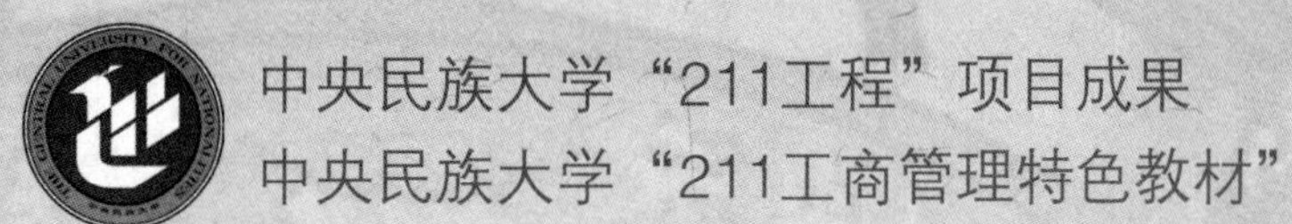

TOURISM OF RELIGION CULTURE

宗教文化旅游学

王亚欣　刘玉春　◎编著

中央民族大学出版社
China Minzu University Press

图书在版编目（CIP）数据

宗教文化旅游学/王亚欣　刘玉春编著．—北京：中央民族大学出版社，2014.3（2015.8重印）

ISBN 978－7－5660－0669－1

Ⅰ．①宗…　Ⅱ．①王…②刘…　Ⅲ．①宗教文化—旅游—高等学校—教材　Ⅳ．①F590.7

中国版本图书馆CIP数据核字（2014）第021841号

宗教文化旅游学

编　　著　王亚欣　刘玉春
责任编辑　杨爱新
封面设计　汤建军
出 版 者　中央民族大学出版社
　　　　　北京市海淀区中关村南大街27号　邮编：100081
　　　　　电话：68472815（发行部）传真：68932751（发行部）
　　　　　　　　68932218（总编室）　　　　68932447（办公室）
发 行 者　全国各地新华书店
印 刷 厂　北京华正印刷有限公司
开　　本　787×1092（毫米）　1/16　印张：18
字　　数　380千字
版　　次　2014年3月第1版　2015年8月第2次印刷
书　　号　ISBN 978－7－5660－0669－1
定　　价　56.00元

总　序

我国工商管理学科与其他一些学科一样已经经历了引进、吸收西方管理思想、方法以及案例的过程，接下来，我认为该学科的发展应该进入学习与原创相结合的阶段。工商管理教育自引进我国之日起，就被贴上了国际化的标签。这一旨在培养职业经理人的专业在30多年的发展进程中为我国现代化建设培养了大批优秀的工商管理人才。但我们也清晰地看到，一些课程的“洋味”太浓，其管理思想、方法以及案例从理论和实践上都不能很好地适应我国独具特色的、迅猛发展的企业管理实践对所需人才应该具备的知识结构的要求。而工商管理专业人才培养的基本目标是要做好人才培养与企业人力资源需求的对接，面对这些问题，我们应如何打造我国工商管理教育的自主品牌？如何提高我国工商管理教育的国际影响力？如何实现工商管理教育国际化与本土化的最佳结合？这是我们这些年来一直苦苦探索的问题。

我国地域广大，各地自然、历史状况、区域经济发展水平以及企业发展状况和特点各异，特别是边疆少数民族地区与内地之间以及不同少数民族地区之间的差异更为突出。工商管理专业对实践性的突出要求决定了该学科建设中需要发现并不断总结不同地域、特别是边疆少数民族地区企业生存环境、企业发展特点以及各生产要素等方面的特性，揭示不同地域、特别是边疆少数民族地区企业生存发展过程中的特点和规律，这正是工商管理专业在其“学习与原创相结合”阶段需要完成的一项使命。

在中央民族大学“211工程”项目的支持下，中央民族大学管理学院设立工商管理专业特色教材建设项目。项目组成员历时五年，在对我国边疆少数民族地区和企业深入调研以及对相关文献进行系统梳理的基础上，完成了《边境贸易物流》、《民族地区人力资源开发与管理》、《边境贸易会计》以及《宗教文化旅游学》四本教材的编写工作。在调研过程中得到了各少数民族地区政府、企业和各界人士的大力支持，在文稿修改和书籍出版过程中，中央民族大学出版社杨爱新女士付出了智慧与辛劳。我们在这里表示衷心的感谢！

工商管理特色教材的建设是一件全新的事物，限于我们调研的时间和空间有限、掌握的资料有限，教材中不免存在一些不足甚至错误。随着我们研究的进一步深入、实践中人们对客观现象认识的不断成熟，这些问题将在今后的工作中加以改善。

该系列教材可以作为工商管理专业和区域经济专业及相关专业研究生教材，也可以用于与上述专业有关的学术研究，还可以作为工商管理专业和区域经济专业本科生特色课程之教材。

民族的才是世界的。探索我国边疆少数民族地区产业发展环境、状况及其特点，揭示其生产要素的特性，为工商管理专业建设的进一步完善、推动工商管理专业人才培养国际化与本土化的最佳结合，我们将继续不懈地努力。

张秀萍

2012 年 1 月于中央民族大学

出版说明

宗教文化旅游是一种古老的旅游方式，国际上许多国家都非常重视宗教文化旅游。麦加、耶路撒冷、伯利恒、罗马、梵蒂冈等宗教圣地过去和现在都是世界旅游业最发达的地方。

宗教文化是中华民族传统文化的重要组成部分，对于人们的思想观念、生活习俗产生了重要影响，并渗透到建筑、文学、艺术等领域，成为我国旅游资源的重要组成部分。宗教旅游也是我国最早出现并兴盛不衰的旅游方式。博大精深的宗教文化、历史悠久、文物众多的宗教景观吸引着无数中外游客，“看庙”已经成为中国旅游的一大特色。但是由于“宗教”长期以来带有很强的政治敏感性，所以宗教文化旅游一直是我国旅游业和旅游教育不愿正视的问题。随着旅游业的快速发展，旅游教育的日益繁荣，宗教文化旅游越来越受到重视，相关研究日益丰富。但是与众多宗教文化旅游学术论文相比，宗教文化旅游教材可谓凤毛麟角，仅见的几部又多为对宗教景点的介绍，缺乏对宗教文化旅游理论的系统阐述。

我国旅游教育层次的多元化，教育结构的不断优化，对高等教育的教材建设提出了新的要求。本教材依托中央民族大学“211 工程”三期重点学科建设项目，“工商管理本科生重点教材建设”子项目的建设，借鉴众多国内外著名专家、学者的研究成果，融入作者多年有关宗教文化旅游的研究内容，经过缜密构思，认真架构，仔细推敲，完成本教材的编写。本教材包括两大部分内容：绪论和第一至第四章，是对宗教文化旅游的相关概念、理论的梳理、概括和归纳，构建起比较全面、系统的宗教文化旅游的理论体系；第五章至第八章，分别对佛教、道教、伊斯兰教和基督教的宗教文化内涵、资源特点和开发现状以及典型案例进行介绍，针对每种宗教的特点和实际加以阐释。

本教材的结构试图将宗教文化旅游的理论与实践相结合，将宗教文化旅游的普遍性与特殊性有机结合，使教材既具有一定的理论价值，又具有一定的实践意义和应用性，既适合高等院校旅游类专业使用，也可作为企事业单位相关从业人员的培训教材。

本教材由王亚欣教授构思、编审，王亚欣、刘玉春担任主编。具体章节分工是：王亚欣教授承担绪论和第一至第四章内容的撰写；刘玉春副教授承担第五至第八章内容的撰写。

本教材在写作过程中参考和引用了大量文献和网络资源，由于篇幅有限，不再一一列举。在本教材的编写过程中承蒙倪蒙、李楠楠、李珉宣、赵越等教师和同学的帮助，在此表示感谢。

本教材的编写是在总结多年科研和教学工作经验的基础上，借鉴了诸多学者在宗教文化旅游资源开发方面的研究成果，形成的粗浅认识。由于水平有限，时间仓促，疏漏在所难免，恳请有关专家、读者予以批评指正，以备修订。

编　者

2012 年 10 月

目　录

绪　论

本章导读

宗教旅游是世界上最早出现的旅游活动之一，产业革命以前就极为盛行。为了宗教传播、宗教修行和虔诚的信仰，每年都有成千上万的宗教人士和信徒进行旅行活动，包括朝觐、云游、交流、传法等。产业革命后，特别是第二次世界大战结束以来，以宗教为目的的宗教之旅不但没有停止，而且规模日趋扩大，形成不可忽视的旅游人群。与古代不同的是，游客中除了一定数量的宗教人士和宗教信仰者之外，大多为一般游客。他们的旅游目的并不是为了宗教信仰而是欣赏自然风光和人文景观、陶冶性情、愉悦身心、增长知识等。人类虽然积累了丰富的宗教文化旅游经验，但是就目前国内外学术界来说，对宗教文化旅游的系统化研究还很不够，特别是缺乏对宗教文化旅游实践的指导。

本章介绍了从宗教旅行到宗教文化旅游的发展历史，重点阐述了古代宗教传播之旅、宗教修行之旅、朝圣之旅以及近代宗教文化旅游的特点。介绍了国内外有关学者对宗教文化旅游的研究情况，对他们的研究内容及特点进行了评述。

相关词

宗教　宗教旅行　宗教文化旅游

本章重点

宗教旅游的发展过程；古代宗教之旅和现代宗教文化旅游的特点，两者的差异性；国内外宗教文化旅游研究现状及差异性。

早期的旅游与宗教有密切联系，古代旅游活动以宗教朝圣、探险考察为主，观光旅游较少。为此，宗教旅行成为人类最早出于宗教目的的出行方式之一。“在有史记载的各时期，宗教朝圣一直是推动人们旅行的因素之一。”①

一、古代宗教之旅

产业革命以前，宗教之旅十分盛行。为了宗教传播、宗教修行、和虔诚的信仰，每年都有成千上万的宗教人士和信徒进行旅行活动，包括朝觐、云游、交流、传法等。

（一）宗教传播之旅

每种宗教为了扩大影响力都要进行传教活动。佛教、伊斯兰教、基督教三大世界性宗教以及中国道教的创始人及其信仰者更是为此不惜跨越千山万水。佛教创始人释迦牟尼在35岁悟道后，便游走于印度中部恒河流域一带，到处宣传、争取信众，形成教义，组成僧迦教团，创立佛教。公元前3世纪，即佛陀死后二百余年间，摩揭陀国孔雀王朝的阿育王皈依佛教，大兴佛法。他亲自巡行印度各地，瞻仰佛教圣迹，到处修建佛寺、佛塔，还派遣佛教传教士到邻近各国，甚至远及亚洲、北非和东欧的希腊系统诸王国。据说，阿育王的王子摩亨陀（Mahinda）被任命为派往锡兰的传教士，伽玛蒂（Carimati）作为比丘尼被派往尼泊尔传教。在中国，据《魏书・释老志》记载，“西汉，哀帝元寿元年（公元前2年），博士弟子秦景宪，受大月氏王使口授浮屠经”。唐朝高僧鉴真大师，因为悲悯东瀛没有戒法，前往日本弘法，把佛教、文学、医理、建筑、服饰、美术、工艺、蔬果、文物制度等中国文化，传播到东瀛三岛，使日本民众学习大唐文化，被日本人尊崇为“文化之父”。基督教的创建人耶稣曾经走遍整个巴勒斯坦地区进行传教，他的门徒保罗甚至到了地中海地区的罗马帝国。随着“地理大发现”，基督教传教士们又把基督教陆续传布到世界各地。为了传播基督教耶稣会传教士利马窦（MatteoRicci）曾在1577年被派往东方传教，先后到过西班牙里斯本、印度的果阿。1583年来到中国的肇庆，之后又到了韶州、南京、南昌，最后常驻北京。伊斯兰教的穆罕默德几乎踏遍了整个阿拉伯半岛。中国本土宗教道教更是“五岳寻仙不辞远，一生好入名山游”。

（二）宗教修行之旅

佛道二教都把云游参访、求真问道作为重要的学习和修行方式。在古印度时代，佛教徒步行游化活动被看作是强身健体和修行的重要方法，行走时有严格的礼

① 保继刚、陈云梅：《宗教旅游开发研究——以广东南华寺为例》，《热带地理》，1996（3），第89页。

仪规定，强调行步威仪，不能有轻佻的动作。如不能跳着走、叉腰走、摇身走，更不能左顾右盼、边走边嬉笑。托钵时，脸色必须和悦，强调眼、耳、鼻、舌、身、意等均应静定，还要注意衣服的整齐及脚步的次序，这样才不失威仪。这种近乎仪式化的步行活动，后来形成了一种重要的修行方法——“经行”。中国的历代高僧中，有千里寻师问道的，如南北朝的智者法师、唐代神会禅师等；有西行求法的，以法显、玄奘、义净最为著名；还有云游参访的，如明代朱权在《天皇至道太清玉册》中称，“道家出游寻真问道，谓之云游。道士，奉天之士也。谓本乎天者亲上，故曰云游”。刘宋时期的陆修静为搜求道书，寻访仙踪，遍游名山。北魏的寇谦之祖籍上谷昌平（今属北京），后移居冯翊万年（今陕西），遇仙以后，又入华山、嵩山等名山修炼。为了在云游中生存和传道，云游的道士还必须具备多种在宫观外生活的本领。《天皇至道太清玉册》称，“其云游之士，必会祈晴祷雨，祛邪断佐，拯灾援救，及善风水，能风鉴，会星命，能吟作，会书画，方可游也，不然则凡俗之士也”。全真道要求云游的道士，只携带衣装、洁具、钵盂以及方便铲、云笠、蓑衣等等。

（三）朝圣之旅

朝圣是一种非常典型而又独特的宗教旅行活动，是一种宗教意义上的精神文化之旅。朝圣作为一种宗教仪式，不仅是朝圣者在现实中完成身份转换的象征，也是宗教信徒克制私欲、勤修苦行、净化灵魂、圆满今世、造福后世的阶梯，体现着“复命归真”的深层精神文化内涵。“所谓朝圣，其本质应该是宗教信徒为满足自己强烈的愿望用相对固定的程序化行为模式向神圣的灵魂表达自己的崇拜和敬畏，是朝圣者自己的灵魂与神圣敬畏的灵魂之间的私密沟通与交流，而朝圣者表现的行为模式只是灵魂交流沟通的工具。”① 各宗教都有自己的圣地和朝圣活动。印度佛教把蓝毗尼（佛诞生地）、菩提伽耶（佛成道地）、鹿野苑（佛首次讲道地）、拘尸那迦（佛入灭地）视为四大圣地。汉传佛教把山西五台山（相传是文殊菩萨的道场，也是藏传佛教的圣地）、浙江普陀山（相传是观音菩萨的道场）、安徽九华山（相传是地藏菩萨的道场）、四川峨眉山（相传是普贤菩萨的道场）视为四大圣地。基督教原则上不要求信徒朝圣，但天主教和东正教认为信徒朝圣后可以得到特别的祝福。早期的基督徒朝圣是环绕耶稣基督的一生，后来把圣母显现的地点、与圣人及殉道者相关的地点以及罗马也视为圣地，主要朝圣地点是巴勒斯坦的伯利恒（耶稣诞生地）、拿撒勒（耶稣早年居地）、耶路撒冷（耶稣受难、复活的地方）。朝觐

① 陈国典：《藏民族宗教信徒朝圣初探》，《西南民族大学学报》，2005（4），第292页。

是伊斯兰教的五项天命功课之一，[①] 是每一个具备条件的穆斯林应履行的宗教义务。[②]《古兰经》云：“凡能旅行到天房的，人人都有为真主而朝觐天房的义务。”(3：97)[③] 穆罕默德说：“为真主而朝觐者，在朝觐的过程中既没有胡言乱语，也没有胡作非为，那么，他归来的时候，犹如初生的婴儿一般。”[④] 为此，每年在伊斯兰教历的第12个月，数以百万计的穆斯林都会聚集在沙特阿拉伯的麦加，参加一年一度的朝觐。麦加朝圣也成为世界规模最大的朝圣之旅。道教把四川成都的青城山（道教发源地）、江西龙虎山（正一道张天师家族的居住地）、湖北武当山（据说是神明玄天上帝的居住之地）、茅山（因汉代有茅盈等三兄弟在此修道而得名，南朝时道教学者陶弘景在此开创上清派）、崆峒山、终南山、齐云山视为圣地。

二、近代以来的宗教文化旅游

近代以来，在工业革命的促动下，旅游交通得到明显进步，特别是汽车和飞机的出现，大大缩短了空间距离，加之现代商业饭店和旅馆的出现，让旅游活动变得更容易。与此同时，随着生产技术的改进，生产效率的提高，劳动强度增大，人们通过旅游活动缓解工作压力的主观需求增强。生产效率的提高也使得人们的闲暇时间和可自由支配收入增多，为旅游提供了客观条件。

在这样的社会背景下，旅游与宗教的关系更为紧密，宗教文化之旅不但没有停止发展，而且规模日趋扩大。与古代不同的是，近代宗教旅游中除了一定的宗教人士和宗教信仰者出于宗教信仰的目的，从事朝觐活动，如进香、拜佛、朝圣等，大多数非宗教信仰者和其他宗教信仰的游客是出于对某种宗教灿烂的建筑文化、宗教艺术、宗教仪式和宗教文化氛围的兴趣，游览宗教寺观、教堂、清真寺以及其他宗教场所。

1841年托马斯·库克组织的多达570人的团队从莱斯特前往拉夫堡，此行的目的是参加当天在那里举行的英格兰中部地区禁酒游行集会。这次活动被看作近代旅游业的开端，而禁酒运动所象征的生活方式源于勤勉、节俭、自律和审慎的新教教义，说明近代旅游业的开端即源自带有宗教目的的旅游活动。

近代以来，在世界范围内出现了一些探险家和旅行家，他们在探索未知世界的

---

① 五功包括：(1) 念功：信徒一生必须完全理解、绝对接受地背诵“除安拉外，再无神灵；穆罕默德是安拉的使者”。(2) 拜功：信徒应每日礼拜五次，分别在晨、晌、晡、昏、宵五个时间内举行：脱掉鞋子，跪在一张地毯上，头叩地，面朝麦加方向祈祷。(3) 课功：穆斯林应慷慨施舍，作为献给安拉的贡品和虔诚的行为。(4) 斋功：穆斯林必须在赖买丹月，每日自日升前到日落，斋戒禁食。(5) 朝功：如条件允许穆斯林一生应朝觐麦加一次。

② 朝觐是一项有条件的功修，并非所有的穆斯林都必须执行，只限于成年的男人和女人。朝觐者必须身体健康、理智健全，有足够的经济能力，本人在旅途中有足够的旅资，家中老小生活无忧，不得身负债务。

③ 《古兰经》第3章第97节。以下《古兰经》引文均以此方式注明。

④ 康有玺译：《布哈里圣训实录全集》(第一部)，经济日报出版社，1994，第454页。

过程中也游历了不少宗教圣地、胜迹，并记录在游记中。例如被誉为近代旅游史上著名画家和探险旅行家的托马斯·安特金逊，在他历时8年的欧亚之行中，游历了不少宗教古迹。在其撰写的《欧亚纪行》中，不仅描述了沿途居民的风俗习惯、山川风貌、矿产资源，而且还描述了当地的宗教信仰及个人体验。被誉为20世纪首屈一指的旅行家罗伯特·拜伦，在1933年曾展开过一场追寻伊斯兰教建筑起源之旅，他深入阿富汗与伊拉克完成了拜占庭时期伊斯兰教建筑与人文之旅，并记录在《穿行内陆亚洲》一书中。他还多次赴希腊考察希腊圣山亚多士的希腊东正教团体和教堂，协助年轻的艺术家莱斯拍摄礼拜堂和隐修院内的浮雕。

进入现代，宗教文化旅游更是掀起热潮。宗教朝觐之旅和宗教观光游等已经成为重要的旅游形式。在宗教朝觐旅游中尤以“麦加朝圣”具有代表性。每年在伊斯兰教历的第12个月，都会有来自70多个国家数以百万计的穆斯林汇聚于此，参加一年一度的朝觐活动。世界著名的宗教圣地如埃及的金字塔、印度的神庙、柬埔寨的吴哥窟、巴黎的圣母院、俄罗斯莫斯科圣巴西尔大教堂、德国的科隆大教堂、圣城麦加的禁寺、麦地那的先知寺、阿克苏清真寺等更是吸引了众多的游人。例如，2010年埃及就吸引了1470万的游客，其中举世闻名的三大金字塔便是游客的必到之处。

三、我国宗教文化旅游的发展

我国先民很早就有旅行活动，据说汉族始祖黄帝一生好入名山游。据《史记·五帝本纪》中记载，他曾“东至于海，登丸山，及岱宗[①]。西至于空桐，登鸡头。南至于江，登熊、湘。北逐荤粥[②]，合符釜山……迁徙往来无常处”。因此，黄帝被誉为汉族从事旅游活动的开山先祖。与古代的旅行一样，宗教旅行很早便出现，并随着生产力水平的提高，逐渐发展演变为现代的旅游活动。

我国的宗教旅行历史悠久。“从商朝的始建，一直到清朝帝制的最后垮台和1912年民国的建立，历代皇帝及其朝廷都注重敬神。在过去的千百年中，这类场所成倍增加，并且，随着佛教逐渐为人们所接受，出现了更多的朝拜圣地。因此，很多古代旅行活动的开展都是出于朝圣目的。”[③]

（一）宗教旅行思想的发端

1. 自然崇拜思想下的神山圣境行

在古代，伴随“万物有灵”自然崇拜思想的出现，“在原始人的心里，一些特

① 岱宗，即泰山。

② 荤粥，部落名，即匈奴。

③ Trevor Sofield and Sarah Li. Tourism development and cultural policies in China. Annals of Tourism Research, 1998. Vol. 25（No2）：p362－392.

别雄伟险峻：高不可攀的山峰，则被他们说成登天的梯子或撑天的柱子了”。[①] 昆仑山即是如此，古人虔诚地相信登上昆仑山就可以“不死”，可以“使风雨”，可以“上天为神”。古人的这些想法逐渐变成一种强烈的愿望，促使他们去登临神山圣境，也因此有了《山海经·海内经》中的“肇山”，《楚辞·天问》中的八根“天柱”的记载。

2. 鬼神崇拜思想下的仙界天都行

部落联盟时期，随着社会组织趋于完善，原始宗教也由自然崇拜转变为鬼神崇拜，认为“神可以长生不死，人得了神的指点或者跻身于神的行列，也就可以摆脱生老病死的痛苦。如此，探寻仙界天都，查访长生不老之道的欲望也会常常鼓动着部落酋长或部落英雄冒险远足”。[②] 例如，传说中的后羿登昆仑山向西王母要不死之药；大禹治水南到不死之乡，看见颜色黝黑不死之民等故事。

3. 得道成仙、长生不老思想下的访神问仙游

秦汉时期，在神山、仙境、仙药思想的影响下，帝王想得道成仙、长生不老，不断派遣大批人员，探险“神山”，寻找长生不死之药。秦始皇登基 12 年，五次巡游，遍及当时的整个中国，成为中国旅游史上的壮举。秦始皇巡游既有军事考察、祭奠名山大川、宣扬王朝的声威和公德之目的，也有访神问仙和游山玩水的意图。《史记·秦始皇本纪》中记载，在公元前 219 年，秦始皇第三次巡游时，徐人方士徐市（又名福，字君房）等人“言海中有三神山，名曰蓬莱、方丈、瀛洲，仙人居之，请得斋戒，与童男女求之。于是遣徐市发童男女数千人，如韩求仙人”。徐福也就成为我国历史上第一位下海求仙的旅行家和探险家。

（二）魏晋南北朝时期宗教旅行的兴起

魏晋南北朝时期，由于社会处于大分裂、大动荡的历史漩涡中，政治黑暗，社会悲惨，生活不稳定。在“人命若朝霜”，“人生若尘露”的悲观情绪影响下，人们开始在宗教中寻找安身立命之处。“魏晋时期，道教兴起，佛教东来，为人们辟出了精神解脱的新天地。”[③] 旅行作为逃避现实、摆脱精神压抑的方式受到人们的青睐。“以人生为主题的哲理的探索，宗教的崇拜和情感的遥寄，汇成三国六朝文化那玄虚而阴柔的底蕴。”“焕发着浓郁的思辨、宗教和抒情色彩，让人生在山水中超脱，放灵魂于自然中净化的山水旅游活动——玄游、仙游、佛游。”[④]

1. 道教的仙游

道教是产生于中国的宗教，形成于公元 2 世纪，至今已有 1700 多年的历史。

---

① 章必功：《中国旅游史》，云南人民出版社，1992，第 6 页。

② 章必功：《中国旅游史》，云南人民出版社，1992，第 13 页。

③ 郑炎：《中国旅游发展史》，湖南教育出版社，2000，第 51 页。

④ 章必功：《中国旅游史》，云南人民出版社，1992，第 101 页。

道教向往“神仙世界”，追求长生不老。道众相信神仙有仙风道骨，神仙所在的山水之间气势刚健、环境幽深、草木丰润、云雾缭绕。为此，仙游者们在那些有神迹仙踪、灵芝甘泉、奇山异水的地方流连忘返。此外，一些道人为访仙问道，搜集方术，采炼灵丹遁迹深山幽谷、海滨湖岛，成为“仙游大家”。其中，尤其以葛洪、陆修静、陶弘景为代表。据记载：葛洪为撰写《抱朴子·内篇》，搜集道教的神术仙方，曾广游大江南北的奇山异水。陆修静遍访巴山蜀水，蔓菁瓯越，阅历丰富，见闻广博。陶弘景更是痴迷游山，《南史·陶弘景传》中称他“遍历名山，迅访仙药，身既轻捷，性爱山水，每经涧谷，必坐卧其间，吟咏盘桓，不能已已”。①

2. 佛教的释游

公元前6世纪——前5世纪，佛教由北印度迦毗罗卫国王子乔达摩·悉达多创建。西汉时期传入中国之后，丝绸之路上宗教旅行者便络绎不绝。佛教旅行主要有两种：一种是异域传教者东来传经和国内信徒西行取经的国际旅行；另一种是国内佛教徒的释游。

安世高、鸠摩罗什、达摩、求那跋多罗是来中国传教的异域僧人中的代表。他们或是通过丝绸之路，经凉州（今甘肃一带）、长安，暂停于洛阳；或是走海路在南海沿岸的交趾（今两广境内及越南北部）或广州下船，暂停于建业（今南京）。为此，洛阳和建业分别成为魏晋南北朝北方和南方最大的佛教传经基地。

与域外佛徒东来相对应，从中原西行求法的中国僧人，一般从西安出发，沿河西走廊，越塔克拉玛干沙漠，进入古印度。其中以朱士英、法显为代表。法显被誉为5世纪初伟大的旅行家。公元399年，65岁高龄的法显决心赴天竺取经求法，历经无数险阻到达于阗（古代西域王国），再入古印度，遍访佛教圣地，在古印度佛学最高学府巴连邑苦修3年。之后从狮子国（今斯里兰卡）到耶婆提国（今苏门答腊或爪哇），经印度半岛、台湾海峡，到达山东半岛即墨（今青岛）崂山脚下，再取道扬州到达建康，历时十余年。归国后，法显将这次旅行所见所闻写成了著名的《佛国记》。

与此同时，国内佛僧的释游亦十分活跃。东晋南北朝时期，玄学与佛学互相影响，佛学者谈玄，玄学者论佛，成为一时风尚。据史书记载，凡名僧都精通玄学，善以玄解佛；凡名士都为玄学家，非道即佛。玄学家与名士主张淡泊无为，适意自然，以玄游山水，逍遥放达标榜风度；佛学与高僧强调一切皆“空”，佛性即自然，以品味山水、研磨佛理、发微禅机为准绳②。为此，高僧与名士常结友同游，释游与玄游相结合，把宗教旅行推向高潮。其中最具代表性的是于法兰、竺道潜等。

魏晋南北朝时期，佛、道盛行，形成众多宗教古迹，如白马寺、少林寺、悬空寺等，内地四大石窟（敦煌莫高窟、麦积山石窟、大同云冈石窟、洛阳龙门石窟），

① 章必功：《中国旅游史》，云南人民出版社，1992，第52页。

② 王淑良：《中国旅游史——古代部分》，旅游教育出版社，1998，第183页。

青城山、罗浮山、茅山、龙虎山、阁皂山等道教名山等。

（三）隋唐时期宗教旅行的兴盛

隋代皇帝大力提倡佛教，佛教发展，宗派建立，全国佛寺林立。仅长安城内就有寺观 195 所，除殿堂、造像外，寺观园林设计讲究，山池水景、花草树木遍植，吸引众多文人名士前来礼佛、观花、品茗。寺观成为各阶层市民的公共活动中心，在大型佛事活动期间更是僧众信众云集。

俗话说“天下名山僧占多”。“隋唐时期全国各地以寺观为主体的山岳风景名胜区，到隋唐时代差不多已陆续形成”。① 如著名的五岳、四大佛教名山、四大道教名山，还有河北的苍岩山、江苏的钟山、栖霞山等。释游活动承继了南北朝的遗风，佛教旅行家辈出。他们游山水风景，观赏寺观建筑、佛教艺术，游玩佛寺园林。

在众多的宗教旅行家中，玄奘、义静、鉴真等最具代表性。玄奘被誉为唐代最伟大的旅行家，13 岁出家，曾经用 10 多年的时间游历国内许多名寺大刹，27 岁时为更好地弄清佛理离开长安去古印度求法。在历经千难万险后到达古印度，在古印度拜谒众多佛教圣迹、佛寺等，并在当时印度最大、最高学府——那烂陀寺学习印度语，钻研佛教典籍。期间，他曾在古印度政治中心曲女城召开的有数千名僧侣、教徒和国王等参加的辩经大会上获胜，因而扬名天下。15 年后，他耗费两年的时间回到长安，在弘福寺和慈恩寺进行佛经的翻译工作并撰写《大唐西域记》。

（四）宋元时期宗教旅行的低迷

宋朝社会一直处于内忧外患之中，因此旅行活动缺乏唐旅游的气魄和自信。正如章必功先生总结的：宋人旅行“天地不及唐人广阔”、“精神不及唐人豪放”②。受宋代理学的影响，人们的审美情趣从对外在美的追求转变为追求透过外在美达到“因物及理、因景言理、因象悟道、因游得理”③ 的境界。与宋代不同，元朝征服了欧亚大陆，拥有极为辽阔的疆域，东西交通畅通无阻，但是社会的封闭和保守的民族政策，使的旅游活动也远不如唐朝富有生机。

1. 宋代的宗教旅行方式

归纳起来宋代的宗教旅行主要有三种方式。一种是佛徒与儒士的借游论理。由于两宋时代佛儒融通，不仅形成了宋代理学，而且佛徒与士大夫关系密切，常常一起畅游论学，如王维、白居易、柳宗元、苏轼、黄庭坚、刘禹锡、李翱等文士都有与佛僧的郊游经历。第二是西行求法旅行。宋代最著名的宗教旅行活动是继业三藏

① 王淑良：《中国旅游史——古代部分》，旅游教育出版社，1998，第 219 页。
② 章必功：《中国旅游史》，云南人民出版社，1992，第 249 - 250 页。
③ 王淑良：《中国旅游史——古代部分》，旅游教育出版社，1998，第 289 页。

偕同157人的印度求佛取经团。966年，继业三藏应宋太祖赵匡胤之昭，沿玄奘当年的路线到古印度求法。此次旅行活动开创了中印佛教旅行的新阶段。此后，“天竺僧持梵夹来献者不断”。第三是道教仙游活动比较盛行。宋代皇帝多信道教，所以宋代的道教圣地很多，最著名的就是崂山。

2. 元代的宗教旅行家

元朝实行对外开放，对内采取对汉人的限制政策，“使具有悠久旅游传统的汉民族没有热情甚至没有条件来发扬自己的这一优良传统。所以，元代缺少生机勃勃的旅游气象，也缺少游绩彪炳的旅行家，倒是几位游华外国人以及元代前夕成吉思汗时期的两位远行西域中国游客大出了一阵风头”。① 以邱处机西域应召之行，拉班·扫马的欧洲之行，罗马教皇特使孟高维诺进京传教，意大利传教士鄂多立克的自助游最具代表性。

邱处机，全真教龙门派创始人。1219年，成吉思汗派遣专使敦请年逾古稀的丘处机。邱处机不顾年事已高，路途遥远，率领弟子，从山东蓬莱，经过长途跋涉，到达中亚，谒见成吉思汗。成吉思汗对邱处机给予极高的礼遇。《元史》记载，成吉思汗“时方西征，日事攻战，处机每言欲一天下者，必在乎不嗜杀人。及问为治之方，则对以敬天爱民为本；问长生久视之道，则告以清心寡欲为要”（《元史》卷二〇二《释老传》）。邱处机此次西游的情况被随游弟子李志常编写在《长春真人西游记》中，“掇其所历而为之记，凡山川道里之险易，水土风气之差殊，与夫衣服饮食白果草木禽虫之别，粲然靡不毕载，目之曰西游。”尽管成吉思汗时期对佛教并未像对待道教那样极度尊崇，但同样采取优礼的政策，而到元宪宗至顺宗时期尊崇佛教。1242年，忽必烈邀请禅学大师海云从燕京前往漠北，见之而问佛法大要及治国安邦之法。

3. 孟高维诺的传教之旅和拉班·扫马的欧洲之行

随着元朝对欧亚大陆的征服，形成了更为开放的国际环境，再次掀起了西方人游华热。“无数旅行者带着政治、商务、宗教、文化等各自不同的目的，开始了前所未有的中外旅行交往。”② 其中的宗教旅行家主要有两种类型：一种是来中国传教的基督教传教士，另一种是西游的中国基督教徒。孟高维诺（1247－1328）是罗马教皇派遣到中国的传教士。他从意大利经波斯远渡重洋，辗转5年来到中国，取得元成宗的信任，在汗八里（今北京）建造中国第一座基督教教堂，被任为总主教。鄂多立克（1265－1331）是来自意大利的基督教传教士。他在中国游历传教数年，口述《鄂多立克东有录》，记载了他对中国之行的鲜明印象。拉班·扫马，是中国的基督教徒，1275年前后，他曾和教友们一起离开大都前往万里之遥的耶路撒冷朝圣，成为蒙古统治时期向西走得最远的中国旅行家和第一个到达欧洲的中

① 章必功：《中国旅游史》，云南人民出版社，1992，第312页。

② 郑炎：《中国旅游发展史》，湖南教育出版社，2000，第209页。

国人。

4. 国际宗教考察团

1336年，元政府组织泉州主教率领去意大利的宗教考察团历时两年抵达亚威农教廷。同年底，教皇派专使约翰·马黎诺里等率领32人的使团从亚威农出发，在那不勒斯与中国使团会合，之后前往君士坦丁堡，最后来到大都（今北京）。

（五）明清时期宗教旅行的波动

随着社会经济的发展，人们的文化生活日益丰富，旅游活动和旅游文化出现新的变化。明王朝建立了统一的国家政权，政治上高度专制，文化上却能包容，宗教上实行多教并奖的政策，汉传佛教更加向儒学靠拢，藏传佛教受到中央重视，正一道得到明世宗的器重，天主教传教取得初步成果，中国文化史上第二次对外文化交流正式开始。清朝的宗教政策大体上沿袭明朝。但是1840年鸦片战争的爆发，使得传统的旅游方式日趋衰落，受西方经济文化的影响，旅游表现出新的特征。

1. 明朝的宗教旅行

禅宗大师的释游。明代禅宗成为汉地佛教的主流，一批声名显赫的大师云游四方，遍访佛理。德宝禅师（1512－1581）受戒之后云游四方，行脚数千里，历时十余年，南北往返，出入名山，“随缘开化，靡定所居”。慧经法师（1548－1618），“先住峨峰，‘影不出山者，二十四年如一日也’。后迁宝方、董岩等寺，又‘荷锡远游，乃过南海访云栖，之中原入少林，礼出祖塔’、‘寻往京都，谒达观禅师’、‘顷之，入五台，参瑞峰禅师’”。①

藏传佛教大师的进京朝拜及旅行。明朝政府实行新的西藏僧侣制度，任命僧官、授予品位，并召活佛做佛事。如1406年，噶举派活佛哈立麻奉召至南京做佛事；1410年，萨迦派僧人困泽思巴进京。与此同时，格鲁派创始人宗喀巴大师也经常派遣弟子入京朝见皇帝，接受封号。“据统计，宣德、正统年间每年多达三四十人。景泰时增加10倍，天顺年间增加了100倍。这些喇嘛沿途或在京城内外的释游，为明朝宗教旅游增添了热闹的氛围。”② 此外，著名的拉萨三大寺色拉寺、甘丹寺、哲蚌寺，日喀则的扎什伦布寺，青海的塔尔寺都建于明朝。

外交和传教活动中的宗教旅行。明朝伟大的航海家郑和七下西洋，除了完成明王朝扩大邦交，通使海外，提高中国的国际地位，增进与南洋各国人民的友谊的任务，还游览了一些宗教圣地。如参观真腊（今柬埔寨）的金塔、寺庙，到锡兰山拜谒名僧法显孤游过的地方，至天方（今麦加）进行朝圣实现幼时的夙愿。16世纪，不少信仰基督教的国家实行宗教改革，罗马天主教会为了保持宗教的统治地位，除了加强在欧洲的传教外，还加紧到美洲、印度和中国的传教。1582年，意大利基督

① 牟钟鉴、张建：《中国宗教通史》，中国社会科学出版社，2007，第777页。

② 王淑良：《中国旅游史—古代部分》，旅游教育出版社，1998，第338页。

教传教士利玛窦来华传教的同时进行了考察旅行，他先经澳门到肇庆等地传教，1595年后，又到南京、南昌、苏州、北京等地传播天主教。《札记》中记录了他在中国考察旅行的情况。

2. 清朝皇帝的巡游和宗教的云游

清朝时期的帝王巡游在中国旅游史上占重要地位，康熙、乾隆在巡游中也从事了许多宗教活动。康熙曾西巡五台山4次，其中有两次登上山顶清凉寺。康熙6下江南，几乎每次都要参礼佛寺，接见僧人，题写匾额、碑文。据史籍记载，他在位期间为寺庙题写的匾额多达千余块。其中在他第二次南巡到“灵隐登上北高峰眺望，见尘雾笼罩寺宇，云林漠漠，故题字赐名‘云林禅寺’，这就是后来著名的灵隐寺即现在的灵隐寺”。① 康熙还多次亲奉太皇太后、皇太后到五台山、香山礼佛。乾隆6次江南巡游走的路线和康熙皇帝基本相同。他到金陵曾5次游栖霞寺，住栖霞行宫；驾临宝华山隆昌寺，住龙潭行宫；游灵谷寺，题“灵谷深松”。在扬州游大明寺时，曾改题大明寺为“法净寺”；游南屏山时，与净慈寺和尚论是非高低；乾隆谒清东陵后常去游“京东第一山”——盘山，游河南少林寺、盘谷寺，说“早知有盘谷，何必下江南”。

清朝统治者继承明制，大力提倡尊孔，而疏远佛道二教，从而使佛道二教的势力衰微，但是藏传佛教却受到清统治者礼遇，达赖、班禅受到尊崇，不惜国帑修建喇嘛庙。五世达赖进京觐见顺治皇帝。1652年，五世达赖（1617－1682）受顺治帝邀请，在清朝官员的陪同下率随行人众三千人，自西藏起程，前往内地，1653年到达北京。顺治帝以“田猎”为名，与五世达赖相会于南苑猎场。清代还建造了很多藏传佛教胜迹。在康熙五十二年（1713）至乾隆四十九年（1784）间，玄烨、弘历在避暑山庄外围修筑了兼有汉族、蒙古族、藏族寺庙风格的“外八庙”。顺治二年（1645）五世达赖重建布达拉宫（该宫始建于唐，毁于9世纪兵火），历时50年建成今日规模。甘肃省甘南藏族自治州夏河县的拉卜楞寺建于康熙十八年（1709）。

清朝还有一些僧人云游四方，与山水、佛寺为伴，成为著名的释游大师。如重兴律学的巨匠读体、新安画派代表弘仁、画禅双美的髡残、画僧的石涛等。

读体（1601－1679）皈依佛门第二年，便从云南经贵州，到江西、安徽、江苏、山西等地，遍访名师云游四方，最后在江苏句容县宝华山隆昌寺出任监院。

弘仁（1610－1664）曾为明末秀才，明亡后到武夷山皈依古航禅师后开始出游各地，参学问道。在安徽宣城结识了黄山画派巨擘梅清，与之切磋画艺，游览胜景。后回到老家歙县，住西郊太平兴国寺和五明寺，每岁必游黄山，以“江南真山水为稿本”，作黄山真景50幅，尤以《黄山松石图》为代表。

髡残（1612－1692），40岁出家为僧，善画山水，与山水佛寺结缘。好游名山

① 郑炎：《中国旅游发展史》，湖南教育出版社，2000，第256页。

大川，历住大报恩寺、栖霞寺、天龙古院，后寓南京牛首祖堂山幽栖寺。

石涛（1641 – 1724）从小有家破国亡之痛，遂落发为僧，栖心绘画。他先后释游湖南、湖北、安徽、江西、浙江、江苏、北京等地，行迹遍及衡山、华山、庐山、黄山等，所到之处礼拜佛寺，观览山水风光，形成读万卷书、行万里路，既师法古人，又师法自然，法我自立的释游风格。

范守义出使欧洲。从1707年底到1720年底，范守义历时13年，出使欧洲，成为最早到达欧洲的有据可查、有史可证的中国人。他去了意大利中部和西北部许多城邦国家，饱览了圣彼得堡大教堂、米兰大教堂，到了基督教世界的文化中心梵蒂冈。他的《审鉴录》记录了欧洲之行所见到的西方社会，这也是第一篇中国人的美洲游记。

（六）近代宗教旅游的发展

20世纪初，随着现代运输方式、新式的商业旅馆的快速发展，特别是现代旅行社的出现，中国旅游业进入一个新的历史发展时期。旅游活动形式和内容都发生了深刻的变化。

在宗教领域，由于佛教和道教缺少皇权的支持和保护更加衰微，许多寺院道观萧条废毁。基督教随着西方势力在中国的扩张和西方文化在中国的发展有较快的增长，来华传教士和教派组织增多，中国教徒人数增加很快。伊斯兰教与若干少数民族文化相结合，获得持续、稳定的发展。

1. 佛教大师的旅行

清朝后期，佛教各宗派日趋衰微，民国初一批著名僧侣、居士采取种种与现代社会相适应的措施，试图复兴佛教。这些有思想的佛教人士奔走各地宣传宗教主张，活动在社会舞台上。

敬安（1852 – 1912），有“诗僧”之称。他曾遍访江、浙禅林，常用诗表达他的佛学思想。例如他用旖旎的诗句描会净土世界的极乐生活：“我闻安养国，贤圣俱栖迟。讲堂极壮丽，行树相因依。湛然七宝池，娇娇珍禽飞。金绳界道明，天乐随风移，衣食应念至，不假人力为。”

月霞（1858 – 1917），19岁出家，遍访高旻、金山、天宁等禅宗名刹，刻苦参禅。“月霞不满意天台教观，而惬心于华严法界，表示要‘教弘贤首，禅继南宗’。以后相继到鄂、皖、陕等地名山古刹讲经说法，为大江南北僧众瞩目。”“月霞讲经足迹远至日本、锡兰、泰国、缅甸，他还曾到印度礼拜释迦圣迹。”①

太虚（1889 – 1947），积极的宗教活动家，著名的宗教理论家。16岁在苏州木渎小九华寺出家，曾游学于苏、浙、粤等地。1920年以后开始南北讲经，直遍湘、鄂、皖、赣、陕、沪、京等地。为了宣传改革思想，他出访过日本、英国、德国、

① 牟钟鉴、张建：《中国宗教通史》，中国社会科学出版社，2007，第1043页。

法国、美国，力图把佛教推向世界。抗日战争爆发，他在湖南、贵州、云南、四川等地演讲，号召佛教徒奋起抵抗日本帝国主义侵略。抗战期间，他曾率代表团出访缅甸、印度、锡兰等国，宣传抗日救国立场。

弘一（1880－1942），1918 年出家，在灵隐寺受比丘戒。“他从出家之日便遵行‘过午不食’的戒律，并且不常住一寺，一身破旧袈裟，几件换洗衣物，一床破被，一块破席，露首跣跗，行云流水般穿行于江、浙、闽、赣、沪等省市诸寺之间，挂单、参学、宣讲律学。”①

2. 道教改革家的旅行

道教自清末已衰落。民国时期受革命运动的打击和基督教影响的扩大，以及近代科学医学知识的传播，道教的道观遭受严重破坏，道教组织衰败，道教信徒日渐减少。这激发了一些道教人士改革和创新道教的激情。

陈撄宁（1880－1969），道教学者、养生专家。辛亥革命前期，为求养生延命秘方，先拜访佛教高僧，后改访道教中人，“游迹于苏州穹窿山，句容茅山、均州武当山，即墨崂山，以及怀远涂山、湖州金盖山等处”。② 民国五年至二十四年，一面阅读养生、文史哲及医佛典籍，借以修养身心，一面出游庐山、北京西山及苏、浙、皖三省名山。

易心莹（1896－1976），近代出色的励志勤行的道教思想家。他在耕读之余，还曾先后往来三台、潼川、大足各地，考察蜀中道教历史遗迹，以增阅历。尤虚心求教于并世学者。

岳崇岱（1888－1958），杰出的全真道士，沈阳太清宫方丈。1912 年赴辽宁闾山圣清宫出家修道。曾参访东北名山宫观越两年，复返闾山圣清宫，率道众植果树，事稼穑。③

3. 伊斯兰教游学、修学之旅

清末民国时期，一批有学识有才能的新型学者，在革新和复兴伊斯兰思想文化与教育事业中做出卓越成绩。

王宽（1848－1919），北京牛街清真寺教长，倡导近代伊斯兰新式教育并产生重大影响。1906 年出游埃及、希腊、罗马、土耳其等国，至麦加朝觐后返土耳其，再回国，痛感中国教育落后，遂开创新式教育。

王静斋（文清，1879－1949），著名伊斯兰教学者。1922 年出国游学，经新加坡赴印度，转埃及，考入爱资哈尔大学，期间去麦加朝觐，去土耳其考察。回国后专心翻译《古兰经》，致力于伊斯兰教学术研究。

哈德成（1888－1943），述道论学，皆有精义。青年时曾广游各地，从名师求

① 牟钟鉴、张建：《中国宗教通史》，中国社会科学出版社，2007，第 1093 页。

② 牟钟鉴、张建：《中国宗教通史》，中国社会科学出版社，2007，第 1114 页。

③ 牟钟鉴、张建：《中国宗教通史》，中国社会科学出版社，2007，第 1121 页。

学。曾到麦加、埃及、印度、锡兰学习英语和乌尔都语。1941 年，微服离沪，历经皖、豫、陕、蜀，到达重庆，成为回教协会成员，被聘请为编译委员会主任。

学子西方修学之旅。清末民国时期，一批有学识有才能的新型学者作为留学生去埃及等国家求学。例如，民国十年，王静斋阿訇偕弟子马宏道西行求学，王静斋进入埃及爱资哈尔大学，马宏道进入土耳其君士坦丁堡大学。1931 年，中国派出首届 4 名学生赴埃及爱资哈尔大学学习。1932 年，北平成达师范学校 5 名毕业生组成第二届中国留学生派遣团。1934 年明德中学派遣 3 名学生赴埃及，为第三届；同年上海伊斯兰师范学校派 5 人赴埃及，为第四届。四届留学生在爱资哈尔大学济济一堂。1938 年，16 人赴埃及。留学活动扩大了中国穆斯林的眼界，提高了回族知识分子的素质。

（七）当代宗教文化旅游特点

新中国成立以后，在党的宗教政策指导下，中国的宗教理论和实践上都取得了很多成果。但是在“左”的思想影响下，特别是“文化大革命”的破坏，使得大量寺院、教堂被迫关闭改为他用，宗教用品、神像、佛像和宗教建筑等宝贵文物被毁，宗教人士被批判，离开寺庙教堂，宗教活动全部被禁止，更何谈宗教旅行。

改革开放以来，随着党的宗教政策的落实，特别是国内旅游的兴起，“看庙”成为中国的一大旅游特色。与历史不同的是，今天，宗教文化被作为旅游资源开发，寺庙、宫观、教堂、清真寺面向大众开放。历史上出于宗教、政治等目的少数达官贵族、学士文人、宗教人士的旅行也被以观光、休闲为目的的大众旅游所替代。“到 20 世纪 90 年代，‘宗教旅游热’席卷全国。大批游客以高度的热情参与了形式多样的宗教旅游活动，旅游界和宗教界也以前所未有的热情投入到宗教旅游项目的开发中，宗教旅游‘供求两旺’。时至今日，宗教旅游仍‘热’情不减，在我国旅游业中占有重要的地位。”① 在目前旅游市场上，比较普遍的宗教文化旅游有：

1. 宗教圣地的朝觐之旅

改革开放以后，宗教政策得到较好落实，宗教信众的合法活动得到保护，信众的朝觐旅游发展很快，已经成为许多百姓日常生活的有机组成部分。

日常宗教活动与旅游相结合。在南方的福建、江苏、浙江等地，经常可见一些中老年人，到寺院进香朝佛的同时观赏沿途的风光和寺院的景物。

专项宗教活动与旅游相结合的朝觐之旅。例如，朝拜神山圣湖。绕转神山圣湖作为重要的修行方式和民俗活动在藏区已有千百年的历史。随着神山圣湖对游人的开放，绕转神山已不仅仅是信众的宗教活动，也吸引了大量国内外旅游者的参与。“千百年来被不同宗教信徒奉为神山的岗仁布钦从来没有聚集过如此众多的朝拜者。据当地官员介绍，今天参加转山的人数已达到两万，除了宗教信徒之外，还有来自

① 曹绘嶷：《剖析我国的“宗教旅游热”》，《海南大学学报》（社科版），2003（6），第 219 页。

欧美、亚洲、澳洲等十几个国家和地区的旅游者。这是前所未有的。”①

2. 宗教文化观光游

20世纪下半叶，随着宗教世俗化的步伐加快，宗教界打开长期封闭的大门，掀起神秘的面纱，面向社会各界大众开放。随着旅游经济的发展，宗教场所逐渐被纳入旅游风景区，吸引了更多的信众和旅游者。宗教旅游的快速发展，一方面增加了地方和个别部门的收入，另一方面宗教场所作为地方历史文化的有形载体，为游客提供了了解宗教文化的机会。

一些影响力大、宗教地位高的宗教场所，如四大佛教名山、四大道教名山以及一些著名的宗教圣地，不仅吸引了大量信众和游客，而且获得了不菲的经济收入。例如，“2011年普陀山景区共接待海内外香游客519.67万人次，同比增长8.67%；旅游经济收入达34.53亿元，同比增长13.12%，又创历史新高”。② 三十年来，“全山接待香游客从11万人次上升到350万人次，翻了近32倍，年均增长16.21%；旅游收入从240万元增长到20亿元，翻了833倍多，年均增幅高达近66.6%……”③

3. 宗教文化学习体验旅游

随着宗教场所对游人开放，一些宗教团体为了扩大影响，吸引更多的信众和游客，或为了加强对特定信众群体的培养，结合度假、观光等喜闻乐见的活动方式，组织短期宗教体验学习旅游——宗教体验之旅。

由中国佛教协会主办、河北佛教协会承办的河北省赵县柏林禅寺生活禅夏令营活动每年举办，到2012年，已连续举行19届。2012年7月20日至26日，河北省赵县柏林禅寺第十九届生活禅夏令营活动正式开始。生活禅夏令营安排了礼佛、听法、诵经、普茶、行脚、小参等活动内容。由于活动经历特殊，组织细致，而且常常有专门的经费资助，这种旅游方式受到欢迎。

4. 宗教圣地度假旅游

宗教的思想教义具有慰藉心灵、平复情绪的功能。随着现代人生活节奏的加快，竞争的加剧，工作、生活中的各种矛盾把许多人压得难以喘息，感到“身心疲惫”。城市的拥挤，交通的拥堵，水泥地、柏油路、高楼林立的人造环境，使人们对回归自然充满向往。“自古名山僧占多”，山林中的寺观被青山、绿水、阳光环绕，宽敞的院落、高大的殿堂、轻缓的脚步、安详的面容等，营造出一片祥和的景象，为此，一部分旅游者挑选到宗教圣地度假。在佛教圣地坐禅听钟、吃斋念经，在道教圣地沐浴神光、修丹练气，既恢复体力，又恢复心力，达到彻底放松，彻底恢复的度假目的。虽然这种度假方式处于刚刚起步的阶段，但它具有广阔的发展

① 拉巴次仁、查鑫、白冰：《西藏万名信徒朝拜神山》，中国法院网，2002年5月27日。

② 张明华：《今年普陀山旅游经济收入力争达到38亿元》，普陀山节庆网，2012年2月15日。

③ 中国新闻网：《海天佛国三十年：普陀山旅游收入增833倍》，2009年5月1日。

空间。

四、宗教文化旅游研究现状

自古至今，人类积累了丰富的宗教文化旅游经验，但是就目前国内外学术界来说，对宗教文化旅游的系统化研究还很不够。正如迈克尔·斯塔斯伯格（Michael-Stausberg）在为《宗教、旅游与精神之旅》作的书评中提到的："如今旅游者成为许多宗教场所的主要顾客"，"面对这样的事实，我们会感到十分惊奇，那就是宗教并不是旅游研究中的一个主要问题，旅游在宗教的研究中也没有得到重视"。

追溯国内学术界对宗教文化旅游的研究，陈传康在中国学术界是较早涉足宗教旅游的学者。1983 年，他在《陆丰县的海滨资源开发层次结构》① 中，把以元山寺为中心的宗教旅游作为资源开发的一个层次，该文也成为最早涉及宗教旅游开发的论文。1988 年，陈传康又发表了《宗教旅游及其政策研究》②，至此宗教旅游才被提到正式学术研究上。1996 年，保继刚等发表了《宗教旅游开发研究——以广东南华寺为例》③，对宗教旅游进行了实证研究和相关理论的归纳。此外，还有一些学者从各自的研究视角出发，对宗教文化旅游进行了专项研究。概括起来主要是以下几个方面：

第一，宗教文化旅游理论性研究。具体对宗教文化旅游的概念、性质、特点、宗教旅游资源、宗教旅游产品等进行专题分析和阐释。

第二，区域宗教文化旅游研究。把某一地理区域内的宗教文化作为研究对象加以研究。

第三，不同类型的宗教文化旅游研究。这部分研究多集中在道教文化旅游和佛教文化旅游方面。在区域宗教旅游和分类型的宗教文化旅游研究中，多从开发、利用的角度出发，研究某种宗教旅游资源的开发、利用问题。

国外对宗教旅游的研究，多从社会学、人类学、民族学的视角出发，偏重对旅游者的行为、旅游的社会影响等方面的研究，亦鲜有人从旅游学的视角，作相对系统的理论诠释和把握。

① 陈传康、徐君亮：《陆丰县的海滨旅游资源开发层次结构》，《热带地理》，1983 第 6 卷（3），第 222－231 页。

② 陈传康、牟光蓉、徐君亮：《宗教旅游及其政策研究》，《北京旅游》，1988 增刊（理论专辑），第 30－34 页。

③ 保继刚、陈云梅：《宗教旅游开发研究——以广东南华寺为例》，《热带地理》，1996（1），第 89－96 页。

五、本教材编写的背景和编写目的

随着我国旅游教育层次与结构的完善，高等教育对旅游专业人才的培养也出现多层次和多样化的趋势，这对旅游专业特色教材建设提出新的要求。《宗教文化旅游学》作为中央民族大学“211 工程”三期重点学科建设项目，“工商管理本科生重点教材建设”子项目建设内容，旨在对国内外相关宗教旅游研究进行全面、系统的总结、归纳、概括、抽象，从宗教文化旅游学的交叉、复合性的特点出发，按照高等教材的规范和要求编写成一本理论与实践相结合的高等教育教材。

思考与练习

1. 分析从古代宗教之旅到现代宗教文化旅游的发展过程。
2. 什么是宗教传播之旅、宗教修行之旅、宗教朝圣之旅。
3. 比较现代宗教文化旅游与古代宗教之旅的差异。

第一章　宗教文化旅游的涵义及特点

本章导读

尽管宗教旅游活动自古至今在全世界范围内持续不断开展，而且日益深化，但是我们掌握的相关研究成果并不多，有关宗教文化旅游的理论研究不够深入、系统，宗教文化旅游的理论体系有待完善。为此，本章旨在通过对宗教文化旅游基本概念的梳理，对尚不清晰的宗教文化旅游的称谓、宗教文化旅游的定义、宗教文化旅游的特点等加以归纳、概括和明确。

相关词

宗教旅游　宗教文化旅游　宗教文化特点

本章重点

通过本章的学习，使学生在对宗教文化旅游相关研究成果有一定了解的基础上，重点掌握“宗教文化旅游”、“宗教文化旅游”与“宗教旅游”称谓上的差异；掌握宗教文化旅游的定义及其涵义；重点掌握宗教文化旅游的特点及其形成原因。

纵观世界旅游的发展，我们不难发现旅游与宗教之间存在着密切关系。在现代旅游活动中，宗教因素不仅对旅游者仍具有巨大吸引力，而且宗教与旅游更加紧密地联结在一起。联合国教科文组织公布的几百处世界遗产名录中，大多带有宗教性质，我国公布的国家级风景名胜区和文物保护单位与宗教有关的超过半数，人们通过旅游方式观赏这些分布于各地的人类遗产。尽管宗教旅游活动自古至今在全世界范围内持续不断的开展，但是有关宗教文化旅游的理论并不完善，宗教文化旅游的基本概念和基本理论并未在学术界达成共识。本章旨在在国内外相关研究的基础上，对宗教文化旅游的基本概念和理论加以界定。

第一节　宗教文化旅游的概念

目前我国旅游界通常把与宗教相关的旅游称为“宗教旅游”、“宗教文化旅游”。在我们掌握的百余篇有关宗教与旅游的学术成果中，绝大多数学术成果的名称为“宗教旅游”。查询中国知识资源总库——CNKI 系列数据库（1779 – 2010 年的学术成果），结果表明：以“宗教旅游”为题的成果有 167 篇，以“宗教文化旅游”为题的成果 76 篇。这说明“宗教旅游”的名称比“宗教文化旅游”的名称使用得更广泛。究竟哪种名称更科学，更符合现代旅游的内涵？

一、“宗教文化旅游”名称的界定

目前，有关“宗教旅游”和“宗教文化旅游”名称界定的研究成果不多。在我们掌握的学术研究成果中，杜达山就此问题进行过专题论证。其他学者只是在对“宗教旅游”或“宗教文化旅游”的概念加以界定中有所涉及。

（一）宗教和宗教文化

杜达山在《为宗教文化旅游正名》一文中，从对“宗教”和“宗教文化”的剖析入手，分析了“宗教”和“宗教文化”在内涵和外延上的差别，认为“宗教”、“宗教文化”是两个既有联系又有很大区别的概念：前者是基础，后者是发展；前者宗教味浓，而后者则宗教味、文化味皆有。或者说“宗教”是特殊的狭义上的文化，“宗教文化”则属广义上的文化范畴，两者并非同一概念。

1. 宗教是文化

宗教是人类社会发展进程中的特殊的文化现象，是人类传统文化的重要组成部分，它影响到人们的思想意识、生活习俗等方面。广义上讲，宗教本身是一种以信仰为核心的文化，同时又是整个社会文化的组成部分。我国著名宗教学家吕大吉先生从宗教四要素（宗教的观念、宗教体验、宗教的行为、宗教的组织和制度）出发，认为“无论是宗教观念的教义化和信条化，宗教感情、宗教体验的目的化，宗教行为的规范化，宗教信徒的组织化，宗教生活的节律化和制度化……所有这一切，都是人性异化的产物，是人类的一种文化创造”①。

2. 宗教具有丰富的物质和精神内涵

“在近代宗教学者看来，社会文化生活的各个方面和各个领域，政治、法律、伦理、风俗习惯、人性、人格、人对生活态度以及决定它的终极价值观念……都与宗教密切相关；甚至可以说宗教是它们的一种决定性因素。”②

在物质文化方面，宗教场所古朴、自然、幽雅的环境；类型多样，风格迥异的宗教建筑，如道教的宫、观、庙、祠、院；佛教的寺、窟、洞、塔、经幢、钟楼、鼓楼、斋堂；伊斯兰教的清真寺；基督教的各式教堂；丰富多彩的宗教艺术（雕像、塑像、石刻、壁画、帛画等）；独具特色的宗教饮食等，对旅游者都具有很强的吸引力。

在精神方面，博大精深的宗教思想、教义中，蕴涵着深邃的哲学思辨，包含着对宇宙空间的认识、理解以及对人的生死问题的诠释；寓意深刻的宗教文学（包括神话传说）给人们以极大的思想启发和心灵的感悟；神秘、庄严的宗教仪式中浓郁的宗教感应气氛（如道场、唱赞、偈颂、唱诗等）使人从世俗的烦恼中获得短暂的解脱，心灵得到片刻的休息。

（二）“宗教旅游”与“宗教文化旅游”

从对“宗教”和“宗教文化”的分析可以看出：宗教文化旅游的称谓更具有理论意义和现实意义。因为宗教文化旅游已远远超出宗教信仰的范畴，它不仅可以满足宗教人士和宗教信仰者的宗教信仰目的，而且能够满足对宗教文化充满兴趣的各种旅游者的需求。这一点在我们三次（2006 年、2009 年、2011 年）对西藏宗教文化旅游市场的调研中得到证实，三次调研的结果为 60% 以上的游客为非宗教信仰者。

“‘宗教文化旅游’与‘宗教旅游’相比，不仅包括了宗教旅游的艰苦性浓、游性淡的‘宗教传播之旅’阶段和宗教性、游性皆备的‘宗教游之旅’阶段，而且更有贴近现代社会生活烙印的观光性、休闲性、鉴赏性、宗教性多样化的‘宗教文化游之旅’阶段。在旅游内容上，‘宗教文化旅游’比‘宗教旅游’概念的纯宗教性或以宗教性为主，都要丰富、广泛得多，因此‘宗教文化旅游’更为科学。”③

基于上述理由，本书采用了“宗教文化旅游”的称谓。

---

① 吕大吉：《宗教学通论新编》，中国社会科学出版社，1998，第 690 页。

② 吕大吉：《宗教学通论新编》，中国社会科学出版社，1998，第 694 页。

③ 杜达山：《为宗教文化旅游正名》，《中南民族大学学报》（人文社会科学版），2004（6），第 6 页。

二、宗教文化旅游的定义

有关宗教文化旅游的定义目前在学术界也还没有达成共识。在我们掌握的涉及宗教文化旅游的学术研究成果中，学者们从各自的研究视角出发，对宗教文化旅游进行了各自的定义，目前有关宗教文化旅游的定义不下十几种。

（一）具有代表性的宗教文化旅游定义

陈传康在《宗教旅游及其政策研究》一文中，把宗教旅游定义为："修复和建设具有名胜古迹文物意义的宗教建筑，并使其具有浓厚的迷信感应气氛，让信徒参拜，举行一定的宗教仪式，并加以开发，必然会带动更多的非信徒也来游览参观，这就是宗教旅游。"

保继刚、陈云梅在《宗教旅游开发研究——以广东南华寺为例》一文中认为："宗教旅游是以朝拜、求法为目的的旅游活动，但在现实中，宗教旅游也包括不是以朝拜、求法为目的的游览观光。"①

杨继瑞、曹洪第在《对西部地区发展宗教旅游的思考》一文中对宗教旅游的定义为："宗教旅游是指宗教信仰者的朝圣活动以及一般旅游者参观宗教景区景点的活动。因此，宗教旅游包括了两类行为：第一类是宗教信徒因宗教目的而从事的旅游活动；第二类是非宗教信徒出于兴趣，志在考察、体验宗教及其文化内涵或观赏宗教艺术、器物、圣迹等旅游活动。"②

方百寿在《论宗教旅游的生态化趋向》中认为："宗教旅游是指宗教信仰者的朝圣活动以及一般旅游者参观宗教景区景点的活动。它不仅仅是指那种拥有强烈或唯一宗教动机的一种旅游形式（朝觐旅行），还包括非朝拜目的的宗教景点景区观光、修学以及游憩行为。"③

郑嬗婷等在《宗教旅游可持续发展研究》中认为："宗教旅游，以宗教文化为核心依托，借助相关的自然和人文资源，以吸引宗教信仰者和一般旅游者进行的包括朝拜、研究、观光、文化等专门的旅游活动。"④

崔凤军等在《泰山宗教旅游开发研究》中把宗教旅游定义为："宗教旅游是指通过修复和建设具有名胜古迹意义的宗教建筑，并使其具有浓厚的宗教气氛，举行一定的宗教仪式，让信徒参拜，并加以开放以吸引更多的非信徒在内的游客观光、

① 保继刚、陈云梅：《宗教旅游开发研究——以广东南华寺为例》，《热带地理》，1996（1），第89－96页。

② 杨继瑞、曹洪：《对西部地区发展宗教旅游的思考》，《宗教学研究》，2004（3），第126－128页。

③ 方百寿：《论宗教旅游的生态化趋向》，《社会科学家》，2001（1），第68－71页。

④ 郑嬗婷、陆林等：《宗教旅游可持续发展研究》，《安徽师范大学学报》（人文社会科学版），2004（5），第36－540页。

游览，以朝拜、求法为主要目的专门层次的旅游活动。”①

曹绘嶷在《剖析我国的“宗教旅游热”》一文中认为：“宗教旅游是指宗教信仰者的朝圣活动以及一般旅游者参观宗教景区景点的活动。它不仅仅是指那种拥有强烈或唯一宗教动机的一种旅游形式（朝觐旅行），还包括非朝拜目的的宗教景点景区观光、修学以及游憩行为。”②

王瑛在《丹霞地貌与宗教生态旅游》一文中认为：“宗教旅游，是指宗教信仰者的专门朝圣以及一般旅游者参观宗教景区景点的活动，是一项富有特色的旅游形式。”③

侯冲在《宗教生态旅游与21世纪人类文明》中阐述到：“自古以来，旅游与宗教的关系就十分密切。目前国内一般将与宗教有关的旅游分为宗教旅游与宗教文化旅游两种。前者由于宗教本身有数量可观的信徒，出于信仰的需要，他们要到宗教圣地参礼朝拜和到寺庙宫观烧香拜佛，并举行相应的宗教仪式，人们于是称这样的旅游为宗教旅游。宗教旅游的主体是信徒，旅游资源就是宗教圣地、宗教的神山圣迹和宗教仪式。后者将宗教作为一种文化现象，是在开发宗教文化设施或宗教文物的基础上形成的一种文化旅游。宗教文化旅游的主体不一定是信徒，旅游资源除了对游客来说有新奇感和神秘感的宗教活动仪式外，还有各种宗教的名山圣地和著名寺院、石窟、雕塑和佛塔。由于文化被认为对社会有积极作用，而宗教则有消极作用，所以大多数人在谈到与宗教有关的旅游时，一般都将宗教旅游略而不谈，只谈宗教文化旅游。”④

文传浩、常学秀在《中国宗教旅游活动与自然保护区可持续发展关系初探——以陕西太白山国家级自然保护区道教为例》中认为：宗教旅游，是指游客以宗教所崇拜的圣地、名山仙境及所遗留下来的著名宫观庙宇丛林为旅游目的的旅游活动。⑤颜亚玉在《宗教旅游论析》中认为：宗教旅游当指宗教信徒和民间信仰的信众以宗教或民间信仰为主要目的的旅游活动。它既包括到宗教祖庭、名山圣迹去的长途旅游活动，也包括到地方宫庙去的短距离旅游活动。⑥

（二）对宗教文化旅游定义的分析

从上述有关宗教旅游的11个定义中可以看出：目前有关宗教文化旅游的定义的差异主要是在对旅游主体及其他们旅游动机的界定上，归纳起来有三种类型，见

---

① 崔凤军、刘家明等：《泰山宗教旅游开发研究》，《华中师范大学学报》（自然科学版），1998（3）。

② 曹绘嶷：《剖析我国的“宗教旅游热”》，《海南大学学报》（人文社会科学版），2003（2）。

③ 王瑛：《丹霞地貌与宗教生态旅游》，《经济地理》，2003（增刊）。

④ 侯冲：《宗教生态旅游与21世纪人类文明》，《思想战线》，2000（5）。

⑤ 文传浩、常学秀：《中国宗教旅游活动与自然保护区可持续发展关系初探——以陕西太白山国家级自然保护区道教为例》，http：//www. eedu. org. cn/Article/academia/papers/sumpapers/200406/1748. html.

⑥ 颜亚玉：《宗教旅游论析》，《厦门大学学报》（哲学社会科学版），2000（3）。

表1－1：

第一种，把宗教文化旅游界定为：包括宗教信徒以宗教信仰目的的旅游和非宗教信徒的旅游活动在内的旅游活动。该定义中的旅游主体是宗教信徒和旅游者，旅游动机是宗教信仰。

第二种，把宗教文化旅游界定为：游客以宗教场所为旅游目的地的旅游活动。该定义中的旅游主体是旅游者（游客），旅游动机是旅游活动。

第三种，把宗教文化旅游界定为：宗教信徒出于宗教信仰目的的旅游活动。该定义中的旅游主体为单纯的宗教信徒，旅游动机为宗教信仰。

表1－1　宗教文化旅游定义的主要类型

类　型	宗教旅游的旅游主体和旅游动机	个　数
第一类	宗教信徒以宗教信仰为目的的旅游和包括非宗教信徒的旅游活动在内的旅游活动	9（第1－9个）
第二类	游客以宗教场所为旅游目的地的旅游活动	1（第10个）
第三类	宗教信徒出于宗教信仰目的的旅游活动	1（第11个）

在对宗教文化旅游定义分析的基础上，结合旅游发展的实际，我们发现：宗教文化旅游与宗教信仰和宗教文化体验活动紧密相关。从信仰角度看，宗教朝觐产生了大量的旅游流量，如进香、朝佛、朝圣等；从宗教文化体验的角度看，即使没有信仰宗教的游客，或者信仰其他宗教的游客，对某种宗教产生的灿烂的建筑文化、雕塑及石刻艺术、特殊的活动氛围，也具有强烈的观摩希望，以从中获得文化欣赏的愉悦。①

出于上述两种动机，旅游主体既有宗教信仰者也有一般游客。从宗教文化旅游的整体情况看，来宗教场所旅游的旅游者大多为非宗教信徒，正所谓“香客多半为游客”，他们大多数是借“佛”出门赏风景、品文化。

（三）宗教文化旅游的定义

基于对宗教文化的理解，在借鉴已有的宗教文化旅游定义的基础上，我们认为宗教文化旅游指的是：宗教信仰者和旅游者，以宗教文化为对象，借助各种宗教文化设施、宗教文物或宗教活动等，从事的旅游活动。其中包括以下涵义：

第一，宗教文化旅游的主体是宗教信仰者和对宗教文化有兴趣的旅游者。

第二，对宗教信仰者而言，宗教活动的动机重，但一般也有游览、观光的动机；对旅游者而言，有的是单纯出于游览、观光的动机；有的是以游览、观光为重，捎带有一些朝拜行为。

① 吴必虎：《区域旅游规划原理》，中国旅游出版社，2001，第260页。

第三，宗教文化设施、宗教历史文物、宗教活动以及宗教人士等是宗教文化旅游的基础和重要吸引物，是宗教文化的重要标志。宗教文化旅游必须借助一定的感性的、物质上的形式（如语言、身体动作、偶像、法器、建筑、山水树石等），来满足旅游者对宗教文化的感受和体验。

第二节　宗教文化旅游的特点

宗教文化旅游作为一种旅游类型，具有一般旅游活动的共性，如普及性、成长性、地理集中性、季节性等。[①] 但是，由于旅游主体和客体的特殊性，因而具有其自身的明显特点。为此，相关学者对宗教文化旅游的特点进行了阐述，见表1－2。

保继刚、陈云梅在《宗教旅游开发研究——以广东南华寺为例》中，提出宗教文化旅游的4个特点：（1）客源市场稳定；（2）吸引范围等级系列分明；（3）重游率高；（4）生命周期长。

陈荣富、周敏慧在《进一步发展我国现代宗教文化旅游事业》一文中提出宗教文化旅游的5个特点：（1）生命力长久；（2）客源稳定，复游率高，市场面广泛；（3）具有一定的柔韧性；（4）对旅游者的文化修养素质要求较高；（5）宗教文化旅游资源的独一无二性。

郑嫜婷、陆林、杨钊在《宗教旅游可持续发展研究》中认为，宗教文化旅游具有：（1）宗教文化旅游市场稳定；（2）高回游率；（3）宗教型旅游地的生命周期比较长；（4）宗教圣地随级别的升高影响力升高、宗教信徒数增加等特点。

表1－2　具有代表性的宗教文化旅游特点

特点	代表人物
（1）客源市场稳定；（2）吸引范围等级系列分明；（3）重游率高；（4）生命周期长。	保继刚
（1）生命力长久；（2）客源稳定，复游率高，市场面广泛；（3）具有一定的柔韧性；（4）对旅游者的文化修养素质要求较高；（5）宗教文化旅游资源的独一无二性。	陈荣富
（1）宗教文化旅游市场稳定；（2）高回游率；（3）宗教型旅游地的生命周期比较长；（4）宗教圣地随级别的升高而影响力升高、宗教信徒数增加。	郑嫜婷

从上述学者研究的成果看，保继刚提出的四大特点具有一定的基础作用，其他两位学者对四大特点进行了一定的补充。结合我们对宗教文化旅游的理解，总结、

---

① 李天元：《旅游学概论》，南开大学出版社，2009，第59－71页。

归纳宗教文化旅游的特点如下：

一、客源市场稳定

旅游客源市场的稳定与否，是由多方因素决定的，对观光型旅游者来说，以下原因会导致旅游客源市场的不稳定：一方面，旅游景观特别是自然景观的季节性和节律性变化导致其对旅游者的吸引力不同。例如，在四季分明的地区，春、夏、秋、冬四季变化导致自然景观的明显差异，导致其对游客的吸引力发生变化；另一方面，受人为因素的影响。例如集中的休假制度、传统性的节假日等，导致集中的旅游客流的产生。在旅游旺季期间，由于旅游客流大，不仅会导致旅游景点、景区内旅游者人数过多，旅游者的旅游体验度和感受度下降，而且在交通、住宿、餐饮等方面会出现过分拥挤、旅游服务人员短缺、服务质量下降、价格上涨等问题。而在淡季又会因游客过少，导致旅游服务人员、旅游设施闲置、浪费等问题。与观光型旅游相比，宗教文化旅游具有客源市场稳定的特点。这是由于：

宗教文化旅游的主体是宗教信徒和普通游客，对于宗教信徒来说，他们出于对宗教的虔诚，会定期、多次前往宗教圣地进行朝拜，表现出极高的复游率。据统计，全世界现有各种宗教信徒 30 多亿，占世界总人口的 2/3，其中基督教徒有 16 亿，伊斯兰教徒 8 亿，佛教徒 3 亿。[①] 这无疑是一个巨大的宗教文化旅游市场。例如每年都有数百万的穆斯林汇集圣城麦加参加朝觐活动。另据安徽师范大学旅游学院 2002 年 11 月对九华山风景名胜区旅游市场的调查，在抽样调查的 149 位旅游者中，有 21 位是第二次来九华山旅游，有 18 位表示来过 3 次或 3 次以上。宗教信仰者强烈的朝圣寻宗的需求，无疑是宗教文化旅游的稳定的、强大的旅游客源市场的重要支撑。

二、宗教圣地的知名度越高，吸引力越强

从旅游者对旅游地的优先选择规律来看，旅游者总是首先选择知名度高、垄断性强的旅游胜地。宗教圣地不仅具有上述特点，而且宗教特有的神圣性和神秘性，更增强了其对旅游者的吸引力。据统计，目前西藏有大小寺院 1700 余座，向游人开放 1400 座。但是，笔者调查结果显示，去西藏的游客主要游览的是布达拉宫、大昭寺、哲蚌寺、甘丹寺、色拉寺和扎什伦布寺等著名寺院，其他非著名的小寺院少有游客。

每种宗教都有自己的圣地，而且在社会、政治、经济、文化生活中发挥着重要

① 郑嫱婷、陆林等：《宗教旅游可持续发展研究》，《安徽师范大学学报》（人文社会科学版），2004(5)，第 36－540 页。

的作用。① 出于对宗教的虔诚和对宗教圣地的崇拜之情，在宗教圣地的建设、发展、完善过程中，人们往往不计工本，竭尽所能，甚至还会把这种建设和创作当作自身修行的过程，倾注全部的心血。所以宗教圣地不仅成为宗教信仰的精神核心，更是宗教物质文化的荟萃之地，人类文化艺术的宝库，世界重要的文化遗产地。

截止到2010年，我国被记录在《世界文化与自然遗产名录》中的28处文化遗产和4处文化与自然遗产有1/2与宗教文化有关；世界八大奇迹中有多处与宗教紧密相关，例如庐山、天坛、莫高窟、武当山、布达拉宫、龙门石窟、大足石刻、云冈石窟、青城山、五台山、泰山、峨眉山－乐山大佛等，见表1－3。

表1－3　中国进入《世界遗产名录》的自然与文化遗产

28处文化遗产			
“天地之中”历史建筑群	庐山	长城	故宫
天坛	颐和园	周口店	安阳殷墟
秦始皇陵	莫高窟	平遥古城	武当山
承德避暑山庄	孔府孔庙孔林	西藏布达拉宫	丽江古城
苏州古典园林	明清皇陵	龙门石窟	大足石刻
都江堰－青城山	云冈石窟	澳门历史城区	安徽西递宏村
福建土楼	广东开平碉楼与村落	山西五台山	高句丽王城、王陵及墓葬
4处自然与文化双遗产			
泰山	黄山	武夷山	峨眉－乐山大佛

三、宗教文化旅游地的生命力长

加拿大旅游学家巴特勒（Butler）根据产品周期的概念，提出旅游地演化经过6个阶段：探查阶段、参与阶段、发展阶段、巩固阶段、停滞阶段、衰落或复苏阶段，如图1－1所示。

① 黄心川：《世界宗教圣地的形成、发展及其历史意义》，《世界宗教研究》，1994（2），第86页。

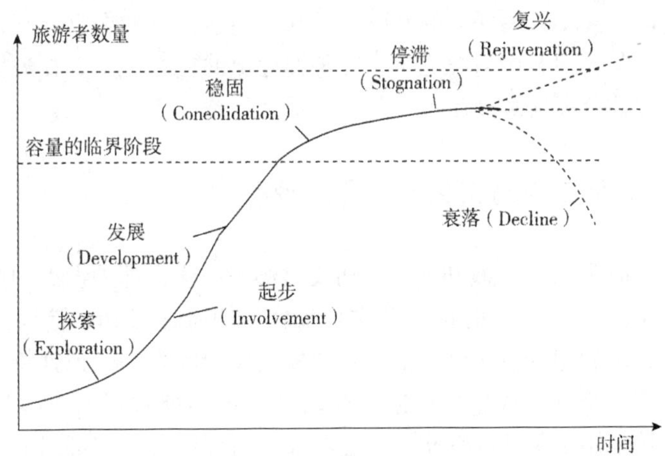

图1－1　旅游地生命周期曲线

宗教文化旅游地作为旅游地的一种类型，其发展演化过程符合旅游地生命周期理论。但是与一般旅游地不同，宗教文化的特殊性又使其在发展演变的过程中表现出比较长的生命力。

首先，宗教存在的长期性。目前作为世界三大宗教的佛教、基督教和伊斯兰教分别产生于公元前6世纪、1世纪上半叶和6世纪，距今都在千年以上，而且在相当长时期内不会消亡。"宗教的产生和存在，有着深厚的社会基础、自然基础、认识论或社会心理基础，而且宗教本身也会不断地适应社会的发展而不断改造、革新和自我完善。尽管随着科学技术的日新月异，特别是信息科学、生命科学的突破，人们对客观世界乃至生命本质的认识愈来愈深刻，从而对宗教本质的认识也会愈来愈深化，宗教幻想的领域必然会逐渐缩小，人们的宗教观念会逐步趋于淡化。但是，沿着这个总趋势发展的进程是漫长、曲折、复杂的。随着社会剧烈的发展变化，又会在一定程度上强化宗教存在和发展的社会基础，还会从社会心理的角度反过来使认识论基础得到新的滋养"①。

其次，宗教文化旅游资源的独特性、垄断性。宗教圣地的宗教地位是不可代替的，经过了千百年的文化积淀与锤炼，宗教圣地的宗教地位早已根深蒂固，无可改变。正如梵蒂冈对天主教徒来说，我国的四大佛教名山对佛教徒来说都是无法替代的圣地。大昭寺内供奉的释迦牟尼12岁等身像不仅独一无二，而且在信众心目中无法替代。

第三，宗教文化具有不可模仿性。宗教文化旅游资源都是在特定的历史条件下产生、发展、成熟的，并与其周围的历史、民族、文化氛围深深地融合在一起，脱离这个环境，它的价值将会锐减，甚至消失。如作为世界文化遗产的西藏布达拉宫

① 叶小文：《与时俱进话宗教》，《中国宗教》，2001（6）。

离不开藏传佛教，离不开雪域高原和藏族民众。布达拉宫的白宫、红宫和熠熠生辉的金顶，只有在蓝天白云的衬托之下，在巍巍红山的支撑之下，在藏民族虔诚的信仰、供奉之下，才会显得那么宏伟、壮观，那么神圣、威严。

四、宗教文化旅游对文化素质要求较高

按照符号学的说法“宗教和其他一切文化形态一样，都是人类创造的一种符号系统”①。吕大吉认为，宗教的符号形式是宗教信仰者在对其所信仰的神圣对象及其自然神性的想象和感受后，创造的一系列象征性的语言和模拟性符号。与非宗教符号不同的是宗教符号是从非存在创造存在（幽灵和神），是一种“幻想”。非宗教的符号，虽然采用了象征的形式，但它象征的内容和对象却可以通过自然感官予以感知或认知。正是由于宗教是基于想象或幻想构建起的符号体系，因此对宗教符号的识别和解读的难度更大。

旅游活动就是解读文化符号的过程。纳尔逊·格雷本（Nelson Graburn）认为，“人们进行旅游在于人类有赋予自己的行为、活动以一定符号意义的倾向”。D. 麦克奈尔（D. Mac Cannell）说，“旅游者追求的是异地的不寻常和本真性，追求的是异国文化的符号”②，因此游客就是在识别符号、解读符号、体会符号中实现旅游的目的，获得旅游价值。

宗教文化底蕴深厚，内涵丰富，既包括丰富的宗教内容，又涉及历史、文学、医学、艺术等方面的知识。在宗教文化旅游中，人们可以观赏到宗教建筑、绘画、雕塑、舞蹈、音乐等丰富的形式美和精湛的艺术美，但是蕴藏在宗教文化艺术背后的深刻宗教思想和文化内涵，是一般旅游者很难理解和体味到的。宗教文化旅游对文化素质的要求表现在：

第一，旅游者要具有比较强的审美能力以及广博的宗教知识。否则在宗教文化旅游中只能获得对宗教中美的直接、肤浅的享受，而不能与客体形成情感的共鸣，无法在更高层次的情感和理解的层面上去欣赏客体，从而使宗教文化之旅大打折扣。例如，在藏传佛教造像艺术中，护法神系列中的神灵，如护法金刚、大威德金刚、马头金刚等多为狰狞恐怖、鼓目圆睁的愤怒造像，有的游客误认为是妖怪，其实按照密宗的说法，这是为了使修习者的意念能够迅速地捕捉引起人类内心烦恼的邪魔，所以常把这些邪魔描绘成具体可视的形象，供人们反思和修行。在这里，烦恼便是人内心最大的敌人和邪魔。作为密宗造像则更多地体现了象征主义的理性成分，烦恼可能是由一个被踏在护法神脚下衰竭待毙的魔怪形象来表示的。

---

① 吕大吉、牟钟鉴：《中国宗教与中国文化——概说中国宗教与传统文化》，中国社会科学出版社，2005，第39页。

② 谢彦君：《旅游体验研究——走向实证科学》，中国旅游出版社，2010，第8－19页。

第二，宗教文化旅游对导游的文化素养也有较高的要求。对一般的游客而言，宗教文化旅游的深刻内涵还需要导游的讲解和启发才能发现和领悟。为此，宗教文化旅游的导游员除了具备普通导游员的基本知识和技能外，还应具有一定的宗教知识，懂得宗教礼仪，了解宗教的禁忌。

五、宗教文化旅游吸引范围等级系列分明

按照人们在旅游中追求最大效益的原则，在旅游目的地的选择上，表现为知名度高的旅游地往往比知名度低的旅游地有更大的旅游吸引力。在宗教文化旅游中，由于宗教的影响力和地位的不同，导致旅游吸引范围的等级系列分明。

按照恩格斯关于宗教在历史上是从“部落宗教”发展为“民族宗教”，再发展为“世界宗教”的宗教分类法，我们不难看到：从旅游吸引的角度，“世界宗教”、“民族宗教”到“部落宗教”的吸引范围呈递减的趋势。例如麦加、麦地那、耶路撒冷等世界性的宗教朝觐圣地，每年都会有数百万计的教徒从世界各地前往。仅2006年，就有280万朝觐者参加了麦加的朝觐宗教活动。道教作为中国的民族宗教，尽管在其他国家和地区也有一定数量的信仰者，但是其影响主要在中国，作为我国道教四大名山的青城山、齐云山、武当山、龙虎山等每年也都会吸引一定数量的国内外宗教人士和旅游者。而像“东巴教”、“达巴教”、“毕摩教”、“本主信仰”等民间宗教，其吸引力仅仅局限在一定的民族和地域范围内。“东巴教”主要在纳西族中有比较多的信仰者，“萨满教”主要被满族、蒙古族、鄂伦春族、鄂温克族等民族信奉。

依宗教的发展演变轨迹，宗教由最初的“祖教”演化成多种教派，这些教派自身又发展成更小的宗派。因此，宗教及文化的吸引范围成明显的等级系列。例如佛教与西藏原有的苯教融合后形成了具有藏民族特点的藏传佛教。公元10世纪后，随着藏传佛教“后弘期”的开始，陆续出现了许多教派，有早期的宁玛派、萨迦派、噶当派、噶举派，还有15世纪初由宗喀巴创建的格鲁派等。大昭寺作为藏传佛教最神圣的寺庙，并不从属于哪个教派，每年这里都举行传召法会，历代的达赖或班禅的受戒仪式也都在这里举行。而甘丹寺作为宗喀巴大师亲自创建的寺庙被称为格鲁派的祖寺，备受格鲁派的推崇。此外，由宗喀巴大师的弟子嘉杨曲法、释迦益西、根敦珠巴分别修建的哲蚌寺、色拉寺、扎什伦布寺以及塔尔寺和拉卜楞寺被称为格鲁派的六大寺庙，受到宗教信徒和旅游者的青睐。

有的宗教圣地被几种宗教徒共同拥有，具有更大的吸引范围。如斯里兰卡的圣足山，佛教徒、印度教徒、伊斯兰教徒和基督教徒都把该山作为本宗的圣地而加以膜拜。印度的阿旎陀石窟为印度教徒、佛教徒和省那教徒共同开凿。耶路撒冷一直是犹太教、基督教和伊斯兰教的圣地。中国的天台山、峨眉山、九华山等既是佛教名山，也是道教的洞天福地。

六、宗教文化旅游要素的组合性强

一个孤立的构景要素或一个独立的景点是较难对旅游者形成吸引力的。复杂多样、相互联系、相互依存的多个要素组合构成的景观对旅游者更具吸引力。受选址条件和宗教地位等因素的影响，世界著名的宗教圣地或与名山大川为伴，或身居繁华都市之中。这样的组合特征使旅游者在进行宗教文化旅游的同时能够观赏自然景观，体验民俗风情。

中国一直流传着“自古名山僧占多”的说法，这反映了佛道教僧人追求大自然的旨趣，栖息山林的心境和返璞归真的理想，以及追求清静无为的解脱道路。在国外也可以见到这类典型例子。法国圣米歇尔修道院建立在海中孤岛上，伊斯兰教的圣山阿拉法特山位于麦加城外 25 公里处。另一方面，在喧闹的都市中也有一批重要的宗教圣地。例如著名的巴黎圣母院、莫斯科升天大教堂、麦加大清真寺、天主教教廷梵蒂冈、缅甸大金字塔、泰国玉佛寺、拉萨布达拉宫、北京白云观等。人们面对融自然景观和人文景观为一体的宏伟壮观的金字塔、巧夺天工的乐山大佛、艺术精湛的敦煌石窟、金碧辉煌的大金塔、雕刻精美的教堂、气势磅礴的清真寺等等，无不肃然起敬，赞叹祖先的丰功伟绩和深邃的智慧以及完美的艺术想象力，驻足沉思，流连忘返。

由此可以看出，宗教文化旅游不是孤立、单一的旅游活动，而是宗教文化鉴赏与自然景观观赏、民族风情体验结合在一起的，具有丰富的文化内涵和多种形式，可以满足旅游者多种旅游体验的需求。

思考与练习

1. 简述“宗教文化旅游”与“宗教旅游”称谓上的差异。
2. 宗教文化旅游的定义及其含义。
3. 举例说明宗教文化旅游的特点及其形成原因。

第二章　宗教文化的当代旅游价值

本章导读

宗教的本质属性在于其对超自然、超人间、超现实力量的崇拜与信仰，其中包含了许多唯心主义的思想。但是宗教的人生观、价值观、伦理思想和道德规范等方面，也包含了许多有利于人性中优良品质发展的积极内容。

在历史唯物主义思想的指导下，从发挥宗教文化积极的社会功能，满足旅游者的需求出发，深入挖掘宗教文化的当代旅游价值。重新认识、理解和评价宗教文化在抚慰人们的精神和心理、丰富知识、开阔视野、提高审美情趣、增强环保意识等方面的价值。借旅游这一方便之门，发挥宗教积极的社会作用。

相关词

宗教文化　宗教文化旅游价值　社会功能

本章重点

希望学生通过本章的学习，了解当今社会人们在思想上的某些困惑，在身体上和心理上的一些压力和不适。重点掌握如何针对上述问题从宗教文化中提取积极内容，借旅游这一方便之门，实现宗教在提升人文素质、使旅游者获得美感享受、扩大旅游者视野、缓解旅游者精神压力、满足旅游者购物需求等方面的价值。

宗教作为精神文化，不可否认的是其中包含了许多唯心主义的思想，如重视来世与灵魂不灭论等论断，但是在人生观、价值观、伦理道德等方面，宗教中也包含着许多有利于人性中优良品质发展的积极一面。

过去，由于对马克思主义宗教观的片面理解，人们简单地把宗教视为精神鸦片，看作是阻碍社会经济发展的精神垃圾。随着经济现代化进程在全球范围内不断扩展，宗教不但没有销声匿迹，反而作为一种文化受到更多人的关注。在旅游中还出现了宗教文化热。如何从历史唯物主义思想观点出发，发掘宗教积极的社会功能，重新认识和理解宗教文化在抚慰人们的精神和心理，丰富知识、开阔视野，提高审美情趣、增强环保意识等方面特殊的价值具有重要意义。

宗教文化具有很高的旅游价值，但是由于宗教文化旅游的主体的不同而又有所差异。对宗教信仰者而言，宗教文化旅游资源的价值主要是能够满足其宗教信仰，也就是满足朝圣、朝拜等信仰活动上的价值。作为宗教人士生活和修行的一些宗教场所对信徒具有宗教活动功能上的吸引力。对于一般游客而言，宗教文化旅游价值就更加丰富，主要表现在道德伦理、艺术美感、知识、精神和旅游商品等方面。

第一节　宗教的道德伦理价值

在一定社会里，为了调节和维系现实社会中人与人、人与社会的关系，需要有一定的行为准则和规范。在宗教世界中，人们给信仰对象赋予了一定的神圣性，并通过宗教思想、宗教教义、宗教组织和宗教活动使信仰对象的神圣性体现出一系列功能，如认同功能，信众牵引功能，行为规范功能、心理调适功能等，对宗教信仰者与信仰对象之间进行了行为规范和要求。

一、道德的概念和作用

道德一词，在汉语中可追溯到老子的《道德经》。老子说："道生之，德畜之，物形之，势成之。是以万物莫不尊道而贵德。道之尊，德之贵，夫莫之命而常自然。"其中"道"指自然运行与人世共通的真理；而"德"是指人世的德行、品行、王道。"道德"二字连用始于荀子《劝学》篇："故学至乎礼而止矣，夫是之谓道德之极。"在西方古代文化中，"道德"一词起源于拉丁语的"Mores"，意为风俗和习惯。

（一）道德的定义

有关道德的论述很多。古人曾就道德作了详尽阐释，其中尤以朱熹的定义最为经典：道者，人之所共由；德者，己之所独得（《朱子语类》卷六）。道者，古今共由之理，如父之慈，子之孝，君仁，臣忠，是一个公共的道理。德，便是得此道于身，则为君必仁，为臣必忠之类，皆是自有得于己（《朱子语类》卷十三）。

由此可以看出：道德是一种社会意识形态，是在一定社会里调整个人与个人、个人与社会之间关系的行为准则和规范。道，是人们应共同遵循的基本道理、准则。德，是人们对道的领悟，并成为自身的行为准则。

（二）道德的社会作用

道德作为规范人们行为的准则，往往代表着社会的正面价值取向，具有引导、促进人们向善的功能。正是由于道德的力量，人类社会才变得温馨、和谐。道德沦丧的社会是没有希望的社会，是不会长久存在的社会。

维护社会的和平与安定，法律和道德相辅相成，法治作为强制性的惩罚手段是对道德约束的补充，但最终还是要实现道德对人的约束作用。法律永远只能使人们被动地接受，道德能使人们主动去遵守行为规范。因此，道德在规范人们行为和实现社会和谐中的作用是无法取代的。

二、宗教的伦理思想和道德规范

“所谓‘宗教道德’就是以非感性的人——神宗教关系为直接根据，适应信仰者与信仰对象的关系的行为，使之适合于人——神关系要求的规范和准则……尽管各种宗教崇拜不同的神灵、信奉不同的教义，但它们对超自然、超人间的神的信仰和崇拜却是共同的。正是从这种普遍性的人——神关系中引申出了适应人——神各方行为的伦理价值准则和道德规范，并在此基础上承担了相应的道德义务。”①

（一）佛教的道德观

在佛教的思想教义中，有许多规范人们的思想、行为的内容，例如与佛教教理、戒律密切结合的八正道、五戒、十善、六度、慈悲喜舍、四摄、六和等，都兼有道德的意义。

佛教最高的思想境界是实现涅槃、解脱。为了达到这样的境界，佛教讲究自我塑造、自我完善，主张个体的自我道德修养。提出“诸恶莫做，众善奉行，自净其意，是诸佛教”的思想精髓；提倡无贪、知足、利他、慈悲、报恩的思想。为了达到涅槃解脱的境界，提出“八正道”的方法和途径，即正见（正确的见解）、正思维（正确的思维）、正语（正直的言语）、正业（正确的行为）、正命（遵循正确人生原则的职业和生活），正精进（正确的修行）、正念（正确地忆念四谛的道理）、

① 吕大吉：《宗教学通论新编》，中国社会科学出版社，1998，第761－762页。

正定（正确地修行禅定）。严格规定了“五戒”，即不杀生、不偷盗、不邪淫、不妄语、不饮酒作为根本大戒。为了规范信众的道德行为，佛教制定了“十善法”，即“不杀，不盗，不邪行，不枉语，不两舌，不恶口，不无益语，不嫉，不恚，不邪见等，名十百业，亦名十善业道”。为了禁止人的不良行为提出“十善标准”。

（二）基督教的道德观

基督教伦理道德观的基础是信“原罪”，即认为人类的祖先亚当和夏娃因偷食禁果犯的罪传给了后代子孙，成为人类一切罪恶的根源。除“原罪”之外，人类还因违背上帝意志而犯下种种“本罪”。由于人生来就有这种原罪，人生来就要有罪恶感，除了靠耶稣基督的救赎，自己还要时时忏悔。

十诫是基督教各教派最古老、最基本、最有生命力的伦理戒条。基督教认为不仅应守十诫，更强调“因信称义”，认为对于灵魂获救来说，最重要的是信仰。天主教传诵的十诫称“天主十诫”，内容如下：钦崇一天主在万有之上；毋呼天主圣名以发虚誓；守瞻礼之日；孝敬父母；毋杀人；毋行邪淫；毋偷盗；毋妄证；毋恋他人妻；毋领他人财物。基督新教传诵的十诫如下：除上帝之外不可崇拜别的神；不可敬拜偶像；不可妄称上帝的名；当守安息圣日；当孝敬父母；不可杀人；不可奸淫；不可偷盗；不可作假见证；不可贪邻人的财物。

天主教十诫与基督新教十诫的条目次序不尽相同，但二者的精神实质是一致的。由于翻译问题，文字也略有不同。此外，基督教道德思想强调的是人内心的圣洁，即把人的善恶标准归于一切动机，心存信、爱、望即是善，而邪恶一动即是恶。

（三）伊斯兰教的道德观

道德训诫是伊斯兰教体系的重要方面，它从意识、言语、行为、饮食等方面对穆斯林作了规范。其主要内容有：“认主独一、知真主至公无私、知圣、知伊玛目、命人行好（善）、止人干歹、远奸、近贤。”还有七项义务：严禁偷、抢、赌、淫、霸、杀人和自杀等。饮食方面禁止食用对人身心有害的一切食物。如自死物、血液、虎狼等猎食其他动物的猛兽，凡用利爪捕食其他动物的猛禽，凡毒虫和爬行动物及大象、骡子、鼠等不可食；凡食粪、垃圾的动物不可食；如猪、狗等。“凡是麻醉人神经的物品均不可食”；如鸦片、大麻、吗啡、海洛因、可卡因及致醉的酒类都不可食；鱼类中食人的也不可食；两栖动物不可食。

总之，各种宗教道德体系中，既包括人与神关系的行为规范，如对神灵的信仰、敬畏，以及与崇拜神灵的宗教行为有关的宗教禁忌和戒律；也包含了人与人的行为规范，如佛教、道教、基督教和伊斯兰教中关于孝敬父母、不杀人、不奸淫、不偷盗、不做假证、不贪恋别人的妻子、财务等内容，这些内容不仅具有重要的宗教意义，也是现代社会的普遍道德约束。

三、宗教伦理思想和道德规范有助人文素质的提升

从积极的意义看，宗教中的关系原则和伦理道德对于维护现代社会秩序，保持人际关系和谐、推动人心向善，让世界多一份爱，具有一定的积极作用。

考察人类社会的历史可以发现，“宗教对提升和维系人类社会道德起着最深层、最久远的作用，宗教信仰远比非宗教信仰更具有道德的影响力和感召力，它是人们内心世界永久的一种行为规范或价值尺度。宗教信仰能够使人在社会强制力量、制约力量和惯性力量作用之外，自觉做到诸恶莫做、众善奉行、戒恶扬善，宗教对道德的这种正面作用是不可低估的”。[①] 在社会主义公民基本道德构建中，吸纳和采撷宗教中积极的、能动的和真诚的精神元素，可以弥补世俗教育和法律制裁等方面的诸多空白，引导人的本能朝有利于构建人与自然、人与人、人与社会和谐发展的方向迈进，这对科学发展、和谐发展和精神文明建设都具有现实的意义。

在旅游过程中，通过导游员的讲解让旅游者了解佛教的“五戒”、“十善法”、“十善标准”、基督教的“十诫”、伊斯兰教七项义务等，通过有关宗教道德故事和传说的讲解，可以起到引导人们向善的作用。

第二节　宗教文化旅游的艺术价值

宗教是信仰的形态，艺术是审美的形态。宗教把想象中的神灵、神圣物和超自然环境构想出来，并相信它们是真实存在的。为了使信众相信并成为共同信仰的对象，宗教的思想教义被具体化、物态化为可感知的形象，成为宗教的艺术表现形式。在宗教的艺术表现中，一方面艺术常常成为表现宗教观念、宣泄宗教感情的象征形式；另一方面，在各种宗教信仰和宗教崇拜活动中，常常伴随信仰者深沉而强烈的宗教感情，而感情的宣泄总是通过具体的象征性的语言、文字、身体动作和借助某种具体的物态形式来实现的。例如宗教建筑、宗教造像、宗教绘画、宗教舞蹈和音乐、宗教文学等等。

一、旅游的审美价值

审美是指人类鉴赏美和创造美的实践活动，它是通过对客观现象的观察、感受、联想等形象思维来认识美的形式，揭示美的本质，辨别美的内涵，从而使人产

① 朱蕴丽：《社会基本道德缺失的原因与公民道德教育的重构》，《求实》，2010（3），第68页。

生憎恶、抑丑、扬美的心理过程。美感是人们在审美活动中，由美的对象所引起的一种美的享受，是精神得到某种满足和感受的情感表露。

（一）旅游是一项审美活动

无论是从“旅游”的字面含义，还是旅游活动的本质属性看，审美是旅游活动的核心内容。叶朗先生在国内较早地提出：“旅游，从本质上说，是一种审美活动。离开审美，还谈什么旅游？……旅游活动就是审美活动。”① 于光远先生同样强调：“旅游是现代社会生活中居民的一种短期的特殊的生活方式。这种生活方式的特点是：异地性、业余性和享受性。”

旅游作为审美活动是“因为在旅游活动中，旅游的对象，不论是自然景观还是人文景观，不论是风土民俗还是美味佳肴，都是作为审美对象被审美主体——旅游者所欣赏、领悟、感知的，从而使审美主体得到性情陶冶、身心愉悦、精神振奋”②。为此，从旅游美学的视角出发，旅游是寻找美、发现美、享受美的过程。

（二）旅游审美的特点

审美是审美主体对客体之内容与形式价值（如美丑）的感知、观察、审视和品评，是人对美的事物的一种带有情感的认识，是美的客观存在和旅游者对美的追求的和谐统一，表现出如下特点：

1. 旅游审美的多样性和丰富性

审美在旅游活动中无处不在。无论是旖旎的自然风光、优雅的园林建筑、高品位的艺术创作、鲜活、独特的民俗风情，其中都蕴藏丰富的艺术美感。但是由于旅游审美主体具有主观性，旅游者的年龄、性别、性格、受教育程度、生活环境的不同等，导致他们的审美需求不同。因此，有人喜欢寻踪探古、有人喜欢山峦溪流；有人在悠闲、娱乐中消磨时光，有人在激烈、冒险中寻求刺激；有人漫步在幽静的巷宇间，有人流连于喧嚣的都市中。

总之，无论出于什么样的旅游动机，采取什么样的旅游方式，到达什么样的旅游地，旅游中的美感无处不在，旅游中的审美无处不有。为此，在旅游活动中一方面要注意恰当地引导旅游者发现美，同时应积极发掘、创造美，增强旅游者美的享受。

2. 旅游审美的层次性

旅游审美的核心是旅游主体与旅游客体的和谐、统一。旅游是人的主动审美活动，是旅游者借助游览山水风光、园林建筑、寺庙祠宇，体验文化艺术、民俗风情以及参与漂流、滑雪、滑沙、滑翔等竞技活动等获得身心的愉悦和放松的过程。在

---

① 叶朗：《旅游离不开美学》，《中国旅游报》，1988 年 1 月 12 日。

② 乔修业：《旅游美学》，南开大学出版社，2000，第 3 页。

旅游审美过程中，由于旅游者的个体差异导致旅游审美的层次性，主要表现在：

一方面，由审美对象的外在形式引发旅游主体的强烈感受的审美。这是比较简单、也是比较容易理解的一种审美类型。在旅游活动中，无论是自然风光还是人文景观，以其合理的结构、布局，匠心独运、鬼斧神工的构筑造型，丰富、适度的色彩、声光等等与审美主体——人的性格、感情、思致等相呼应，并由此激发出不同的审美效果，满足审美主体心神的需要，引发了审美主体情绪的变化，调动了审美主体的理智的联想，使审美主体从审美客体中获得了不同的审美感受与审美体验。

另一方面，是主体透过旅游审美客体的外在形式获得对审美对象内在美的发现和理解。作为审美客体的旅游景观并不是产生这种美感的直观因素，在更多的情况下，它们只是作为一个触媒，引导、诱发旅游者作为审美主体的审美联想，使之在精神上、智识上产生一种非感性的审美满足与审美感受。这种审美感受并非是感官的而是心理上、精神上的内在体验之美，但同样可以使人愉悦、欢乐、激动、亢奋。旅游活动中这种类型的美感，需要通过审美主体与审美客体之间的深层和谐才能产生、完成。

二、宗教艺术的美感

“宗教艺术是以表现宗教观念、宣扬宗教教理，跟宗教仪式结合在一起或者以宗教崇拜为目的的艺术。它是宗教观念、宗教情感、宗教精神、宗教仪式与艺术形式的结合。”① 宗教艺术包括：宗教建筑、宗教造像、宗教绘画、宗教音乐、宗教故事、传说等。在宗教文化旅游中宗教艺术的美感表现在以下几方面

（一）宗教的精神美来自于它对人生美好境界的追求

“宗教崇拜超自然的力量，追求人间的彼岸，并且认为这个信仰中的宗教世界是完美、永恒和最为真实的。”② 佛教的西方净土、基督教的天堂、道教的神仙世界、伊斯兰教的天园都是极其美好、令人神往的理想境界。

“涅槃”是学佛者所希求的一个美好圆满的境界，是人生理想的归宿。所谓“涅槃”是一种没有衰老、没有疾病的痛苦、没有死亡的恐惧、所有的东西不损不灭的境界。涅槃是破除贪、瞋、痴，断灭一切烦恼的状态。佛教的净土世界被描绘成“极乐”世界，是脱离了生、老、病、死、怨憎会、爱别离、求不得、五阴炽盛等八苦的安隐之地。

道教主张一种艺术般的人生，诗化般的生活，追求清静、恬淡，淡泊名利，随遇而安的崇高精神境界。道教认为每一个人都禀道而生，只要遵循道教的教义，积

---

① 蒋述卓：《宗教艺术的涵义》，《文艺研究》，1992（6）。

② 牟钟鉴：《宗教、文艺、民俗》，中国社会科学出版社，2005，第3页。

极地修炼，最终将成仙得道，进入永恒、自由的理想境界。道教描绘的神仙世界由三清、四御和众多的神仙组成，他们长生不死，神通广大，逍遥自在。

基督教圣经中把天国描述为：同世界物质的事无法形容，好的无比的地方。天国上有好多住的地方，不朽、不残破，永远存留在天上的基业，天国是最安稳的国度，没有忧伤、痛苦、眼泪，也没有死亡；是完全圣洁的地方，毫无罪恶之处永远光辉灿烂。

《古兰经》中描述的天园更是令人神往：那里环境优美，恬静：滨临清泉，诸河交汇；有长年不断的漫漫树荫、泛泛的流水和采摘不绝的丰富水果；那里的气候宜人，不觉炎热，也不觉严寒。进入天园的人穿的是绫罗绸缎，戴的是金镯和珍珠，吃着他们所嗜好的水果和肉食，睡在珠宝镶成的床榻上。进入天园者在精神上可享受极大的快慰：他们听到的只是众天使和同伴们的祝寿和祝安；彼此相处亲如弟兄；大家过着无忧无虑的生活。

（二）宗教艺术具有震撼人心的美感

宗教建筑、造像、绘画、书法、音乐不仅是艺术美感的展现，更是对宗教思想的表达，对宗教感情的宣泄。为了促进宗教发展，宗教势力竭尽全力把精湛的艺术技巧运用到神圣的事业上，使神圣的灵光增添艺术的光辉。对宗教思想的理解给艺术家以创作的冲动和灵感，对宗教的笃深信仰使艺术家把艺术创造过程视为宗教修行的过程，为此他们不计工本，不惜心血，甚至生命。正因如此，宗教艺术成为世界艺术殿堂中最辉煌、最为震撼的珍品。

从文化和景观的视角来说，佛寺、教堂、清真寺、道观作为集建筑、雕塑、绘画、书法等为一体的综合艺术馆，既是宗教活动场所，也是观光游览的重要景观。从宗教场所的整体布局、单体建筑的风格以及建筑内部装饰中，不仅可以欣赏宗教建筑艺术特色，同时还可以领悟到其中的宗教理念和寓意。它给人们带来了美的享受、艺术的熏陶、神奇的联想。

寺庙和寺塔的建筑布局多样，分印度式、汉式（宫殿式）、藏式、蒙古式，还有印藏、汉藏、蒙藏结合的形式等。汉地佛寺多采用院落式布局，数进院落，轴线对称，主从有序。山门为寺院大门，分为空门、无相门、无作门，象征三解脱，所以又称三门。主要佛殿分布在寺院的中轴线上，坐北朝南，大雄宝殿为寺院主殿，多高大雄伟。藏传佛教寺庙是宗教建筑中的典型代表。被誉为古代藏族建筑史典范之作的布达拉宫依红山而建，由上而下纵向排列的红宫、白宫和“雪”，象征着藏传佛教“三界”（“欲界”、“色界”、“无色界”）。西藏第一座佛、法、僧三宝俱全的桑耶寺，其平面布局表现了藏传佛教对世界的地理结构和形状的理解：以须弥山为世界的中心，周围环绕大地、山河、日、月、星辰。藏传佛教寺院殿堂内挂满幢幡、帷幔、经布，有的还有堆绣、壁画、鲜花，广点酥油灯，屋顶竖有法轮、金鹿，气氛浓烈，富丽堂皇。

教堂的建筑风格主要有罗马式、拜占庭式和哥特式三种。罗马式教堂采用拱券结构，外形像封建领主的城堡，以坚固、沉重、敦厚、牢不可破的形象显示教会的权威。教堂内光线幽暗，给人一种神秘宗教气氛和肃穆感及压迫感。高耸的圣坛代表耶稣被钉十字架的骷髅地的山丘。哥特式建筑采用古希腊和古罗马的柱式和拱顶结构，细长的尖顶，内部以十字形式排列，圆形彩色玻璃窗。按照基督教教义，十字代表耶稣受难，高耸的尖顶表示基督的高大形象，圆顶彩色玻璃窗“暗示太阳，象征着基督，嵌入的圆花则代表圣母玛利亚”①。四面皆壁的封闭空间、弯曲的围壁形成的穹顶及尖塔的笔直通道暗示着天堂的存在。著名的哥特式建筑有巴黎圣母大堂，意大利米兰大堂，德国科隆大堂，英国威斯敏斯特大堂。

清真寺是伊斯兰建筑艺术的浓缩，是结构严整、雄伟壮丽和带有装饰艺术的建筑群。清真寺的建筑艺术集中表现在：巧妙的造型设计、新颖的建筑手法、独特的装饰艺术。清真寺的主体建筑是礼拜大殿，方向朝向麦加克尔白。较大的清真寺还有宣礼塔。塔顶呈尖形，故称尖塔，系唤拜之用。因为伊斯兰教不拜偶像，所以任何一座清真寺都不陈列塑像，装饰彩绘中也没有人和动物形象。建筑物外表敷以彩色或其他装潢。清真寺建筑艺术有四大流派和风格：叙利亚——埃及派：主要以希腊、罗马和当地样式为范例；伊拉克——波斯派：以萨珊式样、古代迦勒底式样和亚述式样为基础；西班牙——北非派：即马格里布式样的马蹄形；印度派：圆顶形，有明显的印度建筑色彩。

第三节　宗教文化满足游客的求知欲

求知是旅游者产生旅游动机的重要方面。在宗教文化旅游中，旅游者可以透过宗教文化遗产获得有关的宗教知识以及与之相关的社会、经济、科技等方面的内容。许多宗教文化名人都是博学睿智的大师，与他们直接交往，会获得在其他地方无法获得的知识。

一、旅游者的求知需求

满足社会不同人群的旅游需求，是旅游业发展的主要宗旨。从旅游动机出发，旅游者出行的一个重要原因是基于增长知识、扩大视野的需要。“读万卷书，行万里路”是传统中国人的理想境界，认为只有经过读万卷书的精神修养，以及行万里

① 玛利亚·克里斯蒂娜·高佐莉著，彭小撰译，劳陇校：《哥特艺术赏鉴》，北京大学出版社，1989，第22页。

路的现实磨砺，才能修炼成完美的人生。“旅游可以使人明智”，通过旅游活动可开阔视野，增长智慧。

（一）旅游是获取知识的重要途径

人们获取知识的途径很多，例如家庭、社会、学校等等。首先家庭教育是人们最初获得知识重要途径，人们最早获取的知识主要来自父母、家人。其次，通过学校的教育获取知识，这是现代青年人获取知识的主要途径。学校采取系统、规范的教育模式传授知识达到培养人的目的。再次，从社会生产、生活的实践中获得知识。人们在社会生产、生活中通过观察、模仿、学习了解生存方法，掌握生存的技能，积累社会生产和生活的经验，适应社会的发展。

旅游是一项社会活动，在旅游过程中旅游者可以获得多方面的知识。首先，了解旅游目的地的自然、社会、经济、文化。其次，从旅游景区、景点中获得相关的主题知识。例如风景名胜区中包含山河、湖海、地貌、森林、动植物化石、特殊地质、天文气象等自然景物和革命纪念地、历史遗址、园林、建筑、工程设施等人文景观和它们所处的环境以及风土人情等，在游览过程中旅游者可以获得相关的知识。在世界文化遗产旅游中，旅游者可以从历史文物、历史建筑、人类文化遗址、各种实践、表演、表现形式、知识和技能及其有关的工具、实物、工艺品和文化场所中，获得相关的历史知识、建筑知识、人类发展进化等方面的知识。

（二）旅游求知的特点

旅游活动是旅游者在旅游过程中所经历的各项活动，并从这些旅游活动中，得到最大程度的满足。它与家庭教育、学校教育以及工作生活中获取知识有很大不同，表现为如下特点：

1. 寓教于乐

旅游具有开阔眼界、增长知识的功能，与一般的教育形式不同的是，旅游是在一种身心愉悦的状态下获得知识，可以达到寓教于乐的目的。这是因为旅游是一种娱乐活动，是人们暂时离开常住地而前去异地他乡游览的一种休闲活动。旅游是指个人前往异地以寻求审美与愉悦为主要目的而度过的一种具有社会、休闲和消费属性的短暂经历（谢彦君，2001），旅游者在旅游活动中获得愉悦的感受，并在放松身心、强健体魄的同时获得知识。旅游的这种寓教于乐的方式更有助于激发人们的求知欲望，便于人们对知识的学习、掌握和记忆。

2. 丰富多彩

旅游活动中蕴含着丰富的知识内容。首先，旅游活动类型具有多样性导致旅游求知的丰富性。无论是在自然景观和人文景观的游览观光游，还是在休闲疗养、会展、商务、科考、健身游，宗教文化等专项和体验游中，游客都能够获得丰富的知识。其次，由于旅游活动的综合性导致在每项旅游活动中都蕴含大量的知识。吃、住、行、游、购、娱六大要素中，包含着饮食文化、建筑文化、地理知识、交通运输知识、商品知识、民俗文化知识等。再次，突出教育意义的旅游项目，包含了专业知识。例如参观科技馆、天文馆、航天馆、高等学府等，在游览中了解科技知识，激发学科学、用科学的积极性。参观名人故居、革命者足迹、红色革命根据地、军事博物馆等等，了解革命历史，牢记革命先烈的丰功伟绩，增强爱国主义情感。游览国家级森林公园、地质公园、世界文化遗产等，了解相关的生物科学、地质科学、历史文化等知识。

3. 直观生动

无论是旅游中的观光游览还是文化体验活动都发生在旅游景点、景区内，使旅游客体直接作用于旅游主体，再辅助于导游的生动形象的解说讲解，旅游主体的感官得到全方位、强烈的刺激后获得视听感知，因此旅游活动具有直观生动的永恒魅力，达到“百闻不如一见”、“读万卷书，行万里路”的效果。

二、宗教文化中蕴含丰富的社会知识

宗教拥有庞大的知识体系，蕴藏着丰富的社会生产和生活知识，在社会发展中发挥重要的作用。历史上，宗教场所不仅是宗教活动的中心，也是文化传播和民族教育的固定场所，俗话说“一所寺庙就是一所学校”。

（一）佛教的“五明学”

大乘佛教以五明为学人所必学的内容。五明学是佛教中讲述的五种学艺，是印度的学术分类法，包括：声明、工巧明、医方明、因明、内明。声明：即声韵学和语文学。工巧明：即一切工艺、技术、算学、历数等。医方明：即医药学。因明：即逻辑学。内明：即佛学。其中的工巧明和医方明中蕴含许多社会知识和解决问题的方法。

工巧明包括的范围很广，涉及技术、工艺、音乐、美术、书术、占相、咒术等。《瑜伽师地论》中将工巧明分为营农、商贾、牧牛、事工、习学书算计数及印、习学所余工巧业处等六种。列举营农工业、商贾工业、事王工业、书算计数印工业、占相工业、咒业工业、营造工业、生成工业、防邪工业、和合工业、成熟工业、音乐工业等十二种。由此可见，工巧明包涵的内容繁多，涉及生产、生活、文化，艺术等方面，是一个复杂的知识和技能体系。在现代医学高度发达的今天，佛教中的医药因其独特的疗效神奇的诊断、治疗方法等受到人们的青睐。

医方明系古印度解说有关疾病、医疗、药方之学，相当于现代的医药科学和医疗技术。经律之中，有关医疗之记载甚多，被视为佛教医术之重要史料。佛教中的“地水火风”和“四百四病”之说，早为中国古代医学界所采用。《金光明最胜王经·除病品》中曾讲到风、热、痰荫、总集等病和针刺、伤破等 8 种治疗方术。

（二）道教养生学

道教是一种以人为本，追求生命自身价值的宗教，道教养生是道教文化的精华。道教非常重视现世生命的存在。《太平经》中说："天地之性，万二千物，人命最重。"《度人经》中说："仙道贵生，无量度人"，充分体现了道教贵生度人的特点。道教以长生成仙为终极追求，表现了道教热爱生命、渴望永生的热忱和探索精神。

道教的治身养生的核心是性命双修。它不是单纯的调养身体，而是把强身健体和人内在的心性修炼、自身修持的提升紧密联系在一起的，是"生道合一"，是身体健康和道德提升的统一。道教全真派的开创者王重阳提出高尚之士性命兼达。在道教有关养生方法的论述中，《养性延命录》内容丰富，包括医论、医药以及啬神、服气、养形、导引、言语、饮食、房中、反俗、禁忌、祈祷、诵咒、存思诸术，是我国现存最早的一部养生集。时至今日，道教气功、瑜伽、道教的饮食和起居之道对人们的养生保健仍起到很大的指导作用。

（三）伊斯兰教的卫生知识

穆斯林有严格的饮食和卫生要求，这是由伊斯兰教教法的严格规定逐渐演绎为生活习惯的。穆斯林很注意饮食的选择，这些饮食的选择多数与宗教教义的规定有关。穆斯林禁食的东西很多，主要的有四种：即猪肉、自死物、血液和酒。正如《古兰经》第二章第一百七十三节所说："他只禁止你们吃自死物，血液、猪肉以及诵非真主之名而宰的动物。"伊斯兰教规定自死物绝对不许食用，如病死、冻死、摔死、砸死以及压死等。他们认为自死物其血液未从体内全部流出，而血液中难免有某些病毒菌之类的东西，因此不可食。《古兰经》中有禁酒的规定，穆罕默德也说过："酒是万恶之源。"伊斯兰教禁酒既有历史背景又有生理卫生方面的道理。饮酒过多，不仅损其脾胃，酒醉后失去理智，言行不能自主，往往干出许多非礼的事情。

伊斯兰教对生理卫生也非常注重。如男性儿童要行割礼，即割去生殖器官包皮，以免储存脏物，感染疾病。在宗教生活方面，教法规定，身体不洁净者是不准进入大殿礼拜的，真主也不接受他们的拜功。因此，从穆罕默德时代起，穆斯林就养成了人人爱清洁、讲卫生的习惯。

世界上清真寺星罗棋布，每座清真寺必有沐浴室。条件允许的穆斯林家庭都有按教规进行沐浴的设备，这是因为穆斯林每天五次礼拜以及聚礼、会礼、婚前、纪念先人祈祷活动前都要沐浴。穆斯林沐浴分大净和小净。大净，即用净水按程序洗涤全身。小净，即用净水按程序清洗局部。在日常生活中，回族人养成了饭前、便后洗手的良好习惯。到回族家庭作客，在丰盛的筵席旁，必定放有一壶清水，这是专门供食前净手用的。

三、宗教文化旅游开拓旅游者的视野

历史上，宗教不仅培养了潜修精学的高僧大德，也教育了一大批通晓诸种文化的专业人才，为社会生产和生活提供支持和帮助。今天，随着旅游业的发展，一些人才和技能开始走出宗教寺观、教堂的大门，走向民间、走向大众。特别是宗教中有关人们日常生活、医疗保健等方面的实用性强、利用价值高、效果显著的方法、手段和技术深受广大群众的欢迎。

在宗教文化旅游中，借助导游解说让旅游者了解宗教文化知识，不仅可以增长知识，开阔视野，而且可以通过组织开展宗教体验旅游、宗教修学旅游等活动，使旅游者亲身感受、体验、学习宗教特有的解决问题的方法、技术和手段。这一方面满足了旅游者的消费需求，另一方面传播了宗教文化，发挥了宗教积极的社会功能。

第四节　宗教氛围对游客心灵和精神的抚慰

人口的激增、城市化进程的加快，使人们的生活空间日益狭窄，拥挤、喧闹的都市使人感到压抑。市场经济激烈的竞争，导致人们身心疲惫、精神紧张。出世性强的宗教活动场所，如佛教的寺院（石窟）与道教的观宇，一般远离闹市，隐藏于青山绿水之间，较好体现了人与自然的和谐统一。入世性强的宗教活动场所，如基督教的教堂和伊斯兰教的清真寺多分布在人口集中的闹市中。不管是山林中的寺观还是都市中的教堂，置身其中都会给人以有别于世俗的感受，起到放松心情、调整身体的作用。

一、现代人渴望回归自然和平静

当今社会所面临的空气污染、水资源匮乏、森林减少、草场退化、耕地沙化、物种灭绝等环境问题，使人类的生存环境日益恶化。一片蓝天、一块绿土、一汪清池、一口清新的空气，渐渐成为可望不可即的奢侈品。

（一）人口密度不断增加导致生活空间日渐狭窄

在过去的50年中，世界人口总数以一种史无前例的速度增长。德国世界人口基金会指出：地球人口正以每秒2.6人的速度增加，到2011年中后期，世界人口总数量将突破70亿大关；到2025年，世界上的人口将达到80亿；到2050年，全

球人口将再增加22亿。[①]

人口增长过快导致人口密度的增加，特别是一些大城市。据统计，全球有20个人口最稠密的城市，分别是印度的孟买、加尔各答、金奈、新德里、班加罗尔，巴基斯坦的卡拉奇，尼日利亚的拉各斯，中国的深圳、台北、上海、北京、天津，韩国的首尔，哥伦比亚的波哥达，秘鲁的利马，刚果的金沙萨，菲律宾的马尼拉，伊朗的德黑兰，印度尼西亚的雅加达，越南的胡志明市，[②] 详见表2－1。福布斯杂志指出，排名比较靠前的城市，主要集中在发展中国家。由于发展太快，地方基础设施无力满足居民需求，因此生活品质大都不是很高，交通经常堵塞。

表2－1　全球20个人口最稠密的城市

国家	城市名称	人口密度（人/平方千米）
印度	孟买	29650
	加尔各答	23900
	金奈	14350
	新德里	11050
	班加罗尔	10100
巴基斯坦	卡拉奇	18900
尼日利亚	拉各斯	18150
中国	深圳	17150
	上海	13400
	北京	11500
	天津	10500
	台北	15200
韩国	首尔	16700
哥伦比亚	波哥达	13500
秘鲁	利马	11750
刚果	金沙萨	10650
菲律宾	马尼拉	10550
伊朗	德黑兰	10550
印度尼西亚	雅加达	10500
越南	胡志明市	9450

资料来源：古道，《福布斯评出20个人口最稠密城市》，中国网，2007.12.17。

① 吴涵：《2011世界人口将突破70亿，印度人口2025年超中国》，人民网，2011年1月3日。

② 古道：《福布斯评出20个人口最稠密城市》，中国网，2007年12月17日。

（二）压力过大导致人们的身心疲惫

随着市场经济的发展，竞争激烈，生活节奏快，工作压力大。长年累月处于高度紧张的状态下，并且得不到及时的休息和调整，久而久之便会产生焦虑不安、精神抑郁等症状。有些人因自身或其他种种原因而难以及时适应社会的发展跟上社会的脚步，从而产生挫败感、失落感、无归属感。加班、熬夜，造成感情生活缺失，生活与工作失衡，身心疲惫。

据《中国各阶层心理健康白皮书》，被调查的 IT、电信、教师、公务员、警察等几大行业人群中，普遍存在一些心理问题。IT 业：发展快、竞争强导致强迫症；电信：客户态度影响人受尊重的需要；教师：外界期望高导致的压力感；公务员：前途不明朗、人际关系复杂带来的抑郁、焦虑；警察：职业枯竭感。

上述心理问题如得不到及时的缓解和改善，将会进一步引发各种疾病。据相关医学报道，长期生活在过大的压力下，容易导致各种各样的身心疾病，如心脏病、抑郁症、情绪障碍、神经症、胃溃疡、高血压、哮喘、偏头痛等 100 多种疾病。在调节身心、缓解心理压力的众多方法中，旅游不失为一种好的办法并得到普遍的认同。

二、宗教文化旅游可以放松心情、缓解压力

如何远离喧嚣的城市，回归宁静的自然；如何避开激烈的职场，换回一份悠闲的生活；如何躲避充满诱惑的市场，使躁动的心恢复平静；如何使紧张的神经得到放松，如何使孱弱的身躯变得强健，都成为现代人追求的目标，也是现代旅游的主要动机之一。

（一）宗教文化的环境氛围可以使人获得身心的放松

俗话说“天下名山僧占多”。出于修行的需要，传统的佛教寺院和道教的宫观多分布在丛林掩映的山林之中。加之千百年虔诚信众的筚路蓝缕、精心呵护，一些寺观向游人展现的是丛林掩映，殿宇庄严的景色。

明代旅行学家徐霞客有“五岳归来不看山”之说，五岳（泰山、华山、嵩山、衡山、恒山）奇、险、秀、雄的自然风光固然引人入胜，而矗立于群山之中的寺观更是为五岳增色不少，正因如此，才有了“山不在高，有仙则灵”的说法。武当山是道教著名道场，曾有“八宫、二观、三十六庵堂、七十二岩庙”的宏伟建筑群。高低错位的建筑在山林掩映之中不仅具备“曲径通幽处，禅房花木深”的悠远神韵，也体现了“人间四月芳菲尽，山寺桃花始盛开”的深刻含义。

僧人、道士参禅悟道，既重视内心的清净、平和，也注重寺观环境的整洁庄严，素雅恬静。置身于这种宗教环境中，自然会身心愉悦，神清气爽。

寺观建筑规模宏大，空间开阔，环境幽静，给人以肃然清静之感。居高临下的佛像，或是体态端庄、安详，给人以神圣无比、功德无量的超凡气度，或是面目狰狞恐怖、动作夸张令人生畏。但是不管是在哪种佛像面前，都会使人顿感自身渺小，一切杂念也会顷刻消散，身心由此获得片刻平静。

（二）宗教的思想教义有助于人们缓解压力，放松心情

现代人的身心疲惫有外在客观的因素，更有内在主观的原因。盲目追求物质享受，忽视精神世界的丰富；热衷现实利益的需要，忽视人生意义和价值的思考，使人变成金钱、物质的奴隶。宗教的思想教义中尽管包含了消极顺从、逃避现实的思想，但是对缓解心理压力，放松心情却有积极的作用。例如：佛教有“轻现世重来世”、“听天由命”、“知足者常乐”、“与人为善”的思想。道教把“自然无为”、“逍遥自在”作为人生追求的理想。基督教的原罪说认为，现世人生从根本上是罪恶的，要受到上帝的惩罚，因此现世人生是痛苦的，真正的幸福是彼岸天国的永生，而不是今世有限的感官快乐和世俗欲望的满足。伊斯兰教“两世幸福”的主张认为，今世幸福与后世的幸福不能等量齐观，今世的生活和幸福是短暂的、虚幻的，不值得过多地追求和留恋。

上述这些宗教思想尽管是虚幻的、唯心的，但是它能使人产生满足感，不贪得无厌；这种思想能使人的内心变得平和，不再有过多的烦恼、痛苦；这种思想能使人变得善良，不再尔虞我诈、是是非非。

第五节　宗教文化旅游商品对游客购买欲的满足

旅游购物是旅游六大要素（吃、住、行、游、购、娱）之一，购买独特的旅游商品是当今旅游活动的重要内容之一，对此旅游者充满热情。旅游购物业是否发达，是旅游业从发展走向成熟的重要标志。旅游购物属于旅游弹性消费，具有广阔的发展空间。旅游购物消费占旅游者总消费的比重成为旅游业是否发达的重要指标。旅游业发达国家购物的比重大约能占到总收入的40%以上，我们国家的旅游购物一直徘徊在30%左右，一方面说明我们国家的旅游购物已经有了一定的发展，另一方面也说明我们国家的旅游购物还不够发达。

一、旅游商品的定义

我国的大部分学者把与旅游购物相对应的商品称为“旅游商品”。到目前为止，关于旅游商品的概念在学术界还没有达成共识，学者从各自研究视角出发，对旅游

商品给出了不同的定义。

在相关旅游商品定义中有以下几种类型：旅游商品的实物性定义、旅游商品的时间性定义、旅游商品的文化性定义以及旅游商品的技术性定义。

在旅游商品的实物性定义中，具有代表性的有：张文祥认为，现代旅游商品包含旅游者在旅游准备阶段和旅游过程中购买的一切实物产品（作为商品的形态，它具有便于携带的特点）。[①] 陶汉军认为：旅游商品是旅游者在旅游活动中购买的，以物质形态存在的实物。[②] 苗学玲认为：旅游商品是由旅游活动引起旅游者出于商业目的以外购买的，以旅游纪念品为核心的有形商品。[③]

在旅游商品的时间性定义中，具有代表性的有：张文祥、李明德认为：旅游商品包含旅游者在旅游准备阶段和旅游过程中购买的一切实物产品。[④] 张广瑞认为：旅游商品一般的说是指旅游者因其旅游活动或者在旅游活动过程中所购买的所有有形商品。

在旅游商品的文化性定义中，具有代表性的有：周拥平认为：旅游商品是带有一个国家和地区文化象征意义的商品。进一步说，旅游商品可以分为两个层次，反映传统文化层次的旅游商品属初级旅游商品，而表现整体的现代化水平的旅游商品是高级旅游商品。吴克祥认为：旅游商品作为人类文明的产物，构成了人类物质文化的部分基础。因此，不能将旅游商品的开发仅视为一种技术、经济过程，而应同时将其看作是一种人类文化的承载、积累乃至创新的行为。[⑤] 马晓京认为旅游商品是一种符号，具有一种社会文化象征意义。[⑥]

在旅游商品的技术性定义中，最具代表性的是世界旅游组织给出的定义：旅游者做准备或者在旅途中购买的物品（不包括服务和餐饮）的花费，其中包括衣服、工具、纪念品、珠宝、报刊书籍、音像资料、美容及个人物品、药品等。不包括任何一类游客出于商业目的而进行的购买，即为了转卖而做的购买。[⑦] 强调了购买的时间性和购买的内容。

二、旅游商品的类型

目前学术上对旅游商品的分类多种多样，依照不同的划分依据，旅游商品可划

① 张文祥：《西南经济区旅游商品开发策略初探》，《社会科学家》，1992（3），第67－71页。

② 陶汉军、林南枝：《旅游经济学》，上海人民出版社，1994，第56－60页。

③ 苗学玲：《旅游商品概念性定义与旅游纪念品的地方特色》，《旅游学刊》，2004（1），第27－31页。

④ 张文祥：《西南经济区旅游商品开发策略初探》，《社会科学家》，1992（3），第67－71页。

⑤ 吴克祥：《旅游商品开发与文化因素》，《旅游学刊》，1994（03）。

⑥ 马晓京：《旅游商品消费的文化人类学解读》，《中南民族大学学报》（人文社会科学版），2005（4），第58－61页。

⑦ 钟志平：《旅游商品学》，中国旅游出版社，2005。

分为多种类型。我国特色的旅游商品资源有：(1) 名特产品。包括刺绣、丝绸、名茶、名酒、陶瓷、漆器、编织、文房四宝、玉石、中草药十大类。(2) 工艺、艺术品。包括手工艺品、艺术字画、雕刻工艺品。(3) 八大菜系和地方风味。[①] 曾兰君把旅游商品分为：旅游纪念品、旅游专用品、旅游消费品和其他商品四大类。[②] 肇博根据国内外游客购物的特点，以及旅游商品的功能，将旅游商品分为旅游纪念品类、工艺品类以及实用商品类三大类型[③]，表2-2。

表2-2 旅游商品的类型

旅游纪念品类	工艺品类	实用商品类
旅游服装鞋帽类	旅游食品类	土特产品类
糖烟酒类	旅游玩具类	旅游电子产品类
旅游礼品促销品类	宗教用品纪念品类	民族饰品佩挂件类
邮品、票、卡、火花、钱币收藏品类	珍宝、古玩、字画类	旅游图书音像制品类
旅游医疗保健用品类	旅游生活用品类	旅游饭店用品类
旅游通讯用品类	旅游娱乐用品类	旅游安全用品类
旅游运动器材类	旅游交通工具类	其他类

1. 旅游纪念品

旅游纪念品多以旅游目的地文物古迹、自然风光为题材，利用当地特有的原材料，以传统工艺和风格制作而成的纪念品；还有介绍旅游目的地风土人情、景点特色、历史沿革、名人诗文、土特产品的专著、游记等书刊、导游图、风光图片、风情画册、书签、明信片等。这类旅游商品的特点是：品种多、数量大、销量好、旅游者比较感兴趣。旅游纪念品最基本、最重要的特征在于纪念意义。对旅游者而言，旅游纪念品真正的意义不在于物品的价值，重要的是它能唤起对旅游经历的回忆成为旅游体验的延续。主要包括工艺美术品、土特产品、文物古玩及其仿制品、文化制品和特制旅游纪念品等。

2. 旅游专用品

旅游专用品是旅游者在旅游过程中使用的商品。主要包括保证旅游活动的设备和装备，如旅行车、户外服装、旅行箱包、太阳镜、防寒暑用品、美容护肤及常备急救药品、帐篷、地图、指南针等。随着旅游者个性化的要求及各种新型旅游项目的兴起，这种旅游用品市场前景极为广阔，与旅游纪念品具有同等地位，也是旅游购物商品开发的一个新的方向。

---

① 林南枝、陶汉军：《旅游经济学》，南开大学出版社，2005。

② 曾兰君：《我国旅游商品开发策略初探》，《企业家天地》，2007 (3)，第172页。

③ 李明德、石美玉：《中国旅游购物的现状和展望》，中国网，2002年11月19日。

3. 旅游消费品

旅游消费品是旅游过程中消费的商品，主要包括普通的食品、饮料和旅游目的地特色风味食品。如北京的烤鸭、果脯，天津的狗不理包子、桂发祥的麻花，陕西的羊肉泡馍、肉夹馍和酿皮等等。旅游目的地特色风味食品对旅游者具有很大吸引力，也是每个旅游目的地的特色和重点开发对象。

4. 其他旅游商品

许多旅游目的地或地区在出入口岸、码头、火车站内向游客供应旅游商品。在机场的免税商店内有来自世界各国的特色商品，如美国和德国的高级轿车、法国的名酒、香水、意大利的皮革制品、澳大利亚的毛织品、南非的钻石、南美洲的咖啡等。此外，以购物为重要吸引物的旅游目的地，如纽约、巴黎以及中国的香港、上海、杭州等。香港主要是以珠宝、时装、电子产品以及化妆品等吸引游客，巴黎以时装、化妆品、箱包等吸引游客。无论是国际还是国内旅游购物城市，销售的商品并非是旅游目的地生产的，而是作为重要的商品的销售地。随着人们收入的增加，旅游购物的能力不断增强，特别是此类商品的品牌优势和免税的优惠等，使其销售具有很大的发展空间。

三、旅游商品的特点

旅游商品是旅游者为满足其各种需求而购买的商品，因此它既具有一般商品的属性，又有特殊性。有人概括为“三性”及“三风”，即纪念性、艺术性、实用性和中国风格、民族风格、地方风格的特点。

1. 特色性

旅游商品最重要的特征就是特色性，是具有特殊的地域文化、民族文化、时代特点的物品。它能唤起人们对一段难忘旅程的回忆，具有不可替代性。旅游商品的特色性包括地域性和民族特色、传统性和时代特色、艺术性和实用特色。地方特色、民族特色越突出，艺术价值越高，其纪念价值也越大，对旅游者的吸引力就越强，市场潜力也就越大。每个旅游胜地的特色不同，只有在设计、制作中体现当地特色的旅游纪念品，才能代表旅游地的典型特点。

2. 高品质

旅游商品的纪念意义、保存价值、馈送价值等，为旅游商品赋予了高品质的特征。首先，旅游商品应具有丰富的文化内涵、较高的文化品位，能使人们在反复咀嚼之后不断获得新的感悟和收获，能够承担起传播旅游目的地地方文化的使命。旅游商品中所蕴含的宗教文化、饮食文化、服饰文化、茶文化、节庆文化、科技文化和戏剧文化等是旅游商品的精髓。其次，旅游商品的质量应该是上乘的，在材料的选用，设计、制作的方法和工艺上体现高质量。

3. 便携性

旅游商品是旅游者在旅游途中购买的物品，随着旅游活动的开展不断跟随旅游者流动，因此旅游商品在体积、重量、质地等方面要体现便携性的特点。对于一些不便于携带的特殊商品，应提供安全、方便、快捷的托运、快递等服务。

四、宗教文化旅游商品的价值

宗教文化旅游商品除了具有一般旅游商品的特征外，还具有特殊的宗教寓意、强烈的感染力、宗教功能等。宗教文化旅游商品，一方面可以满足旅游者的购买欲望；另一方面可以满足旅游者对宗教文化的了解和体验需求；还可以满足旅游者一定的宗教心理需求。

（一）宗教文化旅游商品中深刻的宗教寓意

宗教器物原本是指宗教活动中的物象、场所、法器、面具等。宗教器物具有特殊的宗教文化内涵，深刻的宗教寓意。宗教是一种典型的象征文化，宗教思维基本上是一种以直觉领悟为主要特征的思维模式，宗教器物自然也就成了“以象比类”、以“象”悟“道”的一种象征和象征性文化心理符号。可感性和领悟性，是宗教器物传达“灵”之密语的基本方式，也是缺乏较高抽象能力的一般信众们最易接受的直观教材。① 为此，宗教器物深受信众尊崇和旅游者的喜爱。现在不少并非宗教信徒的男女，也佩带宗教饰物，如佛珠、十字架等，佛珠、十字架俨然成为一种时尚的宗教文化旅游商品。

佛珠是佛教文化旅游中最常见的旅游商品，也是旅游者最常购买的旅游商品。佛珠的种类很多，按照使用方法可分为三种类型：持珠——用手掐捻或者持念的佛珠；佩珠——戴在手腕或臂上的佛珠；挂珠——挂在颈上的佛珠。作为旅游商品的佛珠通常为佩珠。佩珠俗称手串，以十八颗子珠者最为普遍，多以名贵材质或颜色亮丽者为之。一串标准的佛珠应该包括母珠、子珠、隔珠（又称作“数取”）、弟子珠（又称作“记子”）、记子留和一些饰物。母珠，俗称“佛头”，通常只有一颗。母珠多在内部绘有佛像，采用凸透镜的原理，可以清晰地观察到里面的佛像，使人感受到佛珠作为一种法器的庄严。隔珠，又称作“间隔珠”或“数取”，用于平均分开子珠。弟子珠串在母珠的另一端，以十颗为一小串，用来计算掐捻过的数目。记子留是指每串弟子珠的末端所附的比弟子珠稍大一些的珠粒或者饰物，目的是为了防止弟子珠的滑落。佛珠的数量具有很深的宗教文化内涵，如佩珠中的“十八”指的是“十八界”，即六根、六尘、六识。六根：眼界，耳界，鼻界，舌界，

① 张佐邦：《宗教器物对人类审美心理的浸润———以中国西南少数民族为例》，《贵州社会科学》，2008（5），第51页。

身界，意界；六尘：色尘，声尘，香尘，味尘，触尘，法尘；六识：眼识，耳识，鼻识，舌识，身识，意识。

十字架作为基督教的信仰标志，被广泛应用于宗教文化旅游商品的设计中，如项链、耳环、钥匙链等。十字架在基督教中具有深刻的内涵，基督教认为，耶稣基督靠在十字架上的牺牲而为世人赎罪，从而使世人有了获救的希望。因此，十字架在基督教中就有了“信仰”、“拯救”、“基督”、“福音”等象征意义。① 天主教、基督新教和东正教的十字架，在信仰内容上没有本质的区别，在形状上有一定差异。天主教把耶稣、圣母玛利亚、圣人等的图像都称为“圣像”，并常把这些图像挂在墙上或随身携带，表示崇敬；基督新教认为敬礼这些图像是偶像崇拜。所以，基督新教的十字架上没有耶稣被钉的身体形象。另外，天主教的十字架有的还带有艺术性装饰，例如在十字架的四个末端呈凸出型的圆形花纹等。②

（二）宗教文化旅游商品的功能性

宗教文化旅游是围绕宗教文化这一主题进行的，在旅游过程中购买商品不是一般的购买行为，宗教文化旅游商品特殊的宗教文化内涵、宗教禁忌等，使得宗教文化旅游商品具有提高旅游体验度、传播宗教文化和心理抚慰等方面的功能。

1. 丰富宗教文化旅游活动内容

旅游者在购买宗教文化旅游商品之前，要对其有一定的认识和了解，如宗教文化旅游商品的宗教用途、宗教寓意、特色、价格等，从而丰富了宗教文化旅游的内容。在西藏的藏传佛教文化旅游中游客多喜欢购买转经轮。因为在西藏随处可以看到信徒们手拿经轮不停转动，转经轮实际上是佛教法器，内装藏经文或咒语，转动经轮等同念诵经文，获得功德。旅游者通过购买转经轮不仅了解宗教寓意而且通过其转动获得了宗教的体验。

2. 深化对宗教文化旅游目的地的了解

旅游者在购买旅游商品的过程中，通过向经销人面对面的询问宗教旅游商品的作用、品质、价格、保存及使用情况等，获得对旅游目的地居民的宗教信仰状况、沟通能力、交易习俗、审美情趣、对待旅游者的态度等方面的感知，加深对旅游目的地的认识和了解。例如，在藏区购买牦牛骨制作的挂件、手链等宗教旅游纪念品，不仅能使旅游者感受到牦牛骨制品的特点，而且也能深刻感受到作为“高原之舟”的牦牛对藏民族的重要作用。

3. 延续对宗教文化的体验

在旅游活动结束后，具有纪念意义和收藏价值的宗教旅游商品能够唤起旅游者对旅游活动的美好回忆。旅游活动是一个短暂的过程，旅游的体验和感受会随着旅

① 卓新平：《十字架的象征意义》，《中国宗教》，1995（3），第49页。

② 周太良、李辉：《话说十字架》，《中国宗教》，2004（3），第57页。

游活动的结束和时间的推移而被淡化和遗忘。宗教旅游纪念品和收藏品作为旅游目的地宗教文化的载体，能够不断引发人们重温以往的宗教文化旅游经历，唤起人们的美好回忆，以此引导人们不断地咀嚼和领悟宗教旅游地的文化内涵。

4. 扩大旅游目的地的影响力

宗教文化旅游商品能够起到传播宗教文化的作用。旅游者把旅游纪念品介绍或馈送给亲朋好友时，不仅加深了旅游者自身对旅游活动的记忆，而且也起到传播旅游地宗教文化、扩大旅游目的地的影响力的作用。

5. 获得一定的心理满足

受宗教的神圣性、神秘性、超人间力量思想的影响，人们出于现实的需要，对宗教纪念品常常赋予辟邪、保健康、保平安、招财进宝、家丁兴旺等理想与愿望，旅游者在拥有、佩戴、收藏、使用它们之后，会从心理上获得相应的安慰和满足。

（三）宗教文化旅游商品的艺术性和收藏价值

宗教旅游商品中的宗教艺术品如造像、绘画等，具有极高的审美价值和收藏价值。宗教艺术，是指在思想内容上为宗教服务的艺术品。[①] 宗教艺术品是宗教思想的艺术表现，是宗教教义的外化形式，是信徒崇拜的象征物。因此，在设计造型、规格尺度、色彩用料、工艺技法等方面有严格的规定和较高的要求。

1. 宗教艺术品有严格的尺寸、比例规定

佛像造像有严格的标准和定律，是不能随意建造的。佛的造像是依照相对比例，而非绝对尺寸。对佛祖释迦牟尼的塑像，必须依照佛经上所谓“三十二相”和“八十种好”的规定塑造。藏传佛教唐卡的绘制要严格按照《造像度量经》中的规定创作。必须严格恪守“三经一疏”中对佛祖释迦牟尼以及其他佛、菩萨造型的标准，以及色彩、手势、法器等方面的规定。如“唐卡背景要宽阔、佛座宝座珍宝座、日座月座莲花座、背幔六饰等图案，要按经典来创作。十力六大般若佛，以及象征诸图案，恰当安排细琢磨。四周神眷的服饰，以及莲图和宝座，不要随心又所欲，要按经典去创作”。

2. 宗教艺术品采用传统工艺、方法和原料

传统的制作工艺、精湛的手工制作方法和特有的原材料等，使宗教艺术品具有特殊的艺术美感和比较昂贵的价格，符合当今的审美和收藏潮流。传统的唐卡完全由手工绘制而成，完成一幅唐卡需要很多工序，花费画师很长时间。一般要经过：题材的选择、画布的制作、打底、着色、线条勾勒、着金银颜料、炭画笔的制作等多道工序。绘制唐卡使用的都是矿物、植物颜料，其中大部分在西藏各地很容易找到。这些天然颜料不仅色彩艳丽，而且经久耐用，经得起日月风尘、烟熏火燎的侵蚀。

---

① 张育英：《谈宗教与艺术的关系》，《社会科学战线》，1999（1），第142页。

3. 宗教艺术具有强烈的艺术表现力和感染力

宗教艺术将宗教教义、宗教人物、宗教故事融为一体，是一种特有的艺术形式。宗教艺术既是信仰者顶礼膜拜的对象，又为非宗教信仰者们提供广阔自由的想象空间，具有很高的审美价值。宗教艺术是宗教宣传和传播的有效方法，宗教圣像以及有关神灵故事的雕刻、壁画、文学故事的直观性、可感性、生动性易为人们所接受。宗教独有的护法神像、法器、雕塑、绘画等，因具有神秘性、特殊性、造型的奇巧怪异，能够产生强烈的视觉效果和感官刺激力，激发旅游者强烈的购买欲望。

此外，宗教典籍和介绍宗教历史文化的书籍历来受到对宗教文化感兴趣的旅游者的欢迎。人们购买它的目的不尽相同，对大部分旅游者来说，是为了更好地了解宗教文化，领略其中丰富的内涵。藏医疗器械和藏药，因其在医疗和保健方面的独特效用，也成为旅游者购买的重要对象。

思考与练习

1. 分析宗教文化旅游在提升大学生人文素质上的价值。
2. 分析宗教文化旅游的文化性。
3. 简述“天下名山僧占多”的含义和形成的原因。
4. 结合大学生购物的特点设计一款宗教文化旅游纪念品。

第三章　宗教文化旅游资源及其开发原则

本章导读

旅游资源是旅游目的地借以吸引旅游者的重要因素，是旅游业发展的前提和基础。宗教文化体系宏大，作为旅游资源既有宗教思想教义方面的非物质层面的内容，也有把宗教思想教义物化了的物质层面的内容。由此可以看出，宗教文化旅游资源内容丰富，种类多样，具有广泛的开发和利用价值。

宗教文化作为一种独特的旅游资源已被广泛地开发、利用，并不断被深化。一方面，它满足了旅游者的消费需求，也起到弘扬积极的宗教文化、发挥宗教积极社会功能的作用；另一方面，宗教文化旅游开发也面临诸多问题。例如，缺乏科学的规划，导致开发的盲目性；开发质量不高，形式单一；过度强调经济利益，忽视社会、文化和环境效益和对宗教文化的保护等问题。基于宗教文化旅游开发的现实，结合宗教的历史文化性和信仰特点，从我国宗教问题的长期性、群众性、民族性、国际性、复杂性出发，宗教旅游资源的开发较其他类旅游资源的开发更具复杂性，在旅游开发的方法和途径上虽有不同，但是必须遵循科学的开发原则。

本章在旅游资源相关理论的指导下，借鉴已有的研究成果，结合宗教文化的特点，深入分析了宗教文化旅游资源的特点；构建了宗教文化旅游资源分类体系；提出了宗教文化旅游资源的保护性开发原则。

关键词

宗教文化　旅游资源　旅游资源类型　旅游资源开发原则

本章重点

宗教文化旅游资源的定义及其含义；宗教文化旅游资源的特点及其形成原因；宗教文化旅游资源的分类依据及其分类体系；宗教文化旅游资源的保护性开发原则。

旅游资源是旅游目的地借以吸引旅游者的重要因素，是旅游业发展的前提和基础。宗教具有很强的扩散性，它不仅影响人们的思想意识、生活习俗，而且渗透到文学、艺术、建筑、天文、地理等领域，因此宗教风景名胜、文物古迹以及宗教仪式、宗教节庆活动、宗教音乐等都独具特色，具有较强的旅游吸引力，是重要的人文旅游资源。

第一节 宗教文化旅游资源的界定

对旅游资源的称谓国内外有所不同。西方国家的学者经常使用旅游吸引物（Tourism Attractions）这一术语，国内的旅游研究中通常使用旅游资源（Tourism Resources）。从本质上看，旅游资源与旅游吸引力并非完全等同。

一、旅游资源称谓辨析

旅游资源和旅游吸引物两者相比，旅游吸引物的范围更加宽泛。保继刚、楚义芳认为：旅游吸引物通常指促进人们前往某地旅游的所有因素的总和，它包括了旅游资源、适宜的接待设施和优良的服务，甚至还包括快速舒适的旅游交通条件，与之相对立的概念被称为旅游排斥物，即对旅游者去某地旅游决策起消极作用的因素，并且认为旅游吸引物通常情况下是旅游资源的代名词。① 陈才、王海利等认为：旅游吸引物按其吸引的来源及其作用可分为旅游对象、旅游媒介物和旅游标识物三部分。旅游对象是能为旅游者直接利用，来满足其游乐需要的各种事物，是吸引旅游者前往该地旅游的最根本的要素，是旅游者旅游活动的直接指向物，必须存在于旅游目的地之内。旅游媒介是旅游活动的凭借物，通常包括交通设施、住宿设施、娱乐设施、购物设施等。旅游媒介可以异化为旅游对象。旅游标识物是指各种提示人们前往某地旅游的旅游信息，这些信息的功能主要是唤起人们去某地旅游的欲望。② 霍洛韦（Holloway，1986）认为旅游吸引物必须是“那些给旅游者以积极的效益或特征的东西，它们可以是海滨或湖滨，山岳风景，狩猎公园，有趣的历史纪念物或文化活动，体育运动，以及令人愉快舒适的会议环境”③。由此可以看出，旅游吸引物包括旅游资源，旅游资源是旅游吸引物中的旅游的对象和客体。旅游吸

① 保继刚、楚义芳：《旅游地理学》，高等教育出版社，1999，第72页。

② 陈才、王海利等：《对旅游吸引物、旅游资源和旅游产品关系的思考》，《桂林旅游高等专科学校学报》，2007（1），第1页。

③ 陈才、王海利等：《对流旅游引物、旅游资源和旅游产品关系的思考》，《桂林旅游高等专科学校学报》，2007（1），第1页。

引物除了旅游资源外，还包括旅游媒介和旅游标识物。

在特指旅游对象时，旅游资源等同于旅游吸引物。“在泛指旅游的对象和客体的情况下，旅游吸引物与旅游资源两词是可以通用的。”①

二、旅游资源定义

国内有关旅游资源的研究成果丰硕，在清华同方 CNKI 资源数据库中输入“旅游资源”进行查询，共获得 181866 条结果。学者从不同的研究视角出发，就旅游资源的理论、开发利用实践进行了大量的研究。国内有关旅游资源的定义很多。旅游的综合性特征导致旅游资源研究的多向性，不同领域的学者从各种研究视角出发，对旅游资源给予了不同的理解和解释。

（一）国内有代表性的定义

20 世纪 80 年代具有代表性的定义有：郭来喜认为：“凡是为人们提供旅游观赏、知识乐趣、度假疗养、娱乐休息、探险猎奇、考察研究以及人们之间友好往来和消磨休闲时间的客体和劳务都可以成为旅游资源。……把劳务作为旅游资源，是基于许多自然风景和人文景观必须通过相应的导游与服务，才能使旅游者获得充分的精神与物质享受，否则，会降低乃至失去旅游价值。再则，在国际旅游中，劳务是和旅游路线、游览内容、食宿条件、搭乘工具、停留时间等一起承包出售的。”②邓观利认为，凡是足以构成吸引旅游者的自然和社会因素，亦即旅游者的旅游对象或目的物都是旅游资源。③ 黄辉实认为，旅游资源是吸引人们前来游览、娱乐的各种事物的原材料，这些原材料可以是物质的，也可以是非物质的，它们本身不是游览的吸引物，必须经过开发才能成为有吸引力的事物④。国家旅游局规定，“自然界和人类社会凡能对旅游者产生吸引力，可以为旅游业开发利用，并可产生，经济效益、社会效益和环境效益的各种事物和因素”⑤ 均为旅游资源。孙文昌等认为，“旅游资源应指凡能激发旅游者旅游动机的，能为旅游业所利用的，并由此而产生经济效益和社会效益的自然和社会的实在物”⑥。

20 世纪 90 年代具有代表性的定义有：陈传康认为，旅游资源是在现实条件下，能够吸引人们产生旅游动机并进行旅游活动的各种因素的总和。它是旅游业产生和

---

① 克里斯·库珀、艾伦·法伊奥等编著，张俐俐、蔡利平等编译：《旅游学》（第三版），高等教育出版社，2007，第 148 页。

② 郭来喜：《人文地理学》（中国大百科全书·地理卷），中国大百科全书出版社，1984。

③ 邓观利：《旅游概论》，天津人民出版社，1983。

④ 黄辉实等：《旅游经济学》，上海社会科学出版社，1985。

⑤ 国家旅游局：《旅游区（旅游点）质量等级的划分与评定》（讨论稿摘要），1987。

⑥ 孙文昌等：《应用旅游地理学》，河北师范大学出版社，1989。

发展的基础。① 李天元认为，凡是能够造就对旅游者具有吸引力的环境的自然因素、社会因素或者其他任何因素，都可以构成旅游资源。② 保继刚认为，旅游资源是指对旅游者具有吸引力的自然存在和历史文化遗产，以及直接用于旅游目的的人工创造物。③ 楚义芳认为，旅游资源是指对旅游者具有吸引力的自然存在和历史遗存，文化环境以及直接用于旅游娱乐目的的人工创造物，有时称为旅游吸引物。④ 杨桂华认为，旅游资源是指在自然和人类社会中能够激发旅游者旅游动机并进行旅游活动，为旅游业利用并能产生经济、社会和环境效益的客体。⑤ 魏小安认为，"旅游资源从经济学的角度可以初步定义为能够使旅游者发生兴趣，有足够的力量吸引他们前来并由此而获得经济效益的各种要素的集合"⑥。杨时进认为，凡是自然力和人类社会造成的，有可能被用来规划、开发成旅游消费对象的物质或精神的诸多因素，都可以视作旅游资源。⑦ 丁季华认为，凡能激发起旅游者动机，并能产生经济效益、社会效益和生态效益的自然的、人工的和精神的事物或现象均为旅游资源。⑧ 甘枝茂等认为，"凡能够吸引旅游者产生旅游动机，并可能被利用来开展旅游活动的各种自然、人文客体或其他因素，都可称为旅游资源"⑨。

从上述有关旅游资源的定义中不难看出，旅游资源包括四个方面的内容：第一，旅游资源对旅游者具有吸引力；第二，旅游资源能够被开发利用；第三，旅游资源能够产生经济效益、社会效益和生态环境效益；第四，旅游资源既可是自然的，也可是人工的；既可是物质的，也可是精神的。见表 3－1

表 3－1　国内有代表性的旅游资源定义

<table>
<tr><td rowspan="4">强调对旅游者的吸引</td><td>陈传康</td><td>旅游资源是在现实条件下，能够吸引人们产生旅游动机并进行旅游活动的各种因素的总和。</td></tr>
<tr><td>郭来喜</td><td>凡是为人们提供旅游观赏、知识乐趣、度假疗养、娱乐休息、探险猎奇、考察研究以及人们之间友好往来和消磨休闲时间的客体和劳务都可以成为旅游资源。</td></tr>
<tr><td>李天元</td><td>凡是能够造就对旅游者具有吸引力的环境的自然因素、社会因素或者其他任何因素，都可以构成旅游资源。</td></tr>
<tr><td>保继刚</td><td>对旅游者具有吸引力的自然存在和历史文化遗产，以及直接用于旅游目的地的人工创造物。</td></tr>
</table>

① 陈传康等：《旅游资源鉴赏与开发》，同济大学出版社，1990。
② 李天元：《旅游学概论》，南开大学出版社，1991。
③ 保继刚、楚玉芳：《旅游地理学》，高等教育出版社，1993。
④ 楚义芳：《旅游的空间经济分析》，陕西人民出版社，1992。
⑤ 杨桂华：《旅游资源学》，云南大学出版社，1994。
⑥ 魏小安：《起步 · 实践 · 探索》，中国旅游出版社，1996。
⑦ 杨时进：《旅游学》，中国旅游出版社，1996。
⑧ 丁季华：《旅游资源学》，上海三联书店，1999。
⑨ 甘枝茂等：《旅游资源与开发》，南开大学出版社，2001。

续表

强调对旅游者的吸引	楚义芳	对旅游者具有吸引力的自然存在和历史遗存、文化环境以及直接用于旅游娱乐目的的人工创造物，有时称为旅游吸引物。
	邓观利	凡是足以构成吸引旅游者的自然和社会因素，亦即旅游者的旅游对象或目的物都是旅游资源。
强调对旅游者的吸引和开发性	甘枝茂	凡能够吸引旅游者产生旅游动机，并可能被利用来开展旅游活动的各种自然、人文客体或其他因素，都可称为旅游资源。
	黄辉实	吸引人们前来游览、娱乐的各种事物的原材料，这些原材料可以是物质的，也可以是非物质的，它们本身不是游览的吸引物，必须经过开发才能成为有吸引力的事物。
	杨时进	凡是自然力和人类社会造成的，有可能被用来规划、开发成旅游消费对象的物质或精神的诸多因素，都可以视作旅游资源。
强调对旅游者的吸引和开发效益	国家旅游局	自然界和人类社会凡能对旅游者产生吸引力，可以为旅游业开发利用，并可产生经济效益、社会效益和环境效益的各种事物和因素。
	孙文昌	能激发旅游者旅游动机的，能为旅游业所利用的，并由此而产生经济效益和社会效益的自然和社会的实在物。
	杨桂华	在自然和人类社会中能够激发旅游者旅游动机并进行旅游活动，为旅游业利用并能产生经济、社会和环境效益的客体。
	魏小安	能够使旅游者发生兴趣，有足够的力量吸引他们前来并由此而获得经济效益的各种要素的集合。
	丁季华	能激发起旅游者动机，并能产生经济效益、社会效益和生态效益的自然的、人工的和精神的事物或现象。

（二）国家旅游局关于旅游资源的定义

2003年由中华人民共和国国家质量监督检验检疫总局发布的《旅游资源分类调查与评价》（GB/T18972—2003）中将旅游资源定义为：“自然界和人类社会凡能对旅游者产生吸引力，可以为旅游业开发利用，并可产生经济效益、社会效益和环境效益的各种事物和因素。”它强调了如下内容：

首先，涵盖了整个自然界和人类社会，把现今地理圈层内和历史进程中形成的一切有形实体、精神要素囊括在内，时空范围很大。

其次，定义中规定的“对旅游者产生吸引力”的“旅游者”是指旅游者群体，产生吸引力的大多不包括旅游设施、旅游服务，旅游开发中的旅游环境和旅游条件；目前限于条件暂时不能开发的，可以不认为是现实旅游资源，至于未来的、甚至难以预料的吸引因素一般不构成旅游资源。开发后不能同时产生经济效益、社会效益和环境效益，达不到要求的任何事物和因素，目前都不能称为旅游资源。

总之，旅游资源是一种与生俱来的、不被外界左右的、以自身特质具有吸引力的事物和因素。旅游资源当然也有变化，但这种变化只有在符合其自身的演变规律时才会发生，频繁发生的外界环境要素的变化一般不影响旅游资源本质属性的变化。[①]

三、宗教文化旅游资源的定义

我国最早的有关宗教文化旅游研究，是1983年陈传康针对元山寺旅游资源的开发研究。继此之后，随着宗教文化旅游资源开发逐渐展开，宗教文化旅游资源的开发研究也日渐丰富。

（一）学术界关于宗教文化旅游资源研究现状

目前有关宗教文化旅游资源的研究，国内学者多集中在对宗教文化旅游资源的开发问题上，由于学术背景不同、研究的视角存在差异，对宗教文化旅游资源的研究表现出多样性，概括起来主要有以下几种类型：如李萌的《论宗教旅游资源的特征及开发原则》、何仁芳的〈浅释宗教旅游资源的文化内涵〉，他们的研究是以宗教文化为对象，就宗教文化旅游的相关理论问题进行专题研究和探讨；保继刚等《宗教旅游开发研究——以广东南华寺为例》是以中国某地域的宗教文化为研究对象，或者以某个著名宗教文化旅游景点为研究对象，多从旅游资源的现状分析，旅游资源的开发、利用等方面，进行实证研究；袁银枝的《试析道教文化旅游资源及开发价值》等文，是以某种宗教如佛教、道教、伊斯兰教、基督教为研究对象，对某种宗教文化的旅游资源以及开发、利用等进行研究。

1. 宗教文化旅游资源的理论研究

这类研究以宗教文化为对象，就宗教文化旅游的相关理论问题进行专题研究和探讨。如李萌的《论宗教旅游资源的特征及开发原则》[②]；吴桂生的《论宗教文化旅游资源的利用与开发》[③]；赵伯乐的《宗教文化是一种值得重视的旅游资源》[④]；何仁芳的《浅释宗教旅游资源的文化内涵》[⑤] 等。

2. 地域宗教或宗教景点的实证研究

这类研究以中国某地域的宗教文化为研究对象，或者以某个著名宗教文化旅游景点为对象，多从旅游资源的现状分析，旅游资源的开发、利用等方面，进行实证

---

① 尹泽生、陈田等：《旅游资源调查需要注意的若干问题》，《旅游学刊》，2006（1），第14页。

② 李萌：《论宗教旅游资源的特征及开发原则》，《北京第二外国语学院学报》，2003（4），第65－68页。

③ 吴桂生：《论宗教文化旅游资源的利用与开发》，《湖南商学院学报》，2004（4），第68－70页.

④ 赵伯乐：《宗教文化是一种值得重视的旅游资源》，《学术探索》，2000（6），第90－93页。

⑤ 何仁芳：《浅释宗教旅游资源的文化内涵》，《文教资料》，2007（27），第55－58页。

研究。如保继刚等《宗教旅游开发研究——以广东南华寺为例》①；张键、李长青《北京宗教文化旅游资源评价研究》②；王凯、魏敏《宗教旅游资源深度开发模式探讨——长沙市开福寺宗教民俗旅游区个案研究》③；梁方的《武汉宗教文化旅游资源的文化分析及其开发利用》④；朱宇的《闽东南地区的宗教旅游资源及其开发利用》⑤；胡文海的《试论安徽省宗教旅游资源的开发》⑥；邹慧萍的《开发西安宗教旅游资源浅谈》⑦ 车娟、王英利、焦杰的《齐齐哈尔宗教旅游资匀限及其弓卜发利用》⑧；杨文琪的《开发泉州的宗教旅游资源探讨》⑨；王雪梅的《挖掘四川的宗教旅游资源》⑩；苏勇军《以苏南为例论宗教旅游资源的开发》⑪；袁书琪的《对福州宗教文化旅游资源的再认识和再开发》⑫；张俊英的《连云港宗教文化旅游资源开发研究》⑬；李志强的《浅谈江西宗教文化旅游资源的发展》⑭；周白兰的《浅议丹徒区宗教文化旅游资源的开发和利用》⑮；方瑞龙《浅析德宏宏宗教文化旅游资源开发前景》⑯；李学江《我国宗教文化旅游资源的合理利用与开发》⑰；马进福《我

---

① 保继刚、陈云梅：《宗教旅游开发研究——以广东南华寺为例》，《热带地理》，1996（1），第89－96页。

② 张键、李长青：《北京宗教文化旅游资源评价研究》，《首都师范大学学报》，2005（3），第91－94页。

③ 王凯、魏敏：《宗教旅游资源深度开发模式探讨——长沙市开福寺宗教民俗旅游区个案研究》，《云南地理环境研究》，2003（4），第21－25页。

④ 梁方：《武汉宗教文化旅游资源的文化分析及其开发利用》，《长江论坛》，1998（6），第52－56页。

⑤ 朱宇：《闽东南地区的宗教旅游资源及其开发利用》，《福建地理》，1994（1），第49－52页。

⑥ 胡文海：《试论安徽省宗教旅游资源的开发》，《池州师专学报》，1995（1），第62－64页。

⑦ 邹慧萍：《开发西安宗教旅游资源浅谈》，《旅游研究与实践》，1996（1），第47－50页。

⑧ 车娟、王英利等：《齐齐哈尔宗教旅游资源及其开发利用》，《齐齐哈尔师范学院学报》，1996（4），第68－70页。

⑨ 杨文琪：《开发泉州的宗教旅游资源探讨》，《福建学刊》，1996（4），第34－36页。

⑩ 王雪梅：《挖掘四川的宗教旅游资源》，《西南民族学院学报》，1999（20），第113－116页。

⑪ 苏勇军：《以苏南为例论宗教旅游资源的开发》，《浙江工商职业技术学院学报》，2005（4），第6－8页。

⑫ 袁书琪：《对福州宗教文化旅游资源的再认识和再开发》，《福建师范大学学报》，1998（2），第114－117页。

⑬ 张俊英：《连云港宗教文化旅游资源开发研究》，《连云港高等师范专科学校学报》，2003（9），第37－39. 页

⑭ 李志强：《浅谈江西宗教文化旅游资源的发展》，《南昌教育学院学报》，2004（1），第38－40页。

⑮ 周白兰：《浅议丹徒区宗教文化旅游资源的开发和利用》，《江苏省社会主义学院学报》，2004（1），第58－59页。

⑯ 方瑞龙：《浅析德宏州民族宗教文化旅游资源开发前景》，《云南社会主义学院学报》，2001（1），第39－41页。

⑰ 李学江：《我国宗教文化旅游资源的合理利用与开发》，《山东经济》，2003（5），第13－15页。

国的宗教旅游资源及深度开发》[①]；韩国河《河南省潜在宗教文化旅游资源开发研究》[②]；伍卓《论南岳宗教旅游资源的开发》[③]；赵荣《贵州宗教文化旅游资源利用的思考》[④]；李悦铮等《我国区域宗教文化景观及其旅游开发》[⑤]；薛群慧、邓永进《云南宗教文化旅游开发热点问题透视》[⑥]。

3. 对某种宗教文化旅游资源的研究

这类研究以某种宗教如佛教、道教、伊斯兰教、基督教为研究对象，对某种宗教文化的旅游资源以及开发、利用等进行研究。如许宏、张进《浅析道教宫观文化旅游资源的开发价值———以昆明道观为例》[⑦]；袁银枝《试析道教文化旅游资源及开发价值》[⑧]；卢世菊《道教旅游文化与开发略论》[⑨]；赵伯乐《佛教文化旅游资源开发中应处理好的几个关系》[⑩]；赵伯乐等《佛教文化：新世纪云南旅游发展的一个新亮点》[⑪]；朱桂凤《旅游业与佛教文化关系新探》[⑫]；林哲浩、崔哲浩《试析中国佛教文化的旅游吸引力》[⑬]；张玲蓉《佛教文化开发与杭州文化旅游》[⑭]；毛丽娅《论道教文化旅游资源的开发与利用——以四川为例》[⑮]；景秀艳《谈泉州伊斯兰教文化旅游开发优势与开发策略》[⑯] 等。

（二）学术界关于宗教文化旅游资源概念的研究

尽管学者们对宗教文化旅游资源开发、利用有较多的研究，但是有关宗教文化

---

① 马进福：《我国的宗教旅游资源及深度开发》，《陕西师范大学学报》，1997（1），第107－112页。

② 韩国河：《河南省潜在宗教文化旅游资源开发研究》，《郑州大学学报》（哲学社会科学版），1995（4），第77－81页。

③ 伍卓：《论南岳宗教旅游资源的开发》，《南华大学学报》（社会科学版），2004（3），第36－39页。

④ 赵荣：《贵州宗教文化旅游资源利用的思考》，《贵州文史丛刊》，2002（3），第64－67页。

⑤ 李悦铮等：《我国区域宗教文化景观及其旅游开发》，《人文地理》，2003（3），第60－63页。

⑥ 薛群慧、邓永进：《云南宗教文化旅游开发热点问题透视》，《学术探索》，2003（3），第78－80页。

⑦ 许宏、张进：《浅析道教宫观文化旅游资源的开发价值——以昆明道观为例》，《红河学院学报》，2005（1），第66－68页。

⑧ 袁银枝：《试析道教文化旅游资源及开发价值》，《宜宾学院学报》，2004（3），第29－31页。

⑨ 卢世菊：《道教旅游文化与开发略论》，《中南民族学院学报》，2000（4），第72－75页。

⑩ 赵伯乐：《佛教文化旅游资源开发中应处理好的几个关系》，《云南民族学院学报》，2003（1），第42－45页。

⑪ 赵伯乐：《佛教文化：新世纪云南旅游发展的一个新亮点》，《云南大学人文社会科学学报》，2000（5），第93－96页。

⑫ 朱桂凤：《旅游业与佛教文化关系新探》，《学术交流》，1999（2），第206－208页。

⑬ 林哲浩、崔哲浩：《试析中国佛教文化的旅游吸引力》，《延边大学学报》（社会科学版），2000（2），第31－33页。

⑭ 张玲蓉：《佛教文化开发与杭州文化旅游》，《商业经济与管理》，2003（6），第61－64页。

⑮ 毛丽娅：《论道教文化旅游资源的开发与利用——以四川为例》，《四川师范大学学报》（社会科学版），2002（2），第38－43页。

⑯ 景秀艳：《谈泉州伊斯兰教文化旅游开发优势与开发策略》，《闽江职业大学学报》，1996（2），第39－40页。

旅游资源的定义概念并不多见。就笔者掌握的资料看，国内主要有以下几种观点：

张键认为，“宗教文化旅游资源主要是指存在于各种宗教文化遗产中，能够吸引‘僧俗两众’开展旅游活动的各种因素的总和。主要包括物质方面的宗教建筑、宗教艺术、宗教活动等和精神方面的宗教思想、宗教传说等”[①]。

苏勇军认为，“宗教旅游资源是指对旅游者具有吸引力并具有开发价值的各种宗教事务、因素和现象。其范围相当广泛，包括宗教建筑、宗教艺术、宗教节庆、宗教饮食、宗教圣地、宗教氛围等”[②]。

李萌认为，“宗教旅游资源一般是指因宗教观念、宗教活动而形成的对人们具有旅游吸引力并且具有经济开发价值的各种事物、因素和现象。其范围相当广泛，内容非常丰富，主要包括宗教圣地、宗教名山、宗教建筑、宗教艺术文物、宗教节庆、宗教名人、宗教饮食等”[③]。

（三）宗教文化旅游资源的含义

根据理论界对宗教文化旅游资源研究现状和概念的分析，本教材认为宗教文化旅游资源的概念是：宗教文化旅游资源是对信仰者和旅游者具有吸引力，并具有经济、社会、文化开发价值的各种宗教事务和现象的总和。包括宗教的思想、教义、观念、感情、行为等非物质要素和宗教圣地、宗教建筑、宗教艺术、宗教节庆等宗教物质要素。它的含义主要表现在以下几个方面：

1. 宗教文化旅游资源对信仰者具有吸引力

宗教信仰者出于信仰和履行宗教义务的目的，到宗教圣地、宗教纪念地、宗教活动场所，按照宗教教义、教规和习惯拜佛、诵经、经忏、斋醮、受戒、礼拜、斋戒、弥撒、讲经、布道、祷告、受洗、终傅、追思、过宗教节日等，表达自己对宗教的虔诚，对宗教圣地、宗教领袖和所信奉的超人间力量的崇拜、敬仰等宗教情感，期盼在他们的庇护下实现自己内心的愿望。

2. 宗教文化旅游资源对旅游者具有吸引力

宗教文化内涵丰富、底蕴深厚，著名的宗教圣地、宗教活动场所、宗教纪念物等是宗教文化的荟萃之地，集中反映了宗教知识、宗教历史、宗教艺术、宗教生活、宗教行为等内容，对旅游者具有吸引力。

3. 宗教文化旅游资源的核心要素是宗教文化

宗教文化通过有形或无形的载体呈现在旅游者面前，形成吸引力。具体而言，宗教文化旅游资源的吸引力，在于各种宗教及其赖以生存的自然环境和文化氛围，

---

① 张键、李长青：《北京宗教文化旅游资源评价研究》，《首都师范大学学报》，2005（3），第91页。

② 苏勇军：《以苏南为例论宗教旅游资源的开发》，《浙江工商职业技术学院学报》，2005（4），第6页。

③ 李萌：《论宗教旅游资源的特征及开发原则》，《北京第二外国语学院学报》，2003（4），第115页。

三者共同形成整体吸引力。

4. 宗教文化旅游资源具有开发价值和良好的效益

就是说通过对旅游资源的开发利用，能够产生经济、社会、文化等多方面的效益。宗教旅游资源发展的事实证明，宗教文化旅游资源的开发，可以带动和促进地区经济的发展。通过宗教文化旅游资源的开发利用，人们对宗教文化的认识更加全面、客观，对弘扬宗教文化起到积极的作用；宗教文化旅游资源的开发吸引众多的国内外游客，促进广泛的文化交流与传播，增进了了解，密切了关系，产生良好的社会经济和文化效益。

第二节　宗教文化旅游资源的特点

宗教是普遍存在的社会文化现象，是人类文化的重要组成部分。宗教对人类的精神、文化、科技、道德、风俗及生活方式产生过不同程度的影响。因此宗教与其他意识形态结合而产生的宗教建筑、宗教美术、宗教音乐、宗教文学等，成为人类文化史的财富。

宗教文化与现代旅游的关系十分密切。一方面，宗教建筑、宗教艺术和宗教活动对游客具有强烈的吸引力，在满足人们的求知欲、审美欲望与猎奇心理上有着特殊的功用。另一方面，宗教作为一种观念，深刻影响着人们的行为方式和旅游审美特点。作为一种特色鲜明的人文旅游资源，宗教文化旅游资源具有明显的特点。

一、宗教文化旅游资源内容丰富，类型多样

在历史上的各个时期和世界上的各地区、各民族，宗教展现出了非常丰富的多样性。从宗教本身的意义和内容看，它包括政治、哲学、伦理、社会规范、价值观念、文学艺术……等，是一种社会文化体系。

（一）宗教四要素及相互关系

按照宗教构成四要素说，宗教是由宗教观念和思想、宗教的感情和体验、宗教的行为或活动、宗教的组织和制度构成的，四要素有着内在的相互联系。①

宗教是对各种超自然、超人间的神圣力量的信仰，这种信仰在信众心目中形成虚幻的观念，同时作为共同崇拜的对象，还必须表现为信众可以感知和体认的感性物。为此，各种宗教几乎都把其崇拜的神圣对象客观化为某种具有感性形态的象征

① 吕大吉：《宗教学通论新编》，中国社会科学出版社，1998。

系统，如原始宗教的图腾、天主教的十字架、圣母像，佛教寺院的佛和菩萨等。象征物的安息之所、供奉之地，便成为信仰者的宗教活动场所，为此世界上出现了金碧辉煌的庙宇、巍峨壮观的教堂。宗教信仰者对超人间、超自然力量的敬畏感、依赖感、神秘感，表现为敬畏、爱慕、祈求、祷告的言辞和各种崇拜活动，并规范化、程式化为宗教的礼仪和活动。宗教信仰和活动把信仰者凝聚到一起，形成各种宗教组织。宗教组织把宗教观念教义化、信条化，建立各种戒律规范和制度。宗教的教义、信条、行为规范等通过文化、艺术、道德的形式表现出来。

（二）宗教文化的丰富性和多样性

从宗教的类型上看，不管是佛教、道教、伊斯兰教还是基督教等，由于它们在思想教义、宗教的体验、宗教的行为和宗教的体制上表现出不同的特征，不同的宗教文化作为旅游资源表现出各自不同的特征。

1. 独具特色的宗教建筑

风格迥异的宗教建筑，是宗教文化的重要内容。宗教建筑包括佛教的寺庙、佛塔和石窟，基督教的教堂，伊斯兰教的清真寺，道教的宫观等。

寺院宫观、殿堂楼塔等，一般在选址、布局、造型、用材、色彩等方面讲究因地制宜，将工艺技术美与自然美有机结合，且能巧妙地利用自然形态，形成强烈的宗教气氛。由于宗教信仰、传统习惯和文化背景等方面的差异，各种宗教建筑的造型风格、布局结构各有特色。出于修行的需要佛教的寺院、道教的宫观多分布在山林之间，且与周围环境融为一体。寺、宫常采用中国传统的建筑布局和风格。伊斯兰教的清真寺和基督教堂为了方便信众多分布在人口稠密的城镇中。清真寺多为采用中国传统建筑风格和伊斯兰文化风格，基督教的建筑多为拜占庭式、罗马式和哥特式三种类型。

2. 丰富多彩的宗教活动

宗教活动是宗教文化旅游资源的重要组成部分。宗教活动在长期的发展和演化过程中，由于受各地的自然环境、政治、经济、文化等因素的影响，形成了许多不同的地方变体，进而又演化成了形形色色的宗教习俗。使许多原本宗教色彩很浓的宗教活动，在不断的演变过程中逐渐失去其本意，最终演变成包括饮食、服饰、社交、丧葬、节庆等民间风俗。

丰富多彩的宗教活动中包括宗教日常活动和重大的宗教节日庆典。基督教的主日礼拜和圣诞节、圣灵降临节、复活节等；伊斯兰教的麦加朝圣和开斋节、宰牲节、圣纪节三大节日；佛教的僧尼日常行事、忏法以及法会和佛诞日——“佛诞节”、“浴佛节”、出家日、成道日、涅槃日以及盂兰盆会——“中元节”、“鬼节”等；道教的斋醮和玉皇大帝圣诞、邱长春真人圣诞、太上老君圣诞、王母娘娘圣诞等。

3. 寓意深刻，技艺精湛的宗教艺术

宗教艺术荟萃了许多古代艺术珍品，内容非常丰富，在建筑、绘画、雕塑、石刻、音乐、文学等艺术领域都有渗透，通过宗教艺术可以对各个国家的社会历史、艺术文化、生活和经济等进行感悟和理解。

佛教的雕塑艺术，包括摩崖石刻、佛像雕塑，藏传佛教的酥油花和唐卡艺术，还有佛教的壁画艺术等；基督教的绘画艺术、雕塑艺术等；伊斯兰教的书法、陶瓷、绘画、玻璃等艺术。

除了上述三类被广泛开发利用的宗教文化旅游资源外，随着宗教文化体验游的发展，宗教文化旅游资源的开发深度和广度不断加大。由此可以看出：丰富、多样的宗教文化，对旅游者具有吸引力，合理地开发、利用可以满足旅游者的不同需要。

二、宗教文化旅游资源的玄奇性、神秘性

宗教文化旅游资源有别于其他旅游资源的最显著特征是玄奇性、神秘性。一提到宗教，神佛显灵的传说、妖怪作祟的迷信，祭天祀祖的礼仪、驱邪赶鬼的巫术、五体投地的皈依、念念有词的祷告、香烟缭绕的庙宇、高耸威严的教堂等，便会浮现在人们的脑海里。正因如此，宗教文化旅游资源的开发可以满足旅游者求奇、求异的心理需求。

（一）宗教的玄奇性和神秘性

恩格斯指出：一切宗教都不过是支配着人们日常生活的外部力量在人们头脑中的幻想的反映，在这种反映中，人间的力量采用了超人间力量的形式。[①] 宗教的核心和本质内容是关于超人间、超自然力量的信仰（“神”观念）。“人头脑中萌生了宗教观念后，由于它被设想为超人间、超自然力量和支配人们生活的异己力量，设想者必然伴生对它的依赖感、崇敬感、畏怖感、神圣感、神秘感；内在的宗教敬畏感必然外在化为崇拜神灵的宗教行为，表现为巫术、献祭、祈祷、礼拜、崇拜、皈依、修行、悟道、苦行、禁欲……之类宗教活动。”[②] 宗教的玄奇性、神秘性表现在如下几个方面。

1. 宗教信仰对象的神秘性

任何宗教都被赋予了超越自然、超越社会的神奇力量，认为它们是掌控自然、社会的神秘主宰。佛教有释迦牟尼、佛、菩萨、罗汉；道教有张道陵、天王、天师及各路神仙；基督教有天主、耶稣；伊斯兰教有真主、穆罕默德、安拉和天使；原始宗教中有神灵鬼怪、超自然的巫术力等。信仰者认为，这些主宰都具有超自然和超人间力量，至高无上而无处不在，并受到人们的崇拜、敬畏和依赖。

---

① 《马克思恩格斯选集》，第 3 卷，第 354 页。

② 吕大吉：《宗教学通论新编》，中国社会科学出版社，1998，第 84 页。

2. 宗教神秘的理想境界

在宗教世界中，充满对人生理想境界的追求。宗教的人生理想大致分为两类：一类是人生的理想境界，通常是一种神秘的、美好的状态，如佛教的涅槃境界、道教的神仙境界等：一类是人生的理想归宿，即宗教所说的美好的、幸福的彼岸，如基督教的天堂、佛教的佛国净土、伊斯兰教的乐园等。

3. 宗教到达理想境界的神秘途径

为了到达人生的理想境界，各种宗教都给予了一定的方法和途径。比如佛教认为，人通过修炼和觉悟就能脱离六道轮回，往生西方极乐世界；比如基督教和伊斯兰教认为，人只要听从天主和真主的教导，通过修炼和忏悔就能进入天堂。他们认为如果人能进入这个理想世界就可以有幸福美好的生活，就能不生不灭，永享太平。

（二）宗教神秘性的旅游开发价值

在现实社会中，人最惧怕的就是自然社会中的烦恼和苦难，还有死亡。在宗教的理想世界里，人们脱离了生、老、病、死，人与人之间以及人与自然之间和谐共处。这种神秘的理想世界对人具有很强的吸引力。从宗教教义到宗教建筑、宗教艺术、仪式、活动、宗教用品以及宗教神话传说故事等，宗教的各个方面都含有超现实的虚幻的神秘感。这使宗教文化具有强烈的玄奇、神秘的特征和氛围，也使宗教旅游资源带有强烈的玄奇、神秘的特征和氛围。也正因如此，宗教文化旅游资源的开发能够满足旅游者求新、求异的心理需求。

三、宗教文化旅游资源要素的组合性

宗教文化的创造过程，与一定时期的政治、经济、社会、文化等因素相互影响、相互作用。宗教文化旅游资源集中分布在宗教圣地和宗教活动场所。宗教圣地和宗教活动场所往往布局在特定的自然和人文环境中，两者相互作用、相互融合形成宗教圣地特有的场景和氛围。

（一）宗教人文要素与自然要素的组合

俗语称“自古名山僧占多”，说的是中国的寺院数量多，且多位居山林之中。佛教的寺庙、道教的宫观常常布局在幽僻的山林之中。如中国的四大佛教名山五台山、普陀山、峨眉山和九华山，四大道教名山武当山、龙虎山、齐云山、青城山等，把大自然的清净、幽深、自然、开阔与金碧辉煌、雄伟庄严的寺院、宫观、殿堂建筑巧妙地结为一体。

寺观选址包含着从观念到实体建筑的佛家原理：第一，利于修道。佛教认为，修行的第一要素即是割断尘缘，与世无染。释迦修道之初，在菩提树下结跏趺坐，在野鹿苑说法；达摩一苇渡江，见高山秀丽，遂居而悟禅；慧理至杭，见飞来峰颇似印度灵鹫峰，乃筑室而居。可见佛徒皆效法佛祖，寺观建筑多选佳丽之地，于是代代相传，遂成定制。第二，利于广召信徒。游人入寺观光，信徒入寺降香，佛殿肃穆庄严，钟磬贯耳。当人们置身于丛林掩映的梵宫佛寺中时，与宗教净化意识并生的是身清气洁的审美感受。幽深的丛林与净土世界似乎更有环境、氛围的暗合之处。所以僧家占尽湖光山景，是一种包含宗教目的的选择。

素有中国佛教第一圣地之称的五台山，坐落在海拔三千米的五座山峰之巅。五峰高耸，峰顶平坦宽阔的台面上，富丽堂皇、雄伟庄严的寺院矗立。著名的道教名山林木青翠，四季常青，诸峰环峙，状若城郭，丹梯千级，曲径通幽，建福宫、上清宫、祖师殿、圆明宫、老君阁、玉清宫、朝阳洞等数十座宫观掩映在山林之中。

（二）儒释道三教一体，九流同源

中国宗教具有儒、释、道三教合流、兼容并蓄的特点。儒、释、道三教分属不同的文化体系：儒学属于礼文化系统，佛教属于禅文化系统，道教属于道文化系统。三教之“教”乃教化之意，非宗教之称。[①] “以儒为主，以佛、道为辅，形成近两千年中国思想文化的核心内容。儒、佛、道成为中国社会的三大精神支柱并且全面扩散到社会文化各个领域。”除儒家思想、佛教、道教外，三教思想还扩展到伊斯兰教和基督教。如一些回族学者多用儒家思想和其他中国传统文化理念创造性地解释伊斯兰教信仰和思想，把“三纲”揉进真主信仰，用“五常”诠释“五功”，把真主创造世界的信仰与中国哲学的太极阴阳说结合起来，主张同尊穆罕默德和孔子，这些人被称为儒回。天主教为了适应中国国情，获得中国士人与民众的理解，利玛窦把基督教教义同中国传统宗教信仰及孔、孟、理学的思想相糅合。如将中国的“昊天上帝”与“天主”等同，把中国的敬天说成是拜上帝；认为儒家的“仁”即是基督教的“爱”；把敬仰上帝说成是孝道的要求，同时允许中国教徒祭天、祭祖、祭孔。[②] 三教一体的思想深刻地影响到中国的政治、伦理、哲学、文学等方方面面。

中国宗教文化的这一大特点使得各大宗教在内容上你中有我，我中有你；在空间分布上，出现二教共事一山，甚至一个寺庙内同时供奉两教神仙的现象。

我国虽然有四大佛教名山（山西五台山、四川峨眉山、安徽九华山、浙江普陀山）和道教四大名山（湖北武当山、江西龙虎山、安徽齐云山、四川青城山）之别，但是许多名山都表现出儒、释、道三教文化以及多种宗教文化的特点。著名的

---

① 吕大吉、牟钟鉴：《中国宗教与中国文化——概说中国宗教与传统文化》，中国社会科学出版社，2004，第175页。

② 吕大吉、牟钟鉴：《中国宗教与中国文化——概说中国宗教与传统文化》，中国社会科学出版社，2004，第190－191页。

旅游胜地——庐山就是“道释同尊”和多教共处的代表。晋代高僧慧远在庐山建东林寺，首创观像念佛的“净土宗”；禅师竺道生在庐山精舍开创“顿悟说”；天师张道陵一度在庐山修炼；南朝道教禅师之一的陆修静在庐山建简寂观，编撰《藏道经》1200 卷，奠定了“道藏”基础，并创立了道教灵宝派。从公元 4 世纪至 13 世纪，庐山宗教兴盛，寺庙、道观一度多至 500 处。至今，庐山仍有佛教、道教、伊斯兰教、基督教、天主教等宗教及教派的寺庙、道观、教堂多座。五岳之尊的泰山虽是一座道教名山，但儒、佛两教在泰山的影响亦不可小觑，三教合一的情形比比皆是。道教在泰山是最为彰显的文化现象，登山途中处处可见的几乎都是香火鼎盛的道观。尽管由于道教在泰山的势力过于强大，佛教寺院在泰山显要位置无法占有地盘，但是在泰山北面或偏僻地带仍保存有佛教寺院灵岩寺、普照寺、竹林寺、玉泉寺。

综合上述，宗教文化作为旅游资源与其他旅游资源相比既有相似性又有差异性，为此在旅游资源开发过程中，我们根据宗教文化的性质和特点，可以把宗教文化旅游资源分成不同的类型，根据每种宗教文化旅游资源有针对性地设计旅游产品，以满足市场的需求。

第三节　宗教文化旅游资源的分类

旅游资源是一个发展的概念。在不同历史阶段，对旅游资源的内涵会有不同的理解与认识。随着社会的发展，科技的进步，旅游资源的潜能在不断得到开发，原来不是旅游资源的事和因素，可以变成为旅游资源并予以开发。目前，世界各国对旅游资源特别是人文类旅游资源还没有统一的分类标准和分类方法。宗教文化旅游资源分类更是如此，对宗教文化旅游资源的评价多以理性评价为主，研究范围和研究内容也很有限。

一、国内学术界有代表性的旅游资源分类

国内学者依据不同的划分标准，如形态、成因、功能、性质、特点、开发状况等，对旅游资源进行分类，提出各有所长的分类方法，下面介绍几种有代表性的旅游资源分类方案，并对代表性分类方案进行比较、归纳。

（一）国内有代表性的旅游资源分类

目前，我国学术界有关旅游资源的分类很多，在查看了大量文献资料的基础上，归纳国内有代表性的旅游资源分类，主要包括以下几种方案：

1. 杨桂华的分类方案

杨桂华在《旅游资源学》[①] 中，按照资源的性质和成因将其划分为：自然旅游资源、人文旅游资源；根据旅游活动的性质进行分类；供陆上旅游活动之资源、以水体为基础的旅游活动资源、供欣赏风景的旅游资源；以旅游资源的特性为主，结合旅游活动性质进行分类；利用者导向型游憩资源、资源基础型游憩资源、中间型游憩资源；按照旅游资源市场特性和开发现状进行分类；未经开发或潜在的资源、已开发或即将开发的资源、现代人工制造的资源；根据旅游资源的吸引级别分类；国家级旅游风景资源、省级旅游风景资源、市（县）级旅游风景资源，见表3－2。

表3－2　杨桂华的旅游资源划分类型

划分依据	资源类型
资源的性质和成因	自然旅游资源
	人文旅游资源
旅游活动的性质	供陆上旅游活动之资源
	以水体为基础的旅游活动资源
	供欣赏风景的旅游资源
以旅游资源的特性为主，结合旅游活动性质	利用者导向型游憩资源
	资源基础型游憩资源
	中间型游憩资源
旅游资源市场特性和开发现状	未经开发或潜在的资源
	已开发或即将开发的资源
	现代人工制造的资源
旅游资源的吸引级别	国家级旅游风景资源
	省级旅游风景资源
	市（县）级旅游风景资源

2. 鄢志武的分类方案

鄢志武在《旅游资源学》[②] 中把旅游资源分为：按旅游资源自身属性进行分类：自然旅游资源、人文旅游资源；按旅游活动的性质进行分类：供陆上旅游活动之资源，以水体为基础的旅游活动资源、供欣赏风景的旅游资源；按旅游资源开发利用方式进行分类：原生性旅游资源、萌变性旅游资源；按旅游资源的级别分类：国家级旅游风景资源、省级旅游风景资源、市（县）级旅游风景资源；以旅游资源

① 杨桂华：《旅游资源学》，云南大学出版社，1994。

② 鄢志武：《旅游资源学》，武汉大学出版社，2003。

的特性为主，结合旅游活动性质进行分类：利用者导向型游憩资源、资源基础型游憩资源、中间型游憩资源；从景区经营角度进行分类：无限旅游资源、有限旅游资源，见表3－3。

表3－3　鄢志武的旅游资源划分类型

划分依据	资源类型
自身属性	自然旅游资源
	人文旅游资源
旅游活动的性质	供陆上旅游活动之资源
	以水体为基础的旅游活动资源
	供欣赏风景的旅游资源
开发利用方式	原生性旅游资源
	萌变性旅游资源
级　别	国家级旅游风景资源
	省级旅游风景资源
	市（县）级旅游风景资源
以资源特性为主，结合旅游活动性质	利用者导向型游憩资源
	资源基础型游憩资源
	中间型游憩资源
景区经营角度	无限旅游资源
	有限旅游资源

3. 苏文才、孙文昌的分类方案

苏文才、孙文昌在《旅游资源学》① 中，把旅游资源分为：按照资源的性质和成因划分：自然旅游资源、人文旅游资源；按方式和效果分类：游览鉴赏型、康乐型、体验型、知识型；按开发利用的变化特征、并结合资源的性质、成因分类：原生性旅游资源、萌变性旅游资源；依照旅游动机的不同分类：心理方面的、精神方面的、健身方面的、经济方面的、政治方面的；依照旅游资源的结构分类：旅游景观资源、旅游经营资源；按照旅游资源动态分类：稳定类旅游资源、可变类旅游资源；依照1992年《中国旅游资源普查规范》分类：地文景观类、水域风光类、生物景观类、古迹与建筑类、消闲求知健身类、购物类，见表3－4。

① 苏文才、孙文昌：《旅游资源学》，高等教育出版社，1998。

表3-4　苏文才、孙文昌的旅游资源划分类型

分类依据	资源类型
性质和成因	自然旅游资源
	人文旅游资源
方式和效果	游览鉴赏型
	康乐型
	体验型
	知识型
变化特征及性质、成因	原生性旅游资源
	萌变性旅游资源
动　机	心理方面
	健身方面
	精神方面
	经济方面
	政治方面
结　构	旅游景观
	旅游经营资源
动　态	稳定类旅游资源
	可变类旅游资源
1992年《中国旅游资源普查规范》	地文景观类
	水域风光类
	生物景观类
	古迹与建筑类
	消闲求知健身类
	购物类

4. 甘枝茂、马耀峰的分类方案

甘枝茂、马耀峰在《旅游资源与开发》① 中，把旅游资源分为：两分分类系统：自然旅游资源、人文旅游资源；依照1992年《中国旅游资源普查规范》的旅游资源分类：地文景观类、水域风光类、生物景观类、古迹与建筑类、消闲求知健

① 甘枝茂、马耀峰：《旅游资源与开发》，南开大学出版社，2005。

身类、购物类；按照旅游资源的功能分类：观光游览型资源、参与型旅游资源、购物型旅游资源、保健休疗型旅游资源、文化型旅游资源、感情型旅游资源；按增长情况分类：可再生旅游资源、不可再生旅游资源、可更新旅游资源；按照旅游资源价值与管理级别分类：国家级旅游风景资源、省级旅游风景资源、市（县）级旅游风景资源；按照旅游资源的利用现状分类：已开发利用的旅游资源、正在开发利用的旅游资源、未开发利用的旅游资源；按照旅游资源特性、旅游活动性质分类：利用者导向型游憩资源、资源基础型游憩资源、中间型游憩资源，见表3－5。

表3－5　甘枝茂、马耀峰的旅游资源划分类型

分类依据	资源类型
性质和成因	自然
	人文
1992年《中国旅游资源普查规范》	地文景观类
	水域风光类
	生物景观类
	古迹与建筑类
	消闲求知健身类
	购物类
功　能	观光游览型
	参与型
	购物型
	保健休疗型
	文化型
	感情型
增长情况	可再生
	不可再生
	可更新
价值与管理级别	国家级旅游风景资源
	省级旅游风景资源
	市（县）级旅游风景资源

续表

分类依据	资源类型
利用现状	已开发利用
	正在开发利用
	未开发利用
特性、旅游活动性质	利用者导向型游憩资源
	资源基础型游憩资源
	中间型游憩资源

5. 陈兴中、方海川与汪明林的分类方案

陈兴中、方海川与汪明林在《旅游资源开发与规划》[①] 中，把旅游资源分为：按照旅游资源的成因和性质划分：自然旅游资源和人文旅游资源；按 1992 年《中国旅游资源普查规范》、2003 年国家《旅游资源分类、调查与评价》标准分类系统分为 8 个主类、31 个亚类、155 个基本类型；按旅游资源的景观组合分类：自然旅游景观资源、人文旅游资源、历史遗产旅游景观资源、现代人文旅游景观资源、社会风情旅游资源，见表 3－6。

表 3－6　陈兴中、方海川与汪明林的旅游资源划分类型

划分依据	资源类型
成因和性质	自然旅游资源
	人文旅游资源
景观组合	自然旅游景观资源
	人文旅游资源
	历史遗产旅游景观资源
	现代人文旅游景观资源
	社会风情旅游资源
按 1992 年《中国旅游资源普查规范》、2003 年国家《旅游资源分类、调查与评价》标准（分为 8 个主类、31 个亚类、155 个基本类型）	

6. 王建军的分类方案

王建军在《旅游资源分类与评价问题的新思考》[②] 中把旅游资源分为：按照旅游资源基础的属性分类分为：自然、人文、综合（复合），或可再生的和不可再生

① 陈兴中、方海川、汪明林：《旅游资源开发与规划》，科学出版社，2005。

② 王建军：《旅游资源分类与评价问题的新思考》，《旅游学刊》，2005（6），第 7 页。

的，或有形的（显性）和无形的（隐性），再按照成因分级分类为二级、三级等；按照旅游市场导向的需求分为：观赏型、运动康乐型、特殊型，或物质享受和精神享受等类型；按照旅游资源动态分类分为：原生性、萌生性，或稳定型、可变型，或潜在供给型、现实供给型、技术资源型等；按照资源赋存的空间层位和组合结构分类等。

（二）对代表性旅游资源分类情况的分析

所谓分类是根据事物特点的共同性和差异性，将对象区分为不同种类的逻辑方法。首先，通过比较识别事物之间的共同性和差异性；然后，根据它们的共同性将事物归并为较大的类，根据差异性分为较小的类，从而将事物区分为具有一定从属关系的不同等级的系统，见表3－7。

表3－7　代表性旅游资源分类

代表性观点／采用的分类标准	杨桂华《旅游资源学》	鄢志武《旅游资源学》	苏文才、孙文昌《旅游资源学》	甘枝茂、马耀峰《旅游资源与开发》	陈兴中、方海川等《旅游资源开发与规划》	王建军《旅游资源分类与评价问题的新思考》	采用总数
1992 资源普查	√	√	√	√	√		5
属性与组成	√	√	√	√		√	5
吸引级别	√	√		√			3
资源特性							
资源特征 活动性质	√	√		√			3
动机			√	√			2
活动的性质	√	√					2
市场和开发现状	√			√		√	3
开发利用方式		√	√				2
景区经营		√					1
利用方式和效果			√				1
资源结构			√				1
资源动态			√			√	2
资源功能				√			1
资源增长				√			1
2003 国标					√		1
景观组合					√	√	2

旅游资源的分类，是根据旅游资源的相似性和差异性进行归并或分出具有一定从属关系的不同等级类别的工作过程。划分出的每一种类别属性相似，不同类别之间存在一定的差异。从上述在国内具有一定代表性的旅游资源分类中，我们不难看出以下内容：

1. 划分依据不同，旅游资源分类方案不同

学者们在旅游资源分类中，首先，都依据了一定的分类标准进行了旅游资源类型的划分；其次，从整体上看，旅游资源划分类型的相似度比较高；再次，由于依据的标准不尽相同，旅游资源分类结果存在明显差异。

2. 普遍采用的分类依据

在上述代表性旅游资源分类方案中，普遍采用了旅游资源属性、旅游资源性质、旅游资源成因作为分类依据。根据旅游资源的成因或属性，将旅游资源分为自然旅游资源和人文旅游资源两大类。自然旅游资源是指能使人们产生美感的自然环境或物象的地域组合，即地貌、水体、气候、动植物等自然地理要素所构成的、吸引人们前往进行旅行游览活动的天然景观，具有明显的天赋性质。人文旅游资源是古今人类社会活动、文化成就、艺术结晶、民族风俗和科技创造的纪录和轨迹。两类旅游资源根据其组合要素又可分别进一步细分。例如，在自然旅游资源中，地貌旅游资源按成因分为流水作用的旅游地貌、风力作用的旅游地貌、溶蚀作用的旅游地貌。根据属性的不同人文旅游资源又可分为：历史古迹、古建筑、陵墓、园林、宗教文化、城镇、社会风情、文学艺术等不同的类别。

3. 其他采用较多的分类方案

在上述分类中，还有一些采用比较多的分类方法：依据旅游资源的吸引或管理的等级、旅游资源的特性与活动性质、市场需求标准。根据旅游资源的吸引或管理的等级，一般分为世界级——特别旅游资源、国家级——国粹旅游资源、省级——优秀旅游资源、县级——一般旅游资源。世界级旅游资源主要包括：进入《世界遗产名录》的旅游资源、纳入《世界自然保护区》的旅游资源、进入《世界地质公园》的旅游资源。国家级旅游资源主要包括：国家级重点风景名胜区、国家级森林公园、国家级自然保护区、国家级重点文物保护单位、国家级历史文化名城和优秀旅游城市、国家 AAAA 级旅游景区。国家级依据有：按照成因划分、按照旅游资源的属性划分、按照旅游资源的功能、按照游资源形成时间等。

4. 同样的分类依据不同的分类结果

尽管学者们采用了同样的分类标准，但是分类结果不尽相同。上述分类方案中有四个采用了旅游资源性质和组成为分类标准，其中以杨桂华、鄢志武、甘枝茂为代表的分类结果均为：两分法、1992 年《中国旅游资源普查规范》，而以陈兴中为代表的分类结果为：两分法、2003 年国家认定标准。在按照旅游资源市场特性与开发现状的分类中，以杨桂华为代表的分类结果为：未经开发或潜在的资源、已开发或即将开发的资源、现代人工制造的资源。而以甘枝茂为代表的分为：已开发利用

的旅游资源、正在开发利用的旅游资源、未开发利用的旅游资源。

5. 相同的基类不同的亚类

在两分法中，学者们把旅游资源分成了自然旅游资源、人文旅游资源两大类，但是亚类却不尽相同。以杨桂华为代表的把自然旅游资源分为：地表类、水体类、生物类、大气类、宇宙类；人文旅游资源分为：历史类、民族民俗类、宗教类、园林类、文化娱乐类、购物类。以鄢志武为代表的把自然旅游资源分为：地质地貌类、水体类、生物类、气候气象即宇宙类；人文旅游资源分为：历史古迹类、园林类、民风民俗类、文学类、人造经管类、旅游商品类。以甘枝茂为代表的将自然旅游资分为：水体类、动植物类、气象气候与天象类、综合景观类；把人文旅游资源分为：园林类、宗教文化类、城镇类、社会风情类、文学艺术类。

（二）中华人民共和国国家质量监督检验检疫总局的分类

2003 年国家颁布了《旅游资源分类、调查与评价》国家标准（GB/T 18972－2003，2003），国家标准分类系统包括 8 个主类、31 个亚类、155 个基本类型。

1. 分类原则

依据旅游资源的性状，即按现存状况、形态、特性、特征划分。

2. 分类对象

稳定的、客观存在的实体旅游资源。不稳定的、客观存在的事物和现象。

3. 分类结构

分为“主类”、“亚类”、“基本类型”三个层次。每个层次的旅游资源类型有相应的汉语拼音代号，见表 3－8。

4. 分类结果

2003 年，国家质量监督检验检疫总局颁布的《旅游资源分类、调查与评价》国家标准（GB/T 18972－2003，2003）系统包括 8 个主类、31 个亚类、155 个基本类型。

以旅游资源性质上的差异为依据分出 8 个主类。分别是：地文景观主类、水域风光主类、生物景观主类、天象与气候景观主类、遗址遗迹主类、建筑与设施主类、旅游商品主类、人文活动主类。

在 8 个主类的基础上以旅游资源的性质、形态、功能特性、文化内涵等为依据，划分出 31 个亚类和 155 个基本类型。如遗址遗迹主类分为：史前人类活动场所、社会经济文化活动遗址遗迹亚类；建筑与设施主类中，分为综合人文旅游地、单体活动场馆、景观建筑与附属型建筑、居住地与社区、归葬地、交通建筑、水工建筑亚类；人文活动主类分为：人事记录、艺术、民间习俗、现代节庆；社会经济文化活动遗址遗迹亚类分为：历史事件发生地、军事遗址与古战场、废弃寺庙、废弃生产地、交通遗迹、废城与聚落遗迹、长城遗迹、烽燧八个基本类型；综合人文旅游地亚类分为：教学科研实验场所、康体游乐休闲度假地、宗教与祭祀活动场所、园林游憩区域、文化活动场所、建设工程与生产地、社会与商贸活动场所、动物与植物展示地、军事观光地、边境口岸、景物观赏点11个基本类型，见表3－8。

表3－8　旅游资源分类

主类	亚类	基本类型
A 地文景观	AA 综合自然旅游地	AAA 山丘型旅游地 AAB 谷地型旅游地 AAC 沙砾石地型旅游地 AAD 滩地型旅游地 AAE 奇异自然现象 AAF 自然标志地 AAG 垂直自然地带
	AB 沉积与构造	ABA 断层景观 ABB 褶曲景观 ABC 节理景观 ABD 地层剖面 ABE 钙华与泉华 ABF 矿点矿脉与矿石积聚地 ABG 生物化石点
	AC 地质地貌过程形迹	ACA 凸峰 ACB 独峰 ACC 峰丛 ACD 石（土）林 ACE 奇特与象形山石 ACF 岩壁与岩缝 ACG 峡谷段落 ACH 沟壑地 ACI 丹霞 ACJ 雅丹 ACK 堆石洞 ACL 岩石洞与岩穴 ACM 沙丘地 ACN 岸滩
	AD 自然变动遗迹	ADA 重力堆积体 ADB 泥石流堆积 ADC 地震遗迹 ADD 陷落地 ADE 火山与熔岩 ADF 冰川堆积体 ADG 冰川侵蚀遗迹
	AE 岛礁	AEA 岛区 AEB 岩礁

续表

主类	亚类	基本类型
B 水域风光	BA 河段	BAA 观光游憩河段 BAB 暗河河段 BAC 古河道段落
	BB 天然湖泊与池沼	BBA 观光游憩湖区 BBB 沼泽与湿地 BBC 潭池
	BC 瀑布	BCA 悬瀑 BCB 跌水
	BD 泉	BDA 冷泉 BDB 地热与温泉
	BE 河口与海面	BEA 观光游憩海域 BEB 涌潮现象 BEC 击浪现象
	BF 冰雪地	BFA 冰川观光地 BFB 长年积雪地
C 生物景观	CA 树木	CAA 林地 CAB 丛树 CAC 独树
	CB 草原与草地	CBA 草地 CBB 疏林草地
	CC 花卉地	CCA 草场花卉地 CCB 林间花卉地
	CD 野生动物栖息地	CDA 水生动物栖息地 CDB 陆地动物栖息地 CDC 鸟类栖息地 CDE 蝶类栖息地
D 天象与气候景观	DA 光现象	DAA 日月星辰观察地 DAB 光环现象观察地 DAC 海市蜃楼现象多发地
	DB 天气与气候现象	DBA 云雾多发区 DBB 避暑气候地 DBC 避寒气候地 DBD 极端与特殊气候显示地 DBE 物候景观

续表

主类	亚类	基本类型
E 遗址遗迹	EA 史前人类活动场所	EAA 人类活动遗址 EAB 文化层 EAC 文物散落地 EAD 原始聚落
	EB 社会经济文化活动遗址遗迹	EBA 历史事件发生地 EBB 军事遗址与古战场 EBC 废弃寺庙 EBD 废弃生产地 EBE 交通遗迹 EBF 废城与聚落遗迹 EBG 长城遗迹 EBH 烽燧
F 建筑与设施	FA 综合人文旅游地	FAA 教学科研实验场所 FAB 康体游乐休闲度假地 FAC 宗教与祭祀活动场所 FAD 园林游憩区域 FAE 文化活动场所 FAF 建设工程与生产地 FAG 社会与商贸活动场所 FAH 动物与植物展示地 FAI 军事观光地 FAJ 边境口岸 FAK 景物观赏点
F 建筑与设施	FB 单体活动场馆	FBA 聚会接待厅堂（室） FBB 祭拜场馆 FBC 展示演示场馆 FBD 体育健身馆场 FBE 歌舞游乐场馆
	FC 景观建筑与附属型建筑	FCA 佛塔 FCB 塔形建筑物 FCC 楼阁 FCD 石窟 FCE 长城段落 FCF 城（堡） FCG 摩崖字画 FCH 碑碣（林） FCI 广场 FCJ 人工洞穴 FCK 建筑小品

续表

主类	亚类	基本类型
F 建筑与设施	FD 居住地与社区	FDA 传统与乡土建筑 FDB 特色街巷 FDC 特色社区 FDD 名人故居与历史纪念建筑 FDE 书院 FDF 会馆 FDG 特色店铺 FDH 特色市场
	FE 归葬地	FEA 陵区陵园 FEB 墓（群） FEC 悬棺
	FF 交通建筑	FFA 桥 FFB 车站 FFC 港口渡口与码头 FFD 航空港 FFE 栈道
	FG 水工建筑	FGA 水库观光游憩区段 FGB 水井 FGC 运河与渠道段落 FGD 堤坝段落 FGE 灌区 FGF 提水设施
G 旅游商品	GA 地方旅游商品	GAA 菜品饮食 GAB 农林畜产品与制品 GAC 水产品与制品 GAD 中草药材及制品 GAE 传统手工产品与工艺品 GAF 日用工业品 GAG 其他物品

续表

主类	亚类	基本类型
H 人文活动	HA 人事记录	HAA 人物 HAB 事件
	HB 艺术	HBA 文艺团体 HBB 文学艺术作品
	HC 民间习俗	HCA 地方风俗与民间礼仪 HCB 民间节庆 HCC 民间演艺 HCD 民间健身活动与赛事 HCE 宗教活动 HCF 庙会与民间集会 HCG 饮食习俗 HGH 特色服饰
	HD 现代节庆	HDA 旅游节 HDB 文化节 HDC 商贸农事节 HDD 体育节
数 量 统 计		
8 主类	31 亚类	155 基本类型
[注] 如果发现本分类没有包括的基本类型时，使用者可自行增加。增加的基本类型可归入相应亚类，置于最后，最多可增加 2 个。编号方式为：增加第 1 个基本类型时，该亚类 2 位汉语拼音字母 + Z、增加第 2 个基本类型时，该亚类 2 位汉语拼音字母 + Y。		

二、宗教文化旅游资源的分类

宗教文化作为旅游资源其分类既具有旅游资源分类的一般性，又有特殊性。按照旅游资源两分法，宗教文化作为人类的文化创造属于人文旅游资源大类，在此基础上依据不同的标准，宗教文化旅游资源又可进一步细分为不同的亚类。

（一）代表性宗教文化旅游资源分类

与旅游资源分类研究不同的是，目前学术界鲜见有关宗教文化旅游资源分类的系统性研究，在我们掌握的学术成果中，宗教文化旅游资源分类可归纳为以下几种情况：

1. 按照宗教的类型划分

马进福在《我国的宗教旅游资源及深度开发》① 中，按照我国主要的宗教类别，把宗教文化旅游资源分为：以名山、寺庙、洞窟、佛塔为主的佛教旅游资源；以主要名山、宫观庙宇、洞窟石刻及遗迹为主的道教旅游资源；以清真寺院、著名遗迹为主的伊斯兰教旅游资源；以主要教堂、著名遗迹为主的基督教旅游资源。朱宇在《闽东南地区的宗教旅游资源及其开发利用》② 中，按照宗教类别把闽东南地区的宗教文化旅游资源分为：佛教旅游资源、道教旅游资源、伊斯兰教旅游资源、印度教旅游资源、摩尼教旅游资源、古基督教旅游资源、三一教旅游资源和各类地方性宗教旅游资源等八大类。

将上述两种分类方法综合在一起，按照宗教的类型划分为：佛教旅游资源、道教旅游资源、基督教旅游资源、伊斯兰教旅游资源及其他宗教旅游资源，见表3－9。

表3－9　宗教文化旅游资源类型

旅游资源类型	主要内容
佛教旅游资源	名山、寺庙、洞窟、佛塔
道教旅游资源	名山、宫观庙宇、洞窟石刻及遗迹
基督教旅游资源	教堂、著名遗迹
伊斯兰教旅游资源	清真寺院、著名遗迹
其他宗教旅游资源	古印度教遗址、摩尼教遗址、三一教的三教祠等

佛教旅游资源主要包括：四大佛教名山（即四川峨眉山、山西的五台山、安徽九华山、浙江的普陀山）；主要佛教寺庙，如陕西的法门寺、河南的少林寺、白马寺、青海塔尔寺等；佛教主要的洞窟佛塔，例如西安的大雁塔、甘肃的敦煌莫高窟、麦积山石窟、山西的大同云冈石窟、河南的龙门石窟、少林寺塔林、重庆的大足石窟、四川的马祖洞沟等，详见表3－10。

表3－10　各省区佛教主要名山、寺庙、洞窟分布数量

分布	名山	寺庙	洞窟佛塔	分布	名山	寺庙	洞窟佛塔	分布	名山	寺庙	洞窟佛塔
北京	7	43	35	河南	5	33	57	浙江	21	51	55
上海	0	7	0	湖北	12	21	25	安徽	13	36	14

① 马进福：《我国的宗教旅游资源及深度开发》，《陕西师范大学学报》（自然科学版），1997（1），第107－110页。

② 朱宇：《闽东南地区的宗教旅游资源及其开发利用》，《福建地理》，1994（1），第49－50页。

续表

分布	名山	寺庙	洞窟佛塔	分布	名山	寺庙	洞窟佛塔	分布	名山	寺庙	洞窟佛塔
天津	1	7	4	湖南	3	17	14	福建	20	47	34
河北	3	22	23	广东	6	19	29	江西	5	23	33
山西	6	114	50	广西	7	7	16	陕西	9	29	38
辽宁	6	16	22	四川	17	25	40	甘肃	6	10	27
吉林	0	0	3	贵州	9	10	3	青海	0	7	6
内蒙古	0	14	8	云南	12	22	26	宁夏	4	3	11
黑龙江	0	3	6	西藏	6	34	7	新疆	4	5	31
江苏	22	64	48	山东	10	13	24	台湾	9	15	1
								合计	219	736	690

道教旅游资源主要包括：道教名山、宫观庙宇、洞窟石刻及遗迹等。如我国四大道教名山（青城山、齐云山、武当山、龙虎山）和道教十大洞天（山西省王屋山洞、浙江省委羽山洞、赤城山洞和括仓山洞、青海省西城山洞、陕西省西玄山洞、四川省青城山洞、广东省罗浮山洞、江苏省句曲山洞和林屋山洞等）。

表 3－11　各省区道教主要名山、宫观庙宇、洞窟石刻及遗迹分布数量

分布	主要名山	宫观庙宇	洞窟石刻遗迹	分布	主要名山	宫观庙宇	洞窟石刻遗迹	分布	主要名山	宫观庙宇	洞窟石刻遗迹
北京	0	5	0	河南	5	10	4	浙江	18	3	12
上海	0	0	0	湖北	7	23	8	安徽	6	1	6
天津	0	3	0	湖南	4	6	1	福建	14	4	5
河北	1	10	2	广东	5	6	8	江西	7	6	5
山西	1	10	2	广西	5	2	1	山东	7	13	7
辽宁	4	5	0	四川	3	15	9	陕西	5	15	3
吉林	1	0	0	贵州	0	0	0	甘肃	2	2	1
内蒙古	0	0	0	云南	2	4	3	宁夏	0	1	0
黑龙江	0	0	1	江苏	4	6	14	台湾	1	0	0
								合计	107	143	92

伊斯兰教旅游资源主要包括：清真寺和伊斯兰教文化遗址、遗迹等。如北京的东四清真寺、牛街礼拜寺，西安化觉巷清真大寺，山西太原的古寺，山东济宁大寺，新疆喀什的艾提卡尔大清真寺，宁夏大同清真寺等。素有我国四大名寺之称的江苏扬州仙鹤寺、广州怀圣寺、泉州清净寺和杭州凤凰寺。

表 3－12　各省区主要清真寺及著名遗迹分布数量

分布	主要清真寺	著名遗迹	分布	主要清真寺	著名遗迹	分布	主要清真寺	著名遗迹
北京	10	0	湖南	6	0	新疆	19	6
天津	4	0	湖北	5	0	宁夏	10	0
河北	18	0	江苏	8	1	安徽	8	0
山西	4	0	浙江	3	0	西藏	2	0
内蒙古	5	0	上海	3	0	四川	9	0
黑龙江	13	0	福建	2	3	贵州	2	0
吉林	5	0	广东	3	2	海南	1	0
辽宁	9	0	广西	4	0	香港	2	0
河南	11	1	云南	9	2	台湾	3	0
山东	17	0	陕西	10	0			
江西	4	0	甘肃	19	0	合计	239	15

基督教旅游资源包括：著名的教堂、遗址和遗迹等。例如北京的南堂、西什库教堂，天津老西开、望海楼教堂，哈尔滨的南岗尼古拉教堂，上海市徐家汇天主教堂，南京石鼓路天主教堂，河南开封的天主教堂，广州圣心大教堂，广东宁县的普宁流沙教堂，成都平安桥天主教堂，四川金堂苏家湾天主教堂和土堆瓦天主教堂、四川双流县银家坝天主堂等。遗迹：北京的利玛窦墓，上海松江西余山教堂遗址，开封红羊楼和新疆阿力麻里古城石刻等著。

2. 按照宗教文化的形式分类

李久昌等在《旅游资源鉴赏与开发》① 中，按照属性和功能将宗教文化旅游资源分为：宗教建筑、宗教活动、宗教艺术三大旅游资源类型。在此基础上按照宗教类别划分，宗教建筑划分为：佛教的寺院、基督教的教堂、伊斯兰的清真寺、道教的宫观；宗教活动划分为：佛事活动与节日庆典、基督教的礼仪与节日庆典、伊斯兰教的礼仪与节日、道教活动及节日庆典；宗教艺术划分为：佛教艺术、道教艺术、基督教艺术、伊斯兰教艺术，见表 3－13。

① 李久昌等：《旅游资源鉴赏与开发》讲义，三门峡职业技术学院精品课程，http：/www. smxpt. cn/jjglxlly/showart. asp？ cat－jd＝198/art_ id＝8.

表 3－13　宗教旅游资源分类

宗教建筑	佛教	寺庙、佛塔、石窟
	基督教	教堂
	伊斯兰教	清真寺、大殿、经堂、浴堂等、望月楼、宣礼塔
	道教	宫观
宗教活动	佛事活动与节庆	日常行事、忏法以及法会、佛诞节、浴佛节、盂兰盆节、中元节、鬼节
	基督教礼仪与节庆	洗礼、礼拜、圣诞节、圣灵降临节和复活节
	伊斯兰教礼仪与节日	麦加朝圣、开斋节、宰牲节和圣纪节
	道教活动及节庆	斋醮、玉皇大帝圣诞、上元节、邱长春真人圣诞、太上老君圣诞、王母娘娘圣诞等
宗教艺术	佛教艺术	寺院和石窟中雕刻、佛像、佛教绘画
	基督教艺术	建筑艺术、绘画、雕刻、音乐
	伊斯兰教艺术	建筑艺术、书法、绘画、陶艺
	道教艺术	壁画、雕塑、书画、联额、题词、诗文、碑刻等。

3. 按照宗教文化的属性划分

何仁芳在《浅释宗教旅游资源的文化内涵》① 中，按照属性把宗教文化旅游资源划分为宗教物质文化旅游资源和宗教思想和礼仪旅游资源两大类。

宗教物质文化旅游资源按照宗教类别分为：佛教的名山、寺庙、石窟、佛塔，道教的名山、宫观庙宇、洞窟石刻，基督教的教堂，伊斯兰教的清真寺。此外，宗教物质文化旅游资源还包括宗教圣地、宗教保佑物（佛像、十字架、神符、如意、佛珠）以及宗教旅游商品等。

宗教思想和礼仪类旅游资源包括：宗教理论和经典、宗教艺术、宗教仪式、宗教活动、宗教节日、宗教饮食、宗教标志等。宗教理念包括佛教的节制欲望、知足常乐，道教的清心寡欲，基督教、伊斯兰教的“适中”；宗教标志包括：佛教的法轮、“卐”的字符、道教的八卦太极图、基督教的十字架、伊斯兰教的新月；宗教仪式、宗教活动、宗教节日包括：佛教的忏法，道教的净坛、进表、炼度、三课，伊斯兰教的“五功”仪式（念、礼、斋、课、朝）、传统节日仪式（开斋节、宰牲节、圣纪等）、生活礼仪（葬礼、婚礼、割礼），基督新教圣礼（洗礼、圣餐礼），见表 3－14。

① 何仁芳：《浅释宗教旅游资源的文化内涵》，《文教资料》，2007（下旬刊），第 55－57 页。

表 3－14　宗教文化旅游资源分类

旅游资源类别	主要内容
宗教物质景观	佛教名山、寺庙、石窟、佛塔
	道教名山、宫观庙宇、洞窟石刻
	基督教教堂
	伊斯兰教清真寺
宗教思想和礼仪	宗教经典
	宗教艺术
	宗教仪式
	宗教活动与节日
	宗教饮食
	宗教标志

4. 按照国家旅游资源分类调查标准划分

袁书琪在《试论宗教旅游资源分类方案与评价体系的构建》中，按照《旅游资源分类、调查与评价》国家标准（GB/T 18972－2003，2003）分类系统，结合宗教旅游资源特点，将宗教旅游资源按照类、主类和基本类型进行三级划分，形成主类 8 种，亚类 36 种，基本类 89 种。

8 个主类包括宗教文化地文景观、宗教文化水域、宗教文化生物载体、宗教文化的自然现象载体、宗教遗址遗物、宗教建筑与设施、宗教旅游商品、宗教活动。每个主类下分为亚类，如宗教场所亚类分为：教堂、寺庙、宫观、其他宗教场所、宗教祭祀地 5 个基本类型；宗教艺术建筑亚类分为：塔、楼阁、石窟、摩崖字画、雕塑、碑碣与碑林、经幢、广场、殿厅堂。

（二）对代表性宗教文化旅游资源分类的分析

从上述有关宗教文化旅游资源分类情况看，目前国内没有相对统一的分类方案，学者们从各自的研究视角出发，对宗教文化旅游资源进行了类型划分，得出了不同的分类方案。

1. 学者们采用了不同的分类标准

在上述四种分类方案中，有的采用单一标准，如宗教的类型、宗教文化的形式、宗教文化的属性；也有的采用了复合标准，如宗教文化的范畴、宗教文化的形式、国家的旅游资源分类标准等。采用的分类标准不同，得到的分类结果自然不同。

2. 学者们普遍采用宗教类型作为分类依据

分类方案中普遍采用宗教类别为划分依据。在第一种分类方案中，把宗教类别作为一级分类依据，分为佛教文化旅游资源、基督教文化旅游资源、伊斯兰教文化旅游资源、道教文化旅游资源。在第二和第三个分类方案中，则把宗教类别作为其次的分类依据。例如第二个分类方案中，先划分为宗教建筑、宗教活动、宗教艺术三大类型，在每种类型下按照宗教类别划分为次一级旅游资源，例如宗教建筑类型下按照宗教类别划分为：佛教建筑、基督教建筑、伊斯兰教建筑和道教建筑。

3. 分类有的采用单一标准，有的采用复合标准

前三种分类方案采用单一标准进行宗教文化旅游资源的划分，第四种分类方案则采用了多种标准。

（三）宗教文化旅游资源类型

在借鉴已有研究成果的基础上，结合宗教文化旅游资源的实际，参照国务院颁布的《关于加强文化遗产保护的通知》中有关物质文化遗产和非物质文化遗产的定义，本教材对宗教文化旅游资源进行了分类，构建了宗教文化旅游资源分类体系。

首先，依据资源的成因和性质，确定宗教文化属于人文旅游资源的范畴；

其次，依据资源的属性，将宗教文化旅游资源分为：宗教物质文化旅游资源和宗教非物质文化旅游资源；

再次，依据文化的外延，参照国务院发布的《关于加强文化遗产保护的通知》："文化遗产包括物质文化遗产和非物质文化遗产。物质文化遗产是具有历史、艺术和科学价值的文物，包括古遗址、古墓葬、古建筑、石窟寺、石刻、壁画、近代现代重要史迹及代表性建筑等不可移动文物，历史上各时代的重要实物、艺术品、文献、手稿、图书资料等可移动文物；以及在建筑式样、分布均匀或与环境景色结合方面具有突出普遍价值的历史文化名城（街区、村镇）。非物质文化遗产是指各种以非物质形态存在的与群众生活密切相关、世代相承的传统文化表现形式，包括口头传统、传统表演艺术、民俗活动和礼仪与节庆、有关自然界和宇宙的民间传统知识和实践、传统手工艺技能等以及与上述传统文化表现形式相关的文化空间"①，将宗教物质文化旅游资源分为：宗教建筑、宗教遗址、遗迹、宗教石刻、造像、壁画、宗教经典、书籍、宗教器物等；将宗教非物质旅游资源分为：宗教艺术、宗教礼仪、宗教活动和庆典、宗教饮食、宗教医疗技艺等。

最后，按照宗教类别，各种宗教的物质文化和非物质文化旅游资源又可分为：佛教、基督教、伊斯兰教和道教不同类别，见表3－15。

---

① 中华人民共和国文化部网站：http：//www.ccnt.gov.cn/sjzz/fwzwhycs/flfg/201001/t20100112_76321.html.

表 3 – 15　宗教文化旅游资源体系

宗教文化旅游资源	宗教物质文化旅游资源	宗教建筑
		宗教遗址、遗迹
		宗教石刻、造像、壁画
		宗教经典、书籍
		宗教器物
	宗教非物质文化旅游资源	宗教艺术
		宗教礼仪
		宗教活动和庆典
		宗教饮食
		宗教医疗技艺

第四节　宗教文化旅游资源开发原则

宗教作为一种独特的历史文化，其旅游功能受到人们的普遍重视。宗教文化旅游资源已被广泛地开发、利用，并不断加以深化。这一方面在一定程度上满足了旅游者的消费需求，丰富了旅游市场，同时也在一定程度上起到弘扬优秀的宗教文化、发挥宗教积极社会功能的作用。与此同时，我们也不难发现，宗教文化旅游开发也面临诸多问题。例如，缺乏科学的规划，导致开发的盲目性；开发质量不高，形式单一；过度强调经济利益，忽视社会、文化和环境效益和对宗教文化的保护等问题。

基于宗教文化旅游开发的现实，结合宗教的历史文化性和信仰特点，从我国宗教问题的长期性、群众性、民族性、国际性、复杂性出发，宗教旅游资源的开发较他类旅游资源的开发更具复杂性，在旅游资源开发的方法和途径上虽有不同，但是必须遵循科学的开发原则。

一、旅游资源开发的原则

旅游资源开发的原则是旅游资源开发过程中应遵循的指导思想和行为准则。甘枝茂在《旅游资源与开发》① 中，提出旅游资源开发的基本原则有：

① 甘枝茂：《旅游资源与开发》，南开大学出版社，2000，第 324 – 327 页。

市场导向原则。根据旅游市场的需求内容和变化规律，确定旅游资源开发的主题、规模和层次；

独特性原则。要求在旅游资源开发中不仅要保护好旅游资源的特色，而且要尽可能地突出旅游资源的特色；

经济效益原则。认为旅游资源开发属于经济活动的范畴，经济利益是进行旅游资源开发的主要目的之一；

环境保护与社会效益原则。要求在旅游资源开发中必须重视资源和环境的保护，必须注重社会效益；

综合开发的原则。是指围绕重点项目，挖掘潜力，逐步形成系列产品和配套服务。

二、国内学术界有代表性的宗教文化旅游资源开发原则

作为特殊的旅游资源，宗教文化在开发、利用中既要遵循旅游资源开发的一般性原则，同时还要结合宗教文化的特点，制定宗教文化旅游资源开发的基本指导思想。目前，有关宗教文化旅游资源开发原则的研究成果不多，有代表性的有：

（一）李萌提出的宗教文化旅游资源开发原则

李萌在其《论宗教旅游资源的特征及开发原则》[①] 中，提出宗教文化旅游资源开发应遵循的六项原则：

1. 科学性原则

科学性原则包括两方面：一是用科学的态度认识和对待宗教问题，按照国家的政策和法律、法规认识和处理宗教现象和问题。二是在开发中坚持科学的方法，避免盲目性。

2. 历史性原则

历史性原则要求在宗教文化旅游资源开发中尊重历史；一是尊重宗教文化旅游资源的历史地位和影响力；二是对宗教建筑的修复或重建要忠于历史原貌。三是开发工作应保护宗教景观文化生态（景点与环境之间、景点与景点之间、景点各构成要素之间的合理关系）；四是重视对宗教旅游资源历史文化艺术内涵的挖掘与展示。

3. 效益原则

效益原则要求在宗教文化旅游开发中做到经济效益、社会效益和环境效益相结合。对经济效益的追求，要求开发工作要遵循旅游资源开发的一般经济程序，避免盲目开发与建设；对社会效益的追求，应展示优秀的宗教文化和精湛的宗教艺术，

---

① 李萌：《论宗教旅游资源的特征及开发原则》，《北京第二外国语学院学报》，2003（4），第 66 - 67 页。

在满足宗教信徒信仰活动需求的同时，满足一般游客了解宗教知识、欣赏宗教艺术、体验宗教情感的需求；对环境效益的追求，要求不能破坏宗教旅游资源的整体环境和独特氛围。

4. 个性原则

个性原则要求宗教文化旅游资源开发，一是要突出宗教的特色，从宗教资源本身挖掘有代表性的特色内容，从宗教旅游资源所处的地域环境中挖掘民族、民俗文化特色；二是根据旅游者人口行为特征的变化对相关资源进行恰当组合。

5. 综合性原则

综合性原则要求把宗教旅游资源开发作为一个复杂的系统工程来对待。一是指开发内容上的综合性，在游览内容、游览方式上体现丰富性和多层次性，以满足各类、各层次旅游者的不同旅游需求；二是开发工作的综合性，包括宗教旅游景观的开发、各类相关设施的开发、对工作人员的培训、教育以及对有关宗教旅游的政策、法规的制定和完善等等。

6. 可持续性原则

可持续性原则，一是要求在开发中切实处理好保护与开发的关系，避免开发性破坏；二是要充分考虑宗教组织、宗教信徒的宗教情感，以及当地居民的态度，以确保开发工作顺利进行。

（二）袁银枝提出的佛教旅游资源开发原则

袁银枝在《论佛教旅游资源及开发原则》中，从分析佛教与旅游的渊源关系入手，归纳、概括了我国佛教旅游资源开发的原则，提出：开放性原则、生态性原则、特色性原则、经济性原则和要注意宗教文化旅游资源的保护等五项原则。

1. 开放性原则

开放性生原则指开发佛教旅游资源要解放思想、更新观念、扩大视野，大胆地开发、利用佛教旅游资源，广泛吸引国内外游客，宏观设计、开发佛教旅游线路。

2. 生态性原则

生态性原则是指开发佛教旅游资源要坚持走生态旅游的道路。佛教生态旅游，以佛教生态观为基础，通过旅游活动使游客感受佛教的生态底蕴，使旅游资源不受到任何损害的“回归大自然”式的绿色旅游，是一种保护型、可持续发展型的旅游。

3. 特色性原则

特色性原则指开发佛教旅游资源一定要体现出佛教文化的特征，挖掘佛教旅游资源的特异性，吸引客源，为游客提供一种特有的旅游体验和感受。

三、宗教文化旅游资源开发原则

借鉴已有的研究成果，在旅游资源开发的一般性原则基础上，结合宗教文化旅游资源的特殊性，从宗教的复杂性、敏感性、民族性出发，归纳宗教文化旅游资源的开发原则如下：

（一）保护性开发原则

基于宗教文化重要的历史价值、文化价值、宗教价值，基于宗教文化旅游资源的独特性、脆弱性、不可复制和不可再生性，基于宗教活动场所的宗教的主要功能，宗教文化旅游资源的开发应遵循以下原则：保护性开发原则，应坚持保护第一，开发第二；文化开发原则，非物质对象开；重点开发原则，非遍地开发。

1. 保护第一，开发第二

宗教文化大都是珍贵的历史文化遗产和文化财富，是一个国家或地区一定历史时期社会、经济、科技、文学艺术的发展的集中体现。为此，宗教文化旅游资源开发应把保护放在第一位，开发放在第二位。宗教文化作为一种“活体文化”，保守、封闭的、与世隔绝的保护方法，不利于其发展、传承，合理的开发、利用更能体现其存在的价值，更好地发挥其积极社会功能。宗教文化作为一种“活体文化”，极易受到外界的影响。不当开发，过度开发，任意篡改，都可能使宗教文化的内涵变异，特色消失，生命力下降，旅游吸引力丧失。

“保护第一，开发第二”就是把保护和传承宗教文化作为旅游开发的根本要旨，把发挥宗教文化的积极社会功能作为根本目的，把旅游开发作为实现要旨和目标的手段。为此要把保护的理念贯穿到宗教文化旅游资源开发、利用的始终。在旅游开发规划中，把对宗教活动场所的保护纳入资源的评价中；按照宗教建筑、宗教文物的价值确定保护级别；在旅游项目建设中，根据宗教文物的保护级别，确定建设的形式和规模；在旅游经营和管理中，根据旅游者的需求和保护对象的级别，提供对应级别的产品，并在经营管理中实施检测。

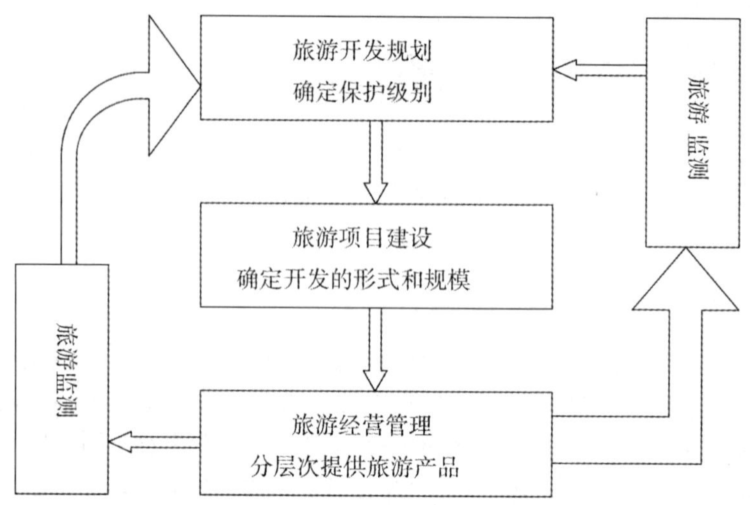

图 3－1 宗教文化旅游资源保护性开发模式

2. 文化开发，非物质开发

在文化遗产保护中，原真性作为定义、评估和监控文化遗产的一项基本要素，在国际上已达成了普遍共识。“文化遗产的原真性是衡量文化遗产的表现形式和文化意义的内在统一程度。所谓文化意义，就是文化遗产价值，是遗产所反映的美学、历史、科学、社会或其他方面的价值。建筑、遗址等物质实体，如果离开了它所承载的文化意义的话，它们本身只是一堆毫无意义或不被理解的构件。”①

依照文化遗产保护的原真性原则，“文化开发、非物质开发”是指宗教文化旅游资源开发是对宗教文化内涵的挖掘，而非对其外在表现形式的开发；是对宗教思想教义所反映的美学、历史、科学、社会或其他方面的价值的开发，而非对宗教客观存在的物质化的东西的开发。具体而言就是以宗教文化旅游资源为基础，以提高旅游活动的文化品位为目标，深入挖掘宗教文化内涵，并做出符合新时代要求的诠释，赋予其新的内涵，以达到启发、教育游客的目的，发挥宗教文化积极的社会功能。而对宗教物质载体，如寺院建筑、佛塔、佛像、壁画、唐卡等，应加以全面的保护，尽量保持其原有的历史风貌。

3. 资源整合，打造精品

资源整合是“通过市场方式或行政手段对区域内资源或未得到最优配置的资源进行合并、重组。通过资源的二次配置带来效益，并促进经济的快速增长”②。具

① 阮仪三、林林：《文化遗产保护的原真性原则》，《同济大学学报》（社会科学版），2003（3），第2页。

② 史正涛、雷志义：《区域多种旅游资源整合开发战略研究》，《云南师范大学学报》（哲学社会科学版），2005. 37（6），第93－95页。

体到旅游资源，资源整合是“在区域旅游资源整体优势的基础上打破行业部门、行政区域的界限，在空间上聚集、形象上统一，实施旅游资源的优化配置和全面整合。在旅游市场这一共生界面中相互促进、共同发展，构筑统一和谐的整体”①。

宗教文化旅游资源分布具有广泛性，各省区、市县都有一定数量和品质的宗教文化旅游资源。在大力发展旅游，实现跨越式发展的战略思想指导下，各地相继把宗教活动场所开发成旅游景点，形成遍地开花的局面。实践证明，这种遍地开花模式导致资金不能集中有效地使用，增加了景点间的竞争压力，在一定程度上影响了宗教活动。

宗教文化旅游资源重点开发，而非全面开发，应该打造精品，而非制造产品。即在打破行政界线的基础上，把历史地位高、影响力大、代表性强的宗教活动场所开发成特色旅游景点，按照旅游者的需求，设计精品旅游线路。具体包括整合宗教文化旅游资源，建立科学的资源评价体系，确定重点开发的对象；集中财力、物力、人力打造特色景点和精品旅游线路。

（二）综合效益原则

宗教作为一种社会历史文化现象，其旅游资源开发要以发挥宗教积极的社会功能为出发点，坚持综合效益的原则，做到经济效益、社会效益和环境效益的结合，同时更加强调社会和环境效益。

1. 经济效益

作为一种经济行为，宗教文化旅游资源开发应把发展旅游经济，带动相关产业，促进区域经济发展作为目标。尤其是对经济相对落后，宗教文化旅游资源异常丰富的民族地区而言，宗教文化旅游资源的开发，不仅可以为社区居民带来就业机会，而且可以为地方政府带来税收，给宗教组织带来经济收入。为此，宗教文化旅游资源开发应搞好效益分析与预测；开发工作要遵循旅游资源开发的一般程序，如科学的可行性分析与论证、严肃的投资效益与风险评估、正确的宗教旅游市场调查与分析等；全面、客观、科学地做好宗教旅游资源评价，不能仅根据主观、想象中的旅游资源品味、吸引力，而进行盲目开发与建设。

2. 社会效益

宗教文化具有强大的社会功能，要求我们必须切实注意开发活动的社会影响。首先，宗教文化中既有深邃的哲学思辨、劝善惩恶的道德规范、启迪人生的价值取向、造诣精湛的宗教艺术等成分，同时由于宗教的本质属性是对超自然、超人间、超现实力量的崇拜和信仰，其中也包含有虚幻、想象、夸张、荒诞以及超现实的神秘内容等。为此，在开发宗教文化旅游资源过程中应注意发挥宗教积极的社会功

① 杨永刚、景天星等：《基于共生理论与产业集群的旅游资源整合研究——对晋陕豫三省的实证分析》，《山西大学学报》（自然科学版），2003. 31（4），第630页。

能。深入挖掘宗教文化中积极的思想内涵、精湛的宗教艺术，通过“寓教于游”的方式发挥宗教积极的社会影响和教化作用，满足游客了解宗教知识、欣赏宗教艺术、体验宗教情感、获得人生启发的需求，从而帮助其加强自我修养，完善自身建设，提高精神境界。其次，宗教文化旅游资源开发，让人们看到了宗教文化的价值，增强了对宗教文化遗产的保护意识，旅游收入在一定程度上解决了保护资金不足的问题，使宗教文化的保护落到实处。

3. 环境效益

宗教文化旅游开发对环境效益的追求，要求任何开发建设都不能破坏宗教旅游资源的整体环境和独特氛围，要充分挖掘并弘扬宗教理论本身所蕴含的积极的生态环境保护思想，如佛教教义的“众生平等”、“不杀生”，道教主张的“道法自然”、“天人合一”，我国少数民族原始宗教中的自然崇拜等信仰。通过宗教文化旅游使旅游者感受宗教场所良好的生态环境，了解宗教生态观和生态实践中积极的一面，提倡保护自然环境，倡导创建人与自然和谐相处的良好的氛围。例如绝大多数寺庙设置放生池，其目的在于提醒游客不要滥杀生灵，维护生态平衡，这对于协调人与自然的关系有着重要的现实意义。

（三）综合开发原则

宗教文化旅游资源开发是一项系统工程，涉及宗教、文物、旅游等方方面面，哪一方面出问题，都会影响到宗教文化旅游活动的开展。为此，宗教文化旅游资源开发要坚持综合开发的原则。要切实做好宗教文化旅游资源的合理开发，除了对宗教旅游资源本身的开发外，还应该做好以下几方面的工作：

1. 加强基础设施建设，改善旅游环境

旅游基础设施包括交通、景区设施、综合配套设施、环境建设设施和公共服务设施，是宗教文化旅游资源开发的前提。由于基础设施的建设投入高，涉及面广，为此，在旅游基础设施建设中应充分发挥政府在制订规划、完善政策、整合资源、优化环境等方面的主导作用。

2. 搞好旅游服务，努力提高服务质量

地方政府和旅游经营、管理部门，应加强宗教文化活动场所的停车场、旅游信息服务中心、旅游商品销售中心、卫生间以及游客休息场所的建设，完善旅游服务设施。加强对旅游管理和服务人员的培养、培训，加强旅游服务质量的检查和监督。尽快制定宗教文化旅游服务质量标准，规范宗教文化旅游服务，提高宗教文化旅游的服务质量。

3. 加强相关部门的协调、配合

旅游的综合性和宗教的特殊性，导致宗教文化旅游资源开发涉及的部门多，相关单位多，利益群体多。目前，在政府主导型的旅游资源开发模式下，地方政府和旅游开发商应主动加强与宗教部门、文化文物部门、旅游局、社区居民的沟通与联系。在保护正常宗教活动的基础上，搞好宗教文化的旅游开发、经营与管理，建立合理的利益分配机制，以保障宗教界和当地居民及相关旅游企业的合法权益和相关利益。

思考与练习

1. 宗教文化旅游资源的定义及其含义。
2. 举例说明宗教文化旅游资源的特点及其形成原因。
3. 宗教文化旅游资源分类的意义及分类体系。
4. 分析宗教文化旅游资源“保护性”开发原则。
5. 结合实际分析我国宗教文化旅游资源开发中存在的问题及其对策。

第四章　宗教文化旅游产品开发

本章导读

借旅游这一方便之门发挥宗教积极的社会功能，就必须把宗教文化的旅游资源优势转化为产品优势，通过旅游者对宗教文化旅游产品的消费取得社会、经济和文化效益。

体验经济时代，随着旅游消费的日益成熟，旅游者对旅游产品的消费需求不断提高，以观光为主的宗教旅游产品市场，难以满足宗教旅游的消费需求。依托丰富的宗教文化旅游资源，以突出文化性、参与性、体验性和功能性的旅游消费市场特点为导向，开发具有积极社会功能的宗教文化体验游产品，构建更加完整的宗教文化旅游产品体系具有很强的实践意义。

本章即在上述思想的指导下，深刻分析和阐述了宗教文化旅游产品的概念和特征；在借鉴已有研究成果的基础上构建宗教文化旅游产品体系：按照旅游者在旅游活动中的参与、体验程度的高低，把宗教文化旅游产品分成观光型旅游产品和体验型旅游产品两大类；又根据旅游产品提供的旅游活动内容的不同，将宗教观光旅游分为宗教物质文化观光游和宗教非物质文化观光游；将宗教文化体验型旅游产品分为宗教寻宗探祖游、宗教文化修学游、宗教生活体验游、宗教医疗健身游、宗教艺术观赏游、宗教节庆朝拜游。针对宗教文化体验型旅游产品的特点和消费需求，提出宗教文化旅游产品的开发原则和开发设计方案。

相关词

宗教文化　旅游产品　旅游产品类型　体验游产品开发

本章重点

掌握宗教文化旅游的概念和特点；在了解宗教文化旅游产品分类的基础上，掌握宗教文化旅游产品体系的构建思路；了解旅游产品开发的RMP理论模式，掌握“保护性开发”理论下的宗教文化旅游产品开发原则，了解宗教文化体验游的开发、设计方法。

第一节　宗教文化旅游产品的概念和特点

就目前我们掌握的资料看，学术界还未对宗教文化旅游产品的概念有明确的界定。为此，笔者从对旅游产品的一般概念分析入手，结合宗教文化的特点，对宗教文化旅游产品的概念加以界定。

一、旅游产品的代表性定义

尽管旅游产品的概念早已被广泛使用，但是对什么是旅游产品目前学术界还没有达成广泛的共识。下面就我们掌握的材料，介绍几种具有代表性的有关旅游产品的定义。它们是要素说、经历说、服务说、商品说等。

（一）要素说

“要素说”是从旅游目的地的角度出发，认为旅游产品是旅游吸引物、旅游设施、服务诸要素的总和。代表性的定义有：

林南枝、陶汉军在《旅游经济学》一书中，从不同的角度对旅游产品予以界定。“从旅游目的地的角度出发，旅游产品是指旅游经营者凭借着旅游吸引物、交通和旅游设施，向旅游者提供的以满足其旅游活动需求的全部服务。”①

维克多·密德尔敦在《旅游营销学》中提出：“从潜在顾客的立场来考虑任何一种形式的旅游参观，都可将产品定义为以目的地活动为基础的有形和无形要素的组合。”②

王大悟、魏小安认为：“旅游产品是旅游经营者为了满足旅游者的物质和精神的各种需要，向旅游市场提供的一种特殊产品。它是由多种要素构成的。一般说来，一个完整的旅游产品应包括旅游交通、旅游住宿、餐饮供应、游览观光、娱乐项目和旅游购物等六个方面的要素。”

（二）经历说

“经历说”是从旅游者的角度出发，认为旅游产品是提供给旅游者购买的一段经历。代表性的定义有：

林南枝、陶汉军在《旅游经济学》一书中指出：“从旅游者的角度出发，旅游

① 林南枝、陶汉军：《旅游经济学》，南开大学出版社，1994，第35页。

② 维克多·密德尔敦著，向萍等译：《旅游营销学》，中国旅游出版社，2000，第114页。

产品就是指旅游者花费了一定的时间、费用和精力所换取的一项经历。”①

维克多·密德尔敦在《旅游营销学》中指出：“这个组合（以目的地活动为基础的有形和无形要素的组合）在旅游者看来就是可以用一定价格购得的一种经历。”②

（三）服务说

“服务说”是从旅游目的地或旅游行业的角度出发，认为旅游产品是为旅游者提供的全部服务。代表性的定义有：

申葆嘉、刘住在《旅游学原理》中提出：“旅游产品是旅游服务诸行业为旅游者满足游程中生活和旅游目的需要所提供各类服务的总称。”③

谢彦君等在《基础旅游学》中提出：“旅游产品是指为满足旅游者审美和愉悦的需要而在一定地域上被生产或开发出来的以供销售的物象与劳务的总和”④。

（四）商品说

“商品说”是从生产、经营的角度出发，认为旅游产品是能够满足旅游者消费的商品。代表性的定义有：

王兴武在《旅游产业规划指南》中提出：“旅游产品是以自然资源、历史资源和社会资源为原材料，以行、游、住、食、购、娱的配套服务为基本环节，针对客源市场的需求，按照特定的功能和主题，沿着一定的路线或区域设计、加工、组合而成，在市场上供旅游者挑选、购买、消费的服务性商品。”⑤

表4－1　代表性旅游产品的定义

代表说法 代表人物	服务说	要素说	经历说	商品说
林南枝、陶汉军	√		√	
申葆嘉、刘住	√			
谢彦君				√
王大悟、魏小安		√		
王兴武				√
维克多·密德尔敦		√	√	

① 林南枝、陶汉军：《旅游经济学》，南开大学出版社，1994，第35页。

② 维克多·密德尔敦著，向萍等译：《旅游营销学》，中国旅游出版社，2000，第114页。

③ 申葆嘉、刘住：《旅游学原理》，学林出版社，1999，第133页。

④ 谢彦君：《基础旅游学》，中国旅游出版社，2004，第114页。

⑤ 王兴武：《旅游产业规划指南》，中国旅游出版社，2000，第54页。

二、宗教文化旅游产品的含义

从普遍性看，上述不同视角下的旅游产品定义，都涵盖了宗教文化旅游产品的基本内容。从特殊性看，宗教文化旅游产品有别于一般旅游产品的最基本特征是宗教文化作为主要吸引物。

为此，从宗教文化作为旅游吸引物层面，结合旅游产品的服务特性以及特定的消费市场，我们将宗教文化旅游产品定义为：

以宗教文化为吸引物，以旅游设施和服务为条件，针对旅游市场消费需求，提供给旅游者的综合性服务。其中包括以下几个方面的含义：

（一）以宗教文化作为主要吸引物

宗教文化包括有形的和无形的宗教文化物象。在旅游产品消费过程中，有形的宗教文化吸引物更直接、更容易被旅游者感知，无形的宗教文化吸引物隐藏在有形的宗教文化背后，不容易被旅游者感知，但是其中的思想性、启发性、艺术性更强，一旦被感知，会对旅游者产生更大的吸引力。

（二）服务设施是宗教文化旅游经营者提供旅游服务的物质基础

旅游服务设施是景区（点）的有机组成部分，是直接服务游客的设施，其建设和配置的完善与否直接影响游客的旅游体验质量。服务设施主要包括住宿接待设施、商业餐饮娱乐服务设施、文化设施、综合管理设施等，它们是宗教文化旅游的保障。

（三）旅游服务以旅游从业人员提供的劳务主

旅游从业人员通过各种设施、设备、方法、手段、途径向游客提供劳动，如导览服务、安全服务、告知服务等。旅游服务应使旅客在接受服务的过程中产生惬意、幸福之感，以使旅游活动顺利完成。

总之，宗教文化、旅游服务设施和旅游服务三者之间相互联系、相互依赖。在宗文化、旅游服务设施和旅游服务三者中，旅游服务是旅游产品的核心，它以宗教文化旅游资源为前提，以旅游设施为依托，以旅游者为对象。

三、宗教文化旅游产品特点

宗教文化旅游产品除具有旅游产品的一般性特征，如生产与消费的同一性、无形性、不可储存性、不可转移性、时间性、后效性、综合性以外，还具有宗教文化特性。作为一种特殊的文化旅游产品，它更强调旅游经历的文化性、体验性、参与性和功能性。

（一）文化性

国际旅游发展的经验显示，旅游业的收益越来越不依靠人数的增加，而来自于体现多元文化的旅游产品和特色旅游服务。旅游与文化交流结合程度愈高，旅游文化因素越多，旅游经济越发达。也就是说，旅游产品的文化性越强，对旅游者的吸引力就越大。因此，旅游产品以文化为灵魂，通过文化内容的注入得到丰富和拓展，品质得到提升，魅力得到增强。文化以旅游为载体，通过旅游得以彰显，得以反哺文化的传承、保护、创新。

宗教文化旅游产品最具文化性。宗教是一种具有历史延续性的传统文化模式，拥有丰富的文化内涵，具有很强的思想性、历史性、艺术性和神秘性。宗教文化旅游产品以优秀的宗教文化为依托，以健康、高尚、文明的旅游活动为形式，可以增长人们的宗教知识，修养心性、陶冶情操、提升境界；同时也有利于宗教文化的继承、发展和传播。

（二）体验性

从旅游学的角度来说，旅游就是一段经历。旅游经历就是旅游者所经历的一种体验。“旅游体验是游客对旅游产品的认知反应，游客在对产品认知的基础上，必然产生一种情感反应，旅游活动就是游客对旅游产品在心理和情感上的体验。游客的个人经历、知识背景、兴趣爱好影响着情感反应的强烈程度。”①

在旅游过程中，旅游者通过眼看、耳听、五官去综合感受外部世界，进而由表及里洞悉、体悟其内在意蕴。旅游的体验是一种经历，也是一种感悟，是两者的兼而有之。“经历”是跟人们对外部世界的某种五官感觉的感受联系在一起，而所谓“感悟”是人们对世界内部本质的一种深入认识和领会。

宗教文化旅游产品的体验性表现为旅游者在旅游消费中，透过寺院的建筑、宗教的造像和壁画等艺术、信众的宗教行为等物质和非物质的事项，感悟到宗教文化体系的庞大、宗教影响力的深远、宗教感染力的强劲。旅游者通过听高僧大德讲经说法、学习宗教知识和宗教的思想教义，通过参加宗教法事和宗教节庆活动，通过到寺院、宫观、教堂体验宗教生活，通过参加宗教艺术的鉴赏活动等宗教体验产品的消费，获得对宗教文化更深刻的认识、理解，从而对旅游者的身心产生更加深刻的影响，达到调节心理、放松精神、恢复体力、健康体魄的作用。

（三）功能性

“旅游功能指的是旅游发展在社会、经济、文化等方面发挥的有利作用。”② 概

---

① 谢彦君：《基础旅游学》，中国旅游出版社，2004，第133页。

② 洪文艺、胡希军：《旅游功能的演化研究》，《产业经济》，2009，第257页。

言之，旅游的功能包括经济功能、社会功能和环境功能等。旅游的经济功能是指旅游带来的直接或间接的经济收益；旅游的社会功能是指旅游带来的劳动就业机会增加，促进不同地区、不同国家人民间的信息、文化和感情交流；环境效益表现为旅游业促进环境的保护和美化，提高对文化遗产的保护意识和促进文物古迹的修复和重建。

旅游产品的功能性是指通过游客对旅游产品的消费获得经济、社会和环境的效益。目前一些地方在开发过程中过分强调旅游产品的经济价值，忽视其社会和环境价值，为迎合旅游者的需求，把有悖现代社会文明道德、价值观念的落后文化拿来进行旅游产品开发；为获得最大的经济利益，不惜以自然和文化环境为代价，造成自然环境质量下降、人文精神的缺失等等，这是应该努力避免的。

宗教在历史长河的文化积淀中，既有保留了优秀传统的部分，也有些落后、腐朽的内容。为此，一定要在全面分析、评价宗教文化的旅游当代价值的基础上，开发具有积极社会功能的旅游产品，使旅游者透过宗教事务和现象的表层，体会宗教中的人生哲理、价值取向、道德伦理规范等，发挥其启迪人生、抚慰心灵、约束行为的作用。例如，在朝礼宗教名山的旅游活动中，不仅要让旅游者加深对宗教的生态观和生态实践的认识和理解，感受广大信众对宗教的虔诚，而且透过清澈的湖水、绿色的植被，感受宗教积极的环境意识对我们今天倡导保护地球、保护环境的现实意义；从朝山活动中感受宗教对人心理的调节和对身体体能的锻炼等。所以文明、健康、和谐的现代宗教文化旅游活动能够发挥宗教的积极作用，也是引导宗教与社会主义社会相适应的重要途径。

第二节　宗教文化旅游产品的类型

旅游产品是个开放的系统，随着市场需求的不断变化，旅游产品设计理念的不断更新，以及设计方法和手段的不断进步，宗教旅游产品也在不断丰富，并表现出新的特点。

一、国内学术界有代表性的宗教文化旅游产品类型划分

就我们掌握的国内相关研究成果看，学者们从各自的研究视角出发，根据不同的划分依据，对宗教文化旅游产品进行了划分，形成了不同的宗教文化旅游产品分类方案。

（一）根据宗教要素与旅游要素结合的紧密程度、优劣程度划分

张桥贵、孙浩然在《宗教旅游的类型、特点和开发》[①] 中，从宗教旅游的基本类型、内容特点、互动程度和对策四个方面进行了总结归纳，将宗教文化旅游产品划分为：边缘型、半边缘型、半核心型、核心型四大类型，每一类型又包含数种不同的宗教旅游产品子项目。

1. 边缘型宗教旅游

边缘型宗教旅游活动主要指以宗教和旅游为双重幌子，实际上既不属于正常宗教活动，也不属于常规旅游活动，而是以旅游传教和宗教渗透为目的。

2. 半边缘型宗教旅游

半边缘型宗教旅游活动主要指宗教购物旅游和宗教娱乐旅游。如佛教信徒以购买开过光的佛像、法器、吉祥物，消费素食斋饭等为主要目的的旅游。宗教娱乐游主要包括旅游主体与宗教性娱乐因素甚至迷信性娱乐因素的不充分互动，如抽签、投幸运币等带有迷信色彩的世俗性宗教娱乐活动，以搏旅游者一笑而已。

3. 半核心型宗教旅游

半核心型宗教旅游主要包括宗教民俗旅游、宗教节庆游、庙会旅游和民间宗教游等，由宗教性民俗、民间宗教与旅游活动互动而产生。这些活动具有鲜明的民俗文化特色，宗教活动与旅游活动相结合，形成互动。

4. 核心型宗教旅游

核心型宗教旅游主要包括宗教观光游、生态游、休闲游、体验游、朝圣游等。核心型宗教旅游能使旅游与宗教产生高度的互动，是目前主要的产品，也是未来的发展趋势。

表4－2　宗教旅游的基本类型

	内容	特点	互动程度	对策
边缘型	旅游传教、宗教渗透	现实或潜在的破坏	游离于宗教与旅游之间	坚决抵御
半边缘型	宗教购物游、宗教娱乐游	较强的世俗娱乐性	旅游与宗教互动	规范管理
半核心型	宗教民俗游、节日游、庙会游、民间宗教游	鲜明的民俗文化特色	宗教与旅游互动	积极引导
核心型	宗教观光游、生态游休闲游、体验游、朝圣游	主要发展趋势	旅游与宗教高度互动	合理倡导

① 张桥贵、孙浩然：《宗教旅游的类型、特点和开发》，《世界宗教研究》，2008（4），第131－134页。

（二）以市场为导向，结合旅游资源特点的产品设计

刘汉洪在《论我国宗教旅游的深度开发》[①] 中提出：根据以市场为导向的原则，结合我国宗教资源的特点，以下几个方面大有潜力可挖。

1. 宗教体验游

宗教体验游即“出家”旅游，让那些对宗教有兴趣的旅游者到寺庙来“做几天和尚，撞几天钟”，亲身体验一番“出家”的滋味。

2. 宗教研习旅游

宗教研习旅游包括举办各种类型的宗教学术活动、公开的说法和创办宗教讲习所、研讨班等，有条件的地方还可创立宗教学院，传播宗教知识，弘扬宗教文化，借此吸引宗教旅游者。

3. 宗教文化旅游

宗教文化旅游通过建立宗教博物馆、宗教演示厅等宗教文化馆所，展示中国乃至世界源远流长的宗教文化，演出独具魅力的宗教音乐、舞蹈。

4. 宗教武术旅游

宗教武术旅游以少林寺的中华武术强大吸引力和国际知名度，以及峨眉、武当等宗教名山的宝贵武术资源吸引游客，同时弘扬中华武术文化，发挥良好的经济效益和社会效益。

5. 宗教气功旅游

宗教气功旅游利用我国传统的气功文化，满足当今社会人们通过气功辅助治疗各种疑难杂症的需要，通过认真发掘、整理我国道教气功（守一、存思、行气、内丹等静功和引导、按摩等动功门类）、佛教气功资源，开发宗教气功旅游。

除上述五类宗教旅游产品外，刘汉洪还提出开发宗教饮食、观光朝圣、宗教考察等特色宗教旅游项目。

（三）充分利用地方丰富的宗教旅游资源，开发宗教旅游产品

宗教文化是宗教文化旅游产品开发的基础，为此在产品开发设计时应充分挖掘和利用当地的宗教文化，发挥地方的宗教文化资源优势。

郑嫱婷等在《宗教旅游可持续发展研究》[②] 中提出：“宗教旅游产品的开发应该充分利用现有的资源，把握主题，围绕主题全方位、多层次建立产品系统，实现食、住、行、游、购、娱全方位一体化的旅游产品开发”。杨丽在《论云南宗教文

---

① 刘汉洪：《论我国宗教旅游的深度开发》，《旅游研究与实践》，1994（2），第40页。

② 郑嫱婷、陆林、杨钊：《宗教旅游可持续发展研究》，《安徽师范大学学报》（人文社科版），2004（4），第539页。

化旅游开发》[①] 中认为："宗教文化旅游在云南有极大的市场潜力，不仅可以丰富人们的旅游活动，而且对保护少数民族文化，弘扬中华民族传统文化，增强民族凝聚力有积极的影响。而云南得天独厚的宗教旅游资源为宗教文化旅游产品的开发提供了雄厚的基础。"在此基础上该文提出开发如下宗教旅游产品：

1. 宗教教事旅游

针对具有坚定的、唯一的宗教信仰的旅游者，在一些特别的宗教节日和庆典时期专门提供的旅游产品。如五台山每年的十五次法会，为信徒们推出法会游，提供法事活动服务。对于非信徒旅游者，推出相应的参与活动。如宗教节事游、寻宗探祖游、修禅游等，尤其是对佛教开光、方丈升座、传戒及佛诞庆日等特定的佛事法会的参与活动。宗教参与式旅游开发满足了旅游者对动态旅游活动的需求，提高了旅游活动的参与性、体验性。

2. 宗教观光游

在具有丰富的宗教旅游资源，特别是与自然景观相结合的宗教旅游地开展。观光旅游是主要的旅游内容，是旅游发展的基础。高山、流水、瀑布，奇花、异草、怪树，无不赏心悦目。重大佛事活动、建筑、艺术及僧侣生活习俗等，可以吸引大批宗教信众和普通观光旅游者。根据观赏对象的不同，它又可以分为宗教人文景观旅游和宗教自然风光旅游。

3. 宗教文化旅游

宗教旅游是一种文化旅游。丰富的宗教文化资源是其发展的重要依托。建筑艺术、宗教文化、石刻绘画、佛教音乐、宗教舞蹈等无不蕴含了深刻的文化艺术内涵。这种旅游对旅游者的文化素质要求比较高，可以开展诸如佛茶文化游、建筑园林游、文化考察游等。

4. 宗教体验式旅游

为了满足旅游者宗教体验的需要，开发让游人亲身体验宗教出家弟子的日常生活、功课以及丛林清规、宗教戒律等，从而感受宗教独特的生活氛围的产品。在宗教体验旅游中游客食斋饭，住僧舍式旅馆，听晨钟暮鼓、经声喃喃，观香烟缭绕、法相森严，购佛教旅游商品，使游客在一种肃穆、崇敬的心态中，摒弃杂念，忘却烦恼，达到一种心灵的松弛与净化。

5. 宗教饮食旅游

宗教饮食独具特色。例如佛教饮食。佛教徒忌食荤腥，其原料以蔬菜、豆腐、菌类及米、面为主，简单的原料就可以做出丰美的佳肴。充分挖掘素菜食谱，经过现代工艺的改进和革新，素食斋席应该成为我国宗教旅游的一大特色。

6. 宗教休闲、疗养旅游

这是一种高级的休闲、疗养活动。现在康体休闲旅游流行。风景如画、空气清

① 杨丽：《论云南宗教文化的旅游开发》，《云南师范大学学报》，2002（2），第133－134页。

新，有山寺之宁静，有佛钟之悠远，极具“人山对话”、“灵台空明”的旅游胜地，配合以宗教的养生之道和专门的服务，开发前景相当广阔。

（四）利用宗教特殊的历史地位和广泛的影响力，开发宗教旅游产品

崔凤军、刘家明、杨新军等在《泰山宗教旅游开发研究》[①] 中，根据泰山作为中华民族的“圣山”，蕴含着博大精深的宗教文化的特点，提出：发展健康的宗教旅游活动，接受包括非信徒在内的游人参观、游览、朝拜和文化研习等，不但会提高泰山的旅游和文化地位，也能取得较好的社会和经济效益。

1. 宗教朝拜旅游

宗教朝拜旅游是为广大香客设计的旅游活动。碧霞元君和泰山女神的信仰范围广，影响面大，香客作为泰山的重要旅游者，购物、游乐逛景的消费不容忽视。

2. 宗教观光旅游

宗教观光旅游是针对非信众利用宗教建筑、气氛、艺术、仪式等客体开发的旅游产品。但是由于宗教旅游的文化属性，没有外在的文化、知识引导，往往形不成强烈的吸引力，游人走马观光、印象平平也就在所难免，这是当前游客参观泰山以自然风光为主要审美对象的主要原因。

3. 宗教修学旅游

宗教修学旅游是根据泰山三教合一的宗教结构、众多的名胜古迹、历史上封禅祭祀活动的中心地等资源条件，通过中国道教协会、佛教协会、孔子儒家研究机构在泰山设立相应的分支机构，一方面由上述协会在泰山组织研修班，另一方面由泰山的分支机构发展针对学者和知识阶层的宗教修学旅游。

4. 宗教休、疗养旅游

宗教休、疗养旅游是根据泰山优越的自然环境条件和宗教从业者（如道士）较多以及道教的养生术也较成熟的资源条件，针对商界首脑人物，开展“人山对话”、“天子同行”的高级休、疗养旅游活动。

5. 宗教娱乐旅游

宗教娱乐旅游是利用青年人的好奇心，把求签问卜之类的活动化为娱乐游戏；把一些宗教保佑物变为吉祥物，满足青年人的购买欲。

6. 宗教民俗旅游和专题访问旅游

利用泰山及泰安形式多样的宗教民族文化，在泰安郊县选择十几处典型村庄，建立起风格各异但能展现当地宗教、人文风俗的“民俗博物馆”，内设民间礼仪厅、民间工艺厅、民间文化室、民间作坊、村塾学堂、婚俗院等，外形采取农家四合院

---

① 崔凤军、刘家明、杨新军等：《泰山宗教旅游开发研究》，《华中师范大学学报》（自然科学版），1998（3），第380－381页。

形式，石基、瓦梢、草坡顶，以让国际游客在这儿随农俗、学农活、住农房，体验民间习俗，饱享田园之乐。

7. 泰山庙会旅游

泰山庙会旅游是借助“群山之祖，神灵之府”的泰山历史地位，恢复延续了上千年的为纪念泰山神诞辰（农历三月二十八）而举行的泰山庙会。泰山庙会是山东及其邻近地区规模最大、影响最深的庙会，它不仅是独具特色的宗教文化景观，而且衍生出丰富多彩的信仰习俗。为此，恢复庙会旅游并举办大型的民间庆典和民间艺术展览活动，对国内外游客具有很强的吸引力。

二、宗教文化旅游产品体系的构建

在借鉴已有的相关研究成果的基础上，结合对宗教文化旅游产品的理解，提出本教材的宗教文化旅游产品体系方案。首先，按照旅游者在旅游活动中的参与、体验程度的高低，把宗教文化旅游分成观光型旅游产品和体验型旅游产品两大类。在此基础上，根据旅游产品提供的旅游活动内容的不同，将宗教观光旅游分为：宗教物质文化观光游和宗教非物质文化观光游；将宗教文化体验型旅游产品分为：宗教寻宗探祖游、宗教文化休学游、宗教生活体验游、宗教医疗健身游、宗教艺术观赏游、宗教节庆朝拜游。见图 4－1。

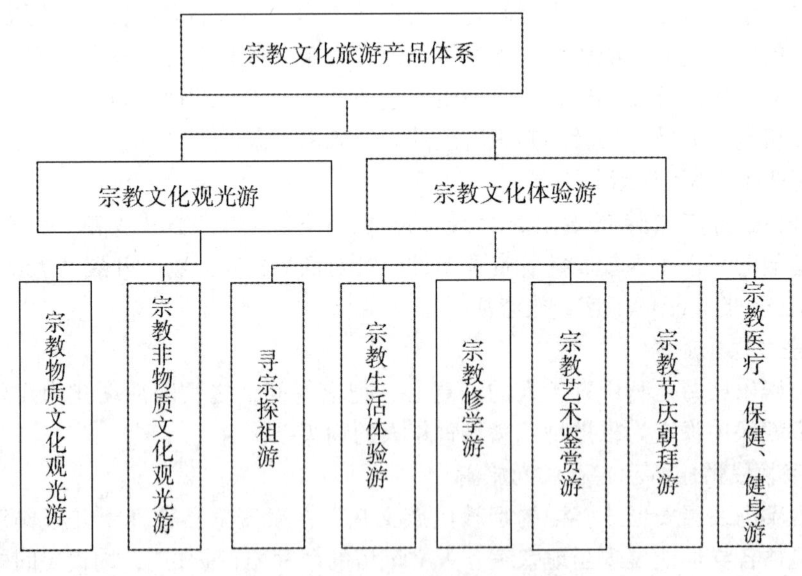

图 4—1　宗教文化旅游产品体系图

第三节　宗教文化体验游产品开发

21 世纪是旅游产品的体验经济时代，随着旅游消费的日益成熟，旅游者对旅游产品消费要求的不断提高，以观光为主的宗教旅游产品体系不健全，难以满足宗教旅游消费市场需求的问题越来越突出。依托丰富的宗教文化旅游资源，以市场为导向，开发具有积极社会功能的宗教文化体验游产品具有很强的实践意义和理论价值。

一、体验型旅游产品与观光型旅游产品的区别

体验型旅游产品是一种参与性、文化性更高的旅游产品，与观光型旅游产品相比具有明显的差别。宗教文化观光游与体验游都是围绕宗教文化展开的，但是在形式、内容和结果等方面存在较大的差异，表现在以下几个方面：

（一）对旅游者的要求不同

观光游针对大众旅游者，对旅游者没有特殊的要求；体验游针对特殊旅游群体开发，对旅游者的旅游取向和动机有具体的要求。具体而言，宗教文化体验游是针对对宗教文化有特殊兴趣或是有学习、研究宗教文化知识愿望的游客开发的。

（二）旅游内容不同

观光游的内容丰富、游览的景点多，以知名度高的景点为主，涉及的面广，但是涉及的文化深度比较浅；体验游的内容相对单一，游览的景点少，常常围绕某个主题开展，以文化特色鲜明的景点为主，涉及较深的文化层面。

（三）旅游形式不同

观光游以游览、观赏形式为主，主要通过感官器官获得各种文化信息；体验游以参与、体验为主，需要全身心的投入，强调动手、动脑的参与和体验，强调不仅获得感官上的刺激和愉悦，更重要的是在思想上、精神上、心理上获得更加深刻的感受和启发。

（四）旅游服务不同

观光游在一般的旅游服务设施和普通的导游服务讲解下进行；体验游需要在特定的旅游服务设施或场景中进行，需要具有较强专业知识的人士的指导，能够接触

在宗教文化领域内具有较高造诣的人士。

（五）旅游支出不同

观光游的费用相对低，以交通和门票为主；体验游的费用较高，支出费用以旅游活动费为主。观光游花费的时间较短，采取走马观花式的旅游方式；体验游花费的旅游时间较长，采取参与和体验的旅游方式。

二、体验型旅游产品开发的核心

资源、市场和产品三位一体是体验型旅游产品开发的核心。吴必虎提出了昂普（RMP）分析理论，即以旅游产品为中心，进行资源分析、市场分析，在此基础上进行产品分析。

体验型旅游产品开发就是向旅游者提供某种体验，分析旅游资源是否有提供体验的机会，能够提供怎样的体验机会。因此，如何使旅游资源提供体验的机会是资源分析的关键。

旅游产品具有需求弹性大、需求敏感性高的特点。从旅游者的出游动机分析入手，结合20世纪以来旅游需求出现的由对于外部世界的关注转向对于人的内部心理世界的审视的“向内转”的文化趋向，分析旅游者对产品的需求特征。明确目标市场是产品分析的关键。

旅游产品是旅游者在出游期间各种经历、体验的总和，这表明旅游产品是一种复合概念，是吸引物、交通、住宿、娱乐等的组合，旅游产品开发不仅是对旅游吸引物的开发，还需要多部门的协调配合；体验型旅游产品是一个互动发生的过程，作为一个外部世界的刺激，对旅游者产生相应的影响，旅游者会激发相应的心理回响。为此，产品分析是体验游产品设计的关键。

三、体验型宗教文化旅游产品开发原则

为避免宗教文化旅游产品开发的盲目性、随意性、单一性、低层次性等问题，结合宗教文化的特点，体验型宗教文化旅游产品开发应遵循一定的开发原则。

（一）体验型旅游产品开发原则

梁彦明在《基于游客体验的旅游产品设计》① 中，应用PEAR矩阵分析法提出：确定鲜明的旅游体验主题、在整个消费过程加强旅游体验、营造全身心的旅游体验、提供个性化体验、提供不断创新体验的原则。

---

① 梁彦明：《基于游客体验的旅游产品设计》，《江苏商论》，2005（5），第73页。

1. 确定鲜明的旅游体验主题

应多渠道收集市场信息；准确选择目标市场；了解目标顾客的需求和愿望；站在游客的角度评估旅游资源；创造鲜明的旅游主题和形象；选择合适的旅游代言人和象征物；安排符合主题的公关活动。

2. 在整个消费过程中加强旅游体验

通过多种渠道向潜在旅游者传播信息，通过导游等激发游客兴趣；合理安排时间、合理安排线路、合理安排食宿等接待服务；旅游结束后通过组织联谊和交流活动加深游客体验。

3. 营造全身心的旅游体验

从视觉、听觉、嗅觉、味觉、触觉各要素向游客提供感官刺激；以人本主义的指导思想设计旅游服务、接待设施及各种参与性活动；加强景区的清洁卫生管理。

4. 提供个性化的旅游体验

发掘旅游点的差异化特征，创造独特的故事、活动、代言人或象征物，避免雷同和抄袭；设计开发具有当地特色的菜谱、客房、旅游纪念品、参与性活动；提供个性化的旅游纪念品和接待服务；提供具有家庭氛围的接待设施和服务；注重接待设施与环境的协调。

5. 提供不断创新的旅游体验

紧跟市场潮流，加强市场调研；滚动更新旅游项目和设施；增强旅游产品对顾客的持续吸引力；在同一旅游主题下，定期变换表现物和活动；人员着装定期变化。

（二）宗教文化体验游产品开发原则

从突出宗教文化旅游产品的文化性、体验性、功能性和旅游市场的需求状况出发，在“保护性开发原则”的基础上，宗教文化旅游产品开发应遵循：资源整合、产品设计、产品营销三大原则，并把三者有机地结合在一起。

1. 资源整合

宗教作为传统文化形式具有内容丰富、类型多样、分布广泛的特点，这一方面为各国、各地区开发宗教文化旅游产品提供了很好的资源保障；另一方面，也为一些地方盲目开发、重复开发、低层次开发宗教文化旅游资源提供了条件。

近年来宗教文化旅游盛行，一些宗教圣地、宗教名山、名寺、教堂等成为著名的旅游景点，吸引了众多的国内外游客，发挥了很好的社会、经济和文化效益。与此同时，也有相当数量的宗教文化旅游景点门可罗雀。了避免上述情况的发生，宗教文化旅游产品开发应坚持“资源整合”的原则。

所谓“资源整合”就是要“把各类各样的资源在一个新的层面上加以整合，这个新的层面是什么？就是市场化的旅游者的需求，我们要对应旅游者的需求，把我们的各类资源进行一个全面的整合，最后打出旅游的一个品牌。”① 按照这一理论，整合宗教文化旅游资源，就是在充分了解旅游市场需求的情况下，跳出省、自治区和地方等地域和行政界限，通盘规划宗教文化旅游资源的开发。在科学论证、合理评价宗教文化旅游资源的开发、利用价值的基础上，重点开发具有特殊宗教历史文化地位，具有较大的国际国内影响力，具有鲜明的宗教文化特点的旅游资源，形成具有较强市场竞争力和特色的宗教文化旅游产品。

2. 产品设计

产品设计是指“将一些好的想法转变为某种可以实现的形式，包括旅游产品特性的描述以及促销的开发战略”②。旅游产品开发和设计是旅游资源商品化的过程，是把旅游地开发规划落到实处的重要步骤，是把旅游资源从资源状态转化为产品状态必须经过的环节。

宗教文化旅游产品的设计，是按照产品—市场—资源这一主线，以细分的宗教文化旅游市场的需求和变化趋势为导向，针对不同层次的宗教文化旅游者的需求设计产品的过程；在设计过程中要发挥宗教文化旅游资源的优势，充分挖掘宗教文化内涵，弘扬优秀的宗教文化；以发挥宗教文化积极社会功能为目标，使旅游者通过宗教文化旅游产品的消费实现宗教文化当代的旅游价值。宗教文化旅游产品设计的核心内容是产品的主题和核心吸引力的策划。

3. 产品营销

“旅游产品营销是指旅游企业通过人员和非人员的各种方式，在购买之前与旅游者之间进行信息沟通和反馈，激发他们的兴趣和购买欲望，影响、说服他们大量购买或反复购买企业产品的活动。”③ 营销是旅游产品实现其最终价值的一个重要环节，有效的营销将会对旅游产品顺利进入和占领市场产生积极的推动作用。

旅游产品营销包括以下步骤：首先，根据客源结构、旅游者需求和旅游产品制定营销策略。其次，对现有的客源结构进行系统而详细的分析，确定主要的目标市场；再次，旅游者需求的分析。旅游者因社会职业、生活习惯、身体状况、地域、年龄、性别、民族、宗教信仰等不同，在旅游需求上存在差异性。最后，制定多渠道产品营销措施。制定外部营销措施，包括媒体的宣传、互联网的利用等；加强与旅游行业的合作。

宗教文化旅游产品营销方案包括：分析旅游市场，确定目标市场；明确营销的渠道和手段；制定营销内容。

---

① 魏小安：《中国旅游发展大趋势探讨》，五峰旅游网，2009 年 2 月 13 日。

② 吴必虎，《区域旅游规划原理》，中国旅游出版社，2001，第 243 页。

③ 张俐俐、杨莹：《旅游市场营销》，清华大学出版社，2005，第 128 页。

四、宗教文化体验游产品设计

旅游产品设计是指按照一定的规则，配置旅游资源和旅游服务，把旅游服务加入其中，并以一定的主题、内容、形式和价格表示出来的过程。旅游产品设计有一套完整的方法。宗教文化体验游产品设计是针对目标市场的体验化消费需求进行设计，具有很强的针对性、体验性和参与性。

（一）宗教文化体验游产品设计的方法

宗教文化体验游产品设计既要遵循旅游产品设计的一般方法，又要突出宗教文化的特色和旅游活动的体验性。包括：提炼鲜明的主题、设计旅游活动的内容、营造旅游活动的氛围。

1. 提炼鲜明的体验主题

鲜明的主题是旅游产品的基础。它能够激发旅游者兴趣，提高旅游产品的吸引力。它还能给旅游者留下深刻的印象，产生持久记忆。为此，提炼鲜明的旅游产品主题是旅游产品设计的关键。

宗教文化体验游产品主题的提炼，应从发挥宗教文化积极的社会功能出发，发挥宗教在提升人文素质、缓解精神压力，放松心情、拓展知识等方面的作用，多渠道收集旅游市场信息，准确选择细分的旅游市场；了解顾客的需要和期望；以旅游者的消费需求为导向评估旅游资源。

2. 精心设计旅游活动内容

从发生学的角度上说，宗教文化体验游应该如乐曲般，是由序曲、发展、高潮、结尾等环节组成跌宕起伏的过程，在此过程中旅游者获得对宗教文化的感受、经历、感悟、观照。由此可知，宗教文化旅游活动一方面要有宗教文化内涵，对旅游者产生吸引力；另一方面要能够激发旅游者身体上和心理上的回应，引发旅游者的互动。因此，宗教文化旅游产品开发要利用宗教文化旅游资源，将旅游活动打造成多幕的舞台剧，游客既是观众同时又是演员，在角色转换的过程中获得多元文化体验。

3. 营造良好的体验氛围

宗教文化之旅是否具有吸引力，仅仅依靠主题远远不够。旅游者希望置身于宗教文化旅游目的地、宗教文化旅游景观等非常态的生活和活动场所，通过与宗教人士、其他游客、旅游接待人员的接触和交流，获得全面、深刻的旅游体验。因此，宗教文化旅游产品要结合旅游活动主题和内容，在空间、时间和功能等方面的情境设计和包括视觉、听觉在内的五官感觉环境（形象）设计，营造完整的体验氛围，让游客的体验由感受的浅层次流向享受的高层次。

（二）宗教文化体验游产品设计的内容

针对特定的宗教文化游市场，依托宗教文化旅游资源，从满足旅游者对宗教文化的感受和体验的需求出发，设计具有鲜明主题和丰富内容的宗教文化活动，以满足旅游者对宗教文化更加深刻的体验和感受的需求，使其留下难忘的宗教文化旅游记忆。

1. 宗教寻宗探祖游

针对宗教信仰人士和对宗教文化有浓厚兴趣的学者、研究人员设计宗教寻宗探祖游。与一般的宗教活动场所不同，宗教起源地具有特殊的宗教象征意义。一方面，它由宗教和宗教教派创始人创建，标志着宗教和宗教教派的创立，因此在教派发展中具有里程碑式的地位和意义，被信仰者视为圣地；另一方面，宗教起源地保留有本宗教和教派最古老、最珍贵、最有价值的宗教和历史典籍、文物、艺术品等；另外，宗教起源为宗教大德、大师云集之地，他们著书立说阐明教义、讲经说法培养人才，对本宗教和宗教教派具有很大的影响。因此，宗教寻宗探祖游对宗教信仰者和对宗教有浓厚兴趣的游客，具有特殊的意义和吸引力。

宗教寻宗探祖游可被设计为：在宗教人士的讲解下参观宗教起源地及相关的展室，使游客了解宗教和宗教教派创建大师的生平、创建教派的过程和历史背景，了解宗教和宗教教派发展史以及在宗教文化体系中的地位、作用和特色。组织游客拜见宗教大德、大师，倾听他们讲经说法，使游客亲身感受大德、大师非凡的气度、过人的才智。组织游客参观宗教起源地收藏的文物、艺术品和宗教建筑等，直观感受宗教起源地特殊的宗教地位和宗教氛围。

2. 宗教生活体验游

针对对宗教文化充满好奇心的游客，或是希望暂时躲避紧张、充满压力和竞争的现实生活，获得身心调整的游客，开发宗教生活体验游。

宗教生活体验可被设计为：组织对宗教文化有浓厚兴趣的旅游者离开自己惯常的生活环境，到寺院、道观等宗教场所，完全按照宗教人士的日常行为规范和要求度过短暂的宗教生活。让游人严格遵守出家弟子的日常生活、功课以及丛林清规、宗教戒律等，从而感受宗教独特的生活氛围。让游客通过食斋饭，住僧舍式旅馆，听晨钟暮鼓、念经书、学戒律、观法相森严等，在一种肃穆、崇敬的心态中，摒弃杂念，忘却烦恼，达到身心的放松与净化。以此使旅游者真正体验到宗教人士真实的生活环境和生活状态，以满足旅游者对宗教学习、生活、工作的全面、深入了解的需求。

3. 宗教文化修学游

针对对宗教文化有一定的了解，并希望获得更多的宗教知识和启发的宗教信仰者和旅游者设计宗教文化修学游。

宗教文化修学游可设计为：采取讲座的形式，请宗教大师和著名的学者讲解宗教的历史渊源及宗教派别，讲解宗教的机构设置、管理制度，讲解我国的宗教政策和取得的成绩。采取课堂教学的方式，在大师的带领下，研读宗教经典，结合当代的社会、经济、文化、环境等问题加以阐述。采取有奖问答方式，对所学宗教知识进行巩固、提高。采取自由讨论和辩论的方式，请参加学习的旅游者结合自己的实际，谈一谈对宗教思想、教义的认识和理解，以及受到的教育和启发。组织游客参观、考察、游览一些典型的成功案例，提高旅游者对宗教积极社会功能的认识和理解。具体做法：开办宗教文化中短期培训班和修学夏令营。

4. 宗教艺术鉴赏游

针对对宗教艺术有浓厚兴趣，并致力于宗教艺术表演和创作活动、宗教艺术品收藏的旅游者开发宗教艺术鉴赏游。以直观、生动的形象进行宣扬，是宗教传播的一个重要手段。拜占庭神学家大格列高利曾说过：“在教堂里使用绘画和雕塑的诸多形象，为的是让那些不识字的人们朝壁上看，至少可以读到他们书上无法读懂的内容。”宗教的形象性，能将宗教教义、宗教人物、宗教故事等融为一体，从而使宗教成为一种特有的宗教艺术。宗教艺术无论在思想内容，还是在表现手法、展现方法上都具有独特的魅力，具有震撼人心的美。

宗教艺术游可设计为：请具有宗教艺术知识和技能的大师和鉴赏家讲解宗教艺术的类型、特点，宗教艺术与世俗艺术的差别；讲解宗教艺术背后蕴含的宗教思想寓意和宗教故事；讲解宗教艺术品的审美价值和收藏价值等。组织游客游览、考察有代表性的宗教艺术场所，欣赏宗教舞蹈和宗教音乐；在专业技术人员指导下，游客学习宗教造像的雕刻、宗教绘画、学跳宗教舞蹈，学唱宗教音乐等。具体做法：举办中短期宗教艺术培训班，宗教艺术的 DIY 工作室等。

5. 宗教节庆游

针对广大宗教信徒和宗教文化爱好者和广大的民众开发宗教节庆游。宗教节庆与重要的宗教人物或重大事件有关，例如，佛教的节庆中佛诞节、盂兰盆会等，道教的三清圣诞、清明节等，伊斯兰教的圣纪节、开斋节和古尔邦节，基督教的圣诞节、复活节等。宗教节日深受宗教人士和宗教信仰者的重视。随着时代的变迁，宗教节庆中逐渐融入了民俗内容，如文艺表演、体育竞赛、商贸活动等。节庆期间，既有神秘、威严、感人的宗教仪式，又有轻松、欢快、喜庆的民俗活动。人们在尽情宣泄宗教情感的同时，也感受到世俗世界的丰富多彩。正因如此，宗教节庆成为宗教文化、民族风情、地域风光集中展示的窗口，深受广大旅游者的青睐。

宗教节庆游可设计为：组织旅游者参加重大宗教节庆活动，感受浓郁的宗教氛围；参加与宗教相关的民俗活动，了解地方习俗和文化；组织民俗文化、民族文化表演，发挥其娱乐大众、传播文化的作用；组织大型的商贸活动，满足商品交换和消费需求，发挥经济效益；设计富有民族特色和地方特色的家庭旅馆，使游客体验当地特色饮食、住宿方式，倾听宗教故事和传说等。

6. 宗教医疗、保健、健身游

针对对宗教医疗和保健知识有一定了解和需求的旅游者设计宗教医疗、保健、健身游。高度发达的现代社会，人们越来越关注生命、关注健康。各种各样的保健食品、保健药品，花样繁多的健身运动和医疗方法层出不穷。宗教特有的养生、保健方式，特殊的诊断、治疗方法，特殊的医疗、保健器械和药材等，具有神奇的功效，受到人们的追捧，具有很强的旅游吸引力。例如道教的养生术、佛教素食的保健功能、伊斯兰教在饮食上禁律和功修中的卫生要求，基督教的生活模式等都具有很高的保健、医疗价值。

宗教医疗、保健、健身游产品可设计为：组织有特殊医疗、保健需求的旅游者到宗教文化旅游胜地，请经验丰富的宗教大师讲解宗教有关人生及其生老病死的义理，从心理上起到保健和慰藉的作用；组织旅游者学习相关的宗教保健、养生、医疗的方法，如宗教特殊的食物疗法、宗教养生功夫疗法等，从而改变其不良的生活方式，改善身体状况；请有经验的宗教医疗人士运用宗教传统的诊断、医疗、用药等方法为旅游者看病、治病，达到宗教医疗的效果。

思考与练习

1. 阐述宗教文化旅游产品的概念和特征。
2. 如何构建宗教文化旅游产品体系？
3. 简述旅游产品开发的 RMP 模式。
4. 结合实例设计宗教文化体验游产品。

第五章　佛教文化旅游及其开发

本章导读

佛教是世界三大宗教之一，起源于印度，已有二千五百余年的历史，它的创立、传播和发展给人类社会和历史文化带来了深刻的影响。佛教传入中国后，与中国固有的传统思想相融合，逐渐发展成为一种具有中国民族特色的宗教。

中国佛教在传播和发展过程中创造了辉煌灿烂的佛教文化艺术，留下了许许多多的佛教文化艺术遗产，如寺庙、石窟、佛塔、雕塑、佛乐等。这些文化遗产已成为我国发展旅游业的重要资源依凭，以其鲜明的特色、较高的文化品位和独特的意境吸引着众多的中外游客。因而，开发佛教文化旅游资源，具有巨大潜力和光辉前景。

本章介绍佛教文化及佛教文化旅游资源内涵、特点，在此基础上分析佛教文化旅游资源产品开发的可行性、开发过程中存在的问题及对策，并以五台山作为佛教文化旅游资源开发和利用的案例，供旅游专业学生参考。

相关词

佛教　佛教文化　佛教文化旅游资源　佛教文化旅游资源开发

本章重点

佛教文化旅游资源以佛教文化为依托，佛教旅游资源的开发和发展伴随着佛教文化的发展，它受佛教文化影响极深。我们在挖掘佛教文化旅游内涵的基础上，指出佛教文化旅游资源的分布及特点，并找出开发过程中存在的问题及发展对策，以山西省五台山的开发为例，分析佛教文化旅游资源开发的规律。

第一节　佛教文化旅游的内涵

一、佛教及佛教文化

佛教与基督教、伊斯兰教并称为世界三大宗教，也是产生最早的世界宗教。“佛教既是一种信仰实践，又是一种社会力量，也是一种文化现象。”① 它是由佛教徒及其组织、佛教思想文化和佛教仪式制度三种基本要素构成的系统结构。

（一）释迦牟尼和佛教

1. 释迦牟尼

释迦牟尼，姓乔达摩，名悉达多。相传约在公元前6世纪到公元前5世纪，古北印度有一个小王国——迦毗罗卫国（今尼泊尔南部），释迦牟尼是净饭王之子。他是古印度释迦族人，“牟尼”是明珠的意思，喻为圣人。释迦牟尼意思为释迦族的圣人。释迦牟尼成道后，称为佛陀，简称为佛。

据佛经记载，释迦牟尼在19岁时，有感于人世生、老、病、死等诸多苦恼，舍弃王族生活，出家修行；35岁在菩提树下悟道，遂开启佛教，弘法45年；年80岁左右在拘尸那迦城涅槃。

2. 佛教

佛教因佛而得名，佛教就是以佛为崇拜对象，并尊奉其教义的宗教。②

“佛教是人类历史上的重大社会现象，它是包括教主、教义、教徒组织、清规戒律、仪轨制度和情感体验等复杂内容的综合体，也是由佛教徒及其组织、佛教思想和佛教仪式制度三种基本要素构成的体系结构。”③

（二）佛教的基本教义

佛教的基本教义，是指佛教的宗教思想中，最重要、最核心的思想、理论、学说和信仰。“它大体上包含了相互密切关联的两个方面：一是关于人生方面的，阐述人生现象的本质，指出解脱人生苦海的途径和人生应当追求的理想境界，这是关于伦理宗教理想的学说，是整个佛教教义的基础，最为重要。二是从探索人生问题

① 方立天：《中国佛教与传统文化》，上海人民出版社，1988，第1页。

② 张晓华：《佛教文化传播论》，人民出版社，2006。

③ 方立天：《中国佛教与传统文化》，上海人民出版社，1988，第1页。

出发，继之探索人与宇宙交涉的问题，由此而开展寻求宇宙的‘真实’，形成了‘缘起’、‘无常’、‘无我’（空）的世界观，这是最富哲学色彩的宗教理论，也是伦理宗教理想的哲学基础。”①

本教材主要就佛教的缘起论、法印、四谛、业报轮回说、三界六道等加以阐释。

1. 缘起论

缘起论，即阐释宇宙万法皆由因缘所生起之相状及其缘由等教理之论说。“缘”是结果所依赖的条件，“起”表示缘的一种功能。缘起就是一切事物和想象生起，都是由相对的互存关系和条件决定的；离开关系和条件，就不能生起任何事物和想象。在《杂阿含经》卷四七中，释迦牟尼曾经给缘起下了一个这样的定义：“此有故彼有，此生故彼生，此无故彼无，此灭故彼灭。”

缘起论的实质就是事物间的因果关系的理论，认为世界上的一切事物和现象都是相互联系、相互依存和互为条件的。也就是说，一切事物都互为因果，都处在因果相续相连的关系中。

缘起之理为释迦牟尼悟道成佛之所证悟，为佛教之基本原理。佛教以缘起解释世界、生命及各种现象产生之根源，由此建立起佛教特殊的人生观和世界观。

2. 法印

法印，即印证是否合乎佛法的标准。小乘佛教有三法印、四法印、五法印之说。三法印，即：“一切行无常，一切法无我，涅槃寂灭”。四法印，即“一切诸行无常，一切诸行苦，一切诸行无我，涅槃永寂”。五法印，即在四法印外，加上“一切法空”，则成五法印。大乘佛教则以诸法实相作为法印。所谓诸法实相，指一切万法真实不虚之体相，或真实之理法、不变之理，此系佛陀觉悟之内容，本然之真实。佛教认为，世俗认识的一切现象均为假相，唯有摆脱世俗认识才能显示诸法常住不变之真实相状，故称实相。

3. 四谛说

四谛，又作四圣谛。谛，意为真理或实在。四谛即：苦谛、集谛、灭谛、道谛。

苦谛，是痛苦。指三界六道生死轮回，充满了痛苦烦恼。集谛，是原因。指众生痛苦的根源。一切众生，由于贪、瞋、痴等造成种种业因，从而感召未来的生死烦恼之苦果。灭谛，是寂灭，佛教追求的理想境界。灭尽三界烦恼业因以及生死轮回果报，到达涅槃寂灭的境界，称为灭。道谛，是途径，方法。指通向寂灭的道路，主要指八正道。佛教认为，依照佛法去修行，就能脱离生死轮回的苦海，到达涅槃寂灭的境界。

四谛就是阐述四种真理：人生的痛苦现象、造成人生痛苦的原因、指明解脱人

① 方立天：《中国佛教与传统文化》，上海人民出版社，1988，第117页。

生痛苦的理想境界和解脱痛苦、实现理想境界的途径。这是佛教人生哲学的基本观点。

4. 业报轮回说

所谓“轮”是车的轮盘，“回”指车的转动。轮回是比喻众生的生死流转，永无终期，犹如车轮旋转不停一般。

“业”是行动或作为的意思。做一件事情时的心理活动，是意业；后发之于口，是口业；表现于身体上的行动，为身业。

释迦牟尼认为众生所做的善业和恶业都会引起相应的果报。由于业的性质不同，所得的报应也就不同，来世就会在不同的境界中轮回。修善的随福业而升，作恶业的随罪业而下坠。如此上升下坠，世世升沉，不断在苦海中沉浮，在“六道轮回”中流转，永无了期。只有皈依佛教，弃恶从善，虔诚修持，才能跳出六道轮回的樊笼，求得超出生死的解脱。

5. 八正道

佛教认为获得人生解脱，达到理想境界的途径和方法很多，其中较为典型的为八正道。八正道是佛弟子修行的八项内容，即合乎正法的八种悟道成佛的途径，又称八圣道。包括：正见、正思惟、正语、正业、正命、正精进、正念、正定。

正见：指的是正确的佛理知见，就是通过三法印（诸所无常、诸法无我、涅槃静寂）来鉴定见解的正确性。

正思维：正确的思维，使心中不起贪、嗔的念头。

正语：正确的言语，也就是不妄语、不慢语、不恶语、不谤语、不绮语、不暴语，远离一切戏论。

正业：正确的行为活动，也就是不杀生、不偷盗、不邪淫等，诸恶莫做，众善奉行。

正命：正确的生活方式，即远离一切不正当的职业和谋生方式，如赌博、卖淫、看相、占卜等。

正精进：正确的努力，去恶从善，勤奋修行，不懒散度日。

正念：正确的念法，即忆持正法，不忘佛教真理，时时以惕励自己。

正定：正确的禅定，即专注一境，身心寂静，远离散乱之心，以佛教智慧去观想事物的道理，获得人生的觉悟。

6. 涅槃

涅槃是梵文 Nirvāna 的音译，意为“灭”、“灭度”，是指灭烦恼、灭生死因果。涅槃是佛教修行的最终目的和最高境界，一般指破除烦恼、无明后所证得的精神境界，这是一种不生不灭、超越生死、永恒安乐的境界。此外，出现于此世为人的佛（特指释迦牟尼），其肉体之死，称涅槃（寂灭）、般涅槃（圆寂）。后来，也将佛教高僧大德的死亡，称作涅槃、般涅槃。

总之，涅槃是一种超越生死轮回之迷界而获得觉悟、解脱的绝对境界，它虽然是修因感果而得，但不是由因缘和合而成，因而是唯一不变的、永恒的。这种境界是佛教追求的终极目标，是一种不可言说、不可思议的超越人天福报的终极存在状态。

7. 十二因缘

十二因缘，即无明，行，识，名色，六入，触，受，爱，取，有，生，老死。佛教认为上述十二个环节一环套一环，顺逆都互相缘生缘灭，故称十二因缘。

（1）无明缘行：无明，指众生对佛法真理、对宇宙人生真相的无知状态。正因为无知，由此产生行，即盲目的冲动，亦即意志活动。

（2）行缘识：正因为有意志活动，因而产生心识，识即精神活动，指按照意志活动投生后产生最初的意识。

（3）识缘名色：由于心识活动而形成精神和物质的胎质。

（4）名色：名，指概念，精神方面；色，指色质，物质方面的形体。

（5）缘六处：六处，又称六入，在此指六根，即眼、耳、鼻、舌、身、意等感官和认识器官。这时，胎质逐渐成熟，即将诞生。

（6）六处缘触：触指接触，指胎儿出生后，六种感觉和认识器官与外界接触。

（7）触缘受：受即感受、接受，由于身心逐渐发育，六根与色、声、香、味、触、法六境接触频繁，而产生相应的或苦或乐、或不苦不乐的感受。

（8）受缘爱：爱指爱欲、贪爱，随着年龄的增大，在不断感受的基础上产生分别心，有了爱恶之情。

（9）爱缘取：取即执著、追求，正因为有了贪爱，到了成年以后，爱欲强盛，开始对外界执著追求。

（10）取缘有：这里的有，指思想、行为所产生的难以抹掉的后果，即业，分为善、恶、无记三种性质的业。由于执著，造下了种种业。

（11）有缘生：正因为有了业，这种业必然产生未来的果报，使人在死后重新投胎受生，从而导致来世的再生。

（12）生缘老死：有了生则必然招致老、死。

佛教认为十二个环节辗转不断地生死轮回，互为因缘，即是十二因缘。由此可见，众生之所以有生死轮回种种痛苦烦恼，根源在于无明，即对生活真实的无知。反之，只要破除无明，就可以灭除生死轮回的痛苦而获得解脱。

8. 因果业报

因果（因果律）为佛教教义系统中用来说明世界一切关系的基本理论，阐述的是一切事物皆由因果法则支配，有因必有果，有果必有因。业，音译作羯磨，意谓行为、作用、意志等身心活动。

佛教认为，众生的善业必有善之果报，恶业必有恶之果报，也就是善因善果、恶因恶果。这种因果之理，称为因果业报，又作因果报应、善恶业报。

从实践修行上论因果关系，认为现世之罪福苦乐，乃前世所造善恶诸业的果报；而今生之善恶行为，亦必将影响来生的罪福报应。根据善恶业因所招感苦乐果报的时间，分为：（1）顺现业，即现在世造业，现在世受报。（2）顺生业，即此世所造业，下一世受报；（3）顺后业，指此生所造业，在多世以后受报。

佛教虽然强调因果法则是普遍的宇宙规律，但并不承认宿命论。佛教在强调业力的同时，也充分肯定心力的作用。认为心能造业，心也能转业，业力与心力是相互作用的。

9. 三界六道

三界，指众生所居住的三种世界，或者说是三类生存形态，即欲界、色界、无色界。

欲界，指具有淫欲、情欲、色欲、食欲、睡眠欲等多种欲望的众生所居之世界。欲界众生的苦乐相差很大，包括：地狱、饿鬼、畜生、阿修罗、人、六欲天（即欲界六天）。因欲界为六道众生杂居之地，故又称杂居地。

色界，指远离欲界淫、食之欲而仍具有清净色质的众生所居之世界。这里的色，指物质。色界在欲界之上，没有欲染，众生皆由化生，没有男女之别，以光明为食物及语言。其身体及物质环境皆清净美妙。

无色界，指超越物质（色）之世界。在此界唯有受、想、行、识四种精神现象而没有物质现象（色）。此界众生无身体，亦无物质环境，唯以心识住于深妙之禅定中，故称无色界。

在佛教看来，欲界、色界、无色界之果报虽有优劣、苦乐等差别，但都属于生死轮回之迷界，故为圣者所厌弃。

六道，又称六趣，指众生以自己所做的行为（业）而趋向来生的六种生存形态或生存世界，亦即众生生死轮回的六种去处，分别是：天道、人道、阿修罗道、畜生道、饿鬼道、地狱道。其中，天道、人道、阿修罗道被称作三善道，畜生道、饿鬼道、地狱道被称作三恶道。

（四）佛教是中国传统文化的重要组成部分

佛教文化对中华民族的民族性格、思维方式、行为方式、信仰追求、文化艺术及生活习俗等方面都产生了极其重大而深远的影响。佛教在宗教信仰层面上体现出的是佛法僧三宝，是佛教信仰、教理、经典、组织、制度等；从文化层面佛教仪式、绘画、书法、建筑、雕塑、音乐等，呈现出大量、具体、多样的文化形态。

1. 佛教的世界遗产数量多

佛教在中国将近两千年的发展历史，留下了庞大的文化遗产。至 2011 年 6 月，中国已有 41 处自然文化遗址和自然景观列入《世界遗产名录》，其中敦煌莫高窟、承德外八庙、布达拉宫、大足石刻、龙门石窟、云冈石窟、五台山等佛教文化遗址被列入其中。

在公布的第一批、第二批国家级非物质文化遗产项目中，与佛教文化有关的项目有18类41项，涉及民间文学、传统音乐、民间舞蹈、传统戏剧、杂技与竞技、民间美术、传统技艺、民俗等门类，包括济公传说、观音传说、宝卷、津门法鼓、智化寺京音乐、五台山佛乐、千山寺庙音乐、天宁寺梵呗唱诵、鱼山梵呗、大相国寺梵乐、直孔噶举派音乐、拉卜楞寺佛殿音乐“道得尔”、青海藏族唱经调、北武当寺庙音乐、冀中笙管乐、日喀则扎什伦布寺羌姆、藏戏、少林功夫、藏族唐卡、金陵刻经印刷技艺、塔尔寺酥油花、热贡艺术、德格印经院藏族雕版印刷、藏香制作技艺、贝叶经制作技艺、素食制作技艺、雪顿节等项目。①

2. 佛教文化遗产是最具中国特色的文化旅游资源

另据统计，我国“佛教名山有219座，主要佛教寺庙有736座，佛教主要的洞窟佛塔有690座”。② 这些佛教文化遗产内容丰富，绚丽多彩，分布区域广泛，是极具中国特色和吸引力的人文旅游资源。佛教文化在中国的旅游文化体系中所占比重很大，是不少旅游地区的核心旅游文化资源。

（五）佛教文化在我国的传播与发展

1. 佛教的兴起

佛教传入中国的确切年代尚无定论，大体在公元前后两汉之际。根据《三国志·魏书·东夷传》注引《魏略》的记载，西汉哀帝元寿元年（公元前2年），大月氏使者伊存口授《浮屠经》给博士弟子景庐③，被视为佛教传入中国的开始。

最早接受佛教信仰的是上层社会人士和知识阶级。《后汉书·楚王英传》中有记载，汉明帝（58－75）的异母弟刘英即信奉“黄老”（黄帝、老子），诵读黄老之言，又祭祀佛陀，并且按照佛教的规定持戒吃素。由于东汉初期社会上盛行“黄老”神仙方术，人们把佛教看作是一种方术，把佛陀当成一位神仙，与黄老一起祭祀。这是佛教初入中土的社会形象。

在中国佛教史上，流程最广、影响最深远的佛教初入中国的传说，是“明帝感梦”的故事，《四十二章经序》中有记载。从后汉末叶的桓灵二帝（147－189）开始，有关佛教的记载逐渐明确起来。东汉末年来自西域的译经者不断增加，著名的有安世高、支娄迦谶等人。

东汉时期，佛教开始自北向南在全国范围内传播，传播路线是以洛阳、彭城、广陵为中心，向颍川、南阳、临淮、豫章、会稽，直到广州、交州等地。

2. 佛教的兴盛

从南北朝开始，中国佛教进入兴盛发展时期。全国各地兴建了大量（寺庙、佛

① 田青：《佛教文化是中国非物质文化遗产的重要部分》，第二届世界佛教论坛，2009年11月。

② 马进福：《我国的宗教旅游资源及深度开发》，《陕西师范大学学报》，1997（11），第107－112页。

③ 中国社会科学院世界宗教研究所：《中国五大宗教知识读本》，社会科学文献出版社，2007，第10－12页。

塔、石窟等）佛教建筑。例如，北朝后期，现幽州，北京地区出现了不少新的佛教寺庙。其中，东魏元象元年（538）幽州刺史尉长苌舍宅兴建的尉使君寺就是一个重要的代表。在今天法源寺保存的唐碑《悯忠寺重藏舍利记》中清晰地记载了它的创建历史。[①] 这是目前所知道的具体创建年代有可靠依据的北京地区最早兴建的一座佛寺。

3. 佛教的鼎盛

隋唐时期，中国佛教进入发展的鼎盛时期，佛教文化也日益成熟。全国各地不仅兴建大量佛教建筑，其他佛教艺术如佛乐、佛戏也非常兴盛。形成了汉传、藏传和南传佛教三大派别。[②] 隋唐时期佛教的繁荣昌盛，与历代帝王的大力扶持是分不开的。

隋唐时期佛教繁荣昌盛的一个重要标志，就是形成了一些独具特色的佛教宗派，其中主要有天台宗、三论宗、华严宗、唯识宗、禅宗、律宗、净土宗和密宗。这八个宗派的形成，集中体现了中国佛教的理论制造能力。[③]

隋唐时期宽松的政治、发达的经济和繁荣的文化，为佛教宗派的萌生和成长提供了适宜的社会环境。隋唐时期产生的佛教宗派，有一些共同点：

第一，各宗派的实际创始人大都得到统治阶级特别是最高统治者的直接或间接的支持。

第二，各宗派都创立了相对完整和独立的教理体系，其内容既有承袭印度佛教的成分，又有吸收中国儒家和道家的思想因素，更有结合两种不同民族宗教文化后的创新理论。

第三，各宗派都建立了相对稳定的传法基地，一般以一处或数处大寺院为中心，具有一定的经济实力。不少这样的寺院被后代称为“祖庭”。

第四，大多数宗派的祖师之间有师徒传承关系，有些宗派还逐步编制出上溯印度著名僧人，下接中土历代祖师的传法世系。

隋代出现了沙门静琬凿经、炀帝的萧皇后施绢千匹以资刻经的盛事，而唐代初期的唐太宗敕建悯忠寺、武则天敕建大云寺的带动和示范，又进一步推动了幽州地区佛教的进一步发展。据史料记载，……约有佛寺近百座，而仅方圆数里的幽州城区就有寺庙近20座，著名的如悯忠寺、宗效寺、胜果寺等等。这些寺庙多集中于今房山白带山、幽州城区和今天津蓟县盘山，呈三足鼎立之势分布，并分别以雕凿石经、弘扬律学和举扬禅宗而各具特色，显露出幽州地区佛教寺院文化鲜明的地方

① 佟洵、张连城、孙学雷：《超越紫禁城的神圣》，光明日报出版社，2006，第152页。

② 佟洵、张连城、孙学雷：《超越紫禁城的神圣》，光明日报出版社，2006，第153－154页。

③ 中国社会科学院世界宗教研究所：《中国五大宗教知识读本》，社会科学文献出版社，2007，第25－26页。

区域特色。[①]

4. 佛教持续发展

辽金元时期，佛教借助于皇家政治的特殊关系，有了持续发展的动力。

辽代燕京有“僧居佛寺、冠于北方”（《契丹国志》）的说法，帝王都崇信佛教，公主、后妃们也对燕京地区的寺院给予布施，数量惊人。

金代的佛教和寺庙有一定的发展，寺庙规模很大，诸如大庆寿寺、万寿寺、圣安寺、大觉寺等都十分有影响，成为金代寺庙文化的特色所在。

元代的佛教无论是汉传还是藏传都获得了极大的发展，寺庙辉煌大度。其中最为引人注目的是藏传佛教的传入内地及其寺庙的兴建，其影响远远超过汉传佛教，极大地丰富了北京地区寺庙文化的内涵，促进了汉藏佛教和寺庙文化的交流和融合，带来了藏传佛教新的思想理论和艺术形式。

5. 佛教由盛转衰

明清时期，佛教文化由盛转衰，但在寺庙建设上出现了高潮，尤其清代的喇嘛寺发展较快。[②]

明太祖朱元璋（1368－1398 年在位）是中国历史上唯一有出家经历的皇帝。他早年为僧并游方数年，使他十分熟悉佛教的内幕，广泛了解佛教与社会各阶级的关系，深刻认识宗教在社会上的影响、价值和地位。正因为如此，他在位时期所制定的有关整顿佛教的各项措施，严密而且针对性强，奠定了整个明王朝佛教政策的基础。例如：朱元璋称帝的第一年，诏令禁止白莲社、大明教和弥勒教等一切“邪教”。洪武十五年（1382）之后，对佛教的管理开始强化。洪武二十四年（1391）颁布《申明佛教榜册》，二十七年（1394）再次颁布类似的榜文，系统陈述了佛教事务管理的基本内容。

到明代后期，明王朝的有效控制减弱，佛教界出现了两股复兴浪潮。其一，是佛教综合复兴浪潮，开始于明世宗嘉靖年间，到明神宗万历年达到了高潮。当时影响比较大，并对明代以后的佛教发展有影响的僧人是被后代称为“明末四大高僧”的云栖袾宏、紫柏真可、憨山德清和蕅益智旭。他们的佛教思想特点，是继承宋代以来教禅融合的传统，既重禅学，也重义学，更重净土。其二，是禅宗复兴的浪潮。并兴于山林的曹洞宗和临济宗，成为明后期禅宗的主体。代表人物主要有：属于临济宗系统的有密云圆悟、汉月法藏等，属于曹洞宗系统的有无明慧经、博山元来、永觉元贤等。

清代寺院分为国家建造和民间建造两种，都被纳入政府的统一规划和管理之

① 中国社会科学院世界宗教研究所：《中国五大宗教知识读本》，社会科学文献出版社，2007，第 25－26 页。

② 中国社会科学院世界宗教研究所：《中国五大宗教知识读本》，社会科学文献出版社，2007，第 61－64 页。

中。康熙六年（1667）礼部统计，各省属于国家的大寺院 6073 处，小寺院 6409 处；民间私家建造的大寺院 8458 处，小寺院 58682 处。清朝官方对统计僧道人数并不重视。康熙六年（1667）礼部统计，有僧尼 118807 人，但实际人数远多于此。到清末时，全国僧尼约有 80 万人。

在清代诸帝中，清世宗对佛教特别是禅宗进行了声势浩大的清算和整顿，具体内容集中反映在他编著的《御制拣魔辨异录》和《御选语录》中。世宗主要强调了三点：其一倡导禅与教的统一；其二主张禅、净、律兼修，三者不可偏废；其三禁止禅僧呵佛骂祖的言行。

清代佛教的发展演变分为两个阶段：从世宗到高宗（1644－1795）的 150 年是第一阶段，佛教沿着明末开辟的方向继续发展演变。第二阶段，从仁宗（1796－1820）开始，随着清王朝的内忧外患进一步加剧，佛教也进一步衰落，许多寺院逐渐成了流民的藏身之地，僧侣的社会形象滑落到历史的低谷。

6. 佛教的复兴

近代佛教又一次发展起来，是在中国社会大动荡、大变革和大转型的环境中从极度衰落走向复兴。佛教信徒杨文会（1837－1911）毕生致力于刻经、办学和研究等佛教事业，贡献卓著，被称为近代佛教居士的最著名代表。近现代佛教的主要宗派依然是禅宗，著名宗师大定（1823－1903）、冶开（1852－1922）、法忍（1844－1905）、圣祖（1844－1905）被称为清末“四大高僧”。

7. 佛教进入新的历史时期

新中国成立后，中国佛教进入了一个新的历史时期。1953 年 5 月 30 日，中国佛教协会成立大会暨中国佛教协会第一次全国代表大会在北京广济寺召开，有 120 位来自汉、藏、蒙、傣、苗、撒里维吾尔（今裕固族）等 7 个民族的法师、活佛、喇嘛和居士等参加了会议。随着中国各民族佛教信徒组织“佛教协会”的诞生，“庄严国土，利乐有情”，逐步成为佛教界的共识。但是，1965 年“文化大革命”开始之后，寺院被关闭，经常遭破坏，僧尼挨批斗，佛教受到严重冲击。从 1966 年开始，中国佛教协会的工作基本停顿。1976 年 10 月之后，佛教活动逐渐恢复，中国佛教协会也重新开展工作。[①]

20 世纪 80 年代以来，佛教在僧尼人数、组织规模和寺院经济等方面的发展速度令人注目。佛教的出家僧尼大约有 30 万人左右，其中，藏传佛教的僧众有十几万，南传上座部的僧众有万余人[②]。佛教的各级各类团体也很多，有中央一级的中国佛教协会、各省、市、自治区以及众多县一级的佛教协会。佛教团体既具有维护

① 中国社会科学院世界宗教研究所：《中国五大宗教知识读本》，社会科学文献出版社，2007，第 65－69 页。

② 中国社会科学院世界宗教研究所：《中国五大宗教知识读本》，社会科学文献出版社，2007，第 65－69 页。

佛教界合法权益的责任，也有引导佛教与社会主义相适应的作用和功能。在佛教的讲经弘法、信众教育、慈善救济、文化建设、学术研究、对外友好交流等方面，这些佛教团体发挥着至关重要的核心作用。

20世界90年代至今，佛教寺院共有13000多座，其中，藏传佛教的寺院有3000多座，上座部的寺院有1600多座①。在这些以寺院为中心的佛教合法活动场所，都有数量不等的出家僧众从事宗教修持和弘法工作，使寺庙成为联系信徒、弘扬佛法的基地，而不仅仅是观光游览的胜地。各处寺庙有数量不等的地产和房产，也从事商业、餐饮、旅游等方面的经营活动。有些佛教圣地、祖庭和特别著名的寺院，是实力相当雄厚的经济实体。一些重要的佛教寺院，还开展文物保护、环境保护、慈善救济和对外友好交流的活动。佛教文化建设成为国内外共同参与的事业。佛教界的学术研究机构，包括各级佛教协会及其下属的佛教研究所、佛学院，各大寺院的佛学研究所以及居士佛学组织等如雨后春笋般茁壮成长。

二、佛教文化与旅游

（一）佛教文化是旅游资源的重要构成部分

佛教在中国的发展形成了众多的佛教名山、古寺、名刹、石窟，为了满足众多信徒的宗教活动需要，人们还开辟了道路，扩建房舍，建造偶像，绘制壁画，设置种种宗教活动用具等，随着历史年代的变迁，不断得到修缮被完整地保存下来。它们经过历史的积淀，构成了以实物为载体的佛教文化。

旅游资源，是能够诱发旅游行为的事和物的总和，对旅游者来说，它是旅游活动的对象和客体，对接待地来说，它是发展旅游业的根源与凭借。成为旅游资源应具备两个先决条件：一是能使旅游者得到一定的物质享受与精神满足；二是它必须蕴含着较高的历史、文化、艺术与科学的价值，使自然景物与人文景物得到人们长期的认可，成为人们共知的自然景观与人文景观。佛教名山的兴盛，直接导致山林风景的开发，从而形成享有盛誉的风景名胜区。这些佛教景观本身所具有的群体性、长期性、复杂性、民族性和国际性的特点，以其丰富的历史文化内涵，高超的艺术水平吸引着众多游客，成为我国旅游业发展中极富魅力的珍贵资源，发挥着越来越重的作用。

（二）佛教文化是旅游经济活动的发展动力

在当今世界，市场经济几乎深入到各个角落和各个领域。经济发展归根到底是

① 中国社会科学院世界宗教研究所：《中国五大宗教知识读本》，社会科学文献出版社，2007，第65－69页。

文化的发展，旅游则是这种经济中的一部分，它的发展依托旅游文化的发展。而佛教文化是旅游文化的一个重要组成部分，对旅游的发展起不可忽视的作用。在中国，佛教三大语系，宗派林立，是最大的一种宗教，它对中国旅游经济发展起推动作用。主要表现为三点：

1. 捐助活动，即一些香客、游人对寺庙的捐献。佛教寺庙作为旅游景点之一，每逢节假日都有游客到此跪拜、烧香、捐献，表达对佛祖的崇拜心境。

2. 旅游本身带来的收入。如门票、纪念品等都是由旅游本身产生的经济收入。例如，就民间信仰而展开旅游活动带来当地旅游经济收入而言，根据洛阳龙门石窟的门票收入统计，自 2000 年到 2002 年接待国内游客为 8 万人到 12 万人，仅门票收入就达到 480 万元至 720 万元。①

3. 开发宗教旅游区不仅增加了旅游吸引力，而且还带动旅游区及周边地带旅游商贸活动和相关产业的发展，提高了当地经济效益。例如，湖南省长沙市开福寺宗教民俗旅游区建成后，年游客量至少达到 75 万人，由于住宿、餐饮、购物设施的完善，游览活动内容的增加，游客停留时间延长，旅游区的直接旅游年收入达到 5317. 5 万元，每年将给政府创造财政税收 1754. 8 万元。根据经验公式推算，开福寺宗教民俗旅游区开发所产生的年均综合效益会达到 34563. 75 万元。②

三、佛教文化具有很高的旅游价值

佛教文化体系庞大，内涵丰富，包括教育、文学、艺术、历史、宗教等多方面内容，旅游者从中可以获得很多的知识和启发。

1. 佛教文化的教育功能

佛教旅游文化应发挥社会教化功能，突出佛教文化的教育内涵，使佛教旅游成为社会主义精神文明建设的一个重要辅助部分。

大乘佛教所倡导的“庄严国土”、“利乐有情”、“慈悲普度”、“善巧利他”等精神能够恢复人类本身具有的“真、善、美”人格特征，是唤醒人们伦理道德思想的良药之一。佛法有布施、爱语、利行、同事之“四摄法”，通过对它的善巧运用，建立起社会大众与佛教徒相互融洽的关系，建立对社会的奉献精神，培养敬业精神，树立互利互惠的共享精神，从而化解物质文明及科学技术带给人类的负面作用。③ 再例如，佛教文化中有中国传统的孝道思想，《地藏王菩萨本愿经》就被称为佛门的孝经，佛教文化中的爱国爱教、八正道、非暴力等思想均有相当大的普世

---

① 《洛阳统计年鉴（2005 年）》

② 王凯、魏敏：《宗教旅游资源深度开发模式探讨》，http：//wenku. baidu. com/view/cb7b53d384254b35eefd3472. html，发布时间：2007 年 9 月 27 日。

③ 桓占伟：《佛教旅游文化内涵的认识误区与正确解读》，《边疆经济与文化》，2009（7）。

教育价值。

2. 佛教文化的文学价值

佛教传入中国后，汉译佛经浩如烟海，其中有不少佛经，如《法华经》、《维摩诘经》、《百喻经》、《观无量寿经》等，本身就是优秀的文学作品。中国佛教史上名僧济济，他们的作品不但丰富了文艺理论的内容，而且影响了历代的文学创作。

（1）佛教题材的文学、艺术作品众多

自魏晋的玄言诗、田园诗、南朝山水诗、六朝志怪小说、唐宋传奇、宋词元曲、明清小说戏剧，直到现代的影视文学作品，均有佛教的题材。佛经的很多典故被中国文化改造和吸收，成为中国文学艺术的重要表现对象和内容。如《百喻经》中的《就楼磨刀喻》、《三重楼喻》、《磨大石喻》等，经过中国文化的改造和吸收后，形成了脍炙人口的幽默故事，“一指禅”、“道林吹毛”、“磨砖作镜”等等，均具有很强的故事性。

（2）佛教思想对文学艺术家的深刻影响

历代诗人和文学家中有不少人受到佛教的深刻影响，他们当中号称“某某居士”的是在家修行的佛教徒。

3. 佛教文化的艺术价值

随着佛教的中国化和世俗化，以寺塔、佛教为主要内容的印度佛教艺术与中国文化相互激荡与融合，最终形成了庞大的佛教艺术体系。

（1）佛教建筑和造像

中国的建塔造像起源于佛教，并由此衍生出一门艺术，即佛教建筑和佛教雕塑。从4世纪到6世纪，全国各地涌现出大量壮丽的塔寺建筑。从杜牧的诗句“南朝四百八十寺，多少楼台烟雨中”可知当时寺院之多。中国古代建筑存留下来的多数是佛教寺塔，特别是一些石窟，如龙门石窟、敦煌石窟、云冈石窟和麦积山石窟等，以其光辉的艺术形象享誉世界，成为当地亮丽的风景线或地标。

（2）佛教壁画等艺术品

以壁画为主的佛画艺术同样著名，如北齐曹仲达创“曹家样”、唐吴道子创“吴家样”，被誉为“曹衣出水，吴带当风”。中国画家中由王维一派的文人画而发展到宋元以后盛行的写意画，与般若和禅宗思想有很大关系……

（3）佛教音乐

公元3世纪，中国就有了梵呗。唐代音乐中还吸收了天竺乐、龟兹乐、安国乐、康国乐、林邑乐等来自佛教国家的音乐。

4. 佛教文化的历史价值

佛教历史是中国历史的重要组成部分。赵朴初认为：“研究中国历史，尤其是中国文化史就不能不研究佛教。事实上，自148年安世高来华译经算起，至1175年朱熹、陆九渊鹅湖之会，这一千余年是中国民族文化的辉煌时期，也就是中外学者盛称的魏晋南北朝隋唐文化时期。在这一时期中，作为中国哲学思想发展主流的却是佛教。”不少佛教景点记载了丰富的历史文化信息。

河南洛阳白马寺作为中国佛教寺院，寺内遗留了各个时代和多个佛教宗派的建筑，记录了丰富的历史信息。其中的大佛殿与禅宗有关，大雄殿与华严宗有关，接引殿与净土宗有关，毗卢阁则与密宗有关。

河南少林寺中珍贵的《皇帝嵩岳少林寺碑》，正面刻着唐太宗李世民的告谕教文，表彰少林寺僧助唐平定王世充的战功，背面刻文记述了十三棍僧救秦王的故事。

第二节　佛教文化旅游资源分布及特点

一、佛教文化旅游资源及其分布

佛教在中国传播广泛，留下众多寺庙、石窟、佛塔，并与中国传统文化相结合，形成众多具有很高经济价值的艺术品，如雕塑、佛乐等。这些建筑和佛教艺术既是传承教义，又是展示历史风貌的材料，与旅游业结合，构成旅游活动的绝佳资源。主要表现为以下几个方面：

（一）四大佛教名山

在中国，佛教名山众多，最著名的是四大佛教名山，即五台山、普陀山、峨眉山、九华山。[①] 这四大名山至今仍然是佛教徒参拜的圣地和旅游者的游览胜地，有“金五台、银普陀、铜峨眉、铁九华”之称，分别供奉文殊菩萨、观音菩萨、普贤菩萨、地藏菩萨。除此之外，还有“八小佛山”之说的千山、佛光山、鸡足山等。[②]

大批的古刹庙宇都兴建于风景秀丽的大山之中，这一方面表明了佛教僧侣们远离“尘世”，精进修行以寻求解脱的思想，另一方面也反映了他们追求到大自然中净除烦恼的心理。同时，这些大山也因佛教古迹和历史文物而成为名山。

1. 五台山

五台山素有中国佛教第一圣地之称，位于山西省五台县境内，方圆五百余里，海拔三千米，由五座山峰环抱而成，五峰高耸，峰顶平坦宽阔，如垒土之台，故称

① 周丽君、王金伟：《论佛教旅游资源及其开发》，《重庆工商大学学报》，2006（9）。

② 香港中国旅游出版社：《中国佛教名山圣地游》，汕头大学出版社，2008。

五台。

汉唐以来，五台山一直是中国的佛教中心，此后历朝不衰，屡经修建，鼎盛时期寺院达300余座。目前，大部分寺院都已无存，仅剩下台内寺庙39座，台外寺庙8座。五台山被国内外佛教徒公认为文殊菩萨的应化道场，是举世瞩目的佛教圣地。唐太宗曾言“五台山者，文殊閟室，万圣幽栖，境系太原，实我祖宗植德之所，切宜祗畏”。（山西通志卷），从此五台山便被公认为文殊圣域。武则天自称“神游五顶”，于长安二年（703）敕命重建五台山清凉寺，此为五台山在全国佛教界取得举足轻重地位的发端。随着唐王朝的国威远扬和唐朝文化的传播，五台山的声望也随之显赫于世。宋以后，日本、印尼、尼泊尔等国的僧侣与五台山都有往来。

作为我国四大佛教名山之首的五台山，千百年来吸引了无数的游人。目前五台山是国家级重点风景名胜旅游区之一。寺院经过不断修整，更加富丽堂皇，雄伟庄严，文化遗产极为丰富，举世称绝，其中最著名的五大禅寺有显通寺、塔院寺、文殊寺、殊像寺、罗睺寺。

2. 普陀山

普陀山位于浙江舟山群岛，素有“海天佛国”、“南海圣境”之称。由于中国历代帝王多建都在北方，所以自元朝以来，称此山为“南海普陀”。

相传普陀山是观音菩萨的道场。唐大中元年（847）有梵僧来谒潮音洞，感应观音化身，为说妙法，灵迹始著。唐咸通四年（863）日僧慧锷大师从五台山请观音像乘船归国，舟至莲花洋遭遇风浪，数番前行无法如愿，遂信观音不肯东渡，乃留圣像于潮音洞侧供奉，故称“不肯去观音”。

普陀山凭借其特有的山海风光与神秘幽邃的佛教文化，很早就吸引众多文人雅士来山隐居、修炼、游览，留下了大量珍贵的诗文碑刻，使普陀山文物古迹极为丰厚；唐宋元明清五朝近20位帝王为了祈求国泰民安，特遣内侍携重礼专程来普陀山朝拜观音。明太祖朱元璋、清圣祖康熙还多次召见普陀山高僧，赐金、赐字、赐佛经、赐紫衣，礼遇有加。故有“五朝恩赐无双地，四海尊崇第一山”的美誉。

作为中国古代海上丝绸之路始发港的重要组成部分，这里早在唐代就成为中国与日本、韩国及东南亚国家交往的必经通道和停泊地。至今山上仍留有高丽道头、新罗礁等历史遗迹，流传着韩国民族英雄张保皋等事迹。

普陀山经历代兴建，寺院林立，主要有普济、法雨、慧济三大寺。普济禅寺为供奉观音的主刹，寺始建于宋，建筑总面积约11000多平方米。法雨禅寺始建于明，依山凭险，层层叠建，周围古木参天，极为幽静。慧济禅寺建于佛顶山上，又名佛顶山寺。

3. 峨眉山

峨眉山位于中国四川省峨眉山市境内，景区面积154平方公里，最高峰万佛顶海拔3099米，是著名的旅游胜地和佛教名山，1996年12月6日被列入《世界自然与文化遗产名录》。

峨眉山是我国四大佛教圣地之一，相传为普贤菩萨道场。公元1世纪佛教传入峨眉山，2000多年的佛教发展历史，给峨眉山留下了丰富的佛教文化遗产，造就了许多高僧大德，使峨眉山逐步成为对中国乃至世界影响甚深的佛教圣地。目前，全山共有僧尼约300人，寺庙近30座，其中著名的有报国寺、伏虎寺、清音阁、洪椿坪、仙峰寺、洗象池、金顶华藏寺、万年寺等。

寺庙中的佛教造像种类多样，造型生动，工艺精湛。古贝叶经、华严铜塔、圣积晚钟、金顶铜碑、普贤金印，均为珍贵的佛教文物。

4. 九华山

九华山位于安徽省池州市，方圆120平方公里，主峰十王峰1342米，为黄山支脉，是国家级风景名胜区。

九华山为地藏王菩萨道场。相传唐玄宗开元年间新罗国（位于朝鲜半岛南端）僧人金乔觉来华求法，驻锡九华，苦心修炼数十载。唐贞元十年（794）圆寂后其肉身置函中经三年仍“颜色如生，兜罗手软，罗节有声，如撼金锁”。僧众认定他即地藏菩萨化身，遂建石塔将肉身供奉其中，并尊称他为“金地藏”菩萨。

九华山历经唐、宋、元各个时期的兴衰更迭，至明初获得显著的发展，清代达到鼎盛，有寺庙300余座，僧尼4000多人，“香火之盛甲天下”。现存寺庙90余座（其中9座为全国重点寺院，30座为省级重点寺院），有僧尼近600人，存真身（肉身）5尊，佛像6300余尊，藏历代经籍、法器等文物2000余件。

九华山古刹林立，香烟缭绕，是善男信女朝拜的圣地，在中国佛教四大名山中，以“香火甲天下”、“东南第一山”的双重桂冠而闻名于海内外。

（二）佛教的寺院

佛教旅游资源中以建筑物为主要载体的人文旅游资源十分丰富，其中包括寺院、佛塔、石窟。

佛教寺院是佛教文化旅游资源最丰富、最具代表性的是佛教寺院，包括寺院建筑、寺庙艺术（造像、绘画、装饰、音乐、舞蹈等）、佛教节日庆典活动。我国的佛教寺院很多，著名的有白马寺、少林寺、寒山寺、雍和宫、布达拉宫、哲蚌寺、扎什伦布寺等。

1. 白马寺

白马寺位于河南省洛阳，为中国第一古刹，世界著名伽蓝，乃佛教传入我国后官办的第一座寺院，被中外佛教界誉为“释源”、“祖庭”。白马寺创建于东汉永平十一年（68）。史载：东汉永平七年，汉明帝刘庄因夜梦金人，遣使西域拜求佛法。公元67年，汉使及印度二高僧摄摩腾、竺法兰以白马驮载佛经、佛像抵洛，汉明帝躬亲迎奉。公元68年，汉明帝敕令在洛阳雍门外建僧院，为铭记白马驮经之功，故名该僧院为白马寺。白马寺坐北面南，总面积二百余亩，其主体建筑有：天王殿、大佛殿、大雄殿、接引殿、毗卢阁五层殿堂及中国第一释迦舍利塔。白马寺是一处保存完整、古色古香的古建筑群。1961 年被国务院公布为第一批重点文物保护单位。1983 年，被国务院确定为汉族地区佛教全国重点寺院。2001 年 1 月，被国家旅游局评为首批 4A 景区（点）。

2. 少林寺

少林寺，是我国享誉海内外的佛教寺院，位于河南省登封市西北 13 公里中岳嵩山西麓少林寺山门，背依五乳峰，周围山峦环抱、峰峰相连、错落有致，形成了少林寺的天然屏障。嵩山东为太室山，西为少室山，各拥三十六峰，峰峰有名，少林寺就是在竹林茂密的少室山五乳峰下，故名“少林”。

少林寺的出名，在很大程度上源于少林拳。1983 年，国务院确定少林寺为全国重点佛教寺院。2007 年 5 月 8 日，登封市嵩山少林寺景区经国家旅游局正式批准为国家 5A 级旅游景区。联合国教科文组织第 34 届世界遗产大会 2010 年 8 月 1 日审议通过，将“天地之中” 8 处 11 项历史建筑列为世界文化遗产，包括少林寺建筑群（常住院、初祖庵、塔林）、东汉三阙（太室阙、少室阙、启母阙）和中岳庙、嵩岳寺塔、会善寺、嵩阳书院、观星台。

3. 灵隐寺

灵隐寺建于公元 326 年，是我国禅宗十刹之一。灵隐寺建筑雄伟，气势宏大；大雄宝殿中的释迦牟尼贴金木雕像高 19.6 米，由香樟木雕塑而成。

灵隐寺前的飞来峰有石刻佛像 470 多尊，造型生动，各具特色，是全国重点文物保护单位。灵隐寺是我国佛教禅宗十刹之一，距今已有 1680 多年历史，又名云林寺。印度僧人慧理来此，见山峰奇秀，以为是“仙灵所隐”，于此建寺，取名灵隐。寺内大雄宝殿是一座单层重檐的三叠建筑，高达三十多米，雄伟庄重。灵隐景区已成为集历史文化、佛教艺术、民俗风情、观光休闲为一体的佛教圣地和旅游景区。

灵隐寺历经沧桑，千年不朽。寺内主要建筑有天王殿和大雄宝殿。天王殿入口的弥勒佛坐像，已有 200 年历史。弥勒佛背后的护法天神韦驮像为南宋时作品。殿后侧有海岛立体群塑，共有浮雕 150 多尊。大雄宝殿、天王殿两侧有五代时所建的石塔和北宋开宝二年（969）所建经幢，距今已 1000 余年。清康熙皇帝曾题“云林禅寺”四字。在其岩洞与沿溪的峭壁上共刻有五代、宋、元时期的摩崖造像 345 尊，其中尤以元代藏传佛教（喇嘛教）造像最为珍贵，堪称中国石窟造像艺术中的瑰宝，为全国重点文物保护单位。

4. 法门寺

法门寺位于陕西省宝鸡市扶风县城北 10 公里处的法门镇，始建于东汉末年恒灵年间，法门寺因舍利而置塔，因塔而建寺，原名阿育王寺。

释迦牟尼佛灭度后，遗体火化结成舍利。公元前 3 世纪，阿育王统一印度后，为弘扬佛法，将佛的舍利分成八万四千份，使诸鬼神于南阎浮提，分送世界各国建塔供奉。中国有十九处，法门寺为第五处。

唐代200多年间，先后有八位皇帝六迎二送供养佛指舍利。每次迎送声势浩大，朝野轰动，皇帝顶礼膜拜，等级之高，绝无仅有。唐代诸帝笃信佛法，对舍利虔诚供养，寺院大小乘并弘，显密圆融，使法门寺成为皇家寺院及举世仰望的佛教圣地。佛塔被誉为“护国真身宝塔”。

宋代法门寺承袭了唐代皇家寺院之宏阔气势，被恢复到最大规模。明清以后，法门寺逐渐衰落，佛塔崩塌。明神宗万历七年（1579），地方绅士杨禹臣、党万良等捐资修缮。清顺治十一年（1654）因地震塔体倾斜裂缝。民国二十八年（1939）爱国志士朱子桥先生主持完成了晚明以来最大规模的维修。“文革”期间，红卫兵欲挖地开塔，良卿法师点火自焚，用自己的生命保护了塔下珍宝。

1981年8月24日，宝塔半边倒塌。1984年政府落实宗教政策将法门寺交由佛教界管理。1985年陕西省政府决定重修法门寺及真身宝塔，仅存的半边宝塔被拆除重建。1987年4月3日，法门寺真身宝塔的地宫被打开，出土大量珍贵文物，成为轰动一时的新闻。1988年10月法门寺的扩建和寺塔的重修工程竣工，同年11月9日法门寺博物馆对外开放。

5. 寒山寺

寒山寺在苏州枫桥镇，建于六朝时期的梁代天监年间（502－519），距今已1400多年。原名“妙利普明塔院”，传说唐代名僧寒山曾在此住持，故改名寒山寺。1000多年内寒山寺先后5次遭到火毁（一说是7次），最后一次重建是清代光绪年间。

自从唐代诗人张继题了《枫桥夜泊》一诗后，该寺便闻名了。寺内古迹甚多，有张继诗的石刻碑文，寒山、拾得的石刻像，文徵明、唐寅所书碑文残片等。寺内主要景点有大雄宝殿、藏经楼、钟楼、碑文《枫桥夜泊》、枫江第一楼。

6. 南普陀寺

南普陀寺位于福建省厦门市东南五老峰下，始建于唐代，因其供奉观世音菩萨，与浙江普陀山观音道场类似，又在普陀山以南而得名。

寺内天王殿、大雄宝殿、大悲殿建筑精美，雄伟宏丽，各殿供奉弥勒、三世尊佛等。藏经阁珍藏佛教文物丰富多彩，有经典、佛像、宋代铜钟、古书等，明万历年间血书《妙法莲花经》和何朝宗名作白瓷观音等最为名贵。寺宇周围保留众多题刻，著名的有明万历陈第、沈有容题名石刻和清乾隆御制碑。寺后崖壁“佛”字石刻，高一丈四尺，宽一丈。寺后五峰屏立，松竹翠郁，岩壑幽美，号“五老凌霄”，是厦门八大景之一。

7. 大明寺

大明寺位于江苏省扬州市蜀冈中峰，创建于刘宋孝武帝大明年间（453—464），故称大明寺。该寺因鉴真东渡日本前在此传经授戒名闻天下。

大明寺殿宇宏敞，花木葱茏。寺内古代建有九层的栖灵塔，李白、白居易、刘禹锡等都曾登临赋诗。鉴真纪念堂坐落在大明寺大雄宝殿东侧，是由梁思成主持设计的唐代风格建筑。鉴真纪念堂于 1963 年鉴真圆寂 1200 周年时奠基，1973 年建成，包括正殿、碑亭、门厅、陈列室等。纪念堂正殿的构造是参照日本的唐招提寺的金堂设计的。这组建筑是中国现代著名建筑学家梁思成先生生前最后的作品。

大明寺是扬州地区颇具历史文化价值的名寺，每年吸引众多的游客和善男信女前来烧香祈愿，一年四季香火很旺，但最热闹的时候当然就是每年的春节前后，新的一年的到来预示着新的希望和开始，游客纷纷前来感受一年中最喜悦祥和的气氛。

8. 国清寺

国清寺和济南灵岩寺、南京栖霞寺、江陵玉泉寺并称“天下四绝”，是佛教“天台宗”发祥地。国清寺位于浙江省天台县城关镇北 4 公里处，建成于隋代，已有一千四百多年历史。

隋代高僧智顗在此创立天台宗，日本留学僧人最澄至天台山取经，回国后在日本比睿山兴建沿历寺，创立日本天台宗，后尊国清寺为祖庭。此外，国清寺曾驻有不少名高僧，包括唐一行法师、寒山、拾得、济公和尚、日本东密开宗祖师空海大师、日本台密开宗祖师最澄大师等。

国清寺寺宇依山就势，层层递高，既有佛教建筑严整对称的特点，又给人以灵活自如之感。寺中每一殿堂楼舍的建筑都十分精美，是中国古代建筑的珍品。寺中有不计其数的胜迹和典故，包括乾隆御碑、寺前“一行到此水西流”碑、空海法师纪念碑、中韩天台宗祖师纪念堂以及新塑供奉的五百罗汉像、前中国佛协会长赵朴初先生墨宝、济公像等。

9. 栖霞寺

栖霞寺位于江苏省南京市栖霞区栖霞山西麓，始建于南北朝齐永明七年(489)，是江南佛教“三论宗”的发源地。唐代时称功德寺，规模浩大，与山东长清的灵岩寺、湖北荆山的玉泉寺、浙江天台的国清寺、并称天下四大丛林。

栖霞寺占地面积 40 多亩，大雄宝殿、毗卢殿、藏经楼三进院，依山势层层上升，格局严整美观。

该寺 1983 年被确定为汉族地区全国重点寺院，2002 年被列为江苏省文物保护单位。寺内的舍利塔于 1988 年被列为第三批全国重点文物保护单位，寺旁的千佛崖石窟及明征君碑于 2001 年被列为第五批全国重点文物保护单位。

10. 东林寺

东林寺位于九江市庐山西麓，建于东晋大元九年（384），至今已有一千六百多年的历史，为庐山上历史悠久的寺院之一。东林寺为名僧慧远（334 - 416）创建。慧远在东林寺住持 30 余年，译佛经、著教义、同修净土之业，成为佛门净土宗的始祖。东林寺作为净土宗的发源地，对一些国家的佛教徒影响较大。

寺内文物甚多，诸如：唐代尊胜陀罗尼经幢（683）为东林寺现存最古老的石刻；译经台——昔日远公请西域经师来东林寺译经驻锡之地；柳公权残碑；康有为题刻；李邕《东林寺碑》并序；聪明泉、出木池、护法力士、六朝松；谢灵运《庐山慧远法师碑》：王阳明诗碑等。深厚的文化遗产，形成了独特的东林净土文化。东林寺与日本、新加坡、美国、加拿大、马来西亚等国家和港、澳、台地区佛教界来往频繁，借净宗文化搭建起一座对外交流的金桥，沟通着不同国家、地区、民族之间的联系。

11. 大昭寺

大昭寺位于拉萨市中心，始建于唐贞观二十一年（647），是藏王松赞干布为纪念尺尊公主入藏而建的，后经历代修缮增建，形成庞大的建筑群。

大昭寺在拉萨市不仅是地理位置上的，也是社会生活的中心。大昭寺是藏传佛教各教派共尊的神圣寺院，西藏活佛转世的“金瓶掣签”仪式历来在大昭寺举行。大昭寺内供奉的文成公主带去的释迦牟尼十二岁等身像，传说是释迦牟尼佛亲自开过光的，无比神圣。

大昭寺是西藏现存最辉煌的吐蕃时期的建筑，也是西藏现存最古老的土木结构建筑，融合了藏、唐、尼泊尔、印度的建筑风格，成为藏式宗教建筑的千古典范。

（三）佛教石窟

石窟寺原是印度的一种佛教建筑形式。佛教提倡遁世隐修，因此僧侣们选择崇山峻岭的幽僻之地开凿石窟，以供修行之用。中国的石窟起初是仿印度石窟的制度开凿的，多建在中国北方的黄河流域。从北魏至隋唐，是凿窟的鼎盛时期，唐代以后逐渐减少。

中国最早凿建的石窟寺出现在新疆地区，后经甘肃到达中原。现存石窟寺主要分布在新疆西部、甘肃、宁夏、辽宁、江苏、浙江、山东、云南、四川等省区，其中最著名的是甘肃敦煌莫高窟、山西大同云冈石窟、河南洛阳龙门石窟和甘肃天水麦积山石窟等。此外，新疆拜城克孜尔石窟、甘肃永靖炳灵寺石窟、河南巩县石窟、河北峰峰南北响堂山石窟、山西太原天龙山石窟、四川大足石窟和云南剑川石窟等也是比较重要的几处。

1. 敦煌莫高窟

敦煌莫高窟位于甘肃省境内，位于敦煌市城东南 25 公里处，是中国规模最大、内容最丰富的石窟群，被誉为 20 世纪最有价值的文化发现、“东方卢浮宫”。

它始建于十六国的前秦时期，经历十六国、北朝、隋、唐、五代、西夏、元等历代的兴建，形成巨大的规模，现有洞窟 735 个、壁画 4.5 万平方米、泥质彩塑 2415 尊，是世界上现存规模最大、内容最丰富的佛教艺术圣地。

近代发现的藏经洞，内有 5 万多件古代文物，由此衍生专门研究藏经洞典籍和敦煌艺术的学科——敦煌学。

1961 年，敦煌莫高窟被公布为第一批全国重点文物保护单位之一。1987 年，被列为世界文化遗产。

2. 云冈石窟

云冈石窟位于山西省大同市西 16 公里处，建于北魏时期，距今已有 1500 年的历史。它是佛教艺术东传中国后，第一次由一个民族用一个朝代雕作而成皇家风范的佛教艺术宝库，是公元 5 世纪中西文化融合的历史丰碑。

云冈石窟现存洞窟 53 个，洞内大小佛像 5. 1 万多尊，是中国最大的石刻艺术宝库。古人曾以“雕饰奇伟，冠于一世”来赞美它。佛像大至十几米，小至几厘米，形态、神采动人。其中，最大的雕像高 17 米，佛像脚上可容 12 人站立。石刻雕刻技艺精湛，有些石佛，透过薄薄的罗纱可见其优美身段。石刻内容丰富，有些飞天、乐伎明显地流露出波斯的色彩。

云冈石窟 1961 年 3 月被国务院公布为首批全国重点文物保护单位；2001 年 12 月被联合国教科文组织批准列入《世界文化遗产名录》。

3. 龙门石窟

龙门石窟位于河南省洛阳市区南 12 公里处的伊水河畔。开凿于北魏时期，现存窟龛 2100 多个，佛塔近 40 个，造像题记和碑碣 3600 多块，造像十万多尊。龙门石窟是历代皇家贵族发愿造像最集中的地方，有“皇窟”之称。皇室贵族拥有雄厚的人力、物力条件，他们所主持开凿的石窟必然规模庞大，富丽堂皇，汇集当时石窟艺术的精华。龙门石窟的兴衰，不仅反映了中国 5 至 10 世纪皇室崇佛信教的盛衰变化，同时从侧面反映出中国历史上的政治风云走动向和社会经济态势的发展。2000 年龙门石窟作为文化遗产入选《世界遗产名录》。

4. 麦积山石窟

麦积山石窟位于甘肃省境内，距天水市东南 45 公里处，开凿于十六国时期。麦积山石窟有两大特色：一是其地势险峻，在中国现存石窟中绝无仅有；二是其泥塑艺术出类拔萃。

麦积山石窟建在一座圆锥体、中间粗大、底部细小、状似农家麦垛的麦积山上。其洞窟多开凿在二三十米至七八十米高的悬崖峭壁上，洞窟之间全靠架设在崖面上的凌空栈道通达，栈道本身就是很刺激、很有寻古之况味的事物。麦积山的泥塑艺术高超。这里保存了北魏以来的数以千计的精美塑像，大的高达十五六米，小的仅二十多厘米，体现了千余年来各个时代塑像的特点，系统地反映了中国泥塑艺术的发展和演变过程。此外，麦积山石窟周围的风景秀丽，树木繁盛，野花鲜艳，在山顶可见重峦叠嶂，云雾飘绕，形成著名景观“麦积烟雨”。

（四）佛塔

佛塔是佛教徒供奉佛舍利的纪念性建筑物。中国音译为“窣堵婆”和“塔婆”，简称为塔。中国的佛塔与印度的佛塔有极大不同，是融合了中国民族建筑艺术和文化传统的中国化的佛塔。中国的佛塔一般由地宫、塔基、塔身、塔刹四部分组成。其中，塔身由刹座、刹身、刹顶和浪风索组成。

中国的佛塔按结构和建筑风格可分成以下几种类型：

1. 单层塔

塔的平面以正方形居多，亦有六角形和八角形。由于是单层建筑，高度和体积都受限制。建筑材料有石料的，也有砖砌的。我国的单层塔大都建在隋唐时期，尤以唐代所建居多。

2. 密檐式塔

密檐式塔多为砖塔，实心建筑，一般不能登临。它的特点是造型单纯划一，下面均有须弥座，底层塔身较高，以上各层塔身很短，一般不设门窗，只有通风小孔，显得高大雄伟，在深厚中透露挺拔之势。

3. 楼阁式塔

楼阁式塔是我国古塔中最庞大、艺术水平最高、最普遍的一种造型，它把佛塔与我国传统楼阁建筑风格结合起来。这类古塔数量最多，可登、可望、可居，形式也更为美观。楼阁式塔按构建材料可分为木塔、砖塔、石塔和琉璃塔，如西安大雁塔，应县木塔等。

4. 覆钵式塔

又称喇嘛塔。覆钵式是藏传佛教的一种特殊的建筑形式，源于元代。塔下有一个高大的基座，上面安置一个巨大的圆形塔肚，肚子上竖立一个长长的塔颈，颈上安置华盖的仰月宝珠，塔身刷成白色，如北京妙应寺大白塔，北海公园白塔，五台山塔院寺大白塔。

5. 金刚宝座塔

金刚宝座塔是密檐式塔的一种特殊形式，最早在隋代敦煌壁画中出现，但实物最早出现于明代。它的特点是在高大的台基上建造五座密檐方形石塔和一个小佛殿。如北京大正觉寺的金刚宝座塔，碧云寺的金刚宝座塔，呼和浩特的金刚座舍利宝塔等。

6. 傣族塔

傣族的佛塔一般建在山坡高地上。佛塔由塔基、塔身、塔刹三部分组成。塔基呈正方形，高度一米左右。塔身大多为圆形，呈葫芦状。塔刹由一节比一节小的环节堆积而成。最上面是塔针，规模一般比内地小，如西双版纳曼飞龙白塔等。

（五）以佛教艺术为主的文化艺术旅游资源①

佛教艺术主要包括雕塑、文学、绘画、音乐、舞蹈等形式。它们是佛教文化的重要组成部分，是宗教智慧的结晶。

① 周丽君、王金伟：《论佛教旅游资源及其开发》，《重庆工商大学学报》，2006（9）。

1. 绘画雕塑艺术

随着佛教建筑的出现，几乎在每一个佛教建筑内部，都有佛教绘画和雕塑艺术的出现。在我国，也有专以绘画雕塑艺术而著称于世的佛教艺术圣地。例如甘肃敦煌的莫高窟（千佛洞），四川乐山大佛等，它们以其独特的佛教艺术魅力，吸引着无数中外游人前来观光瞻仰。

佛教艺术具备双重功能（实用的和审美的），为旅游文化事业的发展，提供了先天的条件。一座座佛教寺宇，既是佛教艺术的历史存在，又为游客提供了旅游观光的理想去处。

2. 佛教音乐

佛教音乐起源于印度吠陀时期，佛陀根据其中记述梨俱吠陀歌咏方法之娑摩吠陀而制定伽陀，伽陀即指偈颂，方便弘扬佛法。佛教音乐被称为梵音，又名梵呗。

梵呗主要有三种用途。首先是用于讲经仪式，通常行于讲经前后。其次是用于六时行道，即寺院每日作朝暮课诵之用。最后就是用于经忏法会，譬如“观音菩萨圣诞”、“梁皇宝”、“水陆法会”。

佛教音乐可以分为赞、偈、咒、诵四大类。赞，有祈祷和歌颂佛祖之意。赞词为韵体体裁，以八句、六句或四句为一组。譬如《戒定真香》、《佛宝赞》等。偈，梵文唱，有五字体和七字体之分，有八句复唱，也有四句复唱。咒，即是咒文，由梵音转读，只可意会而不可解读。无韵咒常以木鱼单点伴击；有韵咒则常以磬、铃、铛来伴奏。诵，即唱诵，与赞同为韵体体裁，但更富音乐性。

（六）佛教节日庆典①

佛教节日很多，主要是与释迦牟尼的重大活动和事件有关，如佛诞节、成道节等。佛教节日与民俗活动融为一体，具有很高的旅游价值。

佛诞节，又称佛诞会，是为纪念佛祖释迦牟尼诞辰而举行的佛教法会。因法会中以浴佛为主要内容，故又称浴佛节、浴佛会、婆佛会。与民俗活动结合起来，例如傣族的泼水节等。

佛成道节，是纪念释迦牟尼修行成道的节日，又称“佛成道日”、“腊八”，中国佛教徒在每年阴历十二月八日，用大米、小米等五谷杂粮加上花生、核桃仁、板栗、杏仁、红枣等各种果品煮粥供佛，象征牧牛女向佛贡献乳糜，这种粥被称为“腊八粥”。在以后，腊八粥被赋予更多的含义，如祝贺五谷丰登，驱鬼辟邪等。

盂兰盆节，亦称盂兰盆斋、盂兰盆会，是每逢夏历七月十五日佛教徒举行的以供养三宝、超荐现世父母及历代祖先、施食鬼神为内容的佛教节日。

除上述主要节日外，佛教还有很多与信仰神灵诞辰、成道、出家等有关的纪念日（见表5－1）。

---

① 周丽君、王金伟：《论佛教旅游资源及其开发》，《重庆工商大学学报》，2006（9）。

表 5－1　佛教相关的纪念日

日期	节日名称	日期	节日名称	日期	节日名称	日期	节日名称
正月初一	弥勒佛诞生节	五月十六	准提菩萨圣诞	六月十九	观音菩萨成道	九月十九	观音出家
正月初六	定光佛圣诞	四月初四	文殊菩萨圣诞	七月十三	大势至菩萨圣诞	九月三十	药师琉璃光如来圣诞
二月初八	释迦牟尼出家	四月十五	佛吉祥日(小乘的己塞节)	七月二十四	龙树菩萨圣诞	十月初五	达摩祖师圣诞
二月十九	观音圣诞	五月十三	伽蓝菩萨圣诞	七月三十	地藏菩萨圣诞	冬月十七	阿弥陀佛圣诞
二月二十一	普贤菩萨圣诞	六月初三	护法韦驮尊天菩萨圣诞	八月二十二	燃灯佛圣诞	腊月二十九	华严菩萨圣诞

资料来源：霓忍：《佛教手册》，中国文史出版社，1991，第 211－218 页。

二、佛教旅游资源的特点

佛教旅游资源是我国重要的旅游资源之一，佛教文化在我国的旅游资源中所占比重很大，不少地区将其作为核心的旅游文化资源。学术界对佛教旅游资源的特征分析较多，认为其在空间分布上具有较强的地域固定性、区域性、不均衡性、组合性等特征。本教材对佛教旅游资源的特点进行了以下阐述。

（一）佛教旅游资源文化特色突出

佛教旅游资源主要以自然景观中的寺庙、洞窟、佛像为主，突出表现了佛教文化，这些寺庙、洞窟文化寓意深刻、主题鲜明，对游客有着极大吸引力。与其他旅游景观相比，其佛教文化特色突出，使游客不仅记忆深刻，而且激发其不断探索，从而得到精神上的启发、升华。

例如重庆大足石刻，始建于初唐，于两宋时期达到鼎盛，陆续建造延至明、清，是在中国北方石窟艺术走向衰落之际崛起的大规模的石窟造像群。石刻始凿之时，中原纷扰，政治中心南移，导致艺术文化亦相应南流，北方石窟艺术渐渐衰落，而比较稳定的巴蜀地带，却集合佛、道、儒三教造像之大成，开创出一个辉煌璀璨的石窟宝库。由于中国大部分的石窟开凿并兴盛于北魏时期，而大足石刻确是在宋代才达到顶峰的，因此，无论是雕刻手法与记录内容都独一无二，其历史意义和艺术价值难以取代。

大足石刻包括北山、宝顶山、南山、石篆山和石门山（简称“五山”）五处摩崖造像，被公布为文物保护单位的摩崖造像多达 75 处，雕像 5 万余尊，铭文 10 万余字，其中以宝顶山和北山摩崖石刻最为著名，被视为中国晚期石窟造像艺术的典范。

除了展示唐宋时期民间宗教信仰的重大发展和变化外，艺术家还生动地描绘了当时的社会状况，例如宝顶山上的牧羊道场反映简朴的农村生活和牧牛童朴实的劳动，父母恩重经变像把生儿育女的过程巨细无遗地尽情刻画出来，还有陶醉在笛声中的吹笛童像和放鸡出笼的妇人像等，处处呈现出生活化、人性化的一面，对日常生活有如斯细致深入的刻凿，在中国的石窟中实属罕见，对后人有深刻的教育意义，被作为世界文化遗产而保护。①

（二）佛教旅游资源综合性强

佛教旅游与民俗、娱乐等活动渗透融合。例如，佛教搭台、旅游唱戏的综合性活动成为一些地方的盛大节目。2001 年 10 月，南京灵谷寺举办桂花节，吸引了众多南京市民和外地游客前来赏桂，桂花节期间灵谷寺日均客流量逾万人。

2002 年春节期间，武汉归元寺举办归元庙会，该庙会包括“祈祷世界和平、国泰民安、风调雨顺”主题的大型法会、公益慈善活动、文艺演出、休闲娱乐及商贸洽谈展销等系列活动，成为春节期间该市规模最大、文化旅游精品迭出的综合性盛会。②

（三）佛教旅游资源与现代生态环境理念的统一性

佛教所倡导的许多思想与现代人的生活追求不谋而合，比如，万物皆有灵，要求戒杀、放生，提倡相互关心，和平共处，反对无度占有和浪费。佛教推崇简朴的消费观，这种“惜福”的思想与当代环保运动所推崇的“绿色消费”理念有异曲同工之妙。许多佛教徒要素食，植树种花，消除污染，要到林木葱郁、环境清幽的地方参禅修道，所以自古有“天下名山僧占多”之说，这与现代人追求的生活方式不谋而合，人们在得到一定的物质享受以后，就希望到环境优美的地方，过一种恬淡的生活。所以，人们向往到大自然中陶冶情操。因此，佛教寺庙是很好的旅游、娱乐、休息场所。可见佛教旅游资源与现代生态环境理念的具有统一性。

三、佛教文化旅游资源的开发利用

在丰富的佛教文化旅游资源的基础上，结合旺盛的旅游市场需求，我国的佛教文化旅游资源得到比较广泛、充分的开发、利用。旅游活动形式多样，内容丰富，吸引了大量游客。普陀山风景名胜区 2001 年接待游客 167 万余人次，创造了连续

---

① 香港中国旅游出版社：《中国佛教名山胜地游》，汕头大学出版社，2008。

② 《剖析我国的“宗教旅游热”》，海南三亚南海海上观音功德基金会网站的数据，http://www.orientbuddha.org2002 年下载时间：2010 年 4 月。

15 年接待游客超过 100 万人次的成绩；而到 2011 年全年接待游客高达 579 万人次[①]，10 年间增长了 246.7%；据布达拉宫管理处副处长琼达介绍，2011 年，布达拉宫总计接待境内外参观者 115 万人次，预计 2012 年这个数字将达到 130 万人次。[②]

（一）佛教文化朝觐旅游

自从改革开放以来，佛教活动增多，这得益于佛教政策落实得好。佛教信众的合法活动得到保护，信众的朝觐旅游发展较快，已成为许多百姓日常生活的有机组成部分。在江浙一带，人们经常可以看到一群群老人排着队，背着黄色的香袋在佛诞日、观音诞生日等佛教节日去大寺庙进香。在北京还有一些信奉佛教的人作为义工到寺庙服务。

（二）佛教名山古寺圣地游

我国佛教名山很多，有“天下名山僧占多”之说，自东汉时佛教传入中国开始，佛教徒就逐渐崇拜中国佛教的四大菩萨，设立了各位菩萨的道场。这些道场以环境幽美、远离尘俗的名山为中心，成了以佛山为依托的大规模的佛教圣地。

佛教在中华大地取得重大发展，并且形成了独特的文化，吸引着众多的游客观光。以五台山、峨眉山、普陀山和九华山四大名山为例，不仅是广大佛教徒虔诚朝拜的圣地也是无数游客心神向往的景点，再有，佛教古寺名刹在我国不下千数，佛寺在我国成千上万能工巧匠精心构建、施展才华下，已成为古代建筑艺术杰出的代表，寺庙里神圣的佛像、华丽的壁画、精美的雕刻、宝贵的经卷以及不少寺庙中不寻常的历史、人物和传说故事，构成名重天下的名刹。古寺名刹经历千百年的暮鼓晨钟，香火缭绕，再加上一代代佛教徒虔诚的祈祷，积累了不可计量的旅游价值，成为超越宗教领域的宝贵文化遗产，流芳百世，供世人欣赏，吸引着中外游客慕名而来，有感而发，收获满满而归。

（三）佛教圣地修身养性度假旅游

佛教通常都有慰藉心灵，平复情绪的作用。随着现代人们生活节奏的加快，工作、家庭、感情各种矛盾把许多人压得难以喘息，“身累、心更累”。一部分旅游者挑选到佛教圣地旅游度假，如坐禅听钟、吃斋念经，既恢复体力，又恢复心力，达到彻底放松、度假的目的。

---

① www.rrly.com/news/z/20120504/2393.html，2011 年中国旅游百强景区，引用时间：2012 年 11 月 22 日。

② 佛教在线网站（http：//www.fjnet.com），2002 年 1 月。

第三节　佛教文化旅游资源开发存在的问题及对策

佛教在中国将近两千年的发展历程中，留下了庞大的文化遗产，这从中国《世界遗产名录》中佛教文化遗产所占比重就能窥豹一斑。目前中国25处世界文化遗产中，佛教占1/5。而且前面讲过，佛教文化旅游资源，是具有特色和吸引力的人文旅游资源。佛教旅游文化在中国旅游文化系统中占比重较大，在不少地区还成为当地核心的旅游文化资源。① 如西藏、山西、河南、安徽、四川、浙江等。

但是，在旅游实践中，由于开发不利，人们存在认识的偏差，导致某些地区佛教文化旅游资源开发庸俗化，制约了佛教旅游事业的健康发展。

对于佛教文化旅游资源的研究国内外均有一些论著，在国外主要是从宗教整体角度进行分析，而国内既有整体分析，也有局部分析，如按佛教、道教、伊斯兰教、基督教分别进行分析，还有按各省佛教文化旅游资源开发情况进行的分析。国外最早研究宗教旅游是在20世纪70年代，主要涉及宗教朝圣与大众旅游关系的社会学分析（1978年）、旅游发展与目的地宗教文化之间的冲突、融合（1977年）等方面内容。到20世纪90年代，随着宗教旅游发展对经济的促进作用越来越明显，旅游业和学术界开始重视对宗教旅游的研究，在各类期刊上发表有关论文。进入21世纪，有关宗教旅游的文章越来越多。代表作有瑞泽和墨菲（Raj&Morpeth，2007）主编的《宗教旅游与朝圣节庆管理》。该书收集了许多学者关于宗教旅游的最新研究成果，涉及宗教旅游可持续发展，宗教遗产地管理等内容，还有案例研究。2006年至2007年开始组织旅游界和宗教界的学者和管理者召开宗教旅游国际研讨会，中心议题是关于宗教旅游目的地的可持续发展。对于宗教与旅游的关系，在国际上有两种观点：一种是宗教朝圣与旅游活动具有相似性，或认为二者在本质上相同。代表人物社会学家特纳（Turners1973，1978）、史密斯（Smith，1992）也认为宗教朝圣者和旅游者之间无实质区别。另一种观点认为宗教朝圣与旅游活动是为寻求愉悦。② 高科在《国外宗教旅游研究进展及启示》中提出宗教旅游的可持续发展问题，布鲁纳等人在2001年对不丹的旅游进行规划时认为，旅游的可持续发展应该考虑旅游对宗教的影响。加特莱尔等人在2006年对以色列海法的巴哈伊公园圣俗两用的共生模式进行研究时，认为利用分层列斐伏尔三角模型可以避免宗教朝圣和普通旅游者之间的冲突。

2003年，布雷在对尼泊尔的宗教旅游进行研究后认为，旅游对目的地的影响是

① 桓占伟：《我国佛教旅游文化开发的问题和误区》，《学术探讨》，2009（4）。

② 高科：《国外宗教旅游研究进展及启示》，《旅游研究季刊》，2009（9）。

一把双刃剑。旅游的发展能给当地社会带来巨大经济利益，同时也会给接待地宗教文化和脆弱的生态环境带来沉重压力。所以，必须从环境、经济、社会化、社区等方面制定相关目标及发展战略来解决不同利益的冲突。①

国内学术界对佛教旅游文化开发问题的研究不多，主要有赵伯乐提出的佛教文化旅游资源开发要处理好佛教文化因素的挖掘与佛教自身发展的关系；旅游活动与正常的宗教活动的关系；佛教文化旅游景点的管理与利益分配的关系；潘宝明等人提出的旅游使佛教文化的普及鱼龙混杂，真假参半；必须矫正理论偏颇，以入世度生的精神整合佛教文化资源，为旅游发展服务；黄夏年提出政府可以利用已存在的宗教及其文化旅游资源，搞深度开发，发展当地的旅游业，但不能人为鼓励或造势，去新建宗教及其文化旅游景点，人为制造宗教狂热，背离国家宗教政策。② 我国学术界对佛教文化旅游资源开发存在的问题及对策研究有一定深度和社会价值，我们把理论界普遍关心的几个问题及对策阐述如下。

一、佛教文化旅游资源开发中存在的问题

旅游使佛教文化撩起了神秘的面纱。佛教从来没有像现在这样走向世俗化，使中外游客了解到其真谛。③ 但是，旅游也使佛教文化的普及鱼龙混杂，真伪参半。

（一）导游员缺少责任心和佛教专业知识

导游员是佛教文化的主要传播者，但是，旅游界和学术界对导游员的关注却远远不够，把导游问题看成是无足轻重的小问题，难以保证佛教文化旅游资源内涵的开发。在我国旅游院校中，接受研究生教育和本科生教育的学生数只占10%左右，而接受专科教育和中等职业教育的学生约占90%。这导致我国导游员整体文化素质偏低，难以生动诠释佛教经典的文化内涵。

在旅游业实践中，定点导游是佛教景点形象的重要窗口之一，其对佛教文化旅游资源内涵的深入领会和理解，有助于深入、全面传递佛教文化。而佛教景点所设的定点导游，多数知识面较窄，讲解层次低，有些甚至宣扬佛教消极的成分，忽视佛教积极的文化内涵，甚至歪曲讲解戏说，干巴巴的语言无法引发旅游者对佛教文化的美感。还有的带领游客爬了几座山，看了几座庙，引不起游客的兴趣。有的在宣讲中以虚代实，夸夸其谈，空洞无物，甚至胡言乱语不负责任。其实，都是山，却山山有别，既有南秀北雄之别，又有高峻轻灵之差，更有阴晴晨昏、风霜雨露的变化。都是庙，却庙庙称奇。既有山寺、水寺、丘陵寺的地势不同，又有唐、宋、

① 高科：《国外宗教旅游研究进展及启示》，《旅游研究季刊》，2009（9）。

② 桓占伟：《我国佛教旅游文化开发的问题和误区》，《学术探讨》，2009（4）。

③ 潘宝明：《我国佛教旅游文化开发的偏颇及其矫正》，《旅游科学》，2003（4）。

元、明的时代之别，更有净、禅、律的宗派之差。导游如果讲不出来，就不可能引起游客的兴趣。所以，导游员的责任心和专业素养非常重要。

（二）在开发佛教文化旅游资源时，伴随封建迷信活动问题较为突出

当前，一些佛教景区（点）中存在迷信和诈骗活动，形式多样，总体上分三大类：一类是以迷信为题材建造的神怪塑像，龙宫鬼殿等；二是导游讲解内容有迷信成分，如“围着佛塔左绕三圈，右绕三圈，佛祖就会保佑你平安”等；三是各种迷信诈骗活动，其中以采用各种手法诱骗游客烧高香，抽签，算命等最为突出。

佛教文化旅游资源开发中的迷信活动或在景点内直接开展，或作为伴生现象依附在佛教景点的外围，呈现出专业化、团伙化、普遍化的特征，形形色色的迷信活动隐身于佛教文化旅游资源中，具有很大欺骗性。其实佛教的影响虽然很大，但天堂地狱的迷信之说只是佛教中的小乘（净土宗）的说法，真正的佛教教理并不相信真有天堂地狱，而是从理智上求觉悟、求解脱。觉悟是悟人世间的虚幻，超脱是超脱痛苦和烦恼，尽管是出世思想，但以“利他、度他、觉他”为己任，不给人以热烈追求的鼓动或急于逃避的恐怖，而是劝导人求智慧，行善事，惩奸恶。

历史上，我国势力最大的佛教宗派净土宗是唐太宗倡导的，文化味最浓的禅宗则是武则天提倡的，其目的都是为吸取佛教的合理内核，为巩固其统治服务。我们现在引导游客拜谒佛教景观，一方面使游客在现代生活疲惫的心灵找到一个善和美的休养之地；另一方面是游客受到佛教“修真之经，正善之门”的感染，以规范自己的意念和行动。这对社会稳定是有益处的。我们的旅游工作者应引导人们求真、求善，在纯洁人们的道德、调节人们的心理方面取得双赢的效果。

（三）佛教文化品牌建设与旅游景区开发的矛盾较大

佛教文化已成为各地旅游局和旅游公司进行旅游资源开发的品牌之一，为迎合旅游市场的需求，有条件的各省都打出佛教文化旅游牌。但是佛教文化品牌建设与旅游景区开发如何有效结合在一起，成为旅游界、学术界、投资界所关注的问题，他们都愿意把二者有机结合在一起，但往往事与愿违。在我国某些省份已出现景区开发中佛教文化不伦不类问题，有的甚至在佛教周围建娱乐场所，这不符合佛教文化内涵。还有的省份不具备建成佛教文化圣地的景点，还自创条件开发佛教文化旅游资源，这是不了解佛教文化精髓，对佛教文化品牌的亵渎。

有的开发商受利益的驱使，针对人们信仰佛教文化，就不顾条件是否允许，花重金打造佛教文化旅游景区，致使佛教文化品牌建设与旅游景区开发矛盾加深。

二、佛教文化旅游资源开发的对策

（一）让人们重新认识佛教文化旅游资源，消除封建迷信色彩

赵朴初先生曾批判过以肤浅之见曲解佛教：“现在一讲佛教，有的人会说，不就是烧香磕头、求神拜佛吗？把佛教看得过于简单化，我看毛病出在较低层次的佛教表层现象的一个侧面。对整个佛教缺乏全面的了解。”他还说：“我们要汲取传统文化中一切有价值的精华，充实发展社会主义的民族文化，以‘人间佛教’入世度生的精神，为社会主义‘四化’建设服务。”对于佛教文化的认识应从破除封建迷信入手，不能只看到“烧香拜佛”这一个侧面，应注重佛教文化所具有的正善理念、对佛教文化艺术的欣赏和佛教文化的体验等方面。

对传统寺庙的开发，要在传统寺庙保护的基础上进行，不能把传统寺庙变成烧香拜佛、求神保佑的所谓“避难所”。而是要挖掘传统寺庙的文化内涵，精神追求，供游客学习和体验。①

（二）培养高素质的佛教导游人员

旅游本身是一项追求异的活动。旅游者在旅游活动中寻求的是一种文化。在佛教文化资源的游览之中，向游客介绍佛教文化的精髓、使其了解文化内涵是十分重要的。但由于目前很多导游人员对佛教文化研究不深入，因而往往只停留在一般佛教知识的讲解，难以深入和对比。在佛教旅游资源开发中，应注重专门导游人才的培养，以推动佛教文化的传播。

（三）提高佛教旅游景区的开发标准

对佛教文化旅游资源的开发应严加管理，提高佛教文化旅游景区的审批标准，不能随便开发，应由有关部门严格审批，凡不符合佛教文化特点的旅游项目应拒绝批复，禁止乱开发，盲目上项目。

（四）注重佛教文化的品牌建设

佛教文化旅游资源的开发与利用应和佛教文化内涵的开发相结合，不能在佛教圣地从事与佛教文化无关的旅游项目。因为佛教文化旅游资源是以佛教文化为主体，它既是净化人们心灵的地方，又是人们参观浏览的场所，所以开发佛教文化旅游资源应考虑佛教文化的特点，即神圣性、严肃性、宗教特色。以此注重佛教文化品牌建设，增加一些符合佛教文化特点的旅游活动，如让游客吃斋饭、念佛经、宣

---

① 潘宝明：《我国佛教旅游文化开发的偏颇及其矫正》，《旅游科学》，2003（4）。

讲佛教文化等内容。

第四节　佛教文化旅游资源的开发案例
——山西五台山佛教文化旅游

五台山，位于山西省东北部，为我国佛教四大名山之一。它浓厚的宗教特色和优美的自然环境，吸引了国内外的佛教信徒和众多游客，成为我国重要的旅游胜地。

一、五台山的佛教文化

五台山由东台、西台、南台、北台和中台五山峰环抱而成。其峰顶都如平台，称为五台山。五台山作为佛教四大名山之一，很早就名扬海内外。东汉时期，在五台山修了第一座大庙，称为大孚寺，也就是现在显通寺的前身。由如，佛教在五台山不断发展，到唐朝，达到鼎盛。元清时期，藏传佛教传入五台山，使之成为我国唯一兼有汉地佛教和喇嘛教的佛教道场。[①] 它在西藏、内蒙古、甘肃等地少数民族心中占有十分重要的位置，经过近两千年的发展，五台山形成了博大精深的佛教文化，主要体现在以下几个方面：

（一）佛事活动——盛大隆重

五台山的佛教活动历史悠久，宗教习俗延续至今，形成了许多固定模式，如晨钟暮鼓，讲经说法，传戒受戒等。最主要的活动是各种法令，如，水陆法会、启智赐福大法会、开光大法会等。最大的法会是六月大法会。农历六月十四相传为文殊菩萨的生日，作为文殊菩萨的道场，每年从六月初一到月底，五台山各庙都举行一个月的佛事活动，规模宏大，内容精彩。五台山还有国际旅游月，每年夏季 7 月 25 日至 8 月 25 日举办。来自各方宾客和僧众云集这里举行盛大佛事活动。

（二）佛教建筑——久远精美

五台山的佛教建筑规模大，年代远，数量多，不同时代有不同形式的寺塔、庙宇。例如，塔院寺，位于台怀景区，寺内的大白塔已经成为五台山的标志。大白塔建于明代，由尼泊尔匠师阿尼哥设计建造，塔内还藏有一座阿育王塔，塔座石洞里立有释迦牟尼佛足碑，图案出自唐玄奘西域取经拓来的原图；东侧院还有一白色文

① 孙爱丽、王晞：《五台山的佛教文化及其宗教旅游发展的探讨》，《社会科学家》，2003（3）。

殊发塔，是纪念文殊在此的圣地。[①]

显通寺，在台怀景区，是佛教传入中国后最早建立的寺庙之一。在现存的400多间明清建筑中，无量殿以独特的砖构无梁建筑形式称奇。

罗目侯寺，始建于唐代。原名落佛寺，清代改名为罗目侯寺，并由青庙（指汉地佛教寺庙，俗称和尚庙）改为藏传佛教的黄庙（俗称喇嘛寺）。寺内殿宇的主要塑像具有明显的喇嘛教风格。

菩萨顶，是五台山规模最大最完整的藏式佛寺。创建于北魏，清顺治年间始由青庙改为喇嘛庙。菩萨顶在五台山的地位最高，被破格允许按皇宫御制建造，顶覆黄琉璃瓦，还赐予该寺大喇嘛提督印，命山西全境向其进贡。

还有圆照寺，建于明永乐元年。广宗寺，建于明正德年间。南山寺，建于元代。佛光寺，建于北魏孝文帝。南禅寺，建于唐代。黛螺顶，建于乾隆年间。殊像寺，建于元代，是台怀区最大殿宇。菩化寺，在民国时重建，属于建筑最晚的庙宇。栖贤寺，建于明代。龙泉寺，建于宋代。金阁寺，建于唐代。镇海寺，建于康熙年间。[②]

（三）佛教音乐——特色浓郁

佛教音乐又称庙堂音乐、法乐，是用笙、笛、铙、钹、盂等数十种古代民间乐器演奏而成。五台山庙堂音乐分青庙和黄庙两个派别，青庙音乐风格高雅、静谧；黄庙音乐曲调明朗，富有民间色彩。五台山寺院的佛事活动离不开佛乐。[③] 佛教音乐内容多以佛教故事为主，并且有清远、虚淡、静幽的特色。在举行大型法会时，佛乐的壮观和普及大大增强了佛事活动的隆重庄严气氛，使宗教文化色彩更加浓厚。到现代，佛教音乐还有其特殊功能，在北京海淀区凤凰岭，佛教音乐用来种菜驱除蚊虫。

（四）神话传说——丰富多彩

我国古代劳动人民以丰富奇特的想象创造了栩栩如生的神话和传说，成为各地旅游资源的重要组成部分，如八仙过海的传说，白蛇传等。[④] 五台山作为佛教圣地，各种宗教传说也不少，如般若泉的传说、文殊发塔的传说、东海龙王削五峰的传说、无舌狮的传说等，吸引众多游客。

---

① 香港中国旅游出版社：《中国佛教名山圣地游》，汕头大学出版社，2008。

② 香港中国旅游出版社：《中国佛教名山圣地游》，汕头大学出版社，2008。

③ 香港中国旅游出版社：《中国佛教名山圣地游》，汕头大学出版社，2008。

④ 孙爱丽、王晞：《五台山的佛教文化及其宗教旅游发展的探讨》，《社会科学家》，2003（3）。

二、五台山佛教文化的特点

文化是旅游的灵魂，旅游者外出旅游除了感受祖国的大好河山优美的自然风光外，还有能吸引游客的旅游地因素，旅游地蕴含的不同文化，是旅游者千里迢迢到旅游地的目的，游客为了了解文化、感受文化，进而享受文化带给他们的精神满足。旅游文化资源的挖掘是旅游景点要素收集、整理并展示的过程。也是当地旅游开发不可忽视的内容，因此，对五台山佛教文化特点的分析，是我们开发五台山佛教文化旅游资源的必要。[①] 从以下四个方面作简单介绍。

（一）五台山佛教文化的独特性

五台山佛教是中国佛教发展的缩影。五台山风景名胜区是世界五大佛教圣地之一，而且位居中国四大佛教名山之首，是世界各地佛教信徒顶礼膜拜的圣地，也是世界佛教的“麦加”。其佛教文化绵延了千余年，而且在其发展历程中逐渐形成了与其他佛教名山相区别的文化特色。

五台山是传说中佛教四大菩萨之首的文殊菩萨的道场。汉传佛教于东汉永平年11 年（公元68 年）开始在五台山建庙，到唐代进入鼎盛时期；喇嘛教是蒙古族建立元朝，忽必烈即位后，国师八思巴推荐的胆八大师在五台山建立传播并发展起来。

因此，五台山是国内外唯一一处由青庙、黄庙并存的共同讲经谈法的道场。而文殊菩萨位居菩萨首位，是号称“智慧第一”的学者型菩萨，他不仅协助佛祖释迦牟尼弘法，而且还是佛智的代表和象征。

在五台山大小寺庙中弥漫着智慧、灵秀、聪颖、吉祥的文化氛围，对渴求知识，崇尚教育的大众来说，五台山是圣地、福地。

（二）五台山佛教文化的连续性、完整性

五台山佛教文化具有包容的文化胸怀，在中国佛教的兴衰史发展中留下深深的印痕。所以，五台山佛教文化具有连续性和完整性的特点。

（三）五台山的佛教建筑具有不可再生性

在五台山保留着北魏以来 7 个朝代的寺庙 47 座，佛塔 150 余座，随同保留下来的彩塑、壁画以南禅寺和佛光寺唐代彩塑、殊像寺明代悬塑最为典型。龙泉寺的汉白玉石雕牌坊是“中华一绝”，牌坊上刻有 89 条龙，生动情趣，栩栩如生，成为

---

① 李鑫、郭建龙：《旅游地文化内涵的挖掘与传播策略》，《攀枝花学院学报》，2010（4）。

五台山艺术珍品。①

五台山大量佛教建筑具有不可再生性，列为国家级保护对象，2009年又列为世界文化景观，成为中国第38个世界遗产。五台山的佛教文化价值得到世界公认。

三、五台山佛教文化旅游资源开发项目

（一）已开发的佛教文化旅游资源

1. 观光旅游

例如，对佛事活动，神话传说，建筑艺术及僧侣生活习俗进行参观体验。

2. 朝拜旅游

朝山进香是佛教信徒和香客经常性的活动，也是宗教旅游的内容之一。作为佛教徒和香客每年六月大法会时都到五台山朝拜。五台山每年接待香客达上万人，来自东亚、东南亚信徒以及国内香客，造就了一个巨大的旅游市场。②

3. 生活习俗旅游

五台山僧侣在佛教戒律之下的日常生活对现代旅游者来说非常神秘，他们独具风格的衣食住行，对旅游者有很大的吸引力，一些游客也希望亲自体验，所以，五台山开辟模仿和体验僧侣日常生活的旅游项目，收到了部分游客欢迎。

4. 庙会旅游

各地的庙会有其地方文化特色，五台山的庙会节日与寺庙有关的法会时间一致，所以，五台山的庙会具有独特的宗教色彩，吸引了众多游客。

（二）近几年开发并准备完善的旅游项目

1. 修学旅游

五台山众多的名胜古迹，优美的自然环境，具备了修学旅游的条件。一方面继续建设五台山佛学院，另一方面发展有佛教信仰的人修学旅游。

2. 在五台山建养老、休闲旅游场所

因为五台山夏季凉爽，空气好，可成为人们夏季避暑胜地，而且人们为了锻炼身体，愿意到五台山修身养性，还可以跟僧侣学习佛家气功和武术，所以，五台山建设休闲、疗养的避暑旅游已成为人们生活的必需。目前，专为休养服务的设施还不能满足旅游者的需求，需要五台山的管理者加以完善。

3. 宗教民俗旅游

五台山地区宗教民俗形式多样，可开发项目包括当地农村的服饰、饮食、婚丧

---

① 李鑫、郭建龙：《旅游地文化内涵的挖掘与传播策略》，《攀枝花学院学报》，2010（4）。

② 孙爱丽、王晞：《五台山的佛教文化及其宗教旅游发展的探讨》，《社会科学家》，2003（3）。

嫁娶、民居宅院、礼仪交往、节日庆典、民间工艺，这些项目既有传统的宗教传统遗风和浓郁的地域文化特色，还有演替和进化后的欣赏性和代表性，是开展民俗旅游的重要旅游资源。可在五台山周边地区建宗教式和人文风俗式博物馆、展览民间工艺厅和民间作坊，并建立体验民间习俗如烹饪技术的宗教素菜坊。

四、五台山的佛教旅游资源开发对策

（一）打造五台山佛教文化生态旅游

生态旅游作为旅游可持续发展的一种实践形式，被认为是实现旅游业持续发展之首要的，必然的选择。

五台山的“五座台顶”蕴藏的生态旅游资源具有世界级的开发潜力。据调查统计，仅高等植物就有 99 科 354 属 595 种，包括食用植物、药用植物、观赏花卉等众多类型，其中有些为珍稀特有种。既有森林又有灌丛和草甸等景观。野生动物兽类 6 目 19 科 41 种，鸟类 16 目 36 科 142 种，属第一、二、三级保护的有 12 种。[①] 五台山生态系统有许多物种属五台山所独有，是天然的动植物园。山峰、溪流、泉水、沟谷、茫茫森林、五花草甸，蔚为奇观，它又是一座巨大的“种源基因库”，蕴藏着多种珍稀动植物，具有极其重要的保护价值、观赏科考意义和巨大的经济效益，可开发为良好的生态旅游点。把五台山的佛教文化和民俗风情与农业旅游相结合，可成为五台山新的经济增长点，吸引众多游客参观游览。

（二）加大五台山佛教文化旅游宣传力度

五台山拥有众多独特的文化，在传播过程中，应让更多的人了解五台山，认识五台山，感受五台山佛教文化旅游资源的内涵。但是，五台山佛教文化旅游资源的宣传力度不够，人们只是在传统的宣传方式中知道五台山，如通过书籍、电台广播、电视节目、报纸等。对于互联网的应用不够，而且缺少旅游景区的互动性文化宣传，如果在五台山开展各种公关活动、展览会、考察会、研究会可加速人们对五台山的了解。[②] 还可以采取“走出去，请进来”相结合的宣传策略。“走出去”即组织人员、图文音像资料在目标市场举行宣传与展览、发布会，借此宣传五台山的形象。“请进来”即认真接待每一个到访的游客，就相当于培养了一批义务宣传员。还可以举办各类参观者可以参与的佛事和节庆活动，如十寺大法会、开光大法会、五台山祈祷世界和平大法会、佛诞节大法会、文殊诞辰节——六月大法会等。

总之，五台山以其连续性、完整性及其丰富的佛教文化堪称“中国建筑史上的

① 李秀英：《五台山旅游资源开发的意义》，《旅游文化》，2005（1）。

② 李鑫、郭建龙：《旅游地文化内涵的挖掘与传播策略》，《攀枝花学院学报》，2010（4）。

活教材”的建筑文化，在国内外享有盛誉的科学文化价值以及一批富有特色的红色资源列入世界文化景观。五台山应抓住这一契机，宣传旅游品牌价值，让五台山走向世界。

（三）处理好五台山佛教文化遗产保护与开发的关系

2009年6月26日，西班牙塞维利亚第33届世界遗产大会表决通过五台山被列入世界文化景观遗产名录，成为我国第38处世界遗产。①

由于世界遗产巨大的品牌价值，申遗成功对五台山的旅游将产生重大影响，它既是机遇，也是挑战。例如，对五台山的旅游发展是机遇，但申遗后，怎样处理生态保护与旅游开发，处理好各种关系，如人与遗产的关系，人与人的关系是一个挑战。五台山旅游主要区分为两大市场，一是建立高端的多日游市场，以修学、科考、度假为主要目的；二是大众游市场，以香客、观光客为主。针对这两大市场，我们要建设和谐五台山，处理好各种关系。在申遗后，既要开发五台山的旅游路线，如在景区内保护原有建筑，在景区外，建设大型服务设施，景区内只保留必要的交通设施，旅游厕所、咨询导引设施、安全设施等。景区门户区，建设佛教博物馆、五台山展示馆、五台山演艺厅、五台山佛学院、五星级宾馆，开发与五台山相关的艺术品和土特资源。建设旅游商品市场，贯穿五台山佛教文化要素，增加佛教音乐和素斋等独具特色的资源。既做到开发佛教文化旅游项目，又注意生态环境的保护。在处理人与人的关系上，做到管理者、旅游者、旅游服务人员、当地僧侣群众和谐发展。

思考与练习

1. 佛教和佛教文化的概念？
2. 佛教文化旅游的涵义和特征？
3. 佛教文化旅游资源的分布和特点？
4. 佛教文化旅游资源开发的问题和建议？
5. 如何处理好佛教文化旅游资源与佛教文化活动的关系？

---

① 籍振芳：《申遗成功后的五台山旅游业发展》，《五台山研究》，2009（7）。

第六章　道教文化旅游及其开发

本章导读

道教是我国土生土长的宗教，它的孕育、产生和发展经历了一个漫长的过程，是我国封建社会生产发展的产物。道教的形成和壮大与中国各个时期的思想文化有关，它是中国传统文化的重要组成部分。

道教文化是旅游文化的重要内容之一，它包含道教的教义、典籍、仪式，以此为载体形成了道教的节庆、宫观活动、神灵谱系、神仙传说等旅游活动，它们与道教名山、宫观、石窟、彩塑、壁画等一同构成了道教文化旅游资源。这些旅游资源内涵丰富，文化源远流长，特色鲜明，吸引了众多的中外游客参观游览，同时推动了当地旅游业的发展。

道教在中国已有2000余年的历史，曾在中国历史上起到过重要作用，现在信徒虽已不多，但道教的经典、建筑、神像与壁画等却是一笔宝贵遗产。在开展旅游活动的过程中，旅游者一方面可以充分了解和认识中国传统文化，另一方面有助于促进对旅游文化的开发和保护，已成为推动中国旅游业持续发展的动力之一。

本章介绍道教文化及道教文化旅游的内涵、特点，在此基础上分析道教文化旅游资源分布和开发中存在的问题及对策，并附四川道教文化旅游资源开发的案例，以供旅游专业学生参考。

相关词

道教　道教文化　道教文化旅游资源　道教文化旅游资源开发

本章重点

道教文化是道教文化旅游资源的重要组成部分，我们通过对道教文化中的教义、道教文化活动的分析，指出道教文化旅游的内涵，并在此基础上探讨道教文化旅游资源开发存在的问题及对策。以四川省道教文化旅游资源开发为例，找出道教文化旅游资源开发及利用的规律。

第一节　道教文化旅游的内涵

一、道教及道教文化

（一）道教

源于羲黄，成于老庄，组教于张陵的道教学说，属于中国文化的主干之一。道教曾对中国古代社会政治制度、学术思想、宗教信仰、文学艺术、医药科学等各方面产生重大影响，如今对中国的旅游业发展也起到了推动的作用。

1. 道教的含义

道教的意思是“道”的教化或说教，或者说是信奉“道”，企图通过道的修炼而“修道证真，修道成仙”的宗教。

2. 道家与道教

在近代中国学者中，多数人认为，道家与道教是两个既相互联系又有区别的概念。在人们的习惯中，也把道家称为道教，或把道教称为道家。但严格说，二者有区别，“道家”一词始见于西汉司马谈的《论六家要旨》，是指先秦诸子百家中以老庄思想为代表的学派，或者指战国秦汉之际盛行的黄老之学。它们在思想理论上都以“道”为最高范畴，主张尊道贵德，效法自然，以清静无为法则治国修身。因此称为道家。①

“道教”是在汉代黄老道家理论基础上，吸收古代神仙家的方术和民间巫术鬼神信仰而形成的一种宗教实体。所以说，道教的意思是“道”的教化或说教，或者说是信奉“道”，企图通过精神形体的修炼而“成仙得道”的一种宗教。

道教作为宗教实体，有自己独特的经典教义、神仙信仰和仪式活动，而且还有其宗教传承、教团组织、科戒制度、宗教活动场所，这样的宗教社团，与早期的道家学派有明显的不同。

道家与道教二者的联系：早期道家的思想被道教所吸收，如道家哲学关于道生万物、气化宇宙、天人合一的宇宙论；关于阴阳对立统一、相互转化的辩证思维；关于自然无为、清虚素朴的治国修身法则；以及其斋心静观、体道合真的精神主义认识论，都对道教的教理教义和修持法术有深远影响。总之，道教的哲学理念、神

① 中国社会科学院世界宗教研究所：《中国五大宗教知识读本》，社会科学文献出版社，2007，第 99 - 102 页。

仙家的养生方术、古代民间的巫术和鬼神崇拜活动，构成道教。因此，道教与道家密不可分。

（二）道教的基本教义

1. “道”和“德”是道教的基本教理

道教尊奉先秦时期道家的创始人李耳为主教，并将老子的《道德经》作为道教的主要经典。在此基础上把“膜拜对象、修持理论、规范思想、行为准则”作为教义。“道”即为道教的最高教理，一切道经都宣称以“道”为根本信仰。道教宣扬，“道”是万事之母，是宇宙万物的核心和主宰，它无所不包，无所不在。“‘道’为天，‘德’为地，‘道’为阴阳，‘德’为五行；‘道’主生，‘德’主养。‘道德’均由‘大道’所化生。”李荣在《老子注》中说：“道者，理也。”修道者若能体悟此“理”，超凡入圣，就可修真道证。“德”是道的显现，是道的行为。《庄子·天地篇》提出：“物得以生谓之德”，“形非道不生，生非德不明”，认为“道”与“德”关系密切，不一不二，但应用广泛。由于所涉及范畴性质不同，其解释有较大的差异，在对待自然界和哲学的理念中明显地反映出来。不管如何解释，“道德”属非物质的宇宙本原。对道教而言，“道德”是道教尊奉的“最高宗旨”。①

2. “天人合一”是道教的基本教义

《老子想尔注》将道又称为“一”，“一散形为气，聚形为太上老君”。南北朝以来，三清尊神演变成道教最高神系，三清尊神又是道的化身。道教徒从崇拜人格化的神，而理解道，贴近道，追求道。道教徒认为一旦得道，获得三清所传的种种符箓及行持方术，即可度人济世。人得道而成仙，仙因道以济人，这就是道教的核心内容。②

道教将宇宙设为三层空间，“上有仙界，中有人间，下有地狱”，并宣称，凡人经过修道之途径，可以跨越死亡界限，肉身不死，直接升为仙。帝王群臣及教徒追求现世的享乐，永生的快乐，能长生便是仙。道教经过长期的实践总结出了一整套健身长寿的养生术、养形方术和养神方法。

3. 道教“贵己重生”的人生观

道教看重个体生命的价值（贵己重生），探讨如何使个人精神快乐和生命永恒的问题。“贵己重生”思想源于先秦杨朱学派。杨朱学派的思想纲领是“全性保真，不以物累形”。③ 他们认为：人所追求的首先是个人自身的生存，其次才是身

① 王元海、黎美洋、陶华举：《旅游宗教文化》，四川大学出版社，2007，第144页。

② 中国社会科学院世界宗教研究所：《中国五大宗教知识读本》，社会科学文献出版社，2007，第155页。

③ 中国社会科学院世界宗教研究所：《中国五大宗教知识读本》，社会科学文献出版社，2007，第157页。

外之物。因此保全自身生命，使之不受名利和物欲的牵累，这是人的主要行为准则。这是一种“贵己为我”、“轻物重生”的个人主义的人生价值观，与损人利己的极端个人主义是不同的。

4. 重玄之道

重玄之道也称为“重玄学”，是南北朝隋唐时代的重要道教哲学思想。重玄之道的主要特点是融合佛道二教的思想，对道体有无、形神关系、性命修炼等进行探讨，旨在指导信徒修仙证道，安定身心，解脱生死烦恼，悟入重玄境界。其研究的问题有三点，一是有无双遣的道体论，二是众生有道性论，三是观行坐忘的修道方法。

具体而言，有无双遣的道体论是指道既是常有，又是常无；有与无“同出而异名，同谓之玄。玄之又玄，众妙之门”。这一哲学思想来自于《老子》。所谓“道性”是指一切众生禀赋于道，与道同一的真心本性。重玄家认为：道既非无有，亦非无无，而是有与无对立统一的“妙有真无”。观行坐忘的修道方法是指导道教徒悟道修心的方法，也是重玄学者吸取大乘佛教“观行”方法的成果。[①] 所谓观行，又称内观或定观，是指用非无非有的观点来观察分析身心境物，澄心定念，以期悟得真道。在隋唐时就有许多指导内观修行的经典，如《太上老君说常清静经》，这本书分析了世人身心不能常保清静的原因，是受情欲的干扰，如能澄心遣欲则心神自然清静。

（三）道教文化

1. 道教的典籍

《道藏》是道教经籍的总汇。今《道藏》包含有《道德真经》注释 50 余种，从哲学理论、阴阳变化、内丹外丹、修身治国、易家术数等多方面阐述道教教义。《道德真经》即《老子五千文》的简称，被道教奉为主要经典。河上公作《老子章句》是东汉时的作品，共分 81 章，前 37 章为《道经》，后 44 章为《德经》，故取名为《道德经》。因唐代皇族崇奉道教，故尊称为《道德真经》。《道德经》的内容主要是阐述“道”和“德”所包含的哲学思想。从唐玄宗时代汇编第一部《道藏》到明代《万历续道藏》止，所收《道经》有数千卷。[②]

2. 道教的仪式

（1）斋醮

斋醮是道教特有的名词，是道教祭祀仪式的总称。其具体名称与种类都非常多，如有金箓斋、黄箓斋、明真斋等二十七种斋法，三星醮、五岳醮、罗天醮等四

---

① 中国社会科学院世界宗教研究所：《中国五大宗教知识读本》，社会科学文献出版社，2007，第 159 - 161 页。

② 王元海、黎美洋、陶华举：《旅游宗教文化》，四川大学出版社，2007，第 144 页。

十二等醮仪。宋代以后，斋醮习惯联用，来指道教的仪式活动。

斋，原意为禁戒、洁净。《说文解字》释曰："斋，戒洁也。"指的是古人聚集祭祀活动之前，必须沐浴更衣，戒慎行为，不饮酒食肉，不行房事，使身心洁净，表示对神灵的虔敬，从而达到祭祀目的。古人祭祀鬼神必先斋，故《礼记·典礼上》说："斋戒以告鬼神。"因此，斋就是祭祀前的一种戒洁身心的行为。

醮，据东汉许慎《说文解字》释，原意有二：一指古代人士加冠和婚娶时的礼仪；二指祭祀。

（2）戒律与清规

所谓戒，是约束道士言行以防非止恶的规诫，它重在界定是非，防止众恶。律是戒的延伸，作为对触犯戒规者的惩罚条例，使之畏惧。如《太平经》有"不孝不可久生诫"、"贪财色灾及胞中诫"等，《老子想尔注》要人"奉道诫，积善成功，积精成神，神成仙寿"。

道士戒律是道士必须遵守的行为法则。不同的道教宫规还制定有一些宫观内部的规约条文，称为清规或庙规。庙规是对宫观道士集体生活中行为的规范，也是宫观对道士施行约束、赏罚的依据。宫观清规一般都由各宫观自己所立，并且随时代的变化而变化，差异较大。清规一般以张贴文告的形式公布于众，据元道士陆道和编《全真清规》，全真教早期便张贴文榜来公布清规戒律，其中载有《教主重阳帝君责罚榜》，列责罚条规十项，就是一个比较简略的宫观清规。

（3）符箓法术

我国早在西汉以前就出现了符，当时是用来表示君臣之间、人与人之间征信的器物。随着两汉天人感应说、谶纬学说的兴盛，符逐渐演变为具有预测事变的神秘色彩的事物，这时符象征上天的意志，是天命神令的指示。

符文的驱邪治病说实际上是在五斗米道创始人张道陵时期才产生出来的。相传张道陵曾往阳山治妖，有毒龙于深水池中兴风作怪，张道陵书符一幅，投入水中，毒龙即逃去。从此，张天师门下就大力宣传画符治病，驱邪伏魔，认为符文有镇鬼驱殃、保护家室的作用。

箓，又称法箓，是其上记录有诸天官曹名属佐吏的法牒。道士们认为箓文由上天灵气衍化而成，布于笔墨，才成了龙篆章文。箓文是道士个人修身立业、迁升道职的"证书"，没有为他人防灾除疾的作用。因此，道箓便成为道教教法中的重要组成部分。①

（4）道士的称谓

道士的称谓一般分为两种，一种是习惯性和礼仪性的，包括道上的互称、世人对道士的称呼等，如道长、大师、道民、贤者、信士、善男子、善女人、行者等。

① 中国社会科学院世界宗教研究所：《中国五大宗教知识读本》，社会科学文献出版社，2007，第168－169页。

另一种则是职司性和身份性的，如方丈、监院、三洞法师等。它是在神前上表奏章疏、祈请祷告时的自称，与所受经书戒箓及所在道阶有关。按照道教的教规，受相当的经书戒箓及相应的道阶后，可以在神前自称“臣”，所以这一类自称，近似于世俗臣僚向皇帝上奏疏时的称呼。①

二、道教文化在我国的起源与发展

（一）道教的起源

道教起源于五斗米道和太平道。

1. 五斗米道的兴起

道教创始人张陵（34－156），沛国丰（今江苏丰县）人，又名张道陵，字辅汉，相传是张良的第八世孙，博通五经，精于儒学。曾任东汉巴郡江州（今重庆）令，晚年感叹治学无用，弃官隐居于今四川鹤鸣山，改修长生之道。

隐居期间，张陵终日闭门不出，著道书24篇，并自称“大清玄元”，得黄帝九鼎丹法。相传，永和六年（141），太上老君亲传张陵《新出正——盟威之道》，并命他为天师。从此张陵及其徒众就根据此道书，用符水、咒语等为百姓治病。由于治病效果显著，当地百姓将其奉若神明，拜其为师者不计其数。

随着张陵等人在当地影响的不断扩大，张陵就仿汉代的行政制度，建立了一个组织严密的宗教集团，由于规定入教或治病的民众必须缴纳“信米”五斗，带有教众之间互帮互助的性质，所以被称作“五斗米道”。五斗米道共分24个教区，又称24“治”，各设“祭酒”领导治内教民。张陵自任中央教区“阳平治”的首领，统管全教。传说，在每年三会日（正月七日上会，七月七日中会，十月五日下会），天神地祇会在“治”相会。因此教徒在这三天必须到达治所，进行聚会。

五斗米道奉老子为教主，以老子的《道德经》为其主要经典。张陵还亲撰《老子想尔注》来解说《道德经》，使这部道学著作宗教化，“道教”作为专用名词也开始正式出现。②

五斗米道成立后，其影响很快遍及四川和陕西一带。张陵死后，其子张衡和其孙张鲁继续传道。

张鲁乘东汉末年天下大乱之际割据汉中，建立了中国历史上第一个政教合一的地方政权，并统治这一地区长达30年，成为当时一股举足轻重的政治力量。张鲁教导民众“诚信不欺诈”，“有病自首其过”，在其所管辖区设“义舍”，舍中置

① 中国社会科学院世界宗教研究所：《中国五大宗教知识读本》，社会科学文献出版社，2007，第170－171页。

② 沈祖祥、李萌：《旅游宗教文化》（第三版），旅游教育出版社，2008，第97－104页。

“义米”、“义肉”，为过往行人免费提供食宿；有欺瞒小过者，须修补道路百步以将功补过；对犯法者，宽恕三次，尔后再犯，方处以刑罚。这些措施使汉中地区成为当时乱世中的一方“乐土”，大批民众纷纷来此避难。张鲁及其领导的五斗米道受到了当地汉族以及少数民族人民的一致拥戴，使得中央政府“力不能征”。直到汉献帝建安二十年（215），张鲁政权才归降曹操。曹操吸取东汉王朝的教训，对道教采取镇压和利用、限制和改造相结合的政策。曹操一方面采用调虎离山之计，将张鲁及其子女、部属大量北迁，对五斗米道的根据地进行瓦解；另一方面对张鲁及其五个儿子和手下将领都封官拜将，允许五斗米道合法传播，利用其影响笼络民心。于是，五斗米道在我国北方广泛地传播开来，影响也越来越大。后来道教徒尊称“三张”中的张鲁为系师，张衡为嗣师，张陵为天师，故后人又将五斗米道称为“天师道”。张鲁在迁至邺城后的第二年死去。西晋永嘉年间，张鲁第四子张盛遵从父命，任天师道第四代教主，他带着父亲、祖父传下的剑、印、经箓等，迁居至江西的龙虎山。自宋、元以后，历代统治者均封张氏子孙为天师，其声望堪与山东曲阜孔氏世家相媲美。

2. 太平道的兴起

太平道为早期道教另一门派，它是由信奉黄老道的张角于东汉灵帝（167－189）时创设的。

太平道以《太平清领书》即《太平经》为主要经典，以“中黄太一”为其至尊主神。由于社会黑暗，太平道信奉的教义中有很多平均主义色彩的口号，张角自称“大贤良师”，也采用符水、咒法、跪拜首过等手段借治病传道，十余年间教徒达数十万之多，遍及青、徐、幽、冀、荆、扬、衮、豫八州。张角将教区分为三十六方，大方万余人，小方六七千人，每方设有“渠帅”负责指挥作战，这样太平道逐渐转变为军事组织，并于中平元年（184）发动黄巾起义，提出“苍天已死，黄天当立，岁在甲子，天下大吉”的口号，欲取东汉王朝而代之。太平道起义后在各地转战达十多个月。起义最后遭到了东汉王朝的残酷镇压，张梁、张宝战死，张角本人被剖棺戮尸。起义失败后，太平道被朝廷下令禁止流传，逐渐衰微，最后销声匿迹，传授不明。

（二）道教的发展

张鲁死后，五斗米道失去统一的领导，内部开始分化。两晋南北朝时期，这种分化日益加剧。一部分仍在民间保持着通俗形式的道教，并不断发动反抗统治阶级的起义；另一部分则向上层发展，逐渐开始站在统治者的立场，参与统治阶级内部的政治活动。

1. 道教向贵族化转变

道教向上层发展，逐渐开始站在统治者的立场，参与统治阶级内部的政治活动。与此同时，由于魏晋时期盛行玄学，许多热衷于玄学的士大夫开始将眼光转向道教，促进道教完成从民间到庙堂的转变。在这一转变中，葛洪、寇谦之、陆静修、陶弘景等人起到关键作用。①

葛洪，东晋（281－341）人，字稚川，号抱朴子，出身于破落贵族家庭，在道教史上贡献颇丰。他系统地总结了战国以来神仙方术的理论，对符、图、隐形变化等道术深有研究，著《抱朴子》一书，为道教构设了种种修炼成仙的方法，并建立了一套成仙的理论体系，开道教丹鼎派先河，大大丰富了道教的思想内容。他的这种神仙可修而且能修成的思想吸引了大批上层士大夫参加道教。他还提出以神仙养生为内，儒术应进为外的主张，将道教的神仙方术同儒家的纲常伦理结合起来，宣扬道教徒在修炼时必须以儒家的"忠孝仁恕信义和顺"为本，否则，虽勤于修炼，也不能成仙。这些思想为上层化的官方道教奠定了理论基础。葛洪的另一项贡献是致力于道教神仙谱系的论述，撰写了《神仙传》十卷，记载了广成子、老子至郭璞等神仙传说，是一部有代表性的道教文学作品。

寇谦之，北魏太平真君年间（440－450）人。寇谦之在信奉道教的魏太武帝和宰相崔浩的共同支持下，自称奉太上老君的旨意，对早期道教的思想内容和组织形式作了一系列的改革：他提出"除去三张（张陵、张衡、张鲁）伪法"，基本消除了统治者对道教宣传、发动农民起义的担忧；改变早期道教"蓄养弟子"② 的做法确立只给神职道教徒"授箓"③ 的制度，彻底排除了大量发展道教徒以及普通教徒和神职教徒合为一个整体的可能性；限制道教组织的经济来源，避免形成有实力的道教实体；打破了早期道教统一的领导结构，彻底放弃了"方"和"治"的组织形式，建立师徒传授的传道方式，摒弃了形成统一组织的可能性；改变道教教义思想中的某些核心思想，增加了诸如忠孝仁义的儒家思想，并制定了一系列的戒律和斋仪等。经过寇谦之改造的道教，成为同当时宗法社会相适应的上层道教。

陆静修（407－477），字无德，吴兴东迁（今浙江吴兴）人。他的活动主要在江南一带。陆静修广授道经，加以鉴别，编制了道教经籍目录——《三洞经书目录》，防止伪经影响后世道教，也为后世道教经书编目确立了指导思想。他吸收了佛教的修持制度，整理和编撰了道教的斋醮仪式，规范了道教的组织体系，成为历史上改革后道教的"南天师道"。

陶弘景出身仕官家庭，但仕途失意，于是脱掉朝服进入神武门，隐居于江苏茅山。虽然陶弘景隐居在山中，但他对当时南朝的政治生活仍有一定的影响力，号称

① 沈祖祥、李萌：《旅游宗教文化》（第三版），旅游教育出版社，2008，第99－101页。

② 是早期道教为发展教团组织所采取的一种方式。即大部分道教教团是由布道者独立经营的，以家庭成员和招收弟子组成。弟子的地位相当于士族社会中的"门生"，可供师长驱使劳动。传道采用师徒密授制度，仙方秘诀不轻易示人。

③ 所谓"箓"指的是记录天曹左吏之名，又有请符错杂其间的秘文。"授箓"仪式是天师道弟子入道必须进行的仪式。入道的弟子在法坛中皈依三宝和九戒，并虔诚起誓奉持清规戒律，然后由道坛法师授予符箓、法器、神职等。所授之"箓"由入道弟子随身佩戴，其后视入道年限和道行深浅更换不同等级的箓。

“山中宰相”。他在道教修仙理论、医学、炼丹等方面均有造诣，他编撰了《真灵位业图》，为道教的神仙制定了等级、品味，构想出一个等级森严而又宏大周密的道教神仙谱系，对以后道教的发展影响很大。

经过这些道教知识分子的努力，早期的民间道教在南北朝时期被成功地改造成贵族化的官方道教。

2. 道教受到皇室的推崇

隋唐到明朝中叶道教得到皇室的宠幸，在封建政权的支持下道教进入到兴盛时期。

（1）隋唐时期皇帝对道教的推崇

唐皇姓李，自称是老子李耳之后裔，唐玄宗正式册封老子为道教教主“太上老君”，积极奉行崇道政策。秦始皇、汉武帝、梁武帝等求道成仙是为了长生不死，而唐初崇奉道教的动机纯粹是出于政治目的，用太上老君来光耀帝王门楣。由于皇室的大力尊奉，道教在唐朝取得了类似“国教”的地位，盛极一时。唐高祖于武德八年（625），规定三教次序；道先、儒次、佛最后。唐高宗于乾封元年（666），尊老子为太上玄元皇帝，下令参加贡举考试的生员必须兼通《道德经》。唐玄宗更是一个有名的道士皇帝，开唐代帝王接受道教法箓、拥有道士身份之先河。他封庄子、文子、列子、庚桑子四人为真人，四人所著的书为真经。玄宗还亲自为《道德经》作注，又广授道经，正式汇辑成3744卷《道藏》，诏令正式流传。他还下令将男女道士视为皇族宗室，在他的带动下，大批皇族子弟加入道教。唐朝的另一位著名的道士皇帝唐武宗刚继位就将二月十五日老子诞辰定为固定假日隆重庆祝。①

（2）宋朝时期皇帝对道教的推崇

到北宋时期，统治者仿效唐代皇室认老子为祖先的做法。宋真宗异想天开地杜撰出一位道教尊神赵玄朗作为赵氏的始祖，以此抬高赵氏皇族的地位。由于当时北宋外夷不断入侵，国力日衰，捧出神仙赵玄朗作为道教的圣祖，还可以利用道教麻醉广大民众，借此掩饰北方战事和外交的不利，转移民众对腐朽统治的不满，可谓一石二鸟。这对道教巩固宋王朝的统治有好处，得到宋朝统治阶层的大力扶植，所以，到宋朝道教继续发展，而且宋真宗让女儿也入道，并加封老子为太上老君混元上德皇帝，又命王钦若、张君房等领修《道藏》，增为4565卷。到宋朝统治衰败时，宋徽宗更加沉迷道术，自称教主道君皇帝，亲自为多种道教经书作注，下诏改佛陀为大觉金仙，僧尼为德士，令其着道服、入道学。宋徽宗迷信道士巫师假托鬼神的法术，想靠天神的保佑来阻止敌国的入侵，终于招致身陷囹圄，国破家亡。

3. 道教新教派的出现

在宋朝时期，道教的发展发生了变化，出现一批新教派，其中真正自立门户的宗派，应当属南宋与金、元南北对峙时开始出现的正一道、全真道、金初的刘德仁

① 沈祖祥、李萌：《旅游宗教文化》（第三版），旅游教育出版社，2008，第101－103页。

创立的真大道教和萧袍珍创立的太一道这四大教派。真大道教在元初兴盛，元末衰落，而太一道在元代中期与正一道合流。最后全真道和正一道流传至今。

全真道与正一道是道教的两大教派，在形成发展、秉持的戒律、修行的方式等方面存在明显差异。

（1）全真道

全真道创始人王重阳（1112－1170），陕西咸阳人，出身豪门，文才武略兼备，应武举，高中甲科。47 岁时，辞官修道，道号重阳子。他及大定七年（1167）开始东行，至山东一带，遇富豪马从一，收为徒，改名马钰，号丹阳子。马钰成为王重阳首徒，后又收马钰妻孙不二（清静散人）为徒。以后，王重阳得到马家财力的帮助，在当地筑"全真堂"。他为所创的教派取名"全真道"，意思为"屏除妄幻，全其本真"，主张三教合一，不提符箓和外丹，强调清静无为乃修道之本。

在收马、孙二人为徒以后，王重阳又先后收谭处瑞（长真子）、丘处机（长春子）、刘处玄（长生子）、王处一（玉阳子）、郝大通（广宁子）为徒。这七个徒弟后来被合称为"全真七子"。王重阳羽化后，门下的七位弟子各自创立了全真道的七大门派，其中尤以丘处机的全真龙门派最为显赫。成吉思汗曾诏请丘处机，欲讨教长生之道。而丘处机也自比"老子化胡"，于 71 岁高龄远赴西域，得到成吉思汗的赏识，赐以虎符玺书，令其掌管天下道教，并尊他为神仙。

（2）正一道

传统的天师道为了同新的全真道相抗衡，遂与上清、灵宝、净明等符箓派逐渐合流，演变成正一道。元成宗大德八年（1304）授龙虎山张陵后裔第三十八代天师张与材为"正一教主"，主领三山（龙虎、阁皂、茅山）符箓。天师道从此正式改名为正一道。正一道以《正一经》为主要经典，它与全真道相反，注重符箓斋醮、降神驱鬼、祈福禳灾之术，崇拜神仙，不重修行。该派的道士可以不住宫观而散居于民间，可以在斋仪以外的时间食荤，还可以结婚成家，这就保证了张天师在张氏家族中不断传嗣下去。

全真和正一两派在明代继续流传。明代统治者对道教也十分重视。明太祖朱元璋就曾为参与其开国的道家"颠仙"周颠在庐山建白鹿升仙亭，并亲撰《周颠仙人传》，刻于亭中的御碑上，以宣扬明太祖本人的开国神迹。自谓登基有道教真武大帝的保佑的明成祖朱棣，称帝后对相传已活了两百多年的神仙道人张三丰十分仰慕，不但屡下诏书访求，而且多次派遣使臣寻觅。后来又在湖北武当山为张三丰大兴土木，修建了史称二观、八宫、十二亭台、三十六庵堂、三十九桥、七十二岩庙的大型道教建筑群。从此武当山成为道教圣地，而信奉真武大帝的武当道人也自称"武当派"，与"全真"、"正一"等道派分庭抗礼，不分上下。除此之外，明太祖、明成祖还先后将大批民间神祇，如关公、财神、晏公、金阙、玉阙帝君等纳入国家祀典，归入道教神系，掀起了道教史上一次造神运动的高潮。

明代对于道教经书的整理也十分重视，明英宗正统十年（1445）和神宗万历三十五年（1607）所编纂的《正统道藏》和《万历续道藏》，使道经在原有基础上增至512函，共计5485卷。

4. 道教在民间的发展

明代中叶以后，特别到了清代，由于统治者采取重视喇嘛教（藏传佛教）而抑制道教的宗教政策，官方道教逐渐失去了皇帝的支持。如乾隆皇帝将正一真人的官阶由二品降为五品，并禁止其差遣法员赴各省开度。①

在上层化的官方道教日趋衰落之际，民间通俗形式的道教却越发活跃。随着大量民间神、地方神进入道教神仙谱系，道教很自然地开始了民间化的历程。它再一次走下庙堂，并作为一种信仰在民间获得传播，妇女求子拜东岳娘娘，读书人想金榜题名就拜文昌帝君，商人想招财进宝则拜赵公元帅，官员赴任要祭祀当地的城隍，这一时期的道教已经逐渐向民俗和民族习惯转化，并沉淀在中国人的潜意识中，开始对中国文化发挥着无形的影响。

（三）新中国成立以来道教的发展

1949年中华人民共和国成立，中国内地的道教也进入一个新时期。国家积极贯彻宗教信仰自由的政策，对道教的发展予以大力的帮助和支持，采取措施保护了一大批道教名山和著名宫观。

1. 道教进行了相应的改革

道教界的广大爱国人士积极响应国家的宗教改革，改变了过去依靠收取地租、举行宗教活动谋生的状况，转而从事农业、林业、建筑业、医药业等行业的生产活动实行“自养”，成为自食其力的劳动者。道士们积极学习当时的政治、文化，破除封建迷信思想，而依靠占卜、符咒、算命等活动骗取钱财的道士濒于绝迹。居留宫观的道士还订立了“爱国爱教公约”，规定其宗教活动必须在国家法律容许的范围内进行，废除了一些同国家政策法规相抵触的清规戒律。一些爱国道士还积极筹备建立全国性的道教组织以增强自主管理，得到了政府的支持。②

2. 中国道教协会的成立

1957年我国正式成立了中国道教协会，驻北京白云观，道教协会的章程规定：“联系与团结全国道教徒，继承和发扬道教优良传统，在人民政府的支持下，爱护祖国，积极支持国家的社会主义建设，参加保卫世界的和平运动，协助政府贯彻宗教自由政策。”

3. 道教在“文革”中受到冲击

在“文化大革命”中，道教同其他宗教一样遭受了浩劫。各地道观遭到严重破坏，道教文化被认为是宣扬封建迷信被批判，道教徒也被划为“牛鬼蛇神”等成为

① 沈祖祥、李萌：《旅游宗教文化》（第三版），旅游教育出版社，2008，第103－104页。

② 沈祖祥、李萌：《旅游宗教文化》（第三版），旅游教育出版社，2008，第104－105页。

专政对象。宫观道院被封、被占，许多精美的历史文物遗失、损坏，大量建筑被毁。

4. 道教的恢复和健康发展

1976年以后，因道教信仰而蒙冤错案的平反，使大批道教人士恢复了名誉，道教宫观逐步恢复原貌，正常的道教活动也得到恢复。

20世纪80年代后期，由于重新认识道教对中国文化的影响和作用，学术界在全国掀起了研究道教文化的热潮。各地在执行国家宗教政策的同时，也开始结合旅游业发展和对外开放的需要，积极修筑和恢复著名的道教宫观，开展各种道教文化旅游活动，使道教重新步入了健康发展的轨道。

三、道教文化与旅游

目前我国理论界对道教文化旅游和道教文化旅游资源的研究主要有以下几个方面：

（一）道教文化旅游的概念

有关道教文化旅游的定义，学界存在两种观点：

一是秦永红（2002）认为，道教文化旅游是指以现有的道教文物古迹为依托，借助一定的物质手段，利用其知名度和优美的自然风光以及独具特色的道教宫观园林环境，再加上观光客和香客受到的艺术感染或各自的精神寄托，用自己的审美情趣，通过艺术的审美，历史的回顾，得到全方位的精神上、文化上的享受的一种旅游活动。①

二是毛丽娅（2002）认为，利用道教文化资源开展的特色旅游就可称之为道教文化旅游。②

毛丽娅的观点是从道教的文化资源角度来谈道教文化旅游，而秦永红不仅从道教文化资源角度，还从人们对道教文化的认知和精神层面来谈道教文化旅游。我们认为道教文化旅游不仅包含了物质文化层面还包含着精神文化层面。

（二）道教文化与旅游的关系

1. 道教文化与仙游活动不可分

道教文化继承了古代的修仙观念，修仙信仰是道教文化的“龙头”，并且在道教文化体系中进一步系统化，从而在一定程度上蕴含了道教对宇宙、社会和人生的认识与思考，成为道教文化的重要组成部分。修仙信仰观念使道教徒认为得道成仙

① 秦永红：《道家旅游观与现代旅游的契合》，《西南民族学院学报》，2001（12）。

② 毛丽娅：《论道教文化旅游资源的开发与利用》，《四川师范大学学报》，2002（2）。

必须远离世俗闹市、隐遁深山幽谷，做到清静无为、崇尚自然、返璞归真，正所谓“人法地，地法天，天法道，道法自然”，在仙境中恬淡养性、超然物外、清心寡欲，从而得道成仙。传说中道教的修仙信仰世界主要有两大系统，即《山海经》中所描绘“百神之所在”的昆仑仙山和《史记·封禅书》中所记载的蓬莱仙山，都是道教徒向往的修行胜境，成为他们仙游的首选。①

所谓仙游就是指道教徒追求得道成仙而辗转奇山异水的一种旅游活动。道教徒坚信要想长生不老、羽化成仙一般要通过两种方法来实现，而任何一种方法都离不开仙游。其一，养气服食。养气服食必须依靠自己采集、配制、冶炼、煎熬灵丹妙药，需要在那些绝非凡境的奇山异水中寻找原料，需要遍访名山大川，这自然离不开仙游；其二，仙人点化。仙人点化是在自身修行的基础上得到仙人的指点和教化，自身修行需要在幽境中做到清静无为，仙人也不会定居凡境，道教徒要想得到仙人点化就只能或身居幽静、修身养性，或寻遍山川、供奉神仙，这自然也离不开仙游。因此，仙游成了许多道教徒梦寐成仙的手段，总是渴望在青山绿水、云雾缭绕、紫气弥漫、具有仙风道骨的自然山水中云游，寻找“灵气”和神仙，体验飘飘欲仙之感，实现得道成仙之梦。著名道士葛洪为了搜集道教的神仙方术，仙游大江南北，于徐、豫、荆、江、广等数州之间，遍游奇山异水，广交道教朋友，求得道成仙之术。陆修静访遍巴山蜀水、蛮荆瓯越，也是热衷仙游四方的著名道士。还有陶弘景等都是出类拔萃的仙游大家。仙游与“道法自然”的道家思想相符合。由于道教文化的传播与兴盛，越来越多的道教文化圣地渐渐成为道教活动的重要场所和人们体验神仙信仰的胜地，从而成为道教文化旅游资源。

2. 道教文化与现代旅游文化观念的契合

道教文化的高深造诣不仅使它在历史上对旅游文化产生了巨大、深刻而不可替代的影响，更与现代旅游文化有着惊人的契合，其出世而入世、自然与人为的统一对现世旅游文化建设有着重要的指导作用，对解决现代旅游困惑有一定的启迪作用，更重要的是它与旅游本质、旅游文化的实质相统一，暗含预示了未来旅游文化的发展方向。

旅游是人类自由主动、愉悦的文化活动，由此产生的旅游文化也应该是自由的文化，是一种开放、张扬、丰富人性的文化。从这个意义上讲，道家、道教旅游观念更贴近于现代旅游文化的宗旨，与现代旅游的本意有着惊人的契合。道家、道教从保存人的生命之光出发，引导人对自然的深入思索和审美，主张从人的本性出发体察这一点，因而“道”与自然山水在精神上是相通的，艺术家体“道”后的心灵状态也只有在自然山水中才能得到安顿。“道”的思维，典型表现了中国古代人着重自然、热爱自然的思想，心与自然的默契沟通，顺应自然、融入自然被看作满足天性的旅游情趣并以此得到自然的抚慰，经千百年历史沉淀成为民族旅游思维定

① 袁银枝：《试析道教文化旅游资源及开发价值》，《宜宾学院学报》，2004（3）。

式，人们在旅游中自觉和不自觉地运用这种思维方式。[①]

总之，道教人性自然化的“畅游说”、“逍遥说”，显示了中华民族旅游观念中通过静观默察、自觉体悟的审美参与方式，主张在旅游中以物我相亲、物我同化到达物我两忘、物我合一的状态，用全部身心去体验感悟自然；从赏玩山水之象中直觉地把握自然，把握如自然一样的人的生命律动，从而悟解天地人生之道以达到自我实现、自我满足。这种“天地与我并生，万物与我为一”的观念，深深地影响了中国艺术文化和以此为基础的中国旅游文化。

第二节　道教文化旅游资源分布及特点

由于道教文化与旅游有着密不可分的内在联系，而且道教文化旅游资源在旅游活动中又起着举足轻重的作用，是道教旅游活动的载体，所以本教材对道教文化旅游资源的分布及特点作如下阐述。

一、道教文化旅游资源的界定

有关道教文化旅游资源的概念，学界有四种观点：

一是袁银枝（2004）认为道教文化与旅游活动的联系由来已久，二者的长期结合形成了道教文化旅游资源，成为现代旅游资源中重要而特殊的组成部分。她在《试析道教文化旅游资源及开发价值》一文中指出：围绕道教活动的名山、宫观和石窟、彩塑、壁画等特色文化就成了现代社会重要的旅游资源，称为道教文化旅游资源。[②]

二是卢世菊（2001）认为，除了名山、宫观、石窟、彩塑和壁画以外，道教的节庆活动也是道教文化旅游资源的组成部分。[③]

三是杨丽霞（2004）在《道教神仙文化遗产的开发研究》一文中，把神仙文学和保健养生等也划入了道教文化旅游资源的类别中。[④]

四是孔令宏（2005）在其《道家与道教文化旅游》一文中认为，道教文化旅游资源还包括道教的养生文化饮食，如道家的药膳、菜肴、酒和饮料以及道家茶等都是珍贵的旅游资源，可以与旅游结合起来。[⑤]

① 秦永红：《道家旅游观与现代旅游的契合》，《西南民族学院学报》，2001（12）。

② 袁银枝、巍宝山：《道教文化旅游资源与开发略论》，《研究生论坛》，2004（4）。

③ 卢世菊：《浅谈湖北道教旅游资源的开发与利用》，《当代经济》，2001（1）

④ 杨丽霞：《道教神仙文化遗产的开发研究》，《中南民族大学学报》（人文社会科学版），2004（52）。

⑤ 孔令宏：《论道家与道教文化旅游》，《浙江大学学报》（人文社会科学版），2005（6）。

前面四种观点从不同的角度分析了道教文化旅游资源的概念，本教材认为，道教文化旅游资源重点是指名山、宫观、石窟、彩塑、壁画等物质文化旅游资源和道教的节庆、宫观活动、神灵谱系、神仙传说等精神文化旅游资源。

二、道教文化旅游资源的分布

道教的文化旅游资源主要有道教名山、建筑艺术和道教的节庆、宫观活动、神灵谱系、神仙传说等。

（一）道教的名山

1. 道教四大名山

我国道教有四大名山，分别为武当山、龙虎山、青城山和齐云山。

（1）武当山

武当山，又名太和山，位于湖北省均县以南，发源于秦岭，为大巴山北脉。武当山地处华中，古称“方圆八百里”。山景以雄为主，兼有险、奇、幽、秀等特色，有七十二峰、三十六岩、二十四涧、十一洞、三潭、九泉、十石、九井、十池、九台等风景胜迹。武当山是我国道教著名的福地，传说是仙人隐显之地。武当道教古建筑总体的构思和布局体现了神仙思想，单元建筑又包含阴阳五行思想，建筑选址体现了风水思想，建筑小品中又融入了民俗文化底蕴；从“南修武当，北修故宫”来看，武当山道教古建筑又是皇家建筑文化的反映；从建筑艺术和技巧来看，武当道教古建筑不仅积淀了各朝的建筑风格，而且有些技艺堪称独步，“九曲黄河墙，一柱十二梁”即是其一。总之，武当山道教古建筑的价值之高在世界上都是罕见的。1994 年，武当山古建筑群被列入《世界遗产名录》。其中比较有名的建筑有以下一些：遇真宫、紫霄宫、南岩宫、太和宫、金殿。①

（2）龙虎山

龙虎山是道教正一天师的祖庭，位于江西省鹰潭市南 20 公里的贵溪县境内。道教称之为第三十二福地。

龙虎山名胜古迹众多，山水秀丽。沿龙虎山山前上清溪上溯或顺水而下，沿岸奇峰碧水，二十四胜迹，九十九峰，风光旖旎。特别是从龙虎山至仙水岩一段，青山碧水，怪山奇峰，惟妙惟肖，充满了神话色彩。山崖绝壁间留有不少古人的攀岩石刻，散布在悬崖峭壁上的还有上百座距今 2500 年前春秋战国时的岩墓悬棺，巧妙地被安置在距地面或水面 20 - 50 米处。由于道教文化影响，历代文人雅士，纷纷前来寻胜探幽，访道参玄。

明嘉靖年间（1522 - 1566）对龙虎山道观进行大规模的修建，并改名为“正一

---

① 沈祖祥、李萌：《旅游宗教文化》（第三版），旅游教育出版社，2008，第 125 - 126 页。

观”，建有三重大殿和钟鼓楼、丹房等房舍。主要供奉张道陵天师及王长、赵升二真人。清代也多次重修龙虎山庙宇，历代曾先后建有十大道场、八十一座道观、三十六座道院，龙虎山也因此成为张天师和正一道的祖庭，在道教史上有很大影响。现存的两处主要建筑即天师府和上清宫，分别为历代天师起居和演教之所。①

（3）青城山

青城山位于四川灌县西南15公里，背靠岷山，面临川西平原。方圆二十公里内，有三十六峰、七十二洞、一百零八处胜景。幽是青城山的主要特点，故有“青城天下幽”之称。

如今青城山尚存的道教宫观主要有长生宫、建福宫、天师洞（常道观）、朝阳洞、祖师殿、上清宫、圆明宫、玉清宫等，其中天师洞和祖师殿被列为全国道教重点宫观。②

（4）齐云山

齐云山是中国道教四大名山之一，供奉真武大帝。齐云山与武当山均供奉真武大帝，故有“江南小武当”之美称。唐代元和年间，道教传入齐云山，宋、元两朝，基业初奠，明代嘉靖和万历间，江西龙虎山嗣天师正一派张真人祖师三代奉旨驻留齐云山，建醮祈祷、完善道规、修建道院，香火日盛，渐渐成为江南道教活动中心。以嘉靖皇帝敕建的“玄天太素宫”为主体的月华街一带是道士和香客向往的圣地。

齐云山风景名胜区位于徽州（今黄山市）休宁县城西约15公里处，古称白岳，与黄山南北相望，风景绮丽，素有“黄山白岳甲江南”之誉，因最高峰廊崖“一石插天，与云并齐”而得名，乾隆帝称之为“天下无双胜景，江南第一名山”。它由齐云、白岳、岐山、万寿等9座山峰组成。齐云山又是道家的“桃源洞天”，为著名道教名山之一。风景区面积110平方公里，以山奇、水秀、石怪、洞幽著称。共分月华街、云岩湖、楼上楼三个景区。有奇峰36座，怪岩44处，幽洞18个，飞泉洞27条，池潭14方，亭台16座，碑铭石刻537处，石坊3个，石桥5座，庵堂祠庙33处，真是丹岩耸翠，群峰如海，道院禅房为营，碑铭石刻星罗棋布。③

2. 道教其他主要名山

（1）崆峒山

崆峒山位于甘肃省东部、平凉市西14公里，属六盘山支脉，海拔1450－2123米，南东走向，系侏罗纪末、白垩纪初燕山运动中褶皱上升形成的山地。该山蓊荟郁葱，岩石坚硬，断裂交错，群峰耸峙，壁立千仞，怪石嶙峋，尤以邃洞遍布而著称，山上大小洞窟达100余处，“崆峒”之名由此而来。

---

① 沈祖祥、李萌：《旅游宗教文化》，旅游教育出版社，2007，第128－129页。

② 沈祖祥、李萌：《旅游宗教文化》，旅游教育出版社，2007，第123页。

③ 引自baike. baidu. com/view/10328. htm. 2012－5－11.

隍城为全山道教宫观之首，建在马鬃山巅。殿宇金碧交辉、富丽堂皇。道教为了强调通天，把太虚紫府建在山顶，从朝天门到隍城天门，亭阁连续相望。各组殿堂随山势地形高低交错，多系明代建筑。殿外山势开阔，碧嶂丹岩，环列左右，气象崇宏壮观。太和宫内有殿堂 7 座，塑像 27 尊，存有 80 多幅反映太上老君生平的明代壁画。太灵宫内有披发跣足的真武帝鎏金像，一个直径 1.18 米，重 300 公斤的“回光返照”铜镜，是明代襄陵王朱景洸所奉献。天仙宫内有三霄殿、轩辕殿等。

雄险惊心的上天梯，是登崆峒绝顶的一条孔道，犹如华山千尺幢。相传黄帝叩见广成子时，在此跪地伏首而行，以示虔诚，实为唐贞观中明慧禅院开山祖师仁智和尚主持开凿，计 378 级，石阶陡峻，两侧有明清设置的铁柱索链。沿途有药王洞、遇真宫、广成洞等 11 处古建筑，依山傍势，绀宇凌空，悬阁飞檐，结构精巧。

崆峒山不仅是道教圣地，也是自然景观胜地。山体雄险峻峭如华、泰，烟云秀美如黄、庐，怪石峥嵘如雁荡，幽深清凉如峨眉。春季山花烂漫，万紫千红；夏季岚翠交碧，浮苍点黛；秋季层林尽染，荡金流火；冬季白雪托峰，玉雕翠积。总之，四季分明，景色迷人。全山区有名景点 100 多处。①

（2）三清山

三清山位于江西上饶地区玉山县和德兴县之间。该山因有玉京、玉华、玉虚三大主峰并列，犹如道教玉清、上清、太清三位最高尊神列坐其巅，因而取名为三清山。三清山现存的道教建筑主要分布在风门至“三清福地”的登山古道沿线。从风门上山，途经陡若天梯的众妙千步门、冲虚百步门、南天门等，可看到天门石坊和华表，华表上刻联曰：“高凌云汉江南第一仙峰，清绝尘嚣天下无双福地”，入内即是“三清福地”。这是一个海拔 1526 米的山间小盆地，四面山岭环抱，中间较平。整个福地以三清宫为主体，建于盆地南侧龟背山下的龟背石上。坐南朝北，背负玉京峰，面朝紫烟石，西有飞升台。正殿前立小巧的石坊，上刻“三清宫”三个大字，正殿大门上书“三清福地”，大门两边刻有“殿开白昼风来扫，门到黄昏云自封”的对联。整座建筑除屋顶以外，均为花岗石砌成，殿前的香炉等也是用石头雕出来的。

今天的三清山，又开发了一些新的景区，特别是国内第三大景观索道——金沙索道 2008 年 3 月建成。②

（3）王屋山

王屋山是太行山的支脉，也叫天坛山，位于河南省西北部济源市城西 45 公里处，为豫、晋两省的界山。其山耸立于万山丛中，为太行之脊。王屋山两翼，东有日精峰，西有月华峰。王屋西崖下有太乙池，亦名沇水，潜流地下，至龙潭寺复

---

① 章采烈：《中国宗教特色旅游》，江苏人民出版社，2002，第 37－38 页。

② 沈祖祥、李萌：《旅游宗教文化》，旅游教育出版社，2007，第 131 页。

出，易名济水。山上气候异常，晦明变幻，风雨无常，整日白云缭绕，蔚为奇观。由于此山的独特形态、历史传说和奇异气候，故早被道教徒看中，并列为十大洞天之首，号称“天下第一洞天”。自唐代以来，道观宫殿，星罗棋布。其中阳台宫、紫微宫、清虚宫为王屋山著名“三宫”，可惜紫微、清虚两宫毁于战火，仅有阳台宫保存至今，成为道教徒瞻仰之地。①

（4）崂山

崂山是我国道教名山，为“道教全真天下第二丛林”。名道士邱处机、张三丰、徐复阳、刘志坚、刘若拙等都曾在崂山修真传道，是一处令人神往的“神仙窟宅”、“灵异之府”。

说起崂山的道教始祖，当首推西汉武帝时的御史大夫张廉夫。崂山道观号称有“九宫、八观、七十庵”之数，其中最有名的则数“太清宫”，又叫“下清宫”，是崂山现存历史最悠久、规模最宏大的一处道观。它掩映在蓊郁的乔木树丛中，分为“三官殿”、“三清殿”、“三皇殿”三个独立院落，总体布局宏伟壮观，分院落又深邃幽静。其建筑颇费匠心，别具一格，由石壁瓦舍组成几进院落，体现了道教崇尚“清静寡欲”的思想。它始建于宋代，重建于明代。前临大海，三面环山，气势十分壮丽。在主院三清殿内，供奉“道德天尊”、“元始天尊”、“灵宝天尊”等；在三皇殿内，供奉着神农、伏羲、轩辕大帝；在三官殿内，供奉真武、雷神、监坛等。这些神像色彩明丽，神态动人，不失为艺术佳作。

在崂山南部昆仑山腰有“明霞洞”，自山下拾级而上，凡三十余折，约1公里许，一路幽篁夹道。洞开凿于金大定二年（1162），洞额“明霞洞”三字为清代书法家王埣所题。明代著名道士孙紫阳曾静修于此。据说原洞高大宽敞，清康熙年间（1662－1722）遭雷击，大半陷入地下。洞东巨石上，尚存“天半朱霞”题刻。洞前平崖如台，由此遥望大海，空濛浩渺，俯视崖下，沟壑纵横，这就是崂山另一胜景“明霞散绮”所在。由洞后小径攀援而上，经“玄真洞”可达昆仑极顶，俗称“北大顶”上有美丽的天池。

《齐记》曾有“泰山虽云高，不如东海崂”之语，确实不虚哉！②

除了以上介绍外，还有其他道教名山，如茅山、泰山、华山、衡山、恒山，等等。

（二）道教的建筑艺术

道教的建筑艺术主要是指道教的宫观、祠庙、阁、石窟、彩塑、壁画等与道教建筑相关的艺术形式。

---

① 章采烈：《中国宗教特色旅游》，江苏人民出版社，2002，第45－46页。

② 章采烈：《中国宗教特色旅游》，江苏人民出版社，2002，第47－50页。

1. 道教的主要宫观

（1）北京白云观

白云观坐落在北京市西城区西便门外滨河路，是道教全真派的圣地，号称“全真第一丛林”。几百年来，一直是北方道教的中心。

白云观是唐太宗为奉祀老子所建，创建于唐开元二十六年（739），原名“天长观”。观内的汉白玉石雕老子像据说是当时的遗物，成为白云观的镇观之宝。金泰和三年（1203）遭火焚毁，重建后改名“太极宫”。元太祖二十二年（1227），敕封太极宫为“长春宫”。从此，这里便成为北京道教的中心。明洪武二十七年（1394）重建，改名为“白云观”。

全观建筑根据八卦方位布局，以子午线为中轴，主要建筑分东、中、西三路和后花园。中路是全观的主要建筑，以民族建筑的基本格局，依次为牌坊、山门、灵官殿、玉皇殿、七真殿、丘祖店、四御店、戒台和云集山房等。左右配殿楼阁有：藏经阁、朝天楼、东西客堂、宗师殿、丰真、儒仙、钟鼓楼等诸厨房寮房；东路现为中国道教协会和中国道教文化研究所所在地，不对外开放，内有南极殿、丰姥阁等五个神殿和罗公塔、斋堂。西路有八仙、吕祖、元君、元辰等五个神殿和祠堂院。古观的装饰图案、花纹十分古朴，具有道教清净素雅的特有风格。游者从中可以直观体验道教的宗教哲理。后花园内假山错落，清净幽雅。全观占地约 6 万平方米。白云观作为全真教的“第一丛林”，每年春节前后的庙会吸引了无数游人和信徒。①

（2）苏州玄妙观

玄妙观是一座历史悠久、规模宏伟的道教建筑，位于江苏省苏州市市中心观前街，相传是春秋战国时吴国宫殿的旧址。该宫殿是我国南方古建筑的典型，其建筑模型现在陈列在北京故宫博物院古建筑陈列室内。观内的三清殿还被列为国家重点文物保护单位。

玄妙观始建于西晋咸宁二年（276），距今已有 1700 多年历史，初名真庆道院，唐开元二年（714）改名开元观。唐末孙儒作乱，仅存正殿、山门。其后屡毁屡修，元初元贞元年（1295）始称玄妙观。明初洪武年间清理道教，一度改名为“正一丛林”。康熙时因避皇帝玄烨之讳，改“玄”为“圆”，故今山门扁上仍写“圆妙观”之名。民国后才恢复了玄妙观的旧称。

旧时玄妙观范围很大，清代康熙、道光年间曾有殿宇 30 余座，是当时全国规模较大的道教建筑群之一。但是由于屡遭兵祸，现仅有山门、三清观、雷尊殿、斗姆阁等四座建筑保存完好。其他殿堂如东岳大帝殿、关帝殿、三毛殿、火神殿、三官殿、观音殿等，均已不完整了。

玄妙观地处苏州市中心，清末以后，这里逐渐演变为商场，许多商行摊贩盘踞

① 沈祖祥、李萌：《旅游宗教文化》，旅游教育出版社，2007，第 138 页。

观内。新中国成立前，观内真人殿为乞丐所占，东岳殿成了旧货摊，正山门则成了全市著名的银圆黑市。具有千年历史的江南名观湮灭在市井叫卖声之中，令人痛惜。新中国成立后，政府下大力气对其进行多次整修，玄妙观的面貌才焕然一新，观内文物重放历史异彩，以崭新面貌迎候广大游客。观前的观前街在经过市政改造以后，也已成为苏州最繁华的商业购物街和旅游标志景观之一。①

(3) 广东罗浮山冲虚观

冲虚观是位于广东罗浮山南麓的著名道教圣地，是全国道教重点宫观之一。元祐二年（1087）赐“冲虚观”匾额，清光绪二十六年（1900）重建，如今规模基本保持其清代重建后的旧貌。由于香火鼎盛，游客如云，影响颇广。据传，杭州西湖的黄龙洞、上海闸北的黄大仙庙、香港九龙的黄大仙观、马来西亚和新加坡的黄龙庙都是由冲虚观分支出去的。

沿白莲湖畔，经会仙桥（传说苏东坡和何仙姑邂逅于此），转过古木荫蔽的园林，就到了冲虚观。冲虚观为一套四合院式的木石结构建筑，全观共有五进宝殿，包括山门、正殿和配殿。中路两侧有百余间两层楼的丹房、斋堂、库房等附属建筑，全部建筑面积共4400多平方米。主体建筑是三清观，殿门高悬朱底金子横匾额一块，上书“三清宝殿”四个大字。殿内供奉道教最高尊神“三清”金身塑像。在三清观旁边还供有张道陵、葛玄、徐逊、撒守坚四位真君神像。大殿两旁设有精致神龛两座，东面神龛供奉着九天应元雷声普华天尊（雷神）西面神龛供奉太乙救苦天尊。整个店堂碧瓦朱柱，画廊彩壁，庄严肃穆。②

(4) 河南武陟嘉应观

嘉应观，位于河南省武陟县城东13公里的庙宫村，南距黄河4公里，东距京广铁路黄河大桥6公里，与郑州邙山黄河旅游区隔河相望，始建于清雍正元年(1723)，由雍正皇帝拨专款白银288万两，历时4年建成。嘉应观有亭、殿、楼、阁200余间，面积1.4万平方米，皆采用清代官式建筑形制，规模壮丽，结构谨严。

嘉应观不仅是河南省目前保护最完整的清代宫殿式建筑群，而且是黄河流域最大的龙王庙，号称“黄河第一庙”。神奇的嘉应观，吸引了众多中外游客。③

(5) 成都青羊宫

青羊宫位于成都市西南角一环路西二段，是成都市现在最大的道教宫观。始建年代不详，唐时名“玄中观”，唐僖宗中和元年（881），爆发黄巢起义，唐僖宗避乱后来到成都，中和三年下诏改玄中观为青羊宫，并赐内外库钱200万，大修殿堂。从此青羊宫成为唐宋以来该地区最大的宫观。明末，青羊宫毁于兵火，清康熙

---

① 沈祖祥、李萌：《旅游宗教文化》，旅游教育出版社，2007，第140页。

② 沈祖祥、李萌：《旅游宗教文化》，旅游教育出版社，2007，第141－142页。

③ 章采烈：《中国宗教特色旅游》，江苏人民出版社，2002，第66页。

六年重建，同治、光绪年间又进行过大的增修。1982 年，青羊宫被国务院定为全国道教重要宫观之一。

青羊宫现存的主要建筑有大山门、灵珠楼、混元殿、八卦厅、三清殿、斗姆殿、皇楼殿、唐玉殿（紫金台）及降生台、说法台等。①

（6）台湾北港朝天宫

朝天宫位于台湾省云林县北港镇、北港溪右岸，又名“天后宫”、“圣庙”、“妈祖庙”。朝天宫的其他各宫殿分别供奉观音大士、三官大帝等神像。它的后殿颇具特色，殿中主要奉祀妈祖的父母兄弟。一家皆神，团聚一堂，是台湾通俗宗教重“人情味”的典型例子（在内地，妈祖属民间信仰，非道教——编者注）。

台湾有许多居民笃信妈祖，不仅视其为航海保护神，而且作为年岁丰收和保境安民的象征。作为全台妈祖“总庙”的朝天宫，自然而然地在每年妈祖诞辰时，成为全台祭祀妈祖的中心。从农历正月十五起，便有香客陆续从台湾各县市赶来，直至农历三月二十三妈祖诞辰日，祭祀活动达到高潮。在这期间，拥入北港的善男善女可达四五十万之多。妈祖诞辰的前后几天，民间还有祭神游行的风俗，整个北港香火烟雾弥漫，锣鼓喧天，各地民众抬着大大小小的神佛像，纷纷来向妈祖“拜寿”，其盛况可谓壮观。②

（7）永乐宫

永乐宫原名大纯阳万寿宫，原址在晋南芮城县中条山峨眉岭南麓、黄河北岸的永乐镇，汉属蒲圻县，唐改永乐县，至宋始改为镇。始建于 1247 年，历时 15 年，至元中统三年（1262）建成主体建筑，至元三十一年（1294）建成龙虎殿，泰定二年（1325）绘完三清殿壁画，至正十八年（1358）纯阳殿壁画竣工，施工时间前后长达一百一十多年，几与元朝共始终，较完整地保存了元代艺术宝藏。

宫内主体建筑五座，即宫门、龙虎殿（无极门）、三清殿（无极殿）、纯阳殿（吕祖殿）、重阳殿（七真殿），垂直排列于中轴线上。除宫门为清代建筑外，其余皆为元建。东西两面不设廊室、配殿等附属建筑物，而用围墙筑成一个狭长的中心院落，并将三座主要建筑（三清、纯阳、重阳三殿）集中在后半部高踞的台基上，其他建筑放在中心院落之外，另筑一道外围场，分区鲜明，主次有序。

永乐宫因地处三门峡水库工程的淹没处，1958 年国家拨出巨资，历时七年，进行了规模浩大的迁建复原工程。宫中的全部建筑迁移至城北 3 公里龙泉村东侧重建，每幅壁画都经过精心揭取修复，被复装在原来的建筑物内。从此，永乐宫拂去了历史给它蒙上的尘埃，成为现存中国建筑文化艺术皇冠上的一颗明珠，以它璀璨的光华，吸引了无数中外艺术朝圣者的渴慕向往和顶礼膜拜。③

---

① 沈祖祥、李萌编著：《旅游宗教文化》，旅游教育出版社，2007，第 142 页。

② 沈祖祥、李萌编著：《旅游宗教文化》，旅游教育出版社，2007，第 144 页。

③ 章采烈：《中国宗教特色旅游》，江苏人民出版社，2002，第 60 – 62 页。

(8) 重阳宫

重阳宫坐落于陕西户县城西 10 公里祖庵镇北，同山西永乐镇“纯阳宫”和北京“长春宫”（今白云观）一起，并称为我国道教“三大祖庭”。这里是全真教祖王重阳的修道、葬骨之地。据说重阳死后，四徒（邱处机、刘长生、谭长真和马丹阳）扶柩入潼关，走到祖庵时绳子断了，于是他们就将祖师遗骨葬在此地，建起了成道宫，马丹阳手书“祖庭”二字悬于宫内，自此道教门徒称之为祖庵。元时改称重阳宫，中统四年（1263）又改为重阳万寿宫，增建殿阁楼台，当时多达 5048 间，遂成为全国七十二路道教的总集合点。原建筑早已倾圮，仅余一座四合院为清代重修，新中国成立后增建了陈列室。

2. 道教的祠庙

(1) 广东佛山祖庙

祖庙是广东佛山市一座著名的道教建筑。始建于北宋元丰年间（1078 – 1085），又称“北帝庙”。元末毁于战事，明洪武五年（1372）重修，其后改建或扩建达 20 余次。

祖庙平面布局呈长方形，建筑物按南北中轴线对称布置，自南向北逐渐升高，依次为：照壁、万福台（戏台）、院子、灵应牌坊、锦香池（放生池）、石狮与钟鼓楼、山门、中殿、大殿及庆其楼等，与一般寺院布局迥然不伺，总面积达 3000 多平方米。①

(2) 山东泰山碧霞祠

泰山号称道教的“群山之祖，五岳之宗，天地之神，神灵之府”，因而宫观祠庙众多，碧霞祠就是其中之一，且其作为女神庙，是泰山顶上最有特色的一组规模宏大的古建筑群。

碧霞祠始建于北宋大中祥符二年（1009），为真宗赵恒登泰山祭天后第二年敕建。原名昭真祠，全称昭真观，明代改为碧霞灵佑宫，清乾隆年间改称今名。清雍正八年（1730）为防止高山雷击，故采用铜铸件和土木砖石相结合的设计。正殿为铜顶，其盖瓦、鸱吻等饰物均为铜铸，仅一个大吻就有一吨多重。至此全部建筑始具现在的规模，总面积为 3900 多平方米。

在碧霞祠的大殿正中供奉的是碧霞元君的鎏金大铜像。碧霞元君又称“泰山娘娘”，传说是东岳大帝之女，是道教所尊奉的女神，民间信仰极盛。碧霞祠是泰山最完整的古代建筑群，布局周密，结构严谨，玲珑精巧，庄严可观，活像“仙山琼阁”。②

(3) 陕西白水“造字之神”仓颉庙

仓颉，传说为黄帝时创造文字的史臣，陈仓人，被后世奉为神明，相传其葬地

---

① 章采烈：《中国宗教特色旅游》，江苏人民出版社，2002，第 65 – 66 页。

② 章采烈：《中国宗教特色旅游》，江苏人民出版社，2002，第 70 – 71 页。

在陕西省白水县城东约20公里的洛河西岸史官乡，后人修庙纪念。其庙在东汉延熹五年（162）已具相当规模。宋、明两代各有增修。现在的正殿和后殿为明代建筑，其他前殿、献殿、戏楼和钟楼、鼓楼，均为清代乃至民国时重修。后殿正中供奉仓颉神像。与众神不同的是，神像有四只眼睛，这是根据古书“仓颉四目”的记载塑造的。

仓颉庙后殿之后有仓颉墓，圆形土堆。墓顶有一株奇特的古柏，高约一丈，其枝干每年轮流荣枯，因而又被称为“转枝柏”。后殿和正殿两旁陈列着历代碑刻，其中以《仓圣鸟迹书碑》、《孔子弟子题名碑》和东汉延熹五年的《仓颉庙碑》最为宝贵。庙内庭院尚有一百多株高大的松、柏树，而且多有名称，如凤凰柏、龙爪柏、柏抱槐、奎星点元、二龙戏珠等等。自古至今，有不少文人雅士前来踏访凭吊。①

（4）河北安国“药王庙”

药王庙位于河北省安国县城南关，始建于北宋靖国元年（1101）。明代嘉靖年间（1522－1566）重修。面积为3200平方米，坐东朝西，规模宏伟。这座大名鼎鼎的药王庙所祭祀的主神，既不是通常的三皇五帝，也不是名医扁鹊、华佗或孙思邈，而是东汉初年的一位战将兼太守邳彤。据传，邳彤是安国人，他才兼文武，精通医理，倡导扶植民间医药行业，使安国有了种药、制药、重医的传统，为以后安国成为全国“药都”打下了基础。邳彤死后，被葬在安国县城南门外，并在邳彤墓附近修建了“邳王庙”。北宋建中靖国元年（1101），徽宗特加封邳彤为“灵贶公”，并重建庙宇祭祀。于是安国名声大振，邳彤因此而被奉为“药王”。

药王庙前塑有红、白两匹战马和两个英武戎装的马童，象征着邳彤当年的英勇善战，这在全国所有药王庙中是绝无仅有的。庙中碑碣林立，有的碑上刻着古药方和中药材知识，十分珍贵。大殿正中供有药王邳彤彩塑像，清乾隆二十年（1755）重修庙宇时，南北两座配殿内增塑我国十大名医像：左有华佗、孙林、张子和、张介宾、刘河间，右有扁鹊、张仲景、孙思邈、徐文伯、皇甫士安。②

（5）福建湄洲妈祖庙

湄州妈祖庙创建于北宋雍熙四年（987），已有千年历史。妈祖庙规模宏伟，富丽堂皇。庙宇前临大海，潮汐吞吐，邀响回音，有“湄屿潮音”之誉。此外，还有朝天阁、梳妆楼、升天楼、斋堂、雅室、爱乡亭、思乡亭、香客山庄等。湄州妈祖庙是世界各地妈祖信徒的“朝拜圣地”，因为遍布世界各地的天后宫，都是湄州妈祖庙“分灵”过去的，所以每隔几年，都要抬着妈祖神像回湄州“寻祖”挂香一次。每年农历正月十五日元宵节、三月二十三日妈祖诞辰、九月初九日妈祖升天吉日的前后几天，海外侨胞、台港澳同胞、国外友人，一队队、一团团地前来朝拜妈

① 章采烈：《中国宗教特色旅游》，江苏人民出版社，2002，第71－72页。

② 章采烈：《中国宗教特色旅游》，江苏人民出版社，2002，第74页。

祖，并请妈祖神像郑重地用红绸带系在脖上，捧在胸前，虔诚地簇拥着踏上归途。不少台湾信徒甚至从高雄起就点起香烛，经澳门、珠海、中山，行程1000多公里，专程到湄州妈祖庙来朝拜，而且按习俗要连续3年……自从1986年起，秘密来湄州妈祖庙朝圣旅游的台胞有1000人左右，到1988年已有37500人，1990年，一下子发展到12万人次。福建省莆田市及时推出“妈祖朝圣旅游”，形成很有吸引力的特色旅游，获得极好的社会效益和经济效益。①

（6）广东德庆龙母祖庙

在广东省德庆县悦城镇，有一座造型奇伟、闻名遐迩的古代建筑，它就是充满神秘色彩的龙母祖庙。龙母祖庙临水而建，庙前石牌坊挺拔高峻，正中“龙光入觐”四个大字夺人眼目。

庙分四进，大殿恢宏壮丽，妆楼奇巧深出；建筑上之石雕、木雕、砖雕，集巧匠之精华，令人拍案叫绝；殿后有龙母坟，庄严肃穆，气势不凡。龙母祖庙所在地称珠山，取“神龙吐珠”之意。庙后有科甲、马头、鹧鸪、虎头、鹤山等五山拱卫，山势蜿蜒，人称“五龙朝庙”。庙前悦城河、杨柳水、洚水汇入西江，四水萦回，波涛不兴，人称“灵水回澜”。每当旭日初升之际，万顷金波映射祖庙，观者无不惊讶赞叹。②

（7）宁夏中卫高庙

高庙，坐落于宁夏中卫县城北面。原名“新庙”，始建于明永乐年间（1403－1424）。清朝康熙年间（1662－1722）重修，改称“玉皇阁”。民国初年，改称今名。初建时规模较小，经历代增建重修，始成今日宏伟瑰丽的古建筑群。

高庙在银南平川上突兀而起，占地4100多平方米，建起楼台殿阁200余间。主要建筑处于自南至北的中轴线上，且逐渐增高；辅助建筑布局于左、右两侧，均衡对称。主体建筑和辅助建筑之间，多用飞桥相联结，布局十分紧凑而又富于变化。整个建筑群层楼重叠，错落有致，翘角飞檐，奇妙壮丽，无论俯视仰视，都极具鹤翔凤鸣之美。其细部装饰也十分精美，墙壁、走廊、门窗、格扇，都有精工细刻的花鸟字画和色彩鲜明的绘画，表现出独特的构思和细腻的风格。③

（8）辽宁北镇山神庙

山神庙，坐落在辽宁省北镇县城西2.5公里的山坡上，是供奉医巫闾山山神的庙宇。山神庙始建于金代，元、明、清历代重修扩建。大庙坐北朝南，前后五重大殿，庙的东边还建造有91间皇帝行宫，在东北除沈阳故宫外，北镇山神庙算是最大的皇家建筑群。整个建筑群从岗下依天然地势排列到岗顶，南北长约240米，宽109米，布局深远，规模宏大。庙内有元碑11方、明碑9方、清碑25方，有的是

① 章采烈：《中国宗教特色旅游》，江苏人民出版社，2002，第76页。

② 章采烈：《中国宗教特色旅游》，江苏人民出版社，2002，第80页。

③ 章采烈：《中国宗教特色旅游》，江苏人民出版社，2002，第86页。

告祭碑，有的是皇帝题咏刻石，有的是庙宇重修碑记，都是很有价值的历史资料。①

3. 道教的阁

（1）河南开封延庆观玉皇阁

延庆观玉皇阁坐落于河南省开封市区西南隅，是开封的道教古迹中最负盛名的一座道观。它是为了纪念道教的“全真教”创始人王重阳而建造的。初建时方圆达七里的延庆观，原为元初为纪念王重阳而建造的朝元万寿宫的斋堂，明洪武六年（1373）改名延庆观。后来，大部分建筑都毁于兵火，到了清代，只剩下了这一座玉皇阁。玉皇阁高达13米，共有三层，外表像是一座八角形矮塔，又像是一座实心的高亭。玉皇阁的上层是八角攒尖亭形，覆盖琉璃瓦，有铜质顶饰和垂链。中层八角，用碧色琉璃砖砌成人字形屋山，仿木结构的砖雕斗拱、檐飞和檐枋，小巧玲珑，异常精美。下层外形为正方形，南壁正中辟门，上悬琉璃砖雕成的盘龙匾，书“玉皇阁”三字。两旁各置圆形铁窗，窗棂上铸有“嘉靖二十八年九月吉日”等文字。室内均瓷砖砌筑，不见梁柱。这是一座保留某些元代特征的明代无梁阁。阁中亭内供奉着一尊罕见的汉白玉雕刻的玉皇大帝坐像。

玉皇是道教的尊神，在比较像样的道观中都要供奉。全国各地有很多著名的玉皇庙、玉皇观和玉皇阁，而开封延庆观中的玉皇阁却格外有名，与北京白云观、山西永乐宫齐名，并为中外游客所瞩目。②

（2）山东蓬莱仙阁

蓬莱阁坐落在山东蓬莱市北郊丹崖山巅，下临大海，殿阁凌空，云烟缭绕，素称“仙境之乡”。古代传说蓬莱、方丈、瀛洲为海上三仙山，上有仙人及长生不老药。秦始皇、汉武帝都曾为求仙觅药先后来此。方士徐福受秦始皇之命求仙，据传即由此乘舟入海。神话“八仙过海”，也发生在这里。

蓬莱阁创建于北宋嘉祐年间（1056－1063），明代扩建，清代重修。阁高15米，重檐八角，绕以回廊，上悬“蓬莱阁”金字匾额。整个建筑可分三组：中为灵显宫，东为白云宫，西为天后宫，四周是吕祖殿、苏公祠、澄碧轩、卧碑亭、观澜亭、灯楼等建筑，布局紧凑，结构严谨。

民间长期流传的“八仙过海，各显神通”的故事，就发生在蓬莱阁。蓬莱市近几年开发旅游资源，成功开发出一条以游“八仙园”、住“八仙居”、吃“八仙宴”、观“八仙宫”为主要内容的“八仙”系列旅游，③ 吸引了众多中外游客。

4. 道教的石窟

龙山石窟是我国唯一的一座道教石窟，坐落在太原西南20公里的龙山山巅。根据龙山石窟内的镂书“自甲午春至乙未冬，三洞功毕”的记载可知其建于元太宗

① 章采烈：《中国宗教特色旅游》，江苏人民出版社，2002，第88页。

② 章采烈：《中国宗教特色旅游》，江苏人民出版社，2002，第68－70页。

③ 章采烈：《中国宗教特色旅游》，江苏人民出版社，2002，第82－83页。

六年（1234）。

龙山石窟共三层八窟，按顺序排列：第一窟叫虚皇龛，正面为元始天尊坐像，两旁为在云中肃立的十常侍像，头上均有彩色光环。第二窟叫三清龛，中为玉清元始天尊，左为上清灵宝天尊，右为太清道德天尊，即太上老君。左右还有真人与侍女像。第三窟叫卧如龛，内刻侧身卧像一尊，头东足西，传说是披云卧化之所，实际宋德芳死于陕西终南山重阳宫。这尊卧像是全真道士炼气的模拟像，与今天卧式气功的姿势完全一致。第四窟叫玄真龛，内刻石像三尊。第五窟叫三天大法师龛，内刻石像三尊。第六窟叫七真龛，又名玄门列祖洞，分内外两层，内刻王重阳的七大弟子像，是全真道七个道派的创始人。第七、第八两窟都叫辩道龛。第七窟内有“披云自赞”及其门人秦志安、李志全等人的石刻题词，都完好无损。

龙山石窟规模虽不大，但雕工朴实，衣着庄重，与佛教石窟艺术风格迥然不同。①

5. 道教的彩塑

道教的彩塑众多，仅以玉皇庙彩塑为例，作较详细介绍。

玉皇庙彩塑一共有100多尊，神、魔、仙、怪都有，各具风姿。其中大殿侍女像仍保存了宋塑之风，可与太原晋祠圣母殿的侍女群像媲美。二十八宿殿中的彩塑像排列于砖筑神台上，是玉皇庙现存元塑的精品。男性表情奔放，女性温柔娴静，造型生动逼真；特别是每尊塑像都有一种动物相伴，更引起观者的兴趣和遐想。

二十八宿的由来，与古代天文有直接关系。它们原是天空中东、南、西、北四方七组星宿的统称，分别代表星空的二十八个星座，即东方青龙七宿是角、亢、氐、房、心、尾、箕；北方玄武七宿是斗、牛、女、虚、危、室、壁；西方白虎七宿是奎、娄、胃、昴、毕、觜、参；南方朱雀七宿是井、鬼、柳、星、张、翼、轸。东汉以来，随着道教的发展，“神仙天界”的境域被扩展开来，二十八宿等成为供奉的偶像。道士们利用天文学上的成就，附会制造出有关星宿的神话，并给二十八宿各安排了一种动物形象作为象征。

玉皇庙二十八个彩塑，男、女间隔，老、中、青穿插，文武搭配，动静结合，姿势、体态、神情各不相同，又相互协调。通观二十八尊彩塑，无不取材于现实生活里人的形象，这是写实；能工巧匠们的精心雕塑，创造出比现实人物更理想的典型形象；此外，按宗教教义又加给这些形象以“神”的灵感，凭借幻想而创造出象征星宿的各种禽兽，这就把写实、想象和象征融为一体了。

彩塑群是元代的雕塑，在艺术手法上着重造型的内心刻画并具有地方色彩。它继承并发展了两宋以来彩塑中的写实手法和世俗风格，和芮城永乐宫壁画具有同样的艺术价值，都是13世纪山西道教盛期的产物，在我国雕塑艺术发展史上享有一

① 章采烈：《中国宗教特色旅游》，江苏人民出版社，2002，第90－92页。

席之地。[1]

6. 道教的壁画

道教的壁画主要集中在道教的祠庙、宫、观、阁、石窟中，而永乐宫壁画是其中最具代表性的壁画之一，在这里作较为详细的介绍。

位于山西芮城县的元代道教宫观永乐宫，不仅以其宗教建筑著称于世，而且以其道教壁画闻名中外。永乐宫壁画主要绘在龙虎殿、三清殿、纯阳殿、重阳殿等四座主体建筑的墙壁上，总面积达960平方米，题材丰富，笔法高超，为我国绘画史上的杰作。

龙虎殿原是永乐宫大门，殿内壁画在后部两梢间，内容为神荼、郁垒、神将、神吏、城隍、土地等守护神仙世界的天神。虽略有残损，原作气魄尚存。三清殿是永乐宫的主殿，殿内壁画满布，除拱眼壁画外，计有403.3平方米，为元泰定二年（1325）河南洛阳马君祥等人所绘。壁画内容为《朝元图》，即诸神朝拜道教始祖元始天尊图像。纯阳殿，亦称吕祖殿，殿内四壁和扇面墙上壁画满布，内容是吕洞宾神话故事，即《纯阳帝君仙游显化图》，从降生起到成仙度人，共计52幅，构图谨严，连贯适当，相互间用山水、云雾、树石等自然景色隔连。该殿壁画为至正十八年（1358）朱好古门人张遵礼等人所绘。重阳殿殿内壁画内容为道教全真派首领及其子“七真人”的神话传说，用连环画的形式绘成，与纯阳殿同属一畴。

永乐宫壁画继承了唐、宋以来优秀的绘画技法，成为元代最重要的绘画遗产。从时代上看，它又恰恰是敦煌莫高窟古代绘画艺术的延续，所以，它在中国壁画艺术发展史上占有重要的地位。[2]

（三）道教的节日（中国道教的节日以农历为准）

道教节日与道教的神真信仰和宗教生活密切相关，在不同的节日，一般要举办相应的斋醮法事，不但道士集会，而且影响到民俗活动，有大量的朝观香客，风俗相沿，形成“庙会”。因为与民俗活动有着直接关系，又结合了中国传统节气时令，所以道教的节日很频繁。春秋二分、冬夏两至，即道教的八节斋。所谓“祀祠同俗”，是因为道教本来就产生于中国的世俗社会，所以民间文化及习俗是道教的一个重要来源。

曾在教内外流行的主要道教节日，大约有如下几种。

1. 三会、三元

三会日和三元日，据说都是五斗米道的节日。自隋唐以来，三元成为道教的重要节日，如《要修科仪戒钞》卷八引《玄都大献经》说：“正月十五日，天官校戒，上元斋日；七月十五日，地官校戒，中元斋日；十月十五日，水官校戒，下元

① 章采烈：《中国宗教特色旅游》，江苏人民出版社，2002，第92－93页。

② 章采烈：《中国宗教特色旅游》，江苏人民出版社，2002，第93－95页。

斋日。此三日能斋，三官勒名善薄。”上元节即民俗之“元宵节”，又衍传为天师张道陵的诞辰。七月十五是道教的中元节、佛教的盂兰盆节，民俗则称作“鬼节”，保留了古代五腊祭鬼神的遗风。

2. 戊日

戊日是道教的重要忌日，道教称作“戊不朝真”。其法是以干支纪日，逢六戊日，即戊子、戊寅、戊辰、戊午、戊申、戊戌，关闭殿堂，不上香，不诵经，殿堂门上悬挂戊字牌。此六戊为“明戊”。另有所谓“暗戊”，精熟此道者亦为忌日。

3. 祖师诞辰

道教是多派教，既有各宗派共同崇拜的三清四御尊神，也有宗派各自崇拜的祖师。前者反映出道教的基本信仰及教义，后者则多与地方性的民俗活动有关，演绎为影响不等的道教节日。[①] 不过，道教节日终归是习惯的宗教活动和民俗活动日，我们即依道教习惯，简列其祖师诞辰如下：

正月初一日，玉清元始（天宝君）天尊圣诞日

正月初九日，昊天金阙至尊玉皇大帝圣诞日

正月十九日，邱祖圣诞日

二月初一日，勾陈上宫南极天皇大帝圣诞日

二月初二日，承天效法厚德光大后土皇地祇圣诞日

二月初三日，文昌帝君（梓潼神）诞生日

二月十五日，太清道德（神宝君）天尊圣诞日

二月十六日，真武大帝诞生日

三月初七日，何仙姑、蓝采和诞生日

三月二十三日，天后（妈祖）诞生日

四月十四日，吕洞宾诞生日

四月十五日，汉钟离诞生日

四月十八日，中天紫薇北极太皇大帝圣诞日

五月夏至日，上清灵宝（灵宝君）天尊圣诞日

五月十二日，关圣帝君诞生日

六月十五日，王灵官诞生日

七月初十日，李铁拐诞生日

八月初十日，曹国舅诞生日

十月初九日，韩湘子诞生日

十月初十日，张果老诞生日

① 章采烈：《中国宗教特色旅游》，江苏人民出版社，2002，第 172 页。

（四）道教的宫观活动

道教宫观内的宗教活动，项目和内容十分复杂，不同派别、不同等级的活动内容基本相似，均以功课、建醮和传戒三大类为主。但各派在执行过程中仍然差别较大，全真道派重清修，正一道派重醮仪。《教门科仪》是道教活动的各种法规制度与仪式奉行的规范，其中全真道十方丛林对道众活动要求最为严格。① 这些活动对游客而言是一次深刻的心灵感悟，对信奉道教的人来说是又一次的精神洗礼，因此成为中外旅游者参观和学习的对象，具有很强的旅游价值。具体的宫观活动表现在以下几点：

1. 道教的功课活动

道教宫观内，每日（戊日除外）早、晚以敲钟、击鼓、大云板为日常功课活动号命。有的丛林内，每月初一、十五日为斋日。早晚功课是诵经，个别十方丛林中午也诵经。

早上，每日五更开清或开静，亦即道众起身活动，先打扫庭院，后整理衣冠，道众齐集宫内，拈香行礼，念诵早坛功课真经。

中午，有的十方丛林午餐前上宫诵经，一般念《三官经》。

晚上，膳后至起更止境，进行晚坛功课，一般主诵《太上洞玄灵宝救苦妙经》、《元始天尊说升天得道真经》、《太上道君说解冤拔度妙经》。

2. 道教的建醮活动

建醮，即做道场。它是道教宫观内举行的重要的宗教活动，是道教采取的一种为生者祈福消灾、为死者追荐超度亡魂，或者超度已亡（道教称羽化）道士的仪式，也是道众集中的修炼形式。

宫观以外的信徒也可出资聘请道士或道众（人数不限）到家中给祖宗或长辈超度亡魂，或送灵入葬诵经做道场，以祈福消灾，或谢罪、或求寿、或求平安等等。

3. 道教的传戒与受戒活动

传戒是道教在宫观内部进行的一种重要的宗教活动。道徒必须经过受戒仪式，才能成为正式的“道士”。“受戒”，即表示接法，为正式之法嗣。出家入道观的师父或道童，须接受严格的训练，首先拜师学经，蓄发结辫，在受戒期间，须要诵习早、晚功课及建醮之经咒；丛林开坛传戒时，还须经过为期 50 天至 100 天严格的宗教受戒期训练的清修生活，接受传戒律师宣讲戒律，学习各种修炼方法。

（五）道教的神灵谱系

道教是多神教，崇奉的“神”和“仙”很多。中国民间诸神，几乎全与道教有关。道教所奉的“神”，大都是由古代宗教信仰而来；“仙”是依据道教理论臆

① 王元海、黎美洋、陶华举：《旅游宗教文化》，四川大学出版社，2007，第 146 - 148 页。

造出来的。两者的区别在于，“神”职掌政事，享受祭祀，如人间帝王和下属官吏；“仙”是不管世事的散淡人，犹如人间的名士。[①] 我们认为神灵谱系有两层含义，一是指宫观中所供奉的诸神，二是指在历史中衍生出来的为人们所认可的神灵体系。

道教的神灵体系是在历史发展中不断扩充而形成的，早期道教称老子为太上老君，为道的化身，是道教的至上神。此后，有以元始天王为至上神的，至南朝陶弘景《真灵位业图》时，他根据神灵位业的高低初步构筑了一个庞大的神灵谱系。南北朝以后，道教神灵谱系继续演变。最后道教的神灵体系大致定型为以下等级：最高者为“三清”，次为“三天君”、“五老君”，再次为“四御”。其他众神，可分为以下系列：大明之神（日）、夜明之神（月）、山川之神、社稷之神、五祀之神、八腊之神和城隍、土地、灶君、门神、财神、先农、先蚕、马牛、瘟疫等诸神。此外还有属于人鬼一样的神，如各姓之祖先、历史上的圣哲贤才和忠孝义烈之士，如关羽、岳飞等都在其列。

所谓三清，是指玉清境清微天元始天尊、上清境禹余天灵宝天尊、太清境大赤天道德天尊的统称。三清是道教宇宙观的一种象征。所谓四御，是辅佐三清的四位天帝，一是昊天金阙至尊玉皇大帝，二是中天紫薇北极太皇大帝，三是勾陈上宫南极天皇大帝，四是承天效法后土皇地祇。四御中以玉皇大帝的影响最大。

现代人在修缮道教的旅游场所时，都先按照神灵体系来完善道教的神像，以供游人欣赏和学习，它已成为道教旅游资源的重要一景，具有一定的旅游价值。

（六）道教神仙传说

“仙”是道教理论的意念，具有“长生不死”，神通广大的特征。在道教经书中，一般把仙人分为九品：“一上仙，二高仙，三大仙，四玄仙，五天仙，六真仙，七神仙，八灵仙，九至仙”等。道教所崇奉的仙真很多，刘向撰《列仙传》记古代传说的仙人 70 多名，葛洪《神仙传》记神仙 90 多名。此后，仙人队伍不断壮大，至元代赵道一编《历世真仙体道通鉴》，始自黄帝，下逮宋末，集录仙真 745 人，《续编》集录 34 人，《后集》收录女仙 120 人。明清以降，传说的得道仙真时有增加。

道教文化旅游资源与神仙传说有密切关系，在中国民间流传最广的道教神仙非八仙莫属。在中国历史和民间有不少关于“八仙”的传说，如李白、贺知章等人的“酒中八仙”，董仲舒、张道陵等人的“蜀中八仙”，但这些同道教所传的八仙并无关系。八仙指的是铁拐李、吕洞宾、张果老、何仙姑、曹国舅、蓝采和、韩湘子、汉钟离八位神仙。[②] 八仙的影响力渗透于民间信仰、文化及旅游活动之中。

---

① 章采烈：《中国宗教特色旅游》，江苏人民出版社，2002，第 8 - 9 页。

② 沈祖祥、李萌：《旅游宗教文化》（第三版），旅游教育出版社，2008，第 116 页。

1. 铁拐李

八仙中，铁拐李是年代最久，资历最深者，见诸文献则较晚。元剧《吕洞宾度铁拐李岳》始有其名。关于其身世由来传说颇多，一说乃西王母点化成仙，封东华教主，授铁杖一根。一说本名洪水，常行乞于市，为人所贱，后以铁杖掷空化为飞龙，乘龙而去为仙。一说姓李名玄，遇太上老君而得道。一日神游华山赴太上老君之约，嘱他的徒儿七日不返可化其身。然而徒儿因母亲病而欲归家，六日即化之。第七日李玄返魂无所归，乃附在一跛脚的乞丐的尸体而起，蓬头垢面，袒腹跛足，以水喷倚身的竹杖变为铁拐，故名铁拐李。

铁拐李在民间传说中为八仙之首，有的书中称其姓李，名洪水，隋朝峡人，鲁迅先生的《中国小说史略》则说他姓李，名玄；赵翼的《陔余丛考》中又说他姓刘。有说他是唐玄宗开元、代宗大历之间人，学道于终南山，一次元神出壳，没曾想尸体为虎所食，只得投身于一个跛乞丐。《历代神仙通鉴》称，其原本一俊伟丈夫，善道术，会使导出元神法术，修炼于砀山岩穴中，有次应师父老子之约，行“元神出壳”法术，赴千里之外华山，数日后回归，发现其尸体被其徒误焚，突见附近一饿殍，灵机一动说“即此可矣”，即从饿殍脑门而入，神魂归壳后则成一蓬头卷须、黑脸巨眼，并且还跛了一只右脚的丑陋汉子。看来他是一位民间口耳相传、诸事附会而成的道家仙人。供奉铁拐李的药王庙（六谷祠）位于合肥市南，这座古建筑在战争年代曾惨遭破坏，“文革”时期彻底被拆除。

2. 吕洞宾

吕洞宾，原名吕岩，故乡在河中府永乐镇（今山西芮城县，现芮城县有纪念吕洞宾的道观——永乐宫）。在民间，吕洞宾是八仙中最著名、民间传说最多的一位。他出生于世代官宦之家，祖辈都做过隋唐官吏，吕洞宾自幼熟读经史，有人说他曾在唐宝历元年（825）中了进士，当过地方官吏。后来，他因厌倦兵起民变的混乱时世，抛弃人间功名富贵，和妻子一起来到中条山上的九峰山修行。他和妻子各居一洞，相对可望，遂改名为吕洞宾；“吕”，指他们夫妇两口，两口为吕；“洞”，是居住的山洞；“宾”，即告诉人们自己是山洞里的宾客。他的道号为纯阳子。他在弃官出走之前广施恩惠，将万贯家产散发给贫民，为百姓办了许多好事。民间传说他在修炼过程中，巧遇仙人钟离权，拜之为师。修仙成功之后，下山云游四方，为百姓解除疾病，从不要任何报酬。吕洞宾一生乐善好施，扶危济困，深得百姓敬仰。他羽化后，家乡百姓为他修建了“吕公祠”，以示纪念。到了金代，因吕洞宾信奉道教，于是将“祠”改成了“观”。元朝初年，忽必烈知道吕洞宾信奉的道教在群众中颇为流传，就想利用宗教和吕洞宾的声望巩固自己的统治，派国师丘处机管领道教，拆了“吕公观”，大兴土木，修建了“永乐宫”。从修建大殿到绘完几座殿堂的壁画，历时110年，几乎与整个元朝共始终（注：现在的永乐宫是因修水库于20世纪50年代由别处迁过来的）。

3. 张果老

张果老，本名张果，唐朝时人，生于邢州（今邢台市）广宗县张固寨村，法号广宗道人，在邢州五峰山修行。因玄宗黄帝抑佛兴道，敕封其为仙翁，御封张果老为银青光禄大夫，号通玄先生。张果老要求返回山林，唐玄宗乃御赐邢州五峰山为张果老的修道场所，并为其修建了一座栖霞观，命两人做他的弟子，侍奉他，又赠他布绢三百疋，并命令沿途驿站，护送他到邢州。邢州刺史还为其开辟了仙翁山到邢州城的道路，并搭建了仙翁桥一座，方便张果老出入和百姓香客进香朝拜，栖霞观内的山洞原名登真洞，张果老仙去后被称作仙翁洞。

天宝年间，唐玄宗又招张果老，远在邢州的张果老听说之后忽然死掉了。他的弟子埋葬了他，但是后来开棺一看，原来只是一口空棺材。就这样张果老不知所终。后来，唐玄宗下诏改邢州五峰山为仙翁山（俗称张果老山），以栖霞观作祭祀张果老之所。自此仙翁山成为邢州的一方名胜，远在唐宋时“仙翁古洞”便被誉为邢州八景之一。根据《顺德府志》和《广宗县志》记载，邢台市广宗县有张果老墓、张果老井等古迹，今遗迹尚存。

4. 何仙姑

何仙姑原名何琼，唐高宗开耀元年出生于零陵一户普通的庄户人家。当地人传说，在何琼出世的那天，一团鲜艳祥瑞的紫气笼罩在何家茅屋的上方，一群仙鹤在紫气中上下飞舞，不一会儿，一只硕壮的梅花鹿驮着一个扎小辫、身系红肚兜的女童飞奔闯入何家，就在这时何母生下了一个白白胖胖的女婴。喝云母水长大的何琼，出落得美丽灵秀，她自小就喜欢一人在云母溪边嬉戏漫游。十四岁那年，她在云母溪畔遇见了一位白发苍苍的长胡子老翁，老翁向她询问了一些当地山水的情况，何琼都伶俐地一一作答，老翁非常高兴，从自己的背囊里取出一枚鲜灵灵的蟠桃送给何琼，何琼接过，谢了谢老翁，然后三下五除二地把蟠桃吃下了肚，老翁看着她吃完，满脸笑容地点点头，转身就不见了。回家后，何琼一连几天都不感饥饿，因而也就不想吃东西，精神却比以往更旺盛，一个月之后，何琼又在云母溪边遇到了那位老翁，这次老翁把她带到云母山上，教她如何采集云母以及怎样服食云母。何琼按照他的话，每天到云母山上采食云母，渐渐感觉到自己身轻如燕，往来山顶，行走如飞。此外，她还能辨识和采摘山中的各种仙草灵药，为附近的百姓治疗各种疾病，且能预测人事，因此周围的人都称她是“何仙姑”。

何仙姑家庙是增城市重点文物保护单位。何仙姑是增城小楼人，家庙为祀奉何仙姑而建。庙宇始建于明代，清咸丰八年（1858）重修。正堂供奉樟木雕塑的何仙姑像，左边墙壁有一幅八仙浮雕，右侧有一口天花井，名“仙姑井”。庙正堂右侧的瓦脊上有棵桃树，人称“仙桃”。家庙有两大节庆，每年三月初七仙姑诞辰、八月初八仙姑得道日，善信自发举行盛大纪念活动，万人空巷，场面蔚为壮观。

5. 曹国舅

八仙中最令人难以理解的是曹国舅，因为这位皇上的小舅子本无仙风道骨，原是一个无法无天的花花太岁！一种较体面的说法是，他是宋仁宗曹皇后的兄弟，名景休。其弟叫景植，是个依仗权势恣意妄为之徒，皇上常常训诫他，然而他毫不悔改。传说后来二国舅非法杀人，被包公审治伏法。大国舅深以为耻，便隐居山林，葛巾野服，矢志修道。这一天，汉钟离、吕洞宾来了，问他："闻子修养，所养何物？"大国舅道："养道。""道在何处？"国舅指了指天问："天安在？"他又指了指心。钟、吕二位笑道："心即天，天即道，你认识本来面目啦？"于是授以密旨，嘱其精炼，没多久就功成道满了。

关于曹国舅的身世，民间还有一种传说。在《包龙图神断公案》中记述如下：

曹国舅系宋仁宗朝之大国舅也。时有广东潮州府潮阳县秀才袁文正，携妻张氏，往京赴试。二国舅贪张氏姿色，邀袁生夫妇入府，绞死袁生，要迫张氏。不从，蓝幽深房。袁生魂诉包公，包公准究。时大国舅虑二国舅杀袁生之事被包办，乃令告知二国舅，务将张氏置死以绝后患。二国舅令投张氏下井。张氏逃逸，太白金星化作老人途遇大国舅，误以为包公，投呈诉冤。大国舅接呈大惊，罪以冲道，执铁鞭击之。疑其已死，弃尸僻巷。张氏醒后，往诉包公。包公廉得其情，诈病，赚大国舅来府问疾。包公令张氏出诉，遂将大国舅长枷监禁。又作假书骗二国舅来府，令张氏面诉冤情，遂将二国舅枷入牢中。曹皇后暨仁宗亲来劝释。包公不从，即令将二国舅押赴法场处决。仁宗颁诏，全赦天下罪犯。包公领诏，令开大国舅长枷。大国舅释回，自称死中复生，遂入山修行，得遇真人点化，引入仙班。

在后来的八仙形象中，曹国舅身着红官袍，头戴小纱帽，脸上涂着豆腐块，活生生的一个小丑知县模样。当八仙装扮整齐出场的时候，人们只是把曹国舅当成一个可笑甚至可爱的小丑，至于他的高贵门第和恶少的行径，倒早已被淡忘了。

6. 蓝采和

关于八仙中蓝采和的记载，倒比纯阳祖师还早一些。在五代南唐沈粉写的《续仙传》中就详细地记录了他的行踪。他是一个真正的乞丐。《续仙传》说他不知籍贯何处，家世如何。他常穿着件破蓝衫，腰上系一条三寸窄的破带子，一脚着靴，一脚光着，手里拿着讨饭用的拍板，他的拍板与众不同，大得出奇，竟有三尺多长。他每日就打着拍板，唱着"莲花落"在市街上乞讨。他很机敏，别人问什么，他随时就编出词儿唱着回答，而且非常诙谐，经常把人逗得捧腹大笑，所以他走到哪里，孩子们就跟到哪里。这种传说一直流传着。蓝采和有时似狂非狂，他讨了钱来，就用长绳穿上，拖在地上接着走。散落了，他也不回头，碰到穷人就全部赠送。有时喝醉了，他就边打拍板边舞，唱道：

跳歌蓝采和，世界能几何？
红颜一春树，流年一掷梭。
古人混混去不返，今人纷纷来更多。
朝骑鸾凤到碧落，暮见桑田生白波。
长景明晖在空际，金银宫阙高嵯峨。

蓝采和这种人世无常的歌咏在五代那变乱年代并不罕见，但出于一个乞丐口中，就带着“仙气”了。蓝采和所唱歌词多率性而作，皆有神仙意，但传留于世的仅此一首。

据说蓝采和周游天下行止不定，其实那正是流浪汉的游历常事。传说他的面容总是不变，有人小时候见他是那样，等到老了再看蓝采和依然如故。可是后来他走到濠梁（在今安徽凤阳一带）时，在酒楼上喝得大醉，忽然传来云鹤笙箫之声，他便飘升到半空中，在云中扔下破衣烂衫和拍板，然后冉冉而成仙云了。

7. 韩湘子

本名韩湘，在历史上确有其人，他便是唐代大诗人韩愈的侄孙。在现存的《韩昌黎集》中就有韩愈给他的三首诗，一首是著名的《左迁至蓝关示侄孙湘》，另二首是《宿曾江口示侄孙湘》。这三首诗都作于唐宪宗元和十四年。这年韩愈官居刑部侍郎，由于他上表谏阻佞佛的宪宗迎接所谓“佛骨”进京，触怒龙颜，颁下圣旨，要把他处死。幸赖宰相崔群、裴度谏救，总算免其死罪，后被贬斥到荒远的潮州云作刺史。韩愈在南下赴任的途中，韩湘来相送，当时正走到蓝关，韩愈便写了那首《左迁至蓝关》的诗。

韩湘在四年后进士及第，姚合曾给他写过一首诗，题名叫《答韩湘》。诗中说：“子在名场中，屡战不败北。……昨闻过春闱，名第吏部籍。三十登高科，前途浩难测。”

韩湘子其实是个名利场中的人，到后来他官做到大理寺丞，其实并没学道成仙的事。

8. 汉钟离

原名钟离权，出身于将门之家，原是东汉时一位将军，父亲钟离章，是位大将，因为北征匈奴有功封为燕台侯。据道书《列仙全传》和《历代神仙通鉴》说，钟离权将要诞生之前，有一位巨人走入卧房，自称是上古的黄神氏，应当托生于此，卧房里立刻光如烈火，一位大仙就降世了。他一生下来就与众不同，顶圆额广，耳厚眉长，目深鼻耸。降生后接连七天不哭不食，然后便跳起来大叫道：“身游紫府，名书玉京!”紫府玉京是玉皇大帝的宫城，意思就是宣告自己是上天的神仙。

后来这位少爷长大了，当了谏议大夫。不久羌人造反，朝廷看他奇才神勇，就命他挂帅西征。但这位一降世就名列仙班的将军出师不利，带着两万士兵刚开赴前线，就被羌人趁夜劫营，杀得丢盔弃甲。钟离权单骑落荒而逃，什么神通也没发挥出来，最后倒迷了道。也是吉人自有天相，他在密林中遇到一位和尚，领着他走了几里，见了一座庄院说道：这是东华先生成道的所在，将军可以在此歇息。于是钟离权回心向道，东华先生传授他长真诀、火符内丹。不久他又得到上仙王玄甫传授的长生诀，在崆峒山得到玉匣秘诀，最后成了仙人。等到经过太上老君的推荐，被玉皇大帝封为太极左宫真人，这位将门之后就正式名列仙班了。

八仙的故事普及之后，民间的庙会扮了他们的形象来娱神，使得这些个性鲜明、丰满的神仙形象与道教文化和民间世俗文化紧密地融合。这些形象一旦深入人心，反过来也必定对包括道教文化旅游资源在内的文化载体产生深远的影响。

三、道教文化旅游资源的特点

针对前文对道教的名山、宫观、祠庙等自然旅游资源和道教的节日、宫观活动、神灵谱系、神仙传说等人文旅游资源的介绍，归纳出道教文化旅游资源的特点。

（一）道教教义精神与旅游资源的统一

道教教义的精神是以重视个体生命（贵已重生）的价值观为本，探讨使个人精神快乐和生命永恒的问题。“贵已重生”思想源于先秦杨朱学派。杨朱派的思想纲领是“全性保真，不以物累形”。他们认为：人所追求的首先是个人自身的全存，一切客观事物的意义仅仅在于其是否有利于保全自身的生命的存在。如果拿外在的“物”或“天下”与自身相比，论其轻重，则自身的生命为重，而身外之物和天下为轻。因此保全自身生命，使之不受名利物欲的牵累和损害，这是首要的行为准则。

道家所谓的“天道自然”，含义复杂，至少可以有两种不同的解释。其一是将自然看作纯粹客观的天地万物演化过程，人类只能随顺自然变化而无所作为；其二是在自然的演化过程中，人类可以主动地适应自然变化，掌握其变化法则，参与物化。以葛洪为代表的神仙道教徒，纠正了对道家自然观的片面理解。他们从爱惜生命的立场出发，坚信“我命在我不在天”，长生可为，方术有效，主张为追求长生而积极探索自然和生命的秘密。葛洪所追求的长生成仙固然是虚幻的，人类的技术条件至今还远不能克服生老病死的自然法则，将生命延至永恒；但是葛洪反对消极顺应自然，敢于向世俗认定的常理挑战，并认真总结和研究秦汉以来神仙家的养生长寿方术。这种积极进取的精神，不正是真正的科学家所应具备的品质吗？在中国历史上，葛洪及后来的许多道家学者之所以能在医药养生、化学和工艺技术等方面取得重要的成就，与他们对人生的执著眷恋、对生命奥秘的不断探索是分不开的。

在当今物质极大丰富的社会，人们的精神空虚，道德缺失，无所依托。能够去清幽雅致、云雾缭绕、黄昏晚钟的道教圣地洗涤心灵，感悟人生，摆脱功利观，追求超凡脱俗的意境，从理念上亲身体验道教文化的奥妙所在，在游乐中感悟和回味修身养性等道教理念的真谛，是都市人的一种向往。这也正符合了道教文化旅游能够吸引游客的观点。①

（二）道教文化旅游资源是自然景观与人文景观的统一

人们在体验道教文化旅游时，宗教、自然山水、人文景观与人的知觉和心理高度结合。它既依托于宗教、旅游服务，又充分借助于自然山水和一定的人文景观。自古以来，道教宫观往往见于幽远秀绝的名山大岳，似乎与风景区有天然的联系，或占领江山或点染江山，处于群山峻岭、沟壑溪谷之中，千变万化的自然景观自成天然之趣，加之与历史文化名胜古迹交相映衬，创造出如诗如画的人间仙境。许多风景点得力于道教文化的传播而名扬天下，如古代道教有修道成仙或神仙居住的五岳、十大洞天、三十六小洞天、七十二福地等胜景，至今仍有不少为人们所向往。同时无数旷达风雅的文人墨客在游览这些胜景时总是激情澎湃，豪情大发，或吟诗作画或题词作文，留下了无数脍炙人口的绝妙诗词，许多佳句借山水传情，山水也因而显名，从而实现自然与人文景观的统一。道教文化旅游使游客在欣赏秀美雄奇的自然风光的同时，了解到历史悠久的人文景观，集知识性、趣味性、历史性、民俗性、审美性为一体，极大地满足了游客的需求。②

（三）道教文化旅游资源宗教性与游览性的统一

道教文化旅游就是把宗教化为世俗的旅游。道教建筑的功能是宗教性的，占其主要地位，但在道教文化旅游中却处于从属地位，游览性转变为主要功能。道教建筑不仅渲染了宗教氛围，折射出强烈的情绪感染力，又与周围环境构成某种特殊的文化“意境”，潜移默化地影响着人们的心理情绪。道教宫观旅游资源既是香客求神祭祀之所，又是游客探秘访幽、观赏游乐之地，这一双重功能使它有雍容华贵的气派，也有朴素典雅的格调，表现了道教追求精神自适、纯任自然的风尚。道教对于人的精神寄托与心理平衡无不裨益。试想，游客可以看到生动逼真的道教神像、雄伟庄严的道教建筑艺术，可以听到各种富有神秘色彩的道教民间传说、人物掌故和道教史实，可以现场观摩道教的气功养生之术，学习道教的修身养性之法，从而满足了游客的旅游心理需求。③

① 中国社会科学院世界宗教研究所：《中国五大宗教知识读本》，社会科学文献出版社，2007，第157页。

② 江妍、陶莉：《中国道教文化与旅游》，《商业文化》，2007（5），第209－210页。

③ 江妍、陶莉：《中国道教文化与旅游》，《商业文化》，2007（5），第209－210页。

第三节　道教文化旅游资源开发的问题及对策

道教文化历史悠久，道教文化作为民族文化的一部分，在我国古代对人们的思想文化、生活习俗产生深远影响。如在唐代，道教徒开始在名山大川开山建道，这些名山大川后来成为人们的旅游胜地。旧谚说："天下名山佛道半。"所以，道教文化不仅是中国传统文化的组成部分，还是极丰富的人文旅游资源。在我国河南省、四川省、北京市等地都有极大吸引力。道教崇尚自然的生活方式，追求天人合一的理想境界，以及其对生命意义的终极关怀，使其成为符合当今世界回归自然潮流的旅游资源，吸引海内外游客观光、游览、体验，对发展中国旅游业起了重要作用。

对我国道教文化旅游资源开发目前存在的问题和对策，理论界主要有几种观点，现介绍如下：

道教文化旅游资源在开发过程中存在的问题：卢世菊（2001）在《道教旅游文化与开发略论》一文中认为，旅游开发者对道教文化的内涵挖掘不够，使得游客只停留在对道教文化景观表象的游览上，虽对道教独特的生活氛围和道教的思想真谛有认识了解的需求，却不能得到很好满足；另外，一些道教文化景区的工作人员和导游素质不高，影响了旅游产品的质量。

杨丽霞（2001）在《道教神仙文化遗产旅游开发研究》中认为，神仙文化遗产旅游资源开发还处于初级阶段，对神仙文化的内涵开发不够。

道教文化旅游资源开发的对策：王敏（2004）在《论四川道教旅游资源及其开发利用》中认为应把道教旅游资源与佛教旅游资源结合起来开发。

毛丽娅（2002）在《论道教文化旅游资源的开发与利用——以四川为例》中提出了具有独特性的两点对策：一是依托道教的重养生和道观所在的名山胜水，建立一些新型度假区和休闲疗养地；二是依托道教的传统节日，举办各种文化艺术节。

卢世菊（2001）在《道教旅游文化与开发略论》中提出了有代表性的两点对策：一是重视民间团体的促进作用，对道教文化进行理论上的开发；二是针对不同地区、不同层次、不同类型的游客进行道教文化旅游资源的开发。

根据理论界对道教文化旅游资源开发问题和对策的研究，我们归纳出带有普遍性的几点问题和对策。

一、道教文化旅游资源开发存在的问题

（一）开发不充分，特色不明显，道教氛围不浓

我国道教名山的旅游资源没有被充分开发利用。在资源结构上，除朝圣、观光外，其他道教专项旅游资源，如道教古建筑群、休闲度假游、道教法事欣赏、道教养生、道教药膳、道教音乐游等正处于摸索阶段，尚未形成热点；在旅游商品上，道教名山的“道味”不浓，特色不突出，种类不丰富，道教的书籍、道教的服饰、道教膳食、道教药材、道教乐器、道教玉器以及蕴含道教文化的其他商品开发得不够。大多数游客的旅游时间不长，对道教建筑、音乐等所蕴含的道教文化和其价值不甚了解，尤其是到了旅游旺季，游客在道教景区停留的时间更短，无暇领略景区内的武术、乐舞等表演，更不能用心慢慢品尝道教特色菜肴。大多数游客仅是匆匆到此一游，领略一下秀美的自然风光，朝拜一下神像就不得不离开景区，道教文化对游客的影响甚微。①

（二）从业人员文化修养偏低，制约了道教文化旅游事业发展

道教文化旅游是一种文化含量高的旅游形式。道教文化中蕴含着精深的传统文化和深奥的道学哲理。开发者、经营者必须在深入研究道教文化的基础上确定景区的文化主题，并将深奥的道教文化凝练成为游客喜闻乐见的游览方式，使游人在娱乐过程中接受文化和思想的熏陶。道教文化博大精深，对从业人员的专业知识、人文知识、历史知识、宗教知识、旅游知识等各方面的要求都很高。道教文化旅游事业的发展和传播离不开高水平的人才队伍支撑。目前，从业人员、导游人员水平偏低，道士的自身素质需要提高，景区管理人员的专业素养需要培训，导游对道教历史和文化的掌握不够，这些因素极大地影响了游客对道教文化旅游的需求。因此切实加强和提高道教旅游从业人员的总体素质是非常重要的现实问题。②

（三）道教文化旅游资源缺少生态游的景观

生态旅游作为一种新兴的旅游形式，一出现就受到了世界各国的重视，尤其是在全球环境污染加重的大背景下。世界旅游组织将生态游定义为：以生态为基础理论的旅游，以生态学观点和可持续发展思想为指针，以自然生态环境和相关文化区域为场所，为体验、了解、认识、欣赏、研究自然和文化而开展的一种对环境负有真正保护责任的旅游活动，是专项自然旅游的一种形式。道教名山的生态旅游资源

① 黄爱琴：《武当道教文化旅游资源开发研究》，山东大学出版社，2008，第42页。

② 郑洁：《河南省道教文化旅游资源开发的区域整合研究》，河南大学出版社，2008，第44页。

开发得不够完善，在大多数景区内，普遍存在着重旅游、重经济、轻人文、轻生态的现象；对景区的生态布局缺乏整体规划，没有综合考虑经济、环境、旅游业之间的关系，一些开发主体想到哪里就开发到哪里，缺乏应有的可持续发展思想；景区内宾馆、饭店、商店较多，污染不断加重，道教圣地日益城镇化、商业化，这冲淡了景区的道教文化氛围，使其“道味”渐衰，道教影响力渐弱，与道教崇尚自然、顺应自然、天人合一的基本理想背道而驰。由于景区生态旅游开发不完善，游客虽然可以欣赏到绮丽的自然风光，但无法体验道教文化的深意。①

（四）道教文化旅游资源宣传不到位，品牌意识差

虽然近几年来，一些道教名胜在中央电视台、《人民日报》等重要媒体上进行宣传，同时还在北京、上海等大中城市开展促销活动，但是这些宣传仅停留在感知和印象层面上，没有对道教文化进行全面深入的宣传。在宣传的过程中缺乏系统性，因而缺少吸引力。由于宣传手段单一，年年仅局限于电视广告、功夫艺术团的武术表演，大多数游客仅知道我国的道教圣地风景秀丽，但对道教文化的其他构成内容如养生、音乐、建筑等了解甚少。不了解就不利于道教文化旅游资源的开发。虽然近几年道教名胜的知名度和美誉度有所提高，但总体讲品牌效应发挥得仍不充分，道教文化旅游资源急需全面深入的开发。②

二、道教文化旅游资源开发对策

（一）利用道教文化开发特色旅游

道教文化旅游资源的构成内容极为丰富，建筑、壁画、音乐、养生、道医、武学、饮食等极具特色，是不可多得的旅游资源。大力开展道教文化活动和道教文化特色旅游，举办道教文化展示会，品尝道教斋菜，开展武术传授和研习班，免费欣赏道教音乐，以影像的方式介绍道教发展的历史，介绍道教建筑的特点和历史价值，充分挖掘道教文化旅游资源，并充分发挥它们的功能。道教名胜景区应充分灵活地运用现有的道教文化旅游资源，努力营造一种良好的道教文化旅游氛围，处处体现“道教”气息。让游客看道教建筑的雄伟壮观、炉鼎香烛；听道士诵经奏乐的神秘悠长、清脆雅致；食道教斋饭、野菜药膳；住道士居所；穿道士服饰，甚至景区的导游可以穿上道袍，手持拂尘，娓娓道来。可以让游客亲身体验道士宫观生活，感受道观清幽的生活氛围，与道士们进行沟通，吸取道教文化中的丰富养分，

---

① 黄爱琴：《武当道教文化旅游资源开发研究》，山东大学，2008，第44页。

② 黄爱琴：《武当道教文化旅游资源开发研究》，山东大学，2008，第43页。

感悟道教精神的真谛。[①]

（二）加强人才培养和游客管理

当今旅游业已经进入专业化经营的时代，旅游业的发展对专业人才的需求也越来越迫切。虽然旅游业竞争的表现形式多种多样，但归根结底都将涉及旅游人才的竞争，特别是对导游人才的需求也越来越高。针对道教文化旅游资源的特点，需要一些高素质有深厚文化底蕴的导游人才来配合旅游资源的开发。一要培养出文化素质高、掌握一定外语和旅游心理知识的高级文化型导游员，要求他们不仅能介绍道教景观的一般内容，更要能够对道教文化的深刻内涵做出生动的解说；二在条件允许的情况下，可适当聘请景区附近大专院校、研究机构的专家教授担任“高级导游员”；三可以考虑让道教中人充当导游解说员，凭着他们对道教文化的熟悉和了解，可对游客进行基本的景观介绍、道教思想阐述等，这将对引领游客体会道教文化、领悟道教真谛起到不可忽视的作用。通过这三个方面的人才开发，能充分展示出道教旅游的文化内涵。[②]

（三）根据道教文化特点增设具有生态保护性质的新型度假区和疗养地

生活在都市中的人们面临生态环境的日益恶化，加上竞争激烈、节奏紧张的城市生活压力，使人们渴望到那些清新幽静、自然生态未受破坏的大自然中放松身心，调节疲惫的身体。道教注重养生、崇尚自然、天人合一的教理正顺应了当今的旅游趋势，我国各大名胜景区也在积极开发生态旅游。

在旅游发展中首先要保持道教旅游资源与环境的和谐一致。首先，在道教旅游新型度假区和疗养地的开发过程中，要遵循建筑的选址、布局、结构顺应自然的原则，巧妙地利用自然，灵活布局，就地取材，与周围环境保持和谐，保持道教建筑的原有意境和风格，规划成“深山藏古观，曲径通殿堂”的格局。切忌在游览区内修建现代化的游乐场以及高大的建筑，以防弄得不伦不类。其次要注意保持当地的生态平衡，重视环境容量、游客容量以及由此带来的大气、噪音等污染问题，采取相应的防护措施。特别是在祖庭名山的庆典节日中，更应严格控制客容量。还要不断向游客宣传生态平衡和生态保护的重要性，借助道教的基本思想，教育游人，使他们自觉地投身于环境保护之中，真正使游览区的生态环境幽雅清静。[③]

---

① 黄爱琴：《武当道教文化旅游资源开发研究》，山东大学，2008，第45页。

② 郑洁：《河南省道教文化旅游资源开发的区域整合研究》，河南大学，2008，第64页。

③ 郑洁：《河南省道教文化旅游资源开发的区域整合研究》，河南大学，2008，第64页。

（四）以道教文化节日为依托，提升旅游品牌

毋庸置疑，每逢道教文化节日时朝觐、参拜的人不在少数。在此基础上，加强对道教名山、宫观的宣传，树立道教文化旅游品牌形象。广告是最有效的宣传媒体之一，道教名山和宫观可利用道教自身演绎的迷人传说和历代文人骚客留下的诗文名篇大做文章，多拍一些名山、宫观的录像、摄影作品，制作成精美的宣传品，在电视、报纸杂志、电脑网络等宣传媒体上进行广告宣传，创立道教旅游品牌形象，提高道教名山宫观的知名度。武当山在这方面取得了一些成功经验，其他道教景区亦可参考。

第四节　道教文化旅游资源的开发案例
——以四川省为例

四川省是中国道教发源地之一，道教文化资源丰富，特点鲜明，是国内外游客进行道教文化旅游的胜地。开发四川道教文化旅游资源，对发展当地旅游经济有现实意义；同时，对推进全国道教文化旅游资源的开发有借鉴作用。

一、四川省道教文化旅游资源的发展及构成

（一）四川省道教的发展过程

四川是道教的发源地，自东汉末年张陵在鹤鸣山创立五斗米道以后，道教影响日益增大，特别是24治的创立，“百姓翕然奉之以为师，弟子户至数万”。后又有范长生、寇谦之、陆修静等不断倡行道教，至唐代四川道教达到鼎盛。元代以后，天师道正一派影响日衰，全真道派势力大增，逐渐居于主流。

（二）四川省道教文化旅游资源的构成

1. 四川省道教名山

巴山蜀水，绚丽多姿，是养生传道的风水宝地。自然孕育出若干道教的集仙山圣地。据《云笈七签》卷27记载，十大洞天中四川有青城山洞天，三十六小洞天中四川有峨眉山洞天。七十二福地中四川有丰都平都山、灌县大面山、绵竹绵竹山，如今知名度较高的有青城山、云台山，鹤鸣山、葛仙山、窦圌山，乾元山、金华山等，它们都以神奇秀美之景、仙家道骨之风而闻名。

2. 四川省的道教宫观

现存的位于四川成都西门的青羊宫、青城山的建福宫、常道观、祖师殿、圆明宫、玉清宫、上清宫、金华山金华观、仙女山彭祖祠、阿坝松潘黄龙观等，体现着道教文化崇尚自然的独特审美情趣和艺术追求的地方特色，反映出四川古建筑文化的特殊成就。

3. 四川省的道教建筑艺术

四川一些宫观还保留着许多著名道教宫观绘画。晚唐最负盛名的画师孙位随僖宗入蜀，曾在成都玉局观画龙。唐代画家张素卿本人就是道士，以画道门尊像著称，乾符年间，居于四川青城山常道，曾在壁上绘有《老子过流图》、《五岳朝真图》、《九皇图》、《五星图》、《老人星图》、《二十四化真人像》、《太无先生像》等。前蜀主王建修青城山丈人观，还请张素卿在真君殿上画了五岳、四渎、十二溪女、山林、溪沼、树林诸神及岳渎曹吏。[①] 青城山碧落观还有孙太古画《范长生举手整貂蝉像》。蓬州真人祠绘有真人像，即“蓬山十二仙像”。这些建筑艺术具有很高的艺术和旅游价值。

4. 四川省的道教传统节日

四川道教的重要节日有三官考核道民功过的三会日，天、地、水三官圣诞的“三元日”（即三元节），祭祀先祖百神的天腊、地腊、德腊、岁腊、王侯腊的“五腊日”。此外还有元始天尊、灵宝天尊、道德天尊等三清圣诞日以及玉皇圣诞、王母圣诞、东岳圣诞、文昌圣诞、真武圣诞、张天师圣诞、三茅君诞辰、许真君诞辰、吕祖诞辰、重阳师祖诞辰、邱祖诞辰等节日。

二、四川省道教文化旅游资源的优势

作为不可多得的有价值和品位的旅游资源，四川道教旅游资源具有以下优势：

（一）分布面广，资源丰富，密度高

道教发源于四川，形成教派组织，发展壮大，教派活动的主要区域都在四川。全省各地遍布众多的名山宫观，据有关资料记载，清嘉庆年间，四川共有宫观 300 余所，分布于全省 110 多个州县。一些著名的道教旅游资源大都集中分布于四川川西、川北一带，距省会成都不远。如青羊宫在成都市内，青城山距成都仅 70 公里，鹤鸣山位于距成都市 65 公里的大邑县境内，瓦屋山在成都西侧 145 公里处，梓潼七曲山大庙距成都 148 公里，还有成绵、成灌、成乐等高速公路及国道、省道相连，交通便捷，可进入性强。可以借助这种区位优势，开发、规划、发展以成都为中心的道教旅游区，设计以成都为中心的往返节点状道教旅游线路，充分发挥成都

① 沈祖祥，李萌主编：《旅游宗教文化》（第 3 版），旅游教育出版社，2008。

旅游节点城市的优势。①

（二）自然和人文景观并存

四川是道教重要流派五斗米道的发源地之一。四川道教在唐代达到高潮，如唐代在峨眉山，道教发展到了极盛。据统计，当时峨眉山道观有 100 多座。

四川有著名的道教人文景观，如青羊宫、常道观、云台观等，还有风景名胜区的青城山、鹤鸣山、云台山等，它们独特的宫观园林建筑、宫观绘画、雕刻艺术、宫观音乐、曲艺艺术、道教医药养生术以及道教节日、道教饮食文化等等，还有流传在四川的许多仙人传说故事，比如蜀中八仙容成公、李八百、李耳、张道陵、严君平、范长生、董仲舒、尔朱仙等，构成四川重要的自然和人文旅游资源。

道教在宫观建筑上描绘的星云、山水岩石寓意光明普照，坚固永生；以扇鱼、水仙、蝙蝠和鹿代表善、裕、仙、福、禄之意；以松柏、灵芝、龟、鹤、竹、狮、麒麟和龙凤等象征友情、长生、君子、辟邪和祥瑞等。这些人文资源来表达了人们对生活的美好追求，反映出中国建筑与民间民俗文化的统一。

（三）道教旅游资源级别高，价值大

四川道教旅游资源知名度高，祖庭名山众多。青城山是道教发祥地之一，有道教中有第五洞天之称，是全真道龙门派丹台碧洞宗的祖庭，天师道的祖山，并与都江堰景区联名列入《世界文化遗产名录》；梓潼七曲山大庙，是全国文昌宫的祖庭，国家重点文物保护单位；鹤鸣山，古剑南四大名山之一，是中国道教的祖庭所在。正是由于四川道教所具有的重要地位，四川道教文化和道教旅游资源得到有关部门很好的保护，使其级别高，价值大。例如，江油窦圌山云岩寺飞天藏是中国现存宋代道教转轮经藏孤品，其山峰之间由一根铁链维系的“岭飞渡”被誉为“中华一绝”；青城山宫观建筑群极具中国道教文化风格和川西民俗特色，现有宫观 11 处，至今保存完好。② 还有道教庙宇雕塑的道教始祖、神仙鬼魅等石刻造像，道祖故事画以及举行道教仪式时悬挂的水陆画、道教修道生活画等，都有极高的观赏价值。可见，四川道教旅游资源本身就具有较高的历史价值、科学价值、文化价值和艺术观赏价值。

---

① 王敏：《论四川道教旅游资源及其开发利用》，《西华师范大学学报》，2004（5）。

② 王元海、黎美洋、陶华举：《旅游宗教文化》，四川大学出版社，2007。

三、四川省道教文化旅游资源开发的意义

（一）有利于推动四川旅游业的发展

四川省丰富和多样化的道教文化旅游资源吸引着众多的中外游客，为当地带来了充裕的经济收入，同时为道教文化名山、宫观的修复与完善提供了物质基础，并反过来进一步激发中外游客的旅游意愿，这种乘数效应有利于推动四川旅游业的发展。

（二）促进四川道教文化的保护与弘扬

四川道教文化旅游资源的优势能促进当地的经济发展，有助于消除思想上的成见，激发人们自觉保护道教文化遗产的意识，更好地把宗教政策、文物保护落到实处。四川道教文化旅游资源的开发，不仅为当地带来了旅游收入，还可以为道教文化旅游资源的保护提供资金保障。在开发四川道教旅游资源的活动中不断加强国内外道教界人士的联系，促进其交流，为传播和弘扬道教文化创造机遇。

（三）适应当今世界的旅游业发展趋势

随着科技进步、人们生活水平的提高，人们对旅游的需求已不仅仅满足于参观、游览、娱乐等一般活动，而是更多的期盼获得悦神悦志的美感，促进知识的增长，获得心灵的净化和人生的启迪。而四川道教文化旅游资源的开发正好满足了这一需求，适应了当今世界旅游业的发展趋势。在充分挖掘四川道教文化精华的同时，引导人们体悟道家所特有的“天地与我并生，而万物与我为一”的人生境界，让人们以豁达的处世态度去发现自然，体悟生命的无限宽朗与自由，领悟人生的真谛。道教所崇尚的“师法自然，天人合一”的观念及其生活方式、养生秘诀等，都与当今世界回归自然的旅游潮流相吻合。

四、开发四川道教文化旅游资源的对策

四川省是道教文化的发源地，有着丰富的道教文化遗产，是其旅游资源的重要组成部分，具有重要的开发和利用价值。本教材针对学界有关四川道教文化旅游资源开发的论述，归纳出如下建议：

（一）利用道教文化旅游资源开发特色旅游

四川独具特色的道教文化园林建筑、道教绘画与雕塑等是不可多得的旅游资源，许多道教宫观本身就建造在幽深隽永的名山大川，宫观与自然景观映衬，具有

历史、艺术价值，体现传统文化风貌。道教宫观大多数融合宗教功能于自然山林环境之中，在园林构景和空间安排上，在建筑物与自然环境的排列组合上，都与私家园林和帝王宫廷苑囿有着不同的特色。如果对此加以开发、利用，对我国园林建筑会有所启迪，对旅游事业的发展会有帮助。我们可以利用道教宫观胜迹，举办各种文化、娱乐活动，如专题性的桃文化、竹文化、茶文化、灵芝文化节等，也可以举办宫观书画展、园林展、山水野趣游等活动。旧时的寺庙道观旅游虽然以降香拜神、观看寺貌为主，但也包括参观收藏、聚餐、饮酒、观戏、购物、观灯赏月、品茶闲话、纳凉避暑等内容。过去，成都二仙庵正是“修竹夏凉，避暑最多，空气甚洁”的好地方。①

（二）联动开发道教文化与古蜀文明旅游

道教文化与古蜀文明有着天然的联系，联动开发道教文化和古蜀文明资源，是深化道教文化旅游内涵的题中之意，具有现实基础和条件。比如沿岷江流域而下的成都平原就是古蜀文明发源地，给成都及其周边县市留下了十分丰富的古蜀文明资源。融合广汉三星堆、金沙遗址、都江堰水利工程以及川西川南少数民族宗教文化等旅游资源，采取观光旅游、生存体验等方式，就能打造出精彩的古蜀文化旅游与体验活动。②

（三）丰富道教文化旅游资源

根据道教文化的特点，开发宫观所在地的土特产品，包括开发富有积极道教文化内涵的艺术品、旅游纪念品，发展游艺收藏、器用工艺等。例如，印制出售“八仙过海”、“福禄寿三星”等画幅，介绍各道教宫观景点的书籍，制作各种反映道教文化的旅游纪念图章、泥塑、木雕、石雕等制品。此外，开发道教医药养生产品，在开发道教旅游新资源中，还可以开发极具特色的道教饮食、道教药膳系列产品。道教崇尚素食，正符合当今世界的饮食潮流。从文化神秘、饮食新奇以及养身保健等角度来看，道教素食有望成为旅游市场的重要资源。道教饮食文化的根基是以桃文化、竹文化、桔文化、茶文化、酒文化、葡萄文化、灵芝文化、菇文化、豆腐文化为主，深度开发将自然地与各地“一县数品”的特色产品相结合，会促使四川旅游经济成为地方经济发展的支柱产业。③

---

① 毛丽娅：《论道教文化旅游资源的开发与利用》，《四川师范大学学报》，2002（3）。

② 雷晓鹏：《论四川道教文化资源的深度开发》，《四川行政学院学报》，2009（2）。

③ 毛丽娅：《论道教文化旅游资源的开发与利用》，《四川师范大学学报》，2002（3）。

（四）利用道教重养生和道观多在名山胜水的特点，有选择地建立一些旅游度假区和休闲养生地

道教以长生不老、修炼成仙为最终目标。为了长生成仙，道教创造了许多炼形养神的方术，并很注重对古代养生、医药学的研究，通过自身的不断实践，创建了与传统医药学既有联系又具独特的道教医药学。道教汲取了传统的养生方法，在内修外养的过程中，形成了一套完整的养生理论和技术。虽然这套理论有偏颇、不足之处，但对人们健身和防治慢性疾病可起到一定作用。所以，道教养生术已经受到卫生界、体育界以及渴望健康长寿的人的普遍重视。道教为了长生成仙，还发展了中国古代的气功术，形成独具特色的道教内丹学。如果我们把道教医药文化与道教旅游结合在一起，在无污染的青山绿水环境中建立旅游度假区和休闲养生地，开展练气功、习武术、尝药膳等活动，会受到旅游者的欢迎和喜爱。①

（五）以道教文化为依托，打造独具特色的道教艺术产业

道教音乐是传统音乐艺术的一朵奇葩，在保留中国古代音乐文化特色的同时，我们可以不断吸收融合民族、民间、宫廷音乐成分，形成独具特色的道教艺术，并运用道教故事和传说，丰富深化创意资源的内涵。还可以把气功练习、剑术表演、道乐演奏与音像制品制作、绘画表演融合，形成道教文化艺术产业。近几年，成都市先后成立青羊宫、青城山道教乐团，并多次赴港台等地演出并取得成功就是很好的经验。②

思考与练习

1. 道教与道教文化的概念？
2. 道教文化旅游的涵义？
3. 道教文化旅游资源的分布及其特点？
4. 道教文化旅游资源开发存在的问题？
5. 对道教文化旅游资源开发的建议？

① 雷晓鹏：《论四川道教文化资源的深度开发》，《四川行政学院学报》，2009（2）。
② 雷晓鹏：《论四川道教文化资源的深度开发》，《四川行政学院学报》，2009（2）。

第七章　伊斯兰教文化旅游及其开发

本章导读

伊斯兰教是世界三大宗教（佛教、基督教、伊斯兰教）之一，自唐永徽二年(651）传入我国，经过上千年的发展，我国先后有回、维吾尔、哈萨克、乌孜别克、塔吉克、塔塔尔、柯尔克孜、撒拉、东乡、保安等少数民族信仰伊斯兰教，已拥有相当数量的信徒。全国至今保留有清真寺（礼拜寺）两万多处，其中不少清真寺具有悠久的历史，是中华民族极为宝贵的历史文化遗产。

伊斯兰教文化包含教义、哲学观点和教育方面的内容，并以此为载体形成了朝拜圣地、清真寺、墓园拱北、礼拜活动和重大节日等伊斯兰教文化旅游资源。这些文化旅游资源极具开发价值。

伊斯兰教文化灿烂多姿，穆斯林的世俗生活神秘、独特，伊斯兰教文化旅游资源吸引着众多中外旅游者。目前亟须有计划、有步骤地开发和利用伊斯兰教文化旅游资源，以推动旅游业的发展。

本章介绍伊斯兰教文化、伊斯兰教文化与旅游的相互作用，在此基础上分析伊斯兰教文化旅游资源开发中存在的问题及对策。

相关词

伊斯兰教　伊斯兰教文化　旅游资源　开发

本章重点

通过对伊斯兰教的创立、伊斯兰教在中国的传播与发展以及伊斯兰教的经典、信仰、功课等主要内容的阐述，分析伊斯兰教文化旅游资源的特点，找出伊斯兰教文化与旅游资源的相互作用，得出伊斯兰教文化旅游资源开发存在的问题及对策。以新疆伊斯兰教文化旅游资源开发为例，探索伊斯兰教文化旅游资源开发的规律。

第一节　伊斯兰教的形成和发展

一、伊斯兰教的形成

公元7世纪，阿拉伯半岛处于游牧状态，分居一方的各氏族经常对仇杀、劫掠习以为常，不断发动战争。各部族都有自己的部落神，偶像崇拜现象十分普遍。在这样的历史背景之下，伊斯兰教诞生了。

（一）穆罕默德

穆罕默德（570－632）是伊斯兰教的创始人出身于麦加一个没落的贵族商人家庭，是一位宗教家、思想家、政治家、军事家。中国的穆斯林普遍将其尊称为“穆圣”。

（二）伊斯兰教的创立

伊斯兰教创立于公元7世纪的阿拉伯半岛。公元610年，穆罕默德在麦加宣布自己受到天启，被真主安拉任命选为使者来传播伊斯兰教。

但伊斯兰教传播初期屡遭挫折，公元622年，穆罕默德与其为数不多的弟子不得不从麦加迁徙到麦地那。这就是著名的“希吉拉”（意为迁徙）。后来“希吉拉”之年就是伊斯兰教历元年。在麦地那期间，穆罕默德不仅建立了宗教公社组织——“乌玛”，还对宗教仪式也做出了明确规定，这使得伊斯兰教有了很大的发展。

公元630年初，穆罕默德率领一支一万多人的队伍，打着“为安拉而战”的圣战旗号，征服麦加，捣毁了克尔白圣殿里的所有神像，麦加的贵族改信伊斯兰教，并承认穆罕默德的宗教领袖地位和政治主张。之后，阿拉伯半岛上的各部落纷纷派代表团到麦地那觐见穆罕默德，表示信仰伊斯兰教，故伊斯兰教历9年（630）也被称为“代表团之年”。公元631年，穆罕默德统一阿拉伯各部，建立以麦地那为中心的政教合一的国家。632年穆罕默德率领十万穆斯林，到麦加做第一次“朝觐”，并做了重要演说。这次朝觐被称作“辞别朝觐”。公元632年6月8日穆罕默德在麦地那逝世。这时，伊斯兰教初步形成。①

① 王元海、黎美洋、陶华举：《旅游宗教文化》，四川大学出版社，2007，第203－204页。

二、伊斯兰教的传播

伊斯兰教产生于麦加，但其主要特征是在迁徙麦地那以后初步定型的。穆罕默德的中心任务在于将“真主独一”的教义付诸实践。逐步形成洁净、宣礼、礼拜、斋戒、天课等礼仪制度，大都简单易行。他的宗教理想和信条与现实生活相适应，这种社会改革，顺应了由部落向民族和国家发展的趋势。[①] 纵观历史，伊斯兰教的传播大致经历了以下几个阶段：

（一）麦地那穆斯林公社时期

麦地那穆斯林公社时期（622－661）是穆罕默德和四大“哈里发”时期。穆罕默德去世后，其继承人被称为哈里发。哈里发集政教军权于一身，多次对外发动“圣战”。第三任哈里发奥斯曼征服北非，又东征亚美利亚，进攻波斯等地，把伊斯兰教推向世界，这使得伊斯兰教有了第一次世界范围的传播，《古兰经》的编撰也在奥斯曼的主持下完成。

（二）伍麦叶王朝时期

公元661年元月，第四任哈里发阿里在去清真寺礼拜的途中被刺身亡，四大哈里发时期结束，伊斯兰教迎来了伍麦叶王朝时期。

公元661年－750年是伍麦叶王朝时期。哈里发由选举制改为世袭制，哈里发国家成为君主专制的封建国家。借助军事扩张，实现了伊斯兰教在世界范围的第二次大传播。

（三）阿巴斯王朝时期

公元750－1258年是阿巴斯王朝统治时期。这一时期伊斯兰教国家封建制度趋于成熟。在教内取得实际统治权是波斯人，波斯官僚体制代替了阿拉伯贵族的统治，哈里发国家迁都巴格达。

（四）奥斯曼帝国时期

公元13世纪中叶到18世纪为奥斯曼帝国时期。13世纪中叶，奥斯曼土耳其兴起于中亚细亚，16世纪建立起了地跨欧、亚、非的伊斯兰军事封建国家。其统治者称“苏丹”，后也称哈里发。因而也被称为奥斯曼帝国苏丹王朝，共经历了36位苏丹（哈里发）。这是伊斯兰教第三次向世界大扩张，传播到了印度及东南亚各国，

---

① 中国社会科学院世界宗教研究所：《中国五大宗教知识读本》，社会科学文献出版社，2007，第186－187页。

强大的伊斯兰教莫卧儿王朝。[①] 也在印度诞生。

三、近现代及当代伊斯兰教的发展

（一）近代伊斯兰教的发展（1640－1917）

近代伊斯兰教伴随着伊斯兰教复兴运动和现代主义两种思潮的并存和与西方殖民主义者的抗衡中不断发展起来的。

1. 伊斯兰教复兴运动

从17世纪开始，在奥斯曼帝国、南亚、北非等地的宗教学者中逐渐形成一股复兴思潮。他们重视早期流传的“圣训”，将先知作为穆斯林的理想人格予以仿效，反对偶像崇拜和多神信仰，希望恢复重建伊斯兰教社团，恢复早期的信仰和实践。18世纪中叶的瓦哈比运动，是这种传统主义改革和复兴倾向的第一次重大成功。在其影响下，南亚、东南亚、西非等地都产生了复兴运动。18世纪后，整个伊斯兰教世界开启了以净化宗教和振兴社会为出发点的复兴运动，大多数与殖民主义发生冲突。

2. 伊斯兰现代主义

针对帝国主义的侵略和西方宗教文化的渗透，伊斯兰现代主义通过现代化改革去挑战。他们认为，穆斯林社会的衰落和失败意味着其政治和军事力量的软弱，必须借助西方的军事技术、政府组织、经济制度以及军事和行政官员的新式教育，为了抗衡帝国主义的势力，恢复穆斯林社会的繁荣和强盛。[②] 所以首要的任务必须是自身适应当代世界的发展。但是伊斯兰现代主义未能提出一套系统完整的教义哲学和政治理论，并且带有折中、混杂的特征。

（二）现代伊斯兰教的发展（1917－1945）

20世纪初，伊斯兰教复兴思潮和现代主义思潮，成为穆斯林社会中最有活力的两股内部力量，他们的历史影响与伊斯兰各国民族主义的发展息息相关。正是通过这两种思潮的指引，民族独立和解放运动在伊斯兰各国不断高涨，最终在第二次世界大战后，相继挣脱了殖民主义的枷锁，建立起了独立的民族国家。[③]

---

① 王元海、黎美洋、陶华举：《旅游宗教文化》，四川大学出版社，2007，第204－205页。

② 中国社会科学院世界宗教研究所等：《中国五大宗教知识读本》，社会科学文献出版社，2007，第192－195页。

③ 中国社会科学院世界宗教研究所等：《中国五大宗教知识读本》，社会科学文献出版社，2007，第197页。

（三）当代伊斯兰教的发展（1945至今）

目前，伊斯兰教作为一种世界性的宗教，其信徒（穆斯林）遍布世界各地，但主要集中在其传统地区，即西亚、北非、中亚、南亚、东南亚等地。

2009年10月美国皮尤研究中心的一项研究数据表明，全世界200多个国家的穆斯林已经超过15.7亿人口，占世界总人口的23%（以2009年世界68亿人口计算）。在50个国家中，穆斯林人口占全国人口的大多数；在三十几个国家中，伊斯兰教被定为国教。参加“伊斯兰会议组织”（国际性政治组织）的国家有57个（2001）；参加“伊斯兰世界联盟”（国际性宗教组织）的有六十多个国家的伊斯兰教组织和代表。在伊斯兰世界，埃及和沙特是起主导作用的国家，而印度尼西亚是穆斯林人口最多的国家（约202，867，000），占其全国人口的比例约为88.2%，占世界穆斯林的比例为12.9%。①

四、伊斯兰教在中国的传播与发展

伊斯兰教传入中国的时间是公元7世纪中叶，历经唐、宋、元、明、清及民国时期近1300年的传播和发展。随着伊斯兰教不断地与文化融合称谓也在不断变化，……如唐代称之为“大食教”，明代称之为“天方教”、“回回教”，明末至清称之为“清真教”，民国时期称之为“回教”。这些称谓的变化反映了伊斯兰教不断与中国文化融合的过程。

（一）伊斯兰教在中国的传播

最初伊斯兰教在唐朝时期传入中国，在元朝时期伊斯兰教发展迅速，之后逐渐本土化。

1. 伊斯兰教传入中国（757—1279）

伊斯兰教在中国内地的早期传播时期是唐宋时期，这时唐朝同阿拉伯帝国（大食）均为兴盛时期。两国依靠横贯东西的“丝绸之路”和海上的“香料之路”，保持着频繁的商业往来。“贡使”和大食使节不断前来中国。来华的阿拉伯、波斯穆斯林商人更是络绎不绝。他们来华后多从事香料、象牙、珠宝、药材和犀牛角等的贩卖，并带回中国的丝绸、茶叶、瓷器和其他商品。多集中在中国东南沿海的广州、泉州、扬州、杭州、明州（宁波）并深入内地的长安、开封等地，中国人称他们为“蕃客”、“蕃商”和“胡贾”等。由于唐、宋政府鼓励商业贸易，因而有不少人在中国久居不归，被称为“住唐”。穆斯林来华，保持他们的宗教信仰与生活方式，与当地人通婚，安居乐业，繁衍子孙，由侨民而演变为“土生蕃客”，成为

① 摘自 http：//www. norislam. com/？viewnews-13868，2012年5月20日。

中国穆斯林的先民。

2. 伊斯兰教传播的重要时期（1279－1368）

伊斯兰教在中国内地广泛传播和全面发展的重要时期是元朝。蒙古汗国兴起后，成吉思汗及其继承者先后征服了中亚和西亚信仰伊斯兰教的各个国家和民族。蒙古人西征中，将一批批中亚各族人、波斯人、阿拉伯人作为战俘征调到中国来。蒙古人西征占领了中亚、西亚等地，使中西方的交通大开，越来越多的自愿来华的商人、传教士、旅行家、学术人士。他们与唐宋时期寓居中国的大使、波斯人的后裔都是穆斯林，故被称为“回回”。元代至明代前期，还有许多汉、蒙古、维吾尔等族人因政治、经济和通婚等原因信奉了伊斯兰教，成为回回穆斯林。

凡穆斯林居住的地方，均修建有礼拜寺。元代礼拜寺的建筑规模和数量远远超过前代。此时的大都（今北京）、广州、泉州、扬州、温州、庆元（今宁波）、上海、长安等地，是穆斯林商人云集之地，礼拜寺及其他伊斯兰建筑更为集中，如泉州在元代增建礼拜寺就有六七座。

3. 伊斯兰教的本土化（1368－1644）

到了明朝，随着蒙古军队的败退，伊斯兰教教徒大多随之退回漠北，社会地位有所下降。明朝严厉的海禁政策也不利于中国穆斯林与伊斯兰教世界的联系。穆斯林改用汉族姓名非常普遍，而且汉姓世代相传，标志着伊斯兰教开始与中国本土的传统文化相融合，在我国伊斯兰教发展史上具有里程碑意义。

（二）伊斯兰教在中国的特色化

伊斯兰教自传入中国以后，经历了几百年的发展，在内容与形态上都带有明显的中国特色。

1. 伊斯兰教在中国的组织形式

伊斯兰教的组织形式上与中国封建制度相结合，形成了中国式的伊斯兰教组织，即教坊制和门宦制。

教坊制始于元代。教坊的特点是以一个清真寺为中心，由该地区的全体教徒组成，是一个独立的地域性宗教组织单位。教坊制的组织形式是由一位阿訇担任教长，由乡老会组成董事会，由管事乡老主持财务和一般事务，并决定所聘阿訇人选。阿訇也可由外坊人任职，有一定任期，届时更换，亦可连任。

在长期的历史发展中，又形成了“三掌教制”：“伊玛目”是教坊首领，领导教众礼拜；“海推布”（宣讲者）讲经布道，司掌劝谏；“穆安津”（宣告者）是宣礼员，召唤教众上寺礼拜。

门宦制始于清初，是伊斯兰教的神秘主义派别（苏菲派）和中国封建主义的进一步结合。各门宦的创始人被尊为教主，实行世袭制，占有大量土地、牲畜等生产资料，利用宗教所建立起来的无上权威，役使信徒为之耕牧。

2. 中国特色的伊斯兰教义

在思想领域，中国伊斯兰教以儒家思想来阐释伊斯兰教义，这样做既坚持了伊斯兰教义的核心，又摄取了儒家之学，形成了独特的教义理论，例如在社会伦理观上，吸取了儒家的“三纲五常”思想，解决了伊斯兰教在非教权国家如何处理神权与王权关系的问题。

3. 中国特色的伊斯兰文化

在文化方面，中国伊斯兰教吸收了大量中国民族特色的东西，如宗教建筑、宗教节日、宗教习俗等。[①] 中国内地的大部分著名的清真寺都采用中国传统的殿宇式四合院建筑式样，门前有照壁，寺内两旁厢堂比例、楼阁对齐以及建筑装饰都充分体现这个国家特有的伊斯兰建筑风格。其传统节日也深受儒家文化的影响。圣纪节在其他伊斯兰教国家都是通过诵经、赞颂和集会的方式庆祝先知穆罕默德的诞生，而中国的圣纪节则通过开经作“尔麦里”（纪念经做善事），用牛羊设聚餐以示哀悼，犹如儒家文化中的“祭祖”。此外，在语言、姓名、衣着、婚丧嫁娶等方面都有明显的汉文化特征。

（三）伊斯兰教在新中国的发展

1. 新中国成立初期伊斯兰教的发展

新中国成立后，中国各民族穆斯林在政治上获得平等权利。由于共同纲领和宪法规定的宗教信仰自由政策的贯彻，穆斯林的宗教信仰、宗教活动和风俗习惯受到法律保护和尊重。国家实施民族区域自治政策，在穆斯林聚居地区，分别建立各有关民族的自治区2个，自治州4个，自治县16个。自治地方的行政主要领导人都是由各有关民族干部担任，管理本民族的事务，促进了民族团结和社会进步。[②]

“文化大革命”十年浩劫中，宗教包括伊斯兰教活动陷于停顿，穆斯林精神生活受到摧残。

2. 改革开放后伊斯兰教的恢复与发展

十一届三中全会以后，恢复了宗教信仰自由的政策。1982年中央发布了《关于我国社会主义时期宗教问题的基本观点和基本政策》，提出尊重和保护宗教信仰自由是政府的长期政策。根据文件精神，全国各地陆续开放宗教活动场所，恢复宗教团体的活动，平反宗教界的冤假错案，积极开展宗教界的国际友好往来，伊斯兰教出现了可喜的变化。

改革开放后，一些被毁的清真寺得到修复，在一些穆斯林聚居而无寺的地区还建起了新的清真寺。[③] 从1979年恢复朝觐以来，我国穆斯林朝觐人数逐年增加，从

---

① 章采烈：《中国宗教特色旅游》，江苏人民出版社，2002，第266－268页。

② 伊斯兰教传入中国的历史：http：//www. chinaislam. net. cn/index. jsp，2012年6月18日。

③ 马云福：《改革开放给我国伊斯兰教带来新生》，《中国民族报》，2008年12月16日。

原来的几人、几十人，达到现今的一万余人。1989 年我国的哈吉（朝觐者）乘坐中国民航包机直飞吉达的举动在沙特和国际上引起了轰动。

宗教信仰自由政策的贯彻落实，使得穆斯林们可以自由地封斋，不受任何干涉。伊斯兰教的三大节日（开斋节、古尔邦节、圣纪节）均可在各地自由地进行，而且开斋节和古尔邦节还被国家列为民族节日。

第二节　伊斯兰教文化

伊斯兰教文化涉及科学、宗教、政治、文学、哲学等各个方面。内容十分丰富，本教材从伊斯兰教义、哲学观点和教育方面作简要阐述。

一、伊斯兰教义

伊斯兰教义由基本信仰、宗教义务和善行。三部分组成，其中基本信仰是：信真主、信天使、信经典、信先知、信后世、信前定。每个教徒都应遵守的最基本的宗教义务是：念、礼、斋、课、朝，简称为“五功”。伊斯兰教的善行有多重类型，如善待他人、服务大众、诚实待人、施舍等。

（一）伊斯兰教基本信仰

1. 信真主。真主是阿拉伯语“安拉”和波斯语“胡达”的意译。信真主即相信真主是宇宙万物的创造者、恩养者和唯一的主宰，是全能全知、大仁大慈、无形象、无所在又无所不在、不生育也不被生、无始无终、永生自存、独一无二的。

2. 信天使。天使是安拉用光创造的，凡人肉眼无法看见。天使只受安拉的驱使，只接受安拉的命令。天使分等级，它们各司其职，但并无神性，只可承信它们的存在，不能膜拜。最著名的为四大天使中吉卜利勒地位最高。

3. 信经典。信经典是指信奉安拉降示给使者的众多经典。其中权威性最高的是《古兰经》。《古兰经》或称《可兰经》汇集了“安拉启示”。其主要内容包括伊斯兰教的基本信仰、宗教制度、对社会状况的分析、社会主张、道德伦理规范、早期制定的各项政策、穆罕默德及其传教活动及当时流行的历史传说、寓言、神话和谚语等。《古兰经》是阐述伊斯兰教教义和伊斯兰教国家立法的首要依据，也是与伊斯兰教相关的学科，如伊斯兰教法学、历史学等得以建立和发展的基础，是穆斯林学习宗教理论的最高课本。①

除《古兰经》之外“圣训”，在阿拉伯文称哈迪斯（al – Hadith，意为谈话、传述）也是一项重要经诀，它综合记录了是穆罕默德的言行，补充和注释了《古兰经》，穆罕默德在传播伊斯兰教的过程中除向弟子传述《古兰经》的经文外，还口述一些非“启示”性言论，加上他的称为“逊奈”（圣行）的举止和活动，弟子们代代相传，构成了“圣训”的基本内容。圣训是伊斯兰教创建立法的第二源泉。逊尼派与什叶派各有自己的“圣训”。②

4. 信先知。“先知”是传达真主使命的使者，所以，“信先知”又称“信使者”。伊斯兰教相信安拉在不同历史时期曾向不同民族派遣过不同使者。他们受到真主的启示，负有向人间传播宗教的神圣使命。据说安拉曾先后派遣过315位使者。“信先知”作为伊斯兰教基本信条之一，实际上就是相信真主的“封印使者”是穆罕默德，即穆罕默德是最后一个先知，也是最伟大的先知。

5. 信后世。伊斯兰教宣称，“后世”同今世一样确实地存在着。在那里有“天园”和“火狱”。今世总有一天要毁灭，世界末日也就是毁灭的那一天。今世短暂，后世永存。人生的最终归宿是后世。伊斯兰教主张“两世吉庆”，只有现世走好，后世才能安逸快乐。世界末日来临时，所有的人都将复活，接受安拉的裁判，行善者进天堂，作恶者下火狱。

6. 信前定。前定，是阿拉伯语“太克底尔”（Taqdīr）的意译，即“真主确已使万物各有定数”。信“前定”，即相信安拉预定和安排了世间一切事物及其变化，相信命中有的，不求自来；命中无的，强求不得。明末清初中国伊斯兰教义学家王岱舆，把“海”和“舟”的关系比喻为“前定”与“自由”的关系。他说：“前定如大海，自由如小”舟。在大海中小舟可以自由航行，但小舟永远不能离开大海而泛行，这一比喻是非常符合伊斯兰教义思想的。③

（二）伊斯兰宗教义务

伊斯兰教的宗教义务即宗教功课有五项：念、礼、斋、课、朝，简称为“五功”。“功”，原意为“基础”、“柱石”。这就是所谓“伊斯兰教以五件事为栋梁”，中国明朝中期的清真寺碑文就有“其教人之要，则有五焉，所谓诚（念）、礼、斋、济（课）、游（朝）是矣。”

1. 念功

伊斯兰教“五功”中的首功是念功，主要是指念诵“作证词”及一切赞颂真

① 中国社会科学院世界宗教研究所等：《中国五大宗教知识读本》，社会科学文献出版社，2007，第211－212页。

② 中国社会科学院世界宗教研究所等：《中国五大宗教知识读本》，社会科学文献出版社，2007，第218页。

③ 秦惠彬：《伊斯兰教知识读本》，宗教文化出版社，2000，第26－30页。

主的经文。其中最基本的念功就是念清真言："万物非主，唯有安拉；穆罕默德是安拉的使者。"

2. 礼功

礼功即礼拜，它是伊斯兰教中实践功课的主要部分，是穆斯林面向麦加克尔白诵经、祈祷、跪拜等一整套宗教仪式的总称。穆斯林教徒要履行每日五次的时礼，每周一次的聚礼，宗教节日的会礼。每日五次的时礼，第一次称晨礼，在拂晓举行；第二次称晌礼，在中午1时至3时举行；第三次称晡礼，在下午4时至日落前举行；第四次称昏礼，在日落后或太阳的白光消失前举行；第五次称宵礼，在入夜至拂晓前进行。聚礼又称主麻日礼拜，是集体的公共祈祷，一般在星期五举行。会礼则在每年的开斋节和古尔邦节举行。穆斯林在礼拜前必须先做净礼，即在教法意义上的洁净仪式，一般包括淋浴、净衣、洁处等内容。礼拜时应"举意"和"认时"。穆斯林礼拜的朝向是麦加克尔白，所以中国穆斯林的礼拜朝向是西方。礼拜时，每一个礼拜动作又有6项仪则，称为"六仪"。六仪是"抬手、端立、诵经、鞠躬、叩头、跪坐"。但不同的教派、教法学派，在礼拜细节上有一些差异。

3. 斋功

斋功即斋戒，中国穆斯林称为"封斋"、"把斋"，是成年穆斯林必须履行的义务。每年伊斯兰教历9月为当年的斋月。在这一个月里，穆斯林必须实行斋戒。斋戒是在斋月内的每天从拂晓到日落禁止一切饮食、吸烟以及房事等。

此外，还有"圣行斋"、"自愿斋"等。圣行斋是仿效穆罕默德而实行的斋戒，如星期一、星期四的斋戒。

4. 课功

课功又称"天课"，即通过交纳"天课"使自己的财产更为洁净，是一种伊斯兰教法规定的施舍，即"安拉的法度"。也可以说，它是一种以安拉的名义而征收的宗教赋税。穆斯林家庭财产年纯收入达到一定数量时，应该缴纳天课。现金、商品、农产品、牲畜和矿产等有不同的课率。一般每年征收一次，有最低课率，但无最高课率。除"天课"这一法定的施舍外，穆斯林还有一种自愿履行的义务，称为"自愿的施舍"，即"散乜贴"。散乜贴是一种善行，为穆斯林所追求。

5. 朝功

朝功就是朝觐，是穆斯林朝觐麦加克尔白的一系列宗教礼仪活动的总称。每个穆斯林如果条件允许，一生中必须去麦加朝觐。朝觐分为"正朝"和"副朝"。在伊斯兰教历12月8日至12日集体礼拜克尔白，是为正朝，变称"主命朝"、"大朝"。除朝觐季节外，随时进行的朝觐活动，是为"副朝"，亦称"小朝"、"巡礼"。[①] 凡去朝觐过的，即被尊称为哈吉。除麦加外，麦地那和耶路撒冷也是伊斯兰教的圣地。

① 秦惠彬：《伊斯兰教知识读本》，宗教文化出版社，2000，第31－36页。

（三）善行（伊斯兰的道德行为规范）

穆斯林必须遵守穆罕默德圣人按《古兰经》指导规定的道德行为规范行事，即为善行。伊斯兰教竭力主张穆斯林民族既要安分守己，行善戒恶，又要确认真主伟大，同时还要时常纪念真主的恩惠，并以履行宗教功课来渴求后世的享乐。受伊斯兰教的信条、遵守规范和善行理念影响，伊斯兰教的善行主要表现在：

1. 善待他者

《古兰经》中阐明："善恶不是一样的。你应当以最优美的品行去对付恶劣的品行，那么，与你相仇者，忽然间变得亲如密友。"（41：34）[①]"行一个小蚂蚁重的善事者，将见其善报；作一个小蚂蚁重的恶事者，将见其恶报。"（99：8）《圣训》中也说："宽容忍让地对待对你轻率鲁莽的人；原谅对你不公正的人；向对你刻薄的人施恩；与跟你断绝关系的人保持友谊。"

根据伊斯兰教的要求，穆斯林禁止食用危害人性或健康的食品。但是，在《古兰经》中也明确地说："凡为势所迫，非出自愿，且不过分的人，虽吃禁物，毫无罪过。"（2：173）这表明对待各种事物伊斯兰教持有宽容的态度。伊斯兰教倡导要在不同宗教、不同民族间有宽容性与和睦相处的善行理念。穆圣说："谁伤害异民族，我便是谁的仇敌。"

2. 服务社会

伊斯兰教呼吁穆斯林个体扮演的角色与社会发展中所需的角色要互为补充和互相依存，这使每个穆斯林担负起对宗教、特殊习俗和社会规范等方面的责任，即任何一位穆斯林都要尽最大努力服务于生存在不同社会发展进程、不同国家形态和不同社区的人们，共为社会福利事业的发展奉献自己的爱心。伊斯兰教呼吁穆斯林在宗教信仰与社会生活等各领域中行善、止恶和服务于大众社会，这对当今人类社会的发展可起重要的参考作用。

3. 诚实做人

《古兰经》明确地对穆斯林说："信道的人们啊！你们要敬畏真主，要和诚实的人在一起。"（9：119）。穆罕默德特别强调穆斯林的诚实性或品德，他说："你们要坚持诚实的美德，因为诚实会引导你们走向正义，正义会指引你们步入乐园。一个人只要诚实，并喜欢诚实，真主那里就记录了他的名字——'诚实者'。"

4. 行善与人

《古兰经》明确地规定并号召穆斯林要尽量行善。《古兰经》说："你们为主道而施舍，你们不要自投于灭亡。你们应当行善；真主的确喜爱行善的人。"（2：195）伊斯兰教主张穆斯林中的富有者应通过施舍的方式，救助贫穷和弱势的人们度过暂时困境，具体采取的措施是"天课"，它是富有者对贫穷者表达爱心、善行

① 马坚译：《古兰经》，中国社会科学出版社，1981，以下引文皆以此版本为据。

和实践社会责任心的重要体现。

除此之外，穆斯林的善行还表现在：顺从、忠诚、坚忍、谦虚、谨慎、怜悯、孝顺和团结等。

二、伊斯兰经堂教育

中国的穆斯林宗教教育采取的是中世纪伊斯兰教寺院教育与中国传统私塾教育相结合的形式，即经堂教育，这是一种具有中国特色的宗教教育制度。

经堂在初期，设在穆斯林经师家中即“设馆于家”，可称为“家庭经堂”。颇似私塾。寺院教育则是指在清真寺内招徒授经。

（一）经堂教育的宗旨

经堂教育的宗旨是为各地清真寺培养经师、阿訇，并对穆斯林传授宗教知识。正式学员称“满拉”或“海里凡”，意为学子或阿訇接班人。

（二）经堂教育的内容

初级阶段主要学习阿拉伯语语法、简明教义、《古兰经》和圣训选读等。高级阶段要学习阿拉伯语高级语法、修辞学、波斯语、《古兰经》及注释、圣训、教法学、教义学等，即通称的十三本经。

（三）经堂教育的制度

1. 小学部

小学部亦称经文小学，一般招收 6 – 7 岁儿童，主要教授初级阿拉伯语拼读和宗教常识。教师多由寺内“二阿訇”担任，也有现任开学阿訇担任的。

小学部只进行宗教知识和启蒙教育，没有严格的管理制度，入学、退学自由，不分班次与级别，也不规定年限，一般需 3 – 4 年时间。学习期间年龄大的学生可参加礼拜、封斋，但不参加对外的宗教活动。学完小学部课程后，自愿深造且具备条件的学生，可升入大学部深造。

2. 大学部

大学部也称经文大学，主要进行系统的宗教专业教育和道德陶冶。入学手续较简便，一般在主麻日的聚礼后，由小学老师及主管乡老领学生到开学阿訇面前去“接经”，举行拜师和开课仪式后即为入学。学生被称为“海里凡”或“满拉”，取得礼拜缠头（即戴“斯塔尔”）资格，享受“供养”（即助学金），可以参加对外宗教活动，接受穆斯林邀请料理宗教事务，成为经堂教育主要的培养对象。但各地自由择师“投学”以选攻某门专业课者居多。①

第三节 伊斯兰教文化旅游资源

一、伊斯兰教文化的旅游资源分布

（一）伊斯兰教徒朝拜圣地

伊斯兰教徒有三大朝拜圣地，分别是麦加、麦地那和耶路撒冷，也是我国伊斯兰教徒的崇拜之地。

1. 麦加

麦加（Makkah 或 Mecca）坐落在沙特阿拉伯北部汉志省内的峡谷中，面积约26 平方千米。向东与塔伊夫、向北与麦地那、向西与吉达、向南与也门的萨那均有山口相通②。麦加是伊斯兰教的发祥地，公元570 年，伊斯兰教创始人穆罕默德诞生在麦加。公元610 年，当他在麦加郊外的一处山洞中静修时，天使显形并告诉他：“你是安拉的使者。”天使还向他传授了《古兰经》。同年，穆罕默德在麦加宣布全世界只有一位真神安拉，创立了伊斯兰教。

麦加城中最著名的清真寺是圣寺。据《古兰经》称，此地禁止凶杀、抢劫、械斗，故又称“禁寺”。它是一个由上下两层长廊环绕的露天大院，经过几个世纪的扩建和修缮，面积现为16 万平方米，可容30 万穆斯林同时做礼拜。圣寺有25 道大门，6 道小门。6 座高耸入云的尖塔分别耸立在3 座大门两侧。围墙、台阶和整个地面均用白色大理石铺砌而成。圣寺广场中央稍南是圣殿克尔白，又称天房（真主之房）。这座由灰色岩石构成的圣殿长12 米，宽10 米，高25 米。圣殿外面，从上而下，终年用黑色锦幔覆盖，用钢环固定在圣殿底座上，锦幔中间围绕着一条长61 米的阔带，阔带和门帘上用镀金银线绣着《古兰经》。锦幔每年更换一次，据说这个传统已持续1300 余年。圣殿里面，屹立着3 根高柱，一盏盏金银吊灯相映生辉，气氛庄严。圣殿外的东南墙角，镶嵌着一块高1.5 米，长30 厘米微红的褐色陨石，它就是有名的黑石，又称玄石。据传黑石是天使递文给先知易卜拉欣时遗留下来的圣物。1844 年以银框被镶入墙内。每年朝觐者口念“我们来了，安拉啊！

① 摘自：http：//www. hudong. com/wiki/% E7% BB% 8F% E5% A0% 82% E6% 95% 99% E8% 82% B2JHJhdtop_ 2，2012 年5 月16 日。

② 黄丽军：《伊斯兰教三大圣地》，中国民族宗教网，发布日期2010 年1 月27 日。

我们遵命来了……”涌进禁寺，逆时针方向游转天房。人流走过此石时，争先与之亲吻或举双手以示敬意。

2. 麦地那

麦地那（Medina）是伊斯兰教第二圣地，拥有“和平之城”、“胜利之城”、“城邑之首”、“坚固的乐园”等90多个美名。该城也坐落于沙特阿拉伯西北部汉志省内，面积约13平方千米。境内多山，水源充足，土地肥沃，周围多农场、园圃。面临红海，有航空线和公路通往麦加和吉达。麦地那古名耶斯里卜，622年穆罕默德率教徒由麦加迁至该地，改称麦地那·乃比，意为先知的城，简称麦地那。穆罕默德在麦加号召人们弃绝多神教，归顺唯一的神安拉，遭到当地贵族、商人的反对和迫害后，带领他的皈依者和妻室迁往麦地那，并把这里作为传教中心。相传632年，穆罕默德在此逝世，葬于城内的先知寺。

麦地那城内有很多伊斯兰教的历史古迹，经历代伊斯兰教君主修葺，一直保存至今。其中最重要的是先知清真寺，又称麦地那清真寺，穆罕默德本人参加过这座寺院的建造，早年较简陋，只是延长周围平房屋顶，用椰枣树干为柱，以椰枣树枝和泥土把露天院子遮盖起来，用土坯砌成围墙，长约41米，宽34米。后经扩建和修缮，现在寺院面积约1.6326万平方米，有5道门和5座宣礼塔，其中两座尖塔高达70米。豪华宽大的礼拜殿内，有精致的凹壁（米哈拉布）。殿内顶每隔3米有一盏水晶玻璃吊灯。在寺的东南隅有一块以黄铜栏杆隔开的地方，是穆罕默德的陵墓。圣墓北侧为哈里发艾布·伯克尔和欧麦尔的陵墓，圣女法蒂玛的陵墓也在寺内。每年世界各地穆斯林到麦加朝觐时，有的也来此祈祷和礼拜，瞻仰先知寺和圣墓。

3. 耶路撒冷

耶路撒冷（Jerusalem）是伊斯兰教第三大圣地。它位于巴勒斯坦中部，东离死海24千米，西距地中海56千米。市区东部和北部为石灰岩山脊，有圣墓山、获罪山和橄榄山。旧城中部为摩哩山，西南面有锡安山。耶路撒冷区包括市区及其以西35千米范围内的扇形地区，面积627平方千米。据《古兰经》载，穆罕默德曾于621年7月17日夜间往返麦地那和耶路撒冷，他在麦地那的一块巨石上升霄登天，遨游天园、火狱，亲见了安拉和以往的先知，并带回安拉对穆斯林的启示。穆罕默德告诉穆斯林，安拉指定耶路撒冷为穆斯林朝拜方向。直到623年，穆罕默德才把穆斯林的朝拜方向改为麦加。

耶路撒冷城内共有38座清真寺，其中在伊斯兰世界最有影响的清真寺有两座，一座是阿克萨清真寺，另一座是萨赫莱清真寺。阿克萨清真寺是伊斯兰教第三圣寺，仅次于麦加圣寺和麦地那先知寺。该寺位于耶路撒冷东区旧城东部沙里夫内院的西南角。阿拉伯语“阿克萨”意为“极远”，故又称“远寺”。阿克萨清真寺建筑宏伟，气势壮观。礼拜大殿长90米，高88米，宽36米，寺内耸立53根大理石圆柱和49根方柱。圆顶和北门为11世纪增建。寺内还有1座长方形的礼拜殿，内有大小厅堂各1间，大厅称阿齐兹厅，小厅极华丽，内设凹壁，称宰凯里雅凹壁。清真寺的北门有1座高大的门廊，系阿尤布王朝素丹伊萨1217年所建，由7个独立的拱门组成，每一座拱门又与清真寺大殿的一扇门遥遥相对。寺前有“卡斯”水池，为人们礼拜前作小净处。西方历史学家称该寺是“地球上最豪华最优美的建筑物和历史遗产”。在伊斯兰世界中，阿克萨清真寺的知名度很高，伊斯兰教律规定：去阿克萨清真寺朝觐，安拉会赦免他的罪过。

阿拉伯语“萨赫莱”，意为“岩石”，因此萨赫莱清真寺亦称“岩石清真寺”。萨赫莱清真寺于691－694年由伍麦叶王朝哈里发阿卜杜勒·麦利克敕令建造。该寺最外一层是八角形墙体，每面宽20.5米，高9.5米，全用石块砌成。主体部分的圆顶由分布在同一圆周上的16根柱子支撑，四角是4根主柱，所有柱子都用硬木呈拱形连接。圆顶外围用花瓷砖砌面，瓷砖面上写有穆罕默德夜行时安拉所降示的《古兰经》经文。萨赫莱清真寺结构严谨，造型美观，寺内装饰金碧辉煌，具有阿拉伯建筑艺术的优美特色。石殿附近，有用巨石垒成的高大院墙，长47.4米，高19.8米，即天马墙，相传穆罕默德夜行时曾把天马停留于此。麦加、麦地那、耶路撒冷是伊斯兰教三大圣地，在全世界穆斯林心目中地位无比尊贵，是他们每年朝觐、瞻仰的中心，越来越多的穆斯林为圆满宗教功德，不远万里而来。多年来，中国政府每年都组织中国穆斯林前往三圣地朝觐。①

（二）我国伊斯兰教文化旅游资源的分布

我国的伊斯兰教文化旅游资源主要包括清真寺和墓园拱北；另一部分是伊斯兰教的礼拜活动和重大节日等。

1. 清真寺

中国最早的清真寺建于唐朝。清真寺不但是穆斯林进行宗教活动的场所，也是穆斯林政治、经济和文化的中心。中国的清真寺从建筑风格看有两类：一类是圆柱拱顶的阿拉伯式建筑，另一类是具有中国特色的宫殿式建筑。

（1）广州怀圣寺

怀圣寺又名光塔寺，坐落在广州市内光塔路，是我国有史可查的最古老的伊斯兰教寺院，居五大古寺之首。该寺始建于唐，因怀念伊斯兰教创始人穆罕默德而得名，相传为早期来华的阿拉伯著名筛海阿布·宛葛素所建，距今约有一千多年历史。当时阿拉伯商人云集广州以通贸易，聚居在专为其设立的“蕃坊”，遂在此建寺。后被毁，到元朝时期重建。明、清时曾几度兴毁，寺内现有建筑除光塔外，均为清代或新中国成立后重建。1996年11月国务院公布怀圣寺为全国重点文物保护单位。

寺内最有特点的建筑是光塔，位于寺院西南隅，紧邻寺门。无层级、循栏，望

① 黄丽军：《伊斯兰教三大圣地》，中国民族宗教网，发布日期2010年1月27日。

之如银笔挺立。原名宣礼塔，为教徒举行礼拜时登塔召唤徒众集合的唤拜塔。波斯音读作“邦克”，与“光”发音相近，且塔身笔直光滑，遂习称为“光塔”。光塔在北宋末年前已巍然屹立于珠江之滨了。塔高36.3米，塔下有前后两门，内有双螺旋形梯级可上塔顶。塔身是仿照阿拉伯伊斯兰教的建筑形式，呈圆筒形，与我国传统佛塔不同。我国传统的佛塔多为方形和八角形。除光塔外，主要建筑还有礼拜殿、望月楼、水房、碑亭等。

该寺有教民约2000户，6000多人，多数为回族，奉行格迪目教礼。寺内藏有元代至民国中文、阿拉伯文碑、匾共40余方。怀圣寺经常有国内外旅行者来寺礼拜或参观，同时，接待了许多穆斯林国家级别的访问团。近年来，该寺自己也组团出访了伊朗、马来西亚等国和香港地区。

（2）福建泉州圣友寺

圣友寺又称麒麟寺，坐落在泉州市涂门街。泉州在两宋时期是我国最重要的对外通商海港城市。当时外国商人云集，其中尤以阿拉伯商人居多，也最富有，并有许多人长期定居泉州。为了进行宗教活动，就在涂门街修建了这座寺。据寺大门甬道北面石墙上的阿拉伯文石刻题记称：“寺是居留在这一邦国的伊斯兰教徒的第一圣寺，最古最真，众人所崇仰，所以取名叫圣友之寺，建于回历四百年。”

圣友寺在元、明时曾多次重修，如今旧有房舍已毁，仅存临街大门、石墙及大殿、明善堂遗址。礼拜殿一名奉天坛，位于门内左侧，坐西朝东，轴线略偏向西北。平面呈“凸”字形，面阔五间，进深四间，殿内共有十二根方形石柱，现仅存柱础残迹。平面布局与中国传统建筑迥然不同。四周墙壁全部采用花岗石砌筑，殿南壁临街开八个窗洞，西面窑殿两侧墙上有六个尖拱形四壁和四个洞口，凹壁皆嵌有阿拉伯文《古兰经》石刻经句。窑殿位于正中，并向后凸出，是“米哈拉布”，为礼拜方向的标志。

全寺保存较完好的是大门，为典型的阿拉伯形式，通高11.4米，宽6.6米。门楼全部采用青绿色花岗石修筑，砌工精细，为条石间置方形丁头石做法，与当地石墙砌法颇不相同。门内挂一横匾，上写汉字“万殊一本”。楼顶为平台，叫望月台，为教徒望月决定斋月起讫日之用。

1961年该寺被列为全国重点文物保护单位，现已开辟为旅游观光之地，月均参观人数5000余人。从1984年至今，该寺接待了世界上130多个国家和地区的外宾，并接待党和国家重要领导人三十余位。

（3）杭州真教寺

真教寺，宋时称文锦坊，俗称羊坝头，因原建筑群状似凤凰，又名凤凰寺，坐落在杭州市区中山中路，是我国现存伊斯兰教五大古寺之一。

真教寺，传说始建于唐，毁于南宋末年，元世祖至元十八年（1281），西域大师阿老丁“见遗址而慨然”，捐资重建。明景泰二年（1451）大修一次。始建时期的建筑早已无存，面貌及规模也无从稽考，现仅存元、明时代的建筑，其中现存大殿为元至正元年（1341）遗物。

原真教寺大殿面阔五间，周有围廊，是重檐歇山带斗拱的形制。大门与大殿间有穿廊，大门上有五层塔楼，门上饰有竹节式边框，方格形花边。花方塔以及圆洞券二门，构图洗练，刀法遒劲，并有浓厚的阿拉伯风格。后窑殿由三间砖砌圆拱连成一横长方形，为砖结构无梁殿顶。四壁上端转角作菱角牙子叠瑟收缩，上覆三个半球形穹隆顶，外观作三个攒尖顶，中间一个直径 8 米，为八角重檐，左、右直径分别为 6.8 米、7.2 米，均为六角单檐，筒瓦板垄，翼角起翘。屋顶的样式，具有明显的中国传统建筑和西亚伊斯兰教建筑相互融合的特色，庄重秀美。殿内砖结构，不用梁架，以圆拱门相通，空间富于变化。墙壁内外，粉刷白色，朴素雅洁。

杭州真教寺具有将伊斯兰教建筑与中国建筑风格相结合的特点，是中国文化和阿拉伯文化交流的历史见证。新中国成立后，政府曾先后 3 次拨款修缮。现被列为国家重点文物保护单位，成为中外游人尤其是伊斯兰教游客游览观光的场所。

（4）北京牛街礼拜寺

牛街清真寺在北京西城区广安门内回族聚居区牛街，是北京规模最大、历史最久的清真寺，创建于辽统和十四年（一说始建于宋太宗至道二年，996），明正统七年（1442）重修，清康熙三十五年（1696）又按原样再大修。它是我国伊斯兰教五大古寺之一，亦是中国伊斯兰教建筑中院落式清真寺的典型实例之一。

寺门面西，沿中轴线向东有牌楼门、望月楼、大殿、邦克楼及对厅等建筑，在礼拜殿前庭院的左右两侧有碑亭和南北讲堂。结构布局严谨，空间层次分明。

寺内还收藏有许多珍贵文物。有康熙帝颁赐该寺的半副銮驾、圣旨牌匾、各种古本经卷和历代陶、瓷、铜、铁器皿。

作为首都重要旅游景点的牛街礼拜寺，除了每逢主麻日（星期五）接待国内外穆斯林群众前来参加拜功外，前来参观的人数也遂年增多。开斋节和古尔邦节的会礼，有成千上万的人们前来礼拜或参观。

（5）江苏扬州清真寺

扬州清真寺，又名仙鹤寺，坐落在市区南门街汶河路东，始建于南宋德祐元年（1275），相传为伊斯兰教先知穆罕默德十六世裔孙普哈丁来扬州传教时建，为我国伊斯兰教五大名寺之一。后经兵灾毁损，至明洪武二十三年（1390）重建，嘉靖二年（1523）重修，后又多次改建修缮。

扬州清真寺的平面布局按功能分为三个部分，各部分既相对独立，又相互联系，不强求对称。三部分之间，用廊墙相间成明暗交错、形制各异的五个庭院和天井，并有机地组成一个整体，既灵活紧凑，又疏密有致。

寺内藏有《古兰经》，寺中有许多精美石刻，如大殿外的方形抱鼓石，雕刻几何纹样，正中突起山狮，姿态活泼可爱。该寺在建筑上除按照伊斯兰教的规定外，还吸收了地方建筑的风格和特色，成为著名的旅游景点之一。①

（6）南京净觉寺

位于南京三山街口西北角的净觉寺始建于明洪武二十一年（1368），系南京最早的一座清真寺，由回族著名航海家郑和奏请敕建。弘治年间作了修葺，嘉靖年间世宗皇帝赐礼拜寺以“净觉寺”的碑额。

净觉寺大殿坐西朝东，临街之门从南入。礼拜殿坐西朝东（全国如此），当人们进入寺门，向西拐到大殿祈祷时，都是在朝向“麦加”。现存建筑有院落四进，有望月楼、正殿、后殿、阿訇斋及南北讲堂等。礼拜堂后有高墙一座，相传为明代所建，为南京寺庙中最高的墙壁。

净觉寺是南京市伊斯兰教重大活动地。平时参加“主麻”聚礼的中、外穆斯林有约500人，重大节日参加会礼的中、外穆斯林多达5000余人，是南京回族群众和伊斯兰教信徒的宗教活动中心。该寺为江苏省级文物保护单位。

（7）山东济宁东大寺

东大寺位于山东省济宁中区古运河西岸。因寺门临古大运河西岸，故俗称“顺河东大寺”。它始建于明洪武（1368）年间，天顺三年（1459）重修，清康熙年间大行扩建，乾隆年间钦赐重修，始具今日规模。

该寺建筑高大巍峨，布局严密，结构合理，工艺精湛，是中国伊斯兰教建筑的代表作之一。2006年5月25日，东大寺作为明清时期古建筑，被国务院批准列入第六批全国重点文物保护单位名单。东大寺是中阿合璧（或中伊合璧）的杰作，“其气魄位列全国清真寺木构建筑之冠”。主要建筑沿东西轴线排列，依次为序寺、大殿、望月楼三大部分，建筑面积共4184平方米。序寺门额镌刻“清真寺”，班克楼是斋月期间专为宣读《古兰经》及召唤穆斯林礼拜之用。大殿，阿语称“麦思直代”，是寺的主体建筑。大殿面阔28米，进深40米，最高点约30米。殿内可容纳2000余人进行“礼拜”活动。望月楼，即大殿后约6米的空间，为穆斯林斋月登高望月的地方。该寺大门为明代遗留构件，大殿等其他建筑多为清康熙年间所建。布局严谨，设计精巧，营造高超，集伊斯兰和我国建筑艺术为一体。

（8）青海东关清真大寺

西宁东关清真大寺位于青海省西宁市东关大街南侧，始建于明洪武年间（1368－1398），总面积11940平方米，礼拜堂面积1102平方米。它是西宁市穆斯林进行宗教活动的中心，在青海省内规模最大，历史悠久。

东关清真大寺具有中国古建筑艺术和伊斯兰教建筑特色，气势恢宏、庄严肃穆。寺院坐西面东。大寺的原正门坐南朝北，是一大两小的绿色西式大门，高十米，宽为十五米，门顶横幅匾额上镶有金光闪闪的“西宁东关清真大寺”八个大字。大殿为主体建筑，墙壁用青砖砌成，面宽5间，单檐歇山顶，高大的单体建筑

① 章采烈：《中国宗教特色旅游》，江苏人民出版社，2002，第276－283页。

矗立在突起的台基上，屋面装饰彩色琉璃瓦，立于大殿殿脊中央的三个镏金经筒和宣礼塔六角顶上安装的两个镏金经筒，遥遥相对，相映生辉，在整体建筑群的碧绿色琉璃瓦的映衬下，越发显出独有的气韵，有如天造地设一般。殿前左右有邦克楼和望月楼，均为3层，再前为西式大门、二门。

该寺自建成以来，一直是西宁地区广大穆斯林礼拜和集会的重要场所。每逢主麻日和尔德节，附近伊斯兰教信徒，纷纷来到这里礼拜，少则上千人，多则上万人。该寺还是我国西北地区伊斯兰教的教育中心和最高学府，与西安化觉寺、兰州桥门寺、新疆喀什艾提卡尔清真寺并称为西北四大清真寺。现在，该寺为四方人士游览的重要场所，每年都有大批中外游人到此观光。

（9）甘肃西关清真大寺

西关清真大寺为穆斯林客商所建，俗有“客寺”之称。它位于甘肃省兰州市西关街西端，始建于明万历年间，重建于清康熙二十三年（1684），雍正年间曾有扩建。

原寺包括外院大照壁、沐浴室；内院帮克楼、礼拜大殿；北院学房、宿舍等三部分，建筑布局合理，气势宏伟，曾为甘肃省级重点文物保护单位，可是，在“文革”中全部被拆毁了。1983年4月，采取国家拨款、信教群众自愿捐款的办法，在原址重建西关清真大寺，恢复历史上的“客寺”地位。现存的是1990年重修后的建筑，建筑面积3000平方米；总高度约37米，共分四层。底层设有办公室、讲经堂、宿舍、贮藏室、沐浴室，还辟有一间供妇女用的小礼拜殿。上部三层为礼拜大殿，可容纳3000多人。在装饰方面大量使用了穹顶和拱门及大面积的装饰图案。西关大寺目前藏经书2000多册，还有一部100多年前的手抄本《古兰经》。

（10）新疆艾提尕清真寺

艾提尕，为阿拉伯语与波斯语复合词，意为“节日礼拜场所”。艾提尕清真寺又称艾提卡尔清真寺，位于新疆维吾尔自治区喀什市解放路。它不仅是新疆规模最大的清真寺，也是全国规模最大的清真寺之一。

该寺始建于回历846年（1426），后经重修扩建，现存建筑奠基于18世纪中叶。艾提尕清真寺是一个有着浓郁民族风格和宗教色彩的伊斯兰教古建筑群，坐西朝东，由寺门塔楼、庭园、经堂和礼拜殿四大部分组成。全寺布局合理，建筑工艺精细，装饰古朴典雅，是中国阿拉伯式伊斯兰教清真寺建筑的典范。

该寺清真寺是新疆最大的礼拜寺和全疆伊斯兰教活动中心，又是古尔邦节、肉孜节群众游乐歌舞的主要场所。在古代，它还是传播伊斯兰教文化和培养人才的重要学府，许多有影响的诗人、文学家、史学家和翻译家早年也在此受过严格的学业培训。

（11）宁夏同心清真大寺

同心清真大寺位于宁夏同心县西北角，始建于元末，明万历年间、清乾隆五十六年（1791）、清光绪三十三年（1907）重修扩建。同心清真大寺是宁夏回族自治区境内年代最久、规模最大的清真寺。它在宁夏南部山区的穆斯林中影响极大，经堂教育很发达，历史上曾是该地区宗教学术活动的中心，曾有不少知名的穆斯林学者在这里求学讲道。

同心清真寺是一座把我国传统木结构和伊斯兰木雕刻、砖雕装饰艺术融为一体的独特建筑。该寺外形像是一座城楼，寺院的主体建筑（礼拜大殿、邦克楼等）建造在一个高为 10 米、面积 3500 平方米的砖砌台座上。大寺的主体建筑通体用青砖包砌，壁面平直，收分严谨。寺内建筑工艺精湛，砖雕艺术奇绝。如照壁上的“月藏松柏图”，配以砖雕隶书阳文对联：“万物偏生沾主泽，群迷普度显圣恩”。

同心清真大寺在我国历史上，尤其是在社会主义革命、社会主义建设和改革开放时期，在促进民族团结、密切民族关系、维护祖国统一、开展多种共建活动等方面做出了突出贡献。1983 年，被国务院确定为全国重点文物保护单位,；1996 年，被国家教委等六部委命名和推荐为全国百个爱国主义教育基地；2004 年，被确定为全国百个红色旅游经典景区之一；2006 年，被国家民委命名为“全国首批民族团结进步教育基地”。

（12）宁夏纳家户清真大寺

纳家户清真寺坐落在宁夏回族自治区银川市南的永宁县城西 1. 5 公里处，纳家户清真寺历史悠久，据记载为元初贵族塞典赤·瞻思丁子纳速拉丁之后裔纳性子孙从陕西移居宁夏后于明嘉靖三年（1524）所建，距今已有 480 年历史。1987 年被列入自治区一类文物保护单位。

纳家户清真寺坐西朝东，占地三十多亩，呈长方形，由门楼、礼拜大殿、厢房和沐浴室组成，形成典型的中国古代四合院建筑布局。清真寺布局严谨、规整，是永宁县乃至全区穆斯林宗教活动的重要场所，每逢开斋节、古尔邦节到寺礼拜的人多达 3000 人以上。每天还吸引了大批国内外穆斯林团体和个人来参观礼拜。

2. 墓园拱北

“拱北”是中国伊斯兰教先贤陵墓建筑称谓，阿拉伯语音译，原意为拱形建筑物或圆拱形墓亭。用“拱北”的称谓以示对先贤、圣者的尊崇。清代乾隆、嘉庆年间，中国伊斯兰教苏菲学派各门宦开始在其创传人、道祖的坟墓上建造拱北。拱北建筑除墓庐多用阿拉伯式圆拱墓盖形式外，附设的礼拜殿、坐静室、诵经堂和居室等建筑多为中国庭院式建筑形式。拱北不但是教众纪念先贤的拜谒之地，也是传教、管理教坊、行教及举行重大宗教活动的中心。

（1）四川阆中市巴巴寺

“巴巴”，是阿拉伯语“祖先”的意思。阆中巴巴寺，也叫久照亭，是伊斯兰教第一位来我国四川传教的阿拉伯麦加人阿卜·董喇希的墓地，占地 1. 3 万平方米。

大殿系寺内主体建筑，也是阿卜·董喇希的墓地所在。他多才多艺，德高望重，深得教民敬仰，尊之为“巴巴”，他于清康熙二十年（1681）来我国传教，二十三年川北镇台左都督马子云到阆中，二十八年三月二十五日卒于此。其高足祁静一就地建“拱北”，将遗体安放于内，并以自己的著作《久照亭》为其命名。

巴巴寺不仅是伊斯兰教圣地，而且是体现伊斯兰教建筑及其特色砖雕艺术的一颗明珠，吸引着众多的国内外游客，更为我国穆斯林所敬仰。陕西、甘肃、宁夏和青海等地的穆斯林常来朝拜。

（2）江苏扬州普哈丁墓

普哈丁墓位于扬州市区解放桥南堍、古运河东岸回回堂内。相传普哈丁为穆罕默德圣人第十六世裔孙，南宋咸淳年间（1265－1274）来扬州传教，德祐元年（1275）七月二十二日病逝于自天津南下的舟中，遵其遗嘱，葬于扬州城东古运河畔高岗。

普哈丁墓园，是一座典型的阿拉伯式建筑，初建于公元13世纪的我国南宋时期，明永乐皇帝视墓园为国宝，下诏予以保护。清政府也对墓亭进行了多次修整，亭壁上还嵌有光绪三十四年重修墓园时立的“先贤历史记略碑”，碑文用汉字刻定，简要记叙了普哈丁在我国传教的情况。整个墓园建筑分三大部分。第一部分为墓域，内有普哈丁墓及其他阿拉伯人的墓碑；第二部分为清真寺，是教徒们做礼拜的场所；第三部分为东郊公园。此外墓园里还集中保存了一些自元代遗留下来的阿拉伯文墓碑。墓区整体建筑既有阿拉伯建筑特点，也有中国传统建筑风格，体现了我国早期伊斯兰教墓园的艺术特色。

2001年6月25日，普哈丁墓园由国务院公布为第五批全国重点文物保护单位。2002年6月，普哈丁墓园被批准为扬州市爱国主义教育基地，每年接待数万名游客和社会各界人士。每年有大批西北地区的穆斯林群众自发组织前来扫墓敬贤，国际伊斯兰教人士和友人也常来瞻仰先贤。

（3）甘肃临夏大拱北

临夏大北拱系以中国苏菲派嘎迪林耶门宦创始人祁静一（1656－1719）陵墓为中心而建成，位于甘肃省临夏回族自治州临夏市红园路。康熙十三年（1674）穆罕默德二十九世后裔华哲·阿布都·董拉希来华传教，收祁静一作门徒。祁静一遵师命“离家静修”，在陕、甘、川等地传布教理，发展门徒。康熙五十八年（1719）殁于陕西西乡县，信徒将其遗骨迁葬于临夏。

临夏大北拱是嘎迪林耶门宦的总拱北，辖有甘肃、宁夏、青海、陕西、四川等省区的40多座寺、亭、静修地和拱北，共有五个庭院，包括拱北、礼拜殿、客厅、静修室、阿訇住宅、学生宿舍和后花园等，构成一处规模恢宏、功能齐全的建筑组群。

在大拱北内有不少出自名家之手的字画珍品。每年农历九月十一和十五，为祁静一诞生和逝世纪念日，届时会举行隆重的纪念活动，吸引了众多游客。

（4）新疆喀什阿巴和加麻扎

阿巴和加麻扎，俗称“香妃墓”，坐落于新疆喀什市东郊，是阿巴和加家族的墓地，埋葬着五代共72人，始建于17世纪中叶，后几经改建和扩建，形成现在的规模，是新疆伊斯兰教建筑中最宏大的综合建筑组群。

阿巴和加麻扎占地约40亩，包括墓园一座、礼拜寺四座、教经堂一座，以及阿訇住室、浴室等，采用自由布局，有机地组合在一起。整个建筑布局和形制反映了伊斯兰教建筑不拘泥一种格局，也不强求对称，而是依据不同功能，结合地形，随意布置的特点。

阿巴和加麻扎是伊斯兰和维吾尔建筑风格相结合的建筑精品。它布局合理，建筑艺术独具特色，是维吾尔族工匠智慧的结晶，是维吾尔古建筑中的杰出代表，成为赴疆游客必去的旅游场所。

（5）福建泉州灵山圣墓

灵山圣墓是我国现存最古老、最完整的伊斯兰教圣迹，位于泉州市区东门约1公里的灵山。它是伊斯兰教先知穆罕默德的两个弟子及以后穆斯林的安眠之所。据明代何乔远《闽记》记载：唐武德年间（618－626），穆罕默德遣四贤徒来华，一贤传教广州；二贤传教扬州；三贤和四贤则传教泉州，两人卒后葬于灵山。

伊斯兰教创立初期，传教士响应穆罕默德“你们寻求知识吧，即使远在中国”的号召，与阿拉伯商人沿着海上丝绸之路一同前来，泉州成了伊斯兰教传入中国最早的地区之一。千百年来，这座伊斯兰教圣墓一直受到历代泉州人民和穆斯林的保护，它是我国极为珍贵的伊斯兰教历史文物，成为研究泉州海外交通史及伊斯兰教传播史的重要实物资料。

圣墓近旁有数以百计的元代和元代以前来泉州的阿拉伯穆斯林古墓，还有明、清以来泉州穆斯林的坟墓。每届开斋节和古尔邦节，泉州地区的回民和穆斯林总要集体来此“游坟”，首先拜谒两位先贤墓、诵念《古兰经》，然后祭扫各自的祖坟。

3. 礼拜活动

伊斯兰教五项基本功课之一，亦称拜功，指每日必礼的拜功，由集体或个人礼拜（五次）。礼拜是信仰真主和实践伊斯兰教的具体表现，真主责成伊斯兰教信众在规定的时间内举行。真主在《古兰经》中说：“礼拜对于信士确是定时的义务。”

（1）礼拜应遵守的准则

第一，用清洁的水洗大小净。它是礼拜的先决条件，先浴而后拜，未浴者不得临拜，无大净者只洗小净礼拜亦无效。洁身之外，要自我除尘思，去杂念，纯洁心灵，一心向主，拜功才有效；

第二，衣服及礼拜的地方要干净。身体、身上所穿的衣裳以及做礼拜的地方都需保持洁净而且不沾有任何不洁之物；

第三，遮盖羞体。穿着的服装应符合一般道德的标准，以遮掩住身体的私密处为原则。对于男性而言，至少要遮蔽自肚脐至膝盖部分；女性，则除了脸孔、双手与两脚之外的全身每一个部分都应该遮盖起来。同时，无论对男性或女性，在礼拜时都必须避免穿着透明的衣服；

第四，按时礼拜。一日5次礼拜均按各地时差计算，做到正时。若因故未准时礼拜，须选时补还；

第五，面向天房。礼拜者不论地处世界何地，均面朝麦加天房（即克尔白），形成以天房为中心点的圆形辐射状；

第六，心里举意。礼拜者举意时务必虔心向主致意；念词发音要准确，行礼动作要规范。

（2）礼拜的仪则

第一，入拜时念大赞词；

第二，站立礼拜；

第三，念《古兰经》；

第四，鞠躬；

第五，叩头；

第六，末坐。

（3）礼拜的时间

晨礼：这次的礼拜在由拂晓至日出之前的一段时间当中的任何时候进行。

晌礼：这次的礼拜在日正刚过，亦即太阳刚开始向西偏斜起，到太阳偏至中途时为止的这段时间当中的任何时候进行。

晡礼：这次礼拜，是在晌礼的时间结束之后直到日落之前为止的这段时间当中进行。

昏礼：这次礼拜的适当时间，是从日落之后直至西方天边的红霞全消为止。

宵礼：这次礼拜的时间，是自西方天边的霞光完全消失开始，直到翌晨拂晓之前为止。

4. 伊斯兰教的重大节日

伊斯兰教的节日和纪念日很多，比较重大的节日活动如下：

（1）开斋节

开斋节是阿拉伯“尔德·菲图尔”（īdal－Fitr）的意译，我国新疆地区根据波斯语 Rozah 音译为“肉孜节”①。开斋节的时间为伊斯兰教历10月1日，是穆斯林最隆重的节日。伊斯兰教规定，教历中每年的九月份，是全体伊斯兰教徒的斋月，除老、幼、病、残、孕之外的健康穆斯林都要封斋，即每天从破晓到日落，禁饮食、房事，杜绝一切邪念和私欲，一心记向真主。封斋第29日傍晚，寻看新月，见到新月，次日即举行开斋仪式；见不到新月，再封斋一天。为了确定开斋日期，伊斯兰教清真寺都有望月楼，新月也成了伊斯兰教的标志。

开斋节时穆斯林要到清真寺参加会礼，听伊玛目宣讲教义，互致节日问候并互赠礼物。开斋节七件事受到嘉许：拂晓即时食，以不开斋，刷牙、沐浴、点香、穿

① 王元海、黎美洋、陶华举：《旅游宗教文化》，四川大学出版社，2007，第217－219页。

洁净美丽的服饰、施舍、低声诵念赞主词。节日中，几乎家家户户都要炸馓子之类的食品，摆放于市面，赠送路人。同时，对贫困无济的教胞要散乜贴。在中国某些穆斯林聚居地区是赠送一定数量的麦子，谓之“麦子钱”。

关于斋戒的意义，经典中这样说道：真主在这个月中“开始降示《古兰经》，指导世人，昭示明证，以便遵循正道，分别真伪，故在此月中，你们应当斋戒”。[①] 斋戒还可以使人体验饥饿的滋味，对贫穷者产生同情心；同时节制欲望，磨炼坚强的意志。

（2）古尔邦节

古尔邦在阿拉伯语中叫作“尔德古尔邦”、“尔德阿祖哈”。“尔德”是节日的意思，“阿祖哈”和“古尔邦”都是献身和牺牲的意思，所以汉语又译为“宰牲节”。它是全世界穆斯林极为重视、隆重庆祝的传统节日，时间是伊斯兰教教历12月10日。

相传先知易卜拉欣晚年得子伊斯玛仪勒，其子13岁时，易卜拉欣受真主的启迪，要他杀死其子伊斯玛仪勒，以考验他对安拉是否忠诚。易卜拉欣谨遵不违，儿子也毅然从命。教历12月10日执行之际，安拉派天神送上一只羊，以羊代替其子。为了纪念易卜拉欣父子为安拉勇于牺牲的精神，人们在这一天便宰杀牲口向安拉献祭。后来将该日定为宰牲节，并把宰牲作为朝觐仪式之一。因为有此渊源，在过古尔邦节的时候每户穆斯林都至少宰杀一只羊，有的还宰牛、骆驼、马（哈萨克族与柯尔克孜族），家里实在太穷的也得宰杀一只鸡。但是受到各种条件的限制，现在的城市穆斯林只好在市场上购买宰杀好的牛羊肉了。

每逢古尔邦节的时候，所有的穆斯林都要在节日前夕沐浴打扫，家庭主妇们忙着精制各种点心。节日当天，男女老少早早动身，洗浴以后穿上洁净的衣服，先朝着西方做礼拜，然后人人动手，把房间庭院洒扫干净，把食品摆放好。吃过早点后，人们开始走亲访友。亲戚朋友之间互赠贺礼，互相问好，感情亲切、诚挚而热烈。

节日期间，虔诚的穆斯林还要在阿訇的带领下，到清真寺参加会礼，集体观看宰牲仪式。庄严的仪式结束之后，人们就以家为单位集中，开始吃丰盛的饭食，就这样接连几天宰牲吃喝，唱歌跳舞，欢度佳节。

（3）圣纪节

圣纪节指伊斯兰教先知穆罕默德诞生纪念日，时间为每年的教历3月12日。据传，穆罕默德诞生在阿拉伯太阴历象年（约570年）3月9日或12日。穆罕默德逝世300多年之后（约公元10世纪），什叶派的法蒂玛王朝首先在埃及举行圣诞纪念。10世纪时，伊拉克国王穆孜菲尔·艾卜·赛义德下令在伊斯兰教历每年3月12日庆祝圣诞。嗣后，庆祝活动逐渐扩展到其他伊斯兰国家，延续至今。穆罕默德

---

① 王元海、黎美洋、陶华举：《旅游宗教文化》，四川大学出版社，2007，第217页。

逝世的日子与这一天只相隔一天，因此中国穆斯林的圣纪活动兼有纪念穆罕默德诞生与逝世的双重意义，故又称圣忌、圣祭或圣会，新疆地区则称牟噜德节。庆祝活动一般在清真寺举行，由阿訇诵经，赞圣，讲述穆罕默德的生平业绩和懿行等，盛赞穆罕默德功绩。有的穆斯林炸油香、熬肉粥，邀请亲朋聚餐纪念。总之，这一节日以“赞圣”为基本内容。

二、伊斯兰教文化旅游资源的特点

伊斯兰教文化丰富，既有思想教义方面的精神文化内容，也有展现精神文化内涵的物质文化形式。伊斯兰教文化旅游资源的特点主要体现在服饰文化、饮食文化、书法绘画艺术、建筑文化等方面。

（一）穆斯林服饰文化的特点

回族服饰文化，无论是从唐宋时期的回族先民算起，还是从元明形成时期算起，穆斯林的服饰文化是由阿拉伯、波斯等地区穆斯林服饰文化与中国服饰文化相结合演变而成的，具有鲜明的民族审美特点。回族是个全民信教的民族，伊斯兰教教义既是宗教教律，又是教民社会活动的行为准则。

伊斯兰教哲学造就了回族的基本性格，规范了回族的经济、文化行为与生活习俗，同时，对穆斯林的服饰形制、质料、颜色等方面的选择也进行了种种阐释，从而形成了回族的服饰文化观。具体特点表现在以下几个方面：

1. 穆斯林的服饰美观、简朴

穆斯林回族服饰文化的简朴、清洁观，同样来源于真主的启示。伊斯兰教对于将人体过度装饰持否定态度，不提倡人们过分享受。

穆斯林服装以长、密为美。伊斯兰教认为，人类服饰的第一道德准则就是遮盖人的羞处，反对裸体，以遮盖全身为美，以裸体为丑，尤其对妇女要求更严格。伊斯兰教把男子肚脐以下膝盖以上部分，妇女除手掌以外，上至头部，下至两脚部分都看作是羞体，必须用服饰全部裹严。同时，伊斯兰教禁止妇女穿稀薄、透明的衣服，禁止穿有意突出乳房、腰部和臀部等性感部位的紧身衣裤。

穆斯林在衣着上遵守这些信条，妇女穿长衣，戴面纱，忌讳赤足行走，把整个身体包裹得严严实实，充分体现了伊斯兰教的长密服饰审美特点。

2. 穆斯林服饰以黑白色调为主

伊斯兰教注重清洁，认为白色是最圣洁最美观的颜色。穆斯林顺从主愿，也把白色作为审美的主要颜色。王岱舆在《正教真诠·正命》中写道：“五色之中，唯白最吉，因其本来清洁，并无造作因由，皆非诸色可及者也。”认为白色是“本然正色”。因此，回族穆斯林也崇尚白色，他们戴白帽、白面纱，穿白衣衫，朝觐时穿白戒衣，归真后裹白布。

黑色是波斯民族喜欢的颜色，认为黑色深沉、庄严。伊斯兰教继承了波斯等民族的黑色审美观，贯彻到穆斯林的审美观中，被中国的回族穆斯林所接受。他（她）们穿黑坎肩、黑长裤，戴黑盖头，与白衣衫相匹配，形成了对比鲜明的黑白服饰色彩。

同时，回族还喜欢绿色和蓝色服饰，少女戴绿盖头，穿绿色裤子；家门上挂蓝门帘，老人穿蓝色上衣，颜色鲜艳，与黑白衣帽相映衬，极富表现力。

3. 穆斯林服饰的标志显著

白帽是穆斯林的标志。为在礼拜叩头时，前额与鼻尖着地方便，制作了无檐小白帽。参加会礼时，虔诚的回族穆斯林个个戴着小白帽。穆斯林的白帽制形多样。哲赫忍耶教派的穆斯林喜欢戴白色和黑色圆边六瓣尖顶帽，帽顶缀一个用布料绾结的疙瘩。南方有的地区，回族穆斯林在帽前正中绣着各种阿拉伯文和“清真言”的花纹，诸如“真主至大”、“万物非主，唯有真主，穆罕默德是真主的使者”等等。除了白帽外，回族男子的缠头巾———代斯它尔，也是一种头饰。代斯是为了做礼拜时叩头方便，前面只缠前额的发际处，缠头的一端留出一肘长吊在背后，另一端压在后脑勺的缠巾里面。现在的年轻人大多数戴白帽，只有经常上寺的阿訇、满拉和虔诚的回族老人缠头巾。

穆斯林回族妇女戴的盖头，以绿、黑、白色代表不同年龄段：少女戴绿色盖头，显得俊美秀丽；已婚妇女戴黑色盖头，显得素雅深沉；老年妇女戴白色盖头，显得圣洁高雅；配以各种花草的绣饰图案。

4. 男女服饰差异性强

伊斯兰教禁止男子戴纯金装饰品和穿着真丝织物，认为可以此维护男性的勇敢和英雄气概，不要有软弱和女性的特征。此外，在伊斯兰教看来，奢侈导致衰落，它预示着一个民族的即将灭亡。为了贯彻落实《古兰经》的精神，先知穆罕默德圣人（祈主福安之）禁止穆斯林在生活中有奢侈、豪华、耽于享乐的行为。正如禁止男子穿戴丝织品和金饰一样，也禁止男女使用金银所制器皿。

妇女可以享受金子和丝绸的装饰。这是为了确保其女性的特征，满足妇女爱好装饰，取悦于丈夫的天性，以便丈夫见到她光彩夺目、婀娜多姿时增加爱悦。但是，无论她们的装饰如何，都不得以此去勾引男子，挑逗情欲。

（二）经字画文化的特点

经字画是中国穆斯林的一种书法绘画艺术，在中国穆斯林家庭里所悬挂的中堂、条幅、碑额、对联、横幅上有用阿拉伯文书写的经文图案。这种艺术是中国传统文明与伊斯兰文明相互融合的结晶，经字画在中国穆斯林当中很受欢迎。①

经字画在书写技巧上集阿拉伯书法与伊斯兰艺术于一体，并吸收汉字书法中的

① 秦惠彬：《伊斯兰教知识读本》，宗教文化出版社，2000，第 41 页。

布局、格式、间架、笔法、墨迹、印章等特点而创造出一种具有中国风格的阿拉伯书法艺术，内容多为《古兰经》和圣训中的警句、格言，或是伊斯兰教有关劝善止恶、扶危济贫之类的条款、戒律与祷词等。此外，还有用阿拉伯文组成的汉字或各种花卉图案等。书写经字画的笔主要有草茎笔、麻秆笔、竹条笔、木板笔等。由于地区不同，选材与制法不尽相同，一般均由书写者就地取材，自制而成。

（三）清真牌文化的特点

清真牌是中国穆斯林开办的商业店铺门前所悬挂的标志牌，用阿拉伯文书写，有的同时伴有用汉文书写的“清真古教”等字样。

据记载，清真牌出自元代回族迁徙时。回族迁徙时走在前面的回族给后面的回族准备吃喝，为方便他们准确找到吃的地方就把汤瓶壶放到窗台上，提示后来者“见壶而入”。但是，由于汤瓶壶经常被偷走，所以最初他们在放汤瓶壶的地方做上记号，之后又把汤瓶壶画在木板上，再写上文字——制作成清真牌，挂在房檐上。由此可以看出悬挂清真牌的意义在于，信奉伊斯兰教的穆斯林在传教到中国这样一个以汉族人口为主的生活环境中时，为了能够给自己以及自己的穆斯林同胞们创造生活中的便利，逐渐形成了独特的清真食品信誉标牌。[①]

（四）穆斯林饮食文化的特点

穆斯林十分讲究卫生，奉行有所食，有所不食，选择饮食的原则是合法（教规）与不合法，认为合法的食物是佳美与净洁的，对人身体是有益的。伊斯兰教传统的养生倡导适可而止，忌暴饮暴食，无论是吃喝都要有量的限制。这些理念都与现代养生、保健、医学理念不谋而合。

1. 清真饮食用料、选料严谨

除《古兰经》中明令禁止的少数原料外，绝大多数原料是可以用来烹饪、食用的，如动物类的有牛、羊、鸡、鸭、鱼、虾等。据专家研究，牛肉具有补脾胃，益气血，强筋骨的作用；羊肉则主暖，有止痛益气，安心止惊，补血虚，壮阳益肾，健胃健脾等作用。

穆斯林吃的牛羊肉必须是诵真主之名而宰杀的。穆斯林宰牲时，不但要高诵真主之名，还必须按照伊斯兰教所规定的法则办事。屠宰时，要使用锋利的刀，瞬间切断动物的血管、气管、食管，尽量减少动物的痛苦。

2. 清真饮食品种丰富多样

清真菜肴少则几百种，多则上千种。如北京东来顺涮羊肉、鸿宾楼砂锅羊头、扒鱼翅、清汤燕菜、烤肉季烤肉、白魁清真馆烧羊肉、天津鸿起顺饭店的水爆肚仁、炸烹大虾、西安荣盛祥腊牛羊肉、葱扒牛筋等。

---

① 秦惠彬：《伊斯兰教知识读本》，宗教文化出版社，2000，第41－42页。

清真面点、小吃品种较多，常见的有牛肉包子、羊肉包子、灌汤包子、饺子、锅贴、肉夹馍、牛肉拉面、土豆糕等。

清真药膳有当归生姜羊肉汤、当归炖乌鸡、参芪炖仔鸽、枸杞炖牛鞭、天麻烩鲍鱼头等。

清真食品有麻饼、人参果、蜜三刀、碗蜂糕、京果粉等。

3. 清真饮食烹调日益完善

清真饮食的烹调很注重色、香、味、形以及餐具使用、菜点质感等方面的要求。例如：色彩搭配讲究朴实、自然；调味上讲究原汁原味。多数菜点以咸、鲜为主，间有香辣之味。烹调方法上，多用烤、烧、烹、煮、涮、炸等。所盛之器以碗、盘、碟为主，餐具使用上，以瓷质餐具为主，也用陶质餐具、玻璃餐具、不锈钢餐具、搪瓷餐具、塑料餐具、竹木餐具、银餐具和镀金的金属餐具等。菜肴质感上，讲究酥烂、香脆、软糯、柔韧、滑爽，肥而不腻，瘦而不柴，因菜而异。①

4. 清真饮食筵席繁简兼收

清真饮食筵席也极具特色，有高档筵席、中档筵席、一般筵席和农村筵席。以北京回族的喜庆筵席为例，依其档次不同，大致分为燕菜席、鱼翅席、鸭果席、便果席和便席 5 种。在上菜时还能听到优美的“回族花儿”或筵席曲，深受广大回族群众和其他兄弟民族群众的喜爱。

5. 穆斯林饮品以茶为主

我国穆斯林在饮品方面以喝茶为主，喝茶的作用远远超越了解渴的单一生理需求，茶还能起到爽神、消积、化滞、滋补、调节生理机能的作用。特别是穆斯林的盖碗茶，除了放品质上好的茶叶外，还放进冰糖、芝麻、红枣、核桃仁、桂圆、葡萄干等辅料，长期饮用，可起到健身、防病的保健作用。

6. 穆斯林禁止饮酒

《古兰经》中明确提出饮酒的危害和禁酒的要求。穆圣说：“真主最痛恨酒，穆斯林不但不喝酒，而且不卖酒、不造酒、不运酒、不拿酒当礼品送给人。又说：凡醉人的饮料，都是禁止的。”所以穆斯林认为：饮酒浪费金钱；饮酒浪费时间，影响工作；饮酒伤害身体，影响健康；酒后容易招致事故，导致犯罪。

此外，在饮食方面广大穆斯林每年进行一个月的斋戒。斋戒的目的在于使人清心寡欲，远离邪恶，尝试饥渴之苦，启迪好善乐施之心。斋戒的要求是，凡成年男女穆斯林必须封斋，即每日黎明前至日落时，严禁饮食，禁房事，戒除一切邪念，纯洁思想，一心向主。斋戒的医疗保健价值是可在两顿饭相隔时久的情况下，使肠胃得到充分的休息，故有促进胃肠道机能恢复的作用，对于多吃少动的肥胖者有减肥效果，对高血压和动脉硬化患者亦有裨益。

---

① 刘涛：《论清真饮食规定及其特色》，《扬州大学烹饪学报》，2004（1）。

（五）伊斯兰建筑文化的特点

建筑是人类文化的重要组成部分，也是民族个性的体现。伊斯兰教作为一种宗教信仰，影响着穆斯林的生产、生活的方方面面，也必然对清真寺、陵墓、民居等各种建筑产生深刻的影响，使之呈现出鲜明的特点和艺术美感。

由于中国各地的建筑技术及材料不同，导致建筑规模、附属建筑、工艺特点、地方风格的不同，因而产生了形式各异的清真寺建筑。从形制上可分为两大类：回族建筑和维吾尔族建筑。清真寺是伊斯兰教建筑的主要类型，它是信仰伊斯兰教的居民点中必须建立的建筑。因此，伊斯兰的建筑风格以清真寺为典型。

1. 回族清真寺

回族清真寺是在吸收汉族传统建筑技艺的基础上发展形成的，也可以说是最具东方情调的伊斯兰教建筑。具体特点如下：

（1）采用汉族建筑的院落式建筑布局原则。回族的清真寺采取汉族传统的院落式建筑布局，组合成封闭形的院落，并且有明确的轴线对称关系。例如关中一带的清真寺，由许多四合院组成，多为串联式，也有中心式。串联式的大殿建筑在最后一层庭院中，大殿前的中轴线两侧是讲经堂、沐浴室和阿訇的宿舍等。中心式的布局则是在较大的院内修建大殿，其他建筑分别建在大院的周围。如四川成都鼓楼街清真寺、天津大夥巷清真寺。

（2）大量应用中国特色小品建筑。清真寺中除了主要建筑外，还配合有许多特色小品建筑，如牌楼、影壁、砖门楼、屋宇式门房，甚至作为伊斯兰教特色建筑的邦克楼，亦做成亭阁式样。如济宁东大寺在大殿前布置了四道门才到达主体建筑。

（3）组合式坡屋顶。由于一般礼拜殿的空间纵深很大，同时又要解决采光与防雨的问题，故回族礼拜殿多为组合式坡屋顶，多者有五座屋顶勾连相接。如北京牛街清真寺、宁夏同心韦州大寺、宁夏石嘴山清真大寺、山东济宁西大寺等皆是。

（4）屋顶上加盖亭阁。为进一步强调屋顶的华美在组合屋顶上再加盖亭阁，如天津大夥巷清真寺的后殿部分并排设计了五座重檐方亭和六角亭，与阿拉伯伊斯兰教建筑中尖塔式邦克楼有异曲同工之妙。

（5）中西合璧的建筑装饰。伊斯兰建筑内檐采用大量汉族传统的建筑装修装饰手法，但又与伊斯兰文化相结合，成为具有清新情调的民族新艺术。如北京牛街清真寺礼拜殿的隔断采用中亚形式的尖拱券及阿拉伯文字图案的券边，但券身上又布满红地沥粉贴金的缠枝西番莲图案，形成一种融合的艺术风貌。

（6）充分应用中国传统的雕刻艺术。在清真寺中，中国传统的砖雕、木刻、灰雕等被大量应用，有些雕刻品几乎成为珍贵的艺术品。①

---

① 吴天池：《中国古建筑赏析》，《铜陵职业技术学院学报》，2011（4）。

2. 维吾尔族伊斯兰教建筑

维吾尔族的伊斯兰教建筑以礼拜寺和陵墓为代表，以南疆地区最为典型。由于这个地区干旱少雨，冬夏分明，以及历史上与中亚交往甚密等原因，当地建筑多采用木柱密肋式平房或土坯拱及穹隆顶式建筑，与内地建筑有较大的不同。其特点如下：

（1）非对称式布局。维吾尔族礼拜寺及礼拜殿是非对称式的布局，没有严格的轴线对位关系。礼拜殿大都是横长形状，圣龛也不一定在中心。

（2）寺院内皆有较大的庭院。其入口多建有高大的穹隆顶拱门及邦克楼，建筑华丽醒目，成为广场上的主景建筑。

（3）礼拜殿分为内殿与外殿，分别供冬季和夏季做礼拜时使用。礼拜殿的柱梁构架完全袒露，柱身高且细，油饰颜色一致，常用绿色或赭色、蓝色。

（4）礼拜寺的装饰特点是大量运用几何纹样，采取并列、对称、交错、连续、循环等各种方式形成两方或四方连续的构图。这种刚直中又带有纤巧的艺术风格，在中国的建筑装饰图案中是独具一格的。[①] 礼拜殿的装饰集中在圣龛、藻井、花窗、柱头几个部位。

三、伊斯兰文化与旅游的相互作用

关于伊斯兰教文化与旅游的相互作用可从两个方面分析。

（一）增强游客对伊斯兰教规和习俗的了解

1. 通过讲解伊斯兰教《古兰经》，增强游客对伊斯兰教的了解

在伊斯兰教义中，儒家思想与伊斯兰教义相通、互补。中外游客来旅游的目的是接受和吸纳中国传统文化与伊斯兰教义思想中有益的部分。如果国内外游客通过参观伊斯兰教圣地，并由导游适当讲解《古兰经》，就会受益匪浅，同时提升当地景点的重游率。比如，在伊斯兰教堂参观时，加入对伊斯兰教《古兰经》的通俗易懂的解说，游客会加深对《古兰经》的理解。

2. 增进游客对伊斯兰教习俗的了解

广大游客尤其是非穆斯林游客，在游览过程中品尝到穆斯林特色的美味佳肴，会加深对穆斯林风俗习惯的了解；对穆斯林游客来讲，能在游览中品尝到本教的食品，会增添故地重游的兴趣，为有其特色食品感到自豪。

（二）加深游客对伊斯兰文化的了解

伊斯兰教的建筑艺术以清真寺最具代表性，我国的清真寺有前文介绍过的“五

① 吴天池：《中国古建筑赏析》，《铜陵职业技术学院学报》，2011（4）。

大古寺”，还有一些著名的内地清真寺，它们以室内外精美的装修为突出特点，并在艺术造型上显示出淳朴典雅的气质。伊斯兰教建筑反映着所在地区和所处时期的文化特征，并因此而成为国内外旅游者青睐的人文旅游景点。

第四节　伊斯兰教文化旅游资源的开发案例
——新疆伊斯兰教文化旅游

新疆伊斯兰教文化有着悠久的历史，其特点是较复杂并且民族特色浓厚，信仰伊斯兰教人数众多。这些特点对新疆少数民族的思想文化产生了深远影响。同时，新疆是风景优美的地区，形成了天然的旅游资源，如果把新疆的伊斯兰教文化融入旅游业之中，将会使新疆旅游业走上可持续发展的道路，从而改变新疆旅游业的结构，丰富其旅游文化内涵。所以本节将阐述新疆伊斯兰教文化旅游产品开发的目的，是让人们从深层次了解新疆的伊斯兰教文化和伊斯兰教文化旅游产品的内涵以及伊斯兰教文化与旅游的关联，伊斯兰教文化与旅游产品的融合带来的巨大影响。

一、新疆的伊斯兰教

新疆，古代通称“西域”，是东西文化融会交流之地。9 世纪末 10 世纪初，伊斯兰教经中亚传入新疆。当时，统辖新疆南部至中亚一带的喀喇汗王朝的王室成员萨图克布格拉汗率先接受了伊斯兰教，夺取政权后利用权力开始在喀喇汗王朝境内推行伊斯兰教。公元 962 年，喀喇汗王朝经过同于阗佛教王国历时 40 余年的战争，灭亡于阗，把伊斯兰教推行到今和田地区。直到 14 世纪中叶以前，以阿克苏、库车为界，一直维持着南部以伊斯兰教为主要宗教，北部以佛教为主要宗教的多种宗教并存的格局。

14 世纪中叶，统治新疆的地方政权东察合台汗国可汗秃黑鲁帖木儿皈依伊斯兰教后，首先要求王公贵族和蒙古人改信伊斯兰教，之后在伊斯兰上层势力的配合下，在汗国境内强制推行。其后裔采取各种手段使民众接受伊斯兰教。到 16 世纪初，伊斯兰教在哈密已取得主要宗教的地位。伊斯兰教的传播，扩大和加强了阿拉伯、波斯文化与中国文化之间的交流。

二、新疆伊斯兰教文化旅游

（一）新疆伊斯兰教文化构成独特的旅游资源

新疆伊斯兰教文化在一定程度上影响、改变了新疆多个民族的生活习俗，对新疆各少数民族的思想文化意识具有深远的影响，形成特有的新疆伊斯兰教文化旅游资源。

1. 新疆伊斯兰教文化特点

在文学、历法、年节礼仪、饮食服饰、婚嫁丧葬等方面，各民族既具有伊斯兰文化特色，又保留了本民族的古老文化积淀，形成独特的伊斯兰文化①。主要表现以下几个方面：

（1）伊斯兰教文化丰富多彩

目前我国信仰伊斯兰教的 10 个民族在新疆均有分布，人数达一千万，占到新疆总人口的一半多，宗教教职员已近三万人。

信教群众逾千万，在教义、教规、教法、教派分化，各民族、各派别信仰仪式、宗教习俗等方面较复杂。伊斯兰教长期与其他多种宗教共存，在多民族的文化交融中，形成具有典型西域特色的伊斯兰文化，对文学、音乐、绘画艺术、建筑风格等方面都产生深远影响，同时也留下了众多有价值的伊斯兰教清真寺和历史遗迹，构成独特的旅游资源②，充分体现出伊斯兰教文化的丰富性和多样性。

（2）民族特色浓郁

在中世纪新疆地区信仰伊斯兰教的民族以维吾尔、哈萨克等民族为主，其文化具有典型的西域特色。清朝统一新疆后，随着回族等内地穆斯林的大量迁入，给当地文化增添了中原地区伊斯兰文化成分，使新疆伊斯兰文化得到充实和发展，既丰富了世界伊斯兰文化的库藏，又传承了民族文化特点。

维吾尔族文化与伊斯兰文化相互交融。例如，信仰什叶派的维吾尔人除了每年过古尔邦节、肉孜节和圣诞日外，还按照伊斯兰教历在元月为哀悼显贵的侯赛因而过“阿术拉节”。阿术拉节主要仪式是在清真寺里举行悼念性的祈祷，朗诵哀悼侯赛因的诗。什叶派穆斯林较多的伊斯兰国家从伊斯兰教历元月 1 日计算，此后 40 日要祭祀侯赛因。从伊斯兰教历元月 1 至 40 日，什叶派穆斯林绝不互相结亲，回避说笑和娱乐，期间主张穿被认为是丧服的黑色衣服。③ 但是，新疆莎车地区的穆

---

① 冉红、陆亦农：《新疆伊斯兰教文化旅游》，《新疆师范大学学报》，2005（9）。

② 冉红、陆亦农：《新疆伊斯兰教文化旅游》，《新疆师范大学学报》，2005（9）。

③ 阿布力米提·亚森：《试论新疆维吾尔族的什叶派穆斯林——来自莎车的调查研究》，中山大学社会学与人类学学院，文章编号 1674—6627（2010）02—0025—07。

斯林，在每年伊斯兰教历元月 1 日至 15 日举行“阿术拉”仪式。

（二）新疆伊斯兰教文化旅游客源市场巨大

伊斯兰教主要传播于亚洲、非洲，以西亚、北非、中亚、南亚次大陆和东南亚最为盛行。20 世纪以来，在西欧、北美和南美一些地区不同程度地传播和发展。

新疆地处中国西北边陲，西南部与阿富汗、巴基斯坦、印度接界，西北部与俄罗斯、哈萨克斯坦、吉尔吉斯斯坦、塔吉克斯坦接壤。周边国家除俄罗斯和印度外，其他国家穆斯林所占人口比例均在 80% 以上，人数上亿，这成为新疆发展伊斯兰教文化旅游主要的客源市场。

新疆伊斯兰教文化吸引了大量国际国内穆斯林游客和非穆斯林游客，因此，新疆伊斯兰教文化形成旅游的潜在市场。

三、新疆伊斯兰教文化旅游资源开发建议

（一）加大新疆伊斯兰教文化旅游的宣传力度

目前，新疆伊斯兰教文化旅游的宣传不够，很多人只知道新疆风景优美，新疆人热情好客，但对新疆的伊斯兰教文化却知之甚少，尤其是新疆伊斯兰教文化旅游资源的宣传更少。所以，可以利用各种传媒加强对新疆伊斯兰教文化旅游的宣传，还可以组织考察，由新疆政府旅游局牵头，各级旅行社组团，参观考察新疆伊斯兰教文化旅游资源，提高新疆伊斯兰教文化旅游产品的知名度。①

（二）增加新疆伊斯兰教文化旅游目的地的吸引力

深层次掌握新疆伊斯兰文化旅游资源的内涵，开发具有大众能接受的宗教文化色彩浓厚的节庆活动，让游客在参观游览中身临其境，特别是在新疆手工艺品制作中融入伊斯兰文化和传统民族文化的色彩，发挥新疆的地域优势。

（三）在新疆培训具有高水平伊斯兰教文化的导游队伍

充分利用新疆伊斯兰教经学院，开发一些与宗教文化旅游有关的课程，在培养高水平宗教人才的同时，培养一批既懂伊斯兰文化又懂旅游管理的人才。在政府主办的伊斯兰教经文学校里，有意识地培养一批懂旅游管理的清真寺干部。这对新疆伊斯兰教文化旅游开发有利，还可推动新疆旅游业的发展。对一些懂经文但缺少文化知识的穆斯林群众，政府应有意识地加大培养力度，组织专人培训，使他们成为新疆伊斯兰教文化旅游市场的导游人才，为国家旅游事业及当地发展服务。

---

① 冉红、陆亦农：《新疆伊斯兰教文化旅游》，《新疆师范大学学报》，2005（9）。

据统计，现在全世界每年都有数百万人到伊斯兰教的发祥地麦加朝觐。据报道，2010 年到麦加参与朝觐活动的穆斯林将达到 250 万人，其中包括来自中国的约 1 万 3 千多名朝觐人员。[①]

思考与练习

1. 伊斯兰教与伊斯兰教文化的概念?
2. 伊斯兰教文化旅游的涵义和特征?
3. 伊斯兰教文化旅游资源的分布和特点?
4. 伊斯兰教文化旅游资源开发的问题和建议?
5. 如何处理好伊斯兰教文化旅游资源与伊斯兰教文化活动的关系?

① 《250 万穆斯林麦加朝觐》：中国清真网，2010 年 11 月 15 日。

第八章　基督教文化旅游及其开发

本章导读

基督教是世界三大宗教（佛教、伊斯兰教、基督教）之一，也是在世界各地分布最广、信仰者所占人口比例最高、影响最大的宗教。《大英百科全书》（1990 年版）认为，基督教信徒约有 35 亿，占世界 60 亿人口中的半数以上。但一般认为约占世界人口的三分之一或四分之一。

基督教文化主要包括基督教的《圣经》、教义、文学艺术、建筑风格等，并以此为载体形成了基督教堂、礼仪文化和节日活动等基督教文化旅游资源。这些旅游资源对当地旅游业的发展起到至关重要的作用。它们之间是相辅相成的关系。基督教文化旅游资源的开发和利用能够有效地弘扬基督教文化，同时基督教文化的传播又会刺激旅游业的持续发展。

本章在介绍基督教文化的历史、发展及基督教与旅游的特点的基础上，以广东的基督教文化旅游资源开发为例，分析基督教文化与旅游的关系，以供旅游管理专业学生参考。

相关词

基督教　基督教文化　基督教文化旅游资源　基督教文化旅游资源开发

本章重点

通过对基督教的起源、基督教的教义、基督教在中国的传播与发展以及基督教文化等主要内容的阐述，分析基督教文化的特点，找出基督教文化与旅游资源的关系，在此基础上，探讨基督教文化旅游资源开发存在的问题及对策。以广东省基督教文化旅游资源开发为例，指出其发展的规律。

第一节　基督教的起源与发展

一、基督教的起源

（一）基督教的界说

1. 耶稣其人

耶稣是基督教所信奉的救世主。常与基督连用，称为耶稣基督或基督耶稣。基督教根据福音书推算，耶稣出生于公元1世纪初期。福音书记载，他是上帝的独生爱子，是由“圣灵感孕”，童贞女玛利亚所生，降生在耶路撒冷城外的伯利恒，后来在加利利的拿撒勒长大成人，年轻时做过木匠。耶稣为救赎人类而降生为人，故称救世主。他三十一岁开始传教于巴勒斯坦地区。他挑选了十二个门徒（彼得、安德烈、西庇太的儿子雅各、约翰、腓力、巴多罗买、多马、马太、亚勒腓的儿子雅各、达太、西门、犹大——出卖耶稣的犹大死后由马提亚得这使徒的位分），并赋予他们以传教的使命和权力。主耶稣还行了许多“神迹奇事”（如治病、驱鬼、让死人复活、用五饼二鱼给五千人吃饱还有剩余等）。终其一生，他只在巴勒斯坦地区不出四百里的范围内传天国的福音，而且他英年早逝，只活了三十三岁，就钉死在十字架上——被罗马帝国驻犹太总督彼拉多以莫须有的罪名处死。埋葬后第三天复活，复活后第四十日升天，坐在天父的右边。①

一般认为耶稣是基督教的创始人，是基督教徒崇拜的圣子、救世主，对于耶稣其人如何创立基督教的过程缺乏历史记载，关于耶稣的叙述都收集在《新约》中。因而许多学者只能根据《新约》福音书的记载进行推测。但有一点可以肯定，耶稣本人在世时并没有创立基督教，而是以犹太教革新派的面貌出现的。在他死后，他的信徒坚信其就是弥赛亚（基督），已复活升天。他们的这些说法遭到犹太人的反对，把他们赶出犹太会堂，于是这些信徒便建立自己的独立的聚会点，由此形成早期的基督教教会。②

2. 基督教

“基督教”一词在中国内地学术界使用上有狭义和广义之分。狭义的基督教专

① 董玉明、张玉：《基督教文化与宗教旅游》，《2005年青岛旅游的明天学术研讨会论文集》，第175页。

② 卓新平：《中国基督教基础知识》，宗教文化出版社，2009，第4页。

指新教（与罗马天主教称为旧教相对应），广义的基督教是指凡是信奉耶稣基督为救世主的所有教派，即包括东正教、天主教和新教。本教材从广义角度来论述基督教。基督教的三大宗派都以《旧约》和《新约》所组成的《圣经》为其经典。①

（二）基督教的发展

1. 基督教的起源

基督教于公元1世纪起源于罗马帝国东部地区的巴勒斯坦，原先是犹太教的一个宗派，继承了犹太教的一神论思想，又逐渐吸收各种东方宗教神秘主义，特别是犹太教的“弥赛亚”观念和庸俗化的古希腊哲学思想，形成了自己的一整套宗教思想体系，并于公元135年从犹太教中分离出来，成为一种有自我意识的独立的新宗教。

2. 基督教成为罗马的国教

早期基督教曾受到罗马皇帝的残酷迫害和镇压。后来罗马帝国的统治者认识到消灭基督教的企图是不现实的，要有效地控制帝国，就必须首先维持和基督教会的和平。于是，继311年的《宽容饬令》规定停止迫害基督教之后，313年君士坦丁和李锡尼又颁布了著名的《米兰敕令》，宣布承认基督教在罗马帝国中的合法地位并定宣布其与所有其他宗教同享自由，不受歧视。从此基督教成为官方认可的合法宗教。392年狄奥多西一世公布法律禁止在任何场所向异教神祇献祭，同时规定基督教为唯一合法的宗教。因此，这一年一般被看作是基督教成为罗马帝国国教的开始。

3. 基督教内部的分化

自330年君士坦丁迁都开始，在基督教内部，逐渐形成东（君士坦丁堡）西（罗马）两个中心，特别是当查理曼在800年被加冕，实质上成为另一个罗马帝国后，东西方的纷争更趋明显，两者的关系几乎到达分裂的程度。基督教内部东、西方教会之间的分歧日渐增大，文化传统、历史、地理等方面的原因促使两大教会不断分裂，但最根本的原因则是双方领导集团为争夺教会的最高统治权不断发生冲突，最终导致基督教在1054年彻底分裂。东部教会标榜自己的“正统性”被称为“正教”，又因其是东部教会，所以又称“东正教”，而因其在崇拜仪式中用希腊礼仪，所以又称“希腊正教”。西部教会则强调自己的“普世性”，被称为“公教”，因为其领导中心在罗马，所以又称“罗马公教”，汉语译作“罗马天主教”。

4. 新教的形成

16世纪时，随着资本主义的出现，天主教会内部又发生了反对罗马教皇封建神权统治的宗教改革运动，代表新兴资产阶级利益的德国神学教授马丁·路德（1483

① 中国社会科学院世界宗教研究所等：《中国五大宗教知识读本》，社会科学文献出版社，2009，第359页。

-1546）于1517年揭开了宗教改革的序幕。马丁·路德最早提出人的得救只是因为他对上帝的信仰以及上帝的恩赐，其他一切的律法都不能保证使人得以“称义”。路德对教廷代表鼓吹的赎罪券提出异议，于1517年10月31日在他任教的威登堡大学贴出了抨击教会弊端的《九十五条论纲》，引起轩然大波，最终导致教皇下令将他革除教籍。此后，他所代表的教派总称“更正教”或“新教”（Protestantism），与之相对的东、西方天主教，则称为旧教。他直接建立的教会成为“路德会”或“信义宗”。由此产生了脱离天主教会的新教派。[①]

至此，基督教便分裂为三个教派：即罗马教皇所控制的罗马教会，称为天主教；改革后的基督教，称为新教或耶稣教（Romance）；以君士坦丁堡为中心的希腊正教会，或称东正教会。

（三）基督教在中国的传播与发展

2010年《宗教蓝皮书》指出，据调查估算，中国现有基督徒约占全国人口总数的1.8%，总体估计为2305万人。其中已受洗者1556万人，占67.5%，未受洗者749万人，占32.5%。[②] 关于基督教在何时传入中国，历来众说纷纭。据现存确凿史料，学术界将其最早传入时间定为唐代。基督教在中国主要的传播活动有四次。[③]

1. 基督教一传中国

基督教第一次来华传播为唐朝时“景教”的传入。在此之前，有关基督教入华的情况仅为传说，包括认为耶稣十二门徒之一的多马曾于公元52年从亚历山大城出发，经海路到印度和中国传教，认为东汉时期曾有两位东方教会人士以养蚕织丝技术之研习为名到中国传教，以及认为公元3世纪已有传教士来“赛里斯”传教等。这些说法迄今仍无任何历史根据和可靠资料确证。通过考古发现和历史记载证实，基督教第一次传入中国是在唐太宗贞观九年（635），基督教聂斯托利派主教、叙利亚人阿罗本，从波斯到长安，受到太宗皇帝接见。李世民准其在皇帝藏书楼翻译《圣经》，在中国传教，人称“景教”。由于皇帝的支持，“景教”来华之后，很快就取得了“法流十道”、“寺满百城”的成功。直到会昌五年（845），唐武宗“崇道毁佛”，下令灭教，殃及景教等外来宗教，结束了“景教”在唐代210年的传播发展历史。《资治通鉴》、《唐会要》等书对这段历史有所记载。

2. 基督教二传中国

基督教二传中国是指景教在元朝的复兴和罗马天主教来华传教。从景教的复兴来看，“也里可温（意即‘有福源之人’）当即景教之维绪”。灭教之后，景教仍在

---

① 王元海、黎美洋、陶华举：《旅游宗教文化》，四川大学出版社，2005，第177页。

② 摘自 http://www.gospeltimes.cn/news/2010_12_17/15672.htm，2012年7月12日。

③ 王元海、黎美洋、陶华举：《旅游宗教文化》，四川大学出版社，2007，第182-184页。

一些边疆地区和少数民族中留存。随着元朝的建立，景教重新传入内地，在许多地区得到发展。公元 1294 年，罗马教皇派主教特使约翰·孟德高维诺抵达汗八里（今北京），天主教正式传入中国，元朝皇帝铁木儿允许约翰·孟德高维诺自由传教。孟德高维诺在华建堂布道，用蒙文译经，并于公元 1307 年，被教皇克莱门特五世任命为汗八里总主教区总主教，在中国生活了 34 年。皇庆二年（1313）在福建泉州设置教区。当时天主教信徒达 6 万人，但由于信徒大多是蒙古人和迁居内地的中亚人，在内地居民中没有根基，所以随着元朝政权的覆灭，"也里可温"所涵盖的景教和天主教亦跟着消亡，这意味着基督教的第二次来华以失败告终。

3. 基督教三传中国

基督教三传中国是指明清之际以天主教耶稣会士利玛窦为首的西方传教士在华展开的广泛而深入的传教活动。公元 1583 年，意大利耶稣会士利玛窦和罗明坚进入广州肇庆，建立了第一个传教教堂，此为近代天主教在中国内地传教的真正开端。

利玛窦为了使中国人易于接受基督教教义，先是剃发落须以僧自居，后又潜心研习四书五经，改着儒服，号称"西儒"。同时他还有意结交皇室宗室各达官贵人。公元 1601 年，他第二次进京，获得皇帝召见。他向明神宗献上圣像、《圣经》、万国图、自鸣钟、八音琴等欧洲近代事物。利玛窦得到神宗认可。利玛窦等耶稣会士在传教中努力向中国文化"趋同"，主张将中国的孔孟之道、宗法敬祖思想与天主教的教义体系相融合，从而表明天主教义合儒、补儒、超儒的特性，以求基督教文化在中国的生存与发展。① 这种传教方式引起其他恪守天主教传统的教士的反感，天主教会内部爆发"中国礼仪之争"。后因罗马教皇和康熙的干预，引发双方的直接冲突，并导致康熙宣布禁教、驱逐传教士。公元 1723 年雍正登基后，清廷开始了长达百年的教禁，基督教第三次来华所取得的成就亦付诸东流。

4. 基督教四传中国

基督教四传中国是指鸦片战争后西方基督教各派传教士蜂拥来华，在不平等条约的保护下强行传教，并取得成功。在这一时期，天主教各教会如耶稣会、奥斯丁会、多明我会、巴黎外方传教会、遣使会、圣母圣心会等会的传教士相继来华，至 19 世纪末已在中国建成五大传教区，发展教徒 70 多万人，伴随着中西政治、经济上的冲突，对中国思想文化等方面的发展曾产生过一定的影响。20 世纪初中国"五四运动"和"非基督教运动"以来，不少中国基督教徒投身于反帝爱国运动和教会"本色化"、"中国化"运动之中，开始了中国教会的现代发展。

新中国成立后，基督新教倡导自治、自传、自养的三自爱国运动，天主教成立了"中国天主教爱国会"。

---

① 王元海、黎美洋、陶华举：《旅游宗教文化》，四川大学出版社，2007，第 183 页。

二、基督教派的主要教派

基督教在 1054 年之前没有教派区分，只有地域的区分，原属东罗马帝国区域内受希腊文化传统影响的教会称为东部教会；原属西罗马帝国区域的受拉丁文化传统影响的教会称西部教会。东西两教会长期以来因为政治、文化等方面原因在神学思想等各方面产生了越来越大的分歧，特别是罗马主教与君士坦丁堡牧首双方经常为争夺教会最高权力而剑拔弩张，于 1054 年发生决裂。东部教会认为自己才是正统的，自称为“正教”。西部教会则认为自己真正具有普世性，自称“公教”。基督新教在 16 世纪马丁·路德宗教改革之后形成。基督教也因此形成三大教派，即东正教、新教和天主教。

（一）东正教

东正教信奉上帝、耶稣和圣母玛利亚，但不承认罗马教皇的权威。东正教具有明显的保守性，恪守古代基督教会的教义和礼仪，教义上注重“道成肉身”之奥秘，神秘主义色彩很浓，强调隐修、禁欲、与世隔绝；有较强的依附性，依附于世俗政权，受制于皇帝；东正教力量比较分散，各自独立发展，形成了多个教会势力中心。目前，东正教的信徒主要分布在东南欧、巴尔干半岛、小亚细亚、美国等地区。在中国人数不多，主要集中在东北地区。东正教主要的自主教会有君士坦丁堡牧首区、耶路撒冷牧首区、俄罗斯正教会、格鲁吉亚正教会、塞浦路斯正教会、塞尔维亚正教会、保加利亚正教会、罗马尼亚正教会、波兰正教会、希腊正教会、美国正教会、日本正教会、芬兰正教会等。

（二）天主教

天主教是中国信徒对罗马公教的称呼。“公教”一词来源于希腊文，音译为“加特利加”，意思是“普遍的”、“全世界的”，意译为公教，因其中心在罗马，所以又称为罗马公教。传入中国后，信徒将他们所信奉的神称为“天主”，意思是至高无上的主宰，其教被称为“天主教”。天主教崇拜上帝和耶稣，并尊崇玛利亚为天主之母，承认罗马教皇的地位和权力。在组织体制上实行以罗马教皇为首的中央集权制，具有统一的教义，组织制度和礼仪。在教会内部不容有任何非组织的活动；具有一套严格的教阶制。天主教宗教活动仪式和装饰隆重庄严，教堂内装饰豪华壮观。

天主教称其教义为“公教教义”，是基督亲授，经使徒和公教教会持守、传授、教导，所有公教教徒都必须全部信奉接受的纯正信仰内容。天主教认为圣传和《圣经》组成天主圣言，是启示的宝库，而解释圣传与《圣经》的权力在教会。凡由教会加以神圣委派，赋予“传授和教诲教义之权”者（如教皇、公会议、主教等)，他们的合法教诲皆“无谬误”，并对所有教徒具有制约性的权威。①

天主教会在组织体制上实行以罗马教皇为首的中央集权制，具有统一的教义，组织制度和礼仪。在教会内部不容有任何非组织的活动；具有一套严格的教阶制，认为只有信徒而无教阶制便不成为教会。

目前，全世界天主教有总主教区130个，教区628个，监牧区和代牧区129个，共有教徒10亿左右，占全球人口的17.5%。天主教占主导的国家主要有意大利，法国，比利时，卢森堡，奥地利，爱尔兰，波兰，捷克，匈牙利，斯洛伐克，立陶宛，克罗地亚，斯洛文尼亚，西班牙，葡萄牙，列支敦士登，摩纳哥，圣马力诺，马耳他，安道尔等。

(三) 新　教

基督新教是由16世纪宗教改革运动中脱离罗马天主教会的教会和基督徒形成的一系列新宗派的统称，简称新教。新教废除天主教的教阶制度和烦琐的宗教仪式，对教义、礼仪、组织形式都做了不同程度的改革，使基督教适应了西欧新兴资产阶级的需要，其主要特点是自由化，教堂简朴，只以十字架作标志。崇拜上帝和耶稣，但不承认罗马教皇的权威，不信奉圣母玛利亚。②

新教派别众多，但以三大主流教派为主，即分布于德国大部和北欧诸国，包括丹麦、瑞典、挪威、芬兰等国的路德宗，分布于瑞士、荷兰、苏格兰和德国一部分的归正宗以及分布于英格兰的安立甘宗。全世界新教徒约有3.6亿，其中三分之二集中于欧洲和北美。新教虽然有很多派别，但在教义方面有三个共同原则，即因信称义、信徒人人都可成为祭司、《圣经》具有最高权威，这三大原则和天主教是针锋相对的。

第二节　基督教文化

一、《圣经》

基督教的经典是《圣经》，又称《新旧约全书》，由《旧约》和《新约》两部分组成。《旧约》原是犹太教的经典，基督教（广义）从犹太教中分离出来后仍继承了这一经典。《新约》则是基督教本身发展出来的经典。

① 摘自 http：//baike. baidu. com/view/582432. htm，2012年5月30日。

② 王元海、黎美洋、陶华举：《旅游宗教文化》，四川大学出版社，2007年8月，第181页。

“约”是指上帝与人所立的契约。《旧约》是指上帝和他的选民以色列人原来所立的约，后因以色列人不接受基督而违背了圣约犯罪，因此失去了选民地位，这一选民地位改由基督教信徒所得，并立新的圣约，称作《新约》。

基督新教与天主教在《旧约》中所受的卷数不同，天主教的《旧约》有46卷，而基督新教只有39卷。两者的卷数之所以有出入，其原因是所取的原始版本不同。《旧约》的卷目有两个版本来源：《希伯来圣经》及其《希腊文七十子译本》。《希伯来圣经》是现存《旧约》的最古老的权威版本，全部由希伯来文写成，共39卷，是犹太教的经典，也是基督宗教《旧约》的正典。而天主教所用的《旧约》是根据《希伯来圣经》的《希腊文七十子译本》，该译本除正典39卷外，还包括7卷次经，所以共有46卷。宗教改革时，基督教新教各派则只接受《旧约》“正典”，即39卷，而对于“次经”，虽也承认是有益的作品，应该受到尊重，但认为不应列入正式的经典。至于《新约》，基督新教与天主教则完全相同，共27卷，都是根据希腊文翻译而来的。《圣经》新旧约的主要内容如下表所示：

表8-1　圣经的主要内容

<table>
<tr><td rowspan="7">《圣经》</td><td rowspan="3">《旧约》</td><td>《律法书》</td><td rowspan="3">主要是关于世界和人类的起源，犹太民族古代历史的宗教叙述、宗教法典、宗教政治论著、宗教文学作品等</td><td rowspan="7">核心是“神爱世人，甚至将他的独生子赐给他们，叫一切信他的，不至灭亡，反得永生。”</td></tr>
<tr><td>《先知书》</td></tr>
<tr><td>《圣录》</td></tr>
<tr><td rowspan="4">《新约》</td><td>《福音书》</td><td>耶稣的生平和言行</td></tr>
<tr><td>《使徒行传》</td><td>耶稣升天后其使徒们在各地的传教和建立教会的经过</td></tr>
<tr><td>《使徒信书》</td><td>耶稣的使徒们写给各地教会或个人的信，实际是教义性论述</td></tr>
<tr><td>《启示录》</td><td>描绘世界末日的情况</td></tr>
</table>

目前中国内地通用的《圣经》汉语译本有两种，天主教采用的是“思高译本”，基督教采用的是“和合译本”，这两个译本对书中专有名词的译法有很大的不同，读者往往容易因不同译名而将同一人物或事件误以为是两个人物或两件事。

基督新教的《圣经》中文译本历史上出现过多种。当今中国内地基督教信徒中通用的版本是1919年出版的官话和合译本的《圣经全书》，这是1890年由基督教传教大会决定并组织出版的。① 此外，从20世纪70年代开始，港台还陆续出版了一些新译本，如《现代中文译本》、《当代圣经》、《圣经新译本——向导版》。

① 中国社会科学院世界宗教研究所等：《中国五大宗教知识读本》，社会科学文献出版社，2007年5月，第424-432页。

二、基督教教义

早期基督教的教义主要来自《圣经》，以后随社会的发展，教派也不断涌现，各派的教义侧重点也各异，但基本的信条有以下内容：

（一）十诫

第一条：除上帝以外，不可有别的神。
第二条：不可拜偶像。
第三条：不可妄称上帝的名。
第四条：当记念安息日，守为圣日。
第五条：当孝敬父母。
第六条：不可杀人。
第七条：不可奸淫。
第八条：不可偷盗。
第九条：不可作假见证陷害人。
第十条：不可贪恋别人的一切。

（二）三位一体

这是基督教的基本信条之一。相信上帝唯一，但有三个“位格”，即圣父、圣子和圣灵。圣父——天地万物的创造者和主宰；圣子——耶稣基督，上帝之子，受上帝之遣，通过童贞女玛利亚降生为人，道成肉身，并“受死”、“复活”、“升天”，为全人类作了救赎，必将再来，审判世人；圣灵——上帝圣灵。

（三）信原罪

这是基督教伦理道德观的基础，认为人类的祖先亚当和夏娃因偷食禁果犯的罪传给了后代子孙，成为人类一切罪恶的根源。人生来就有这种原罪，此外还有违背上帝意志而犯的种种“本罪”，人不能自我拯救，而要靠耶稣基督的救赎。因而，原罪说以后逐渐发展为西方的“罪感文化”，对欧美人的心理及价值观念影响深远。

（四）信救赎

人类因有原罪和本罪而无法自救，上帝不忍心让人类永远沉沦，派遣其独生子耶稣基督降世为人做牺牲，成为“赎价”，被钉在十字架上代人受死，作了人类偿还上帝的债项，从而拯救了全人类。

（五）因信称义

基督教相信世人凭借对基督救赎的信仰就可以在上帝面前被称为“义人”。

（六）信天国和永生

基督教认为人的物质生命是有限的，暂时的，在因信称义、获得救赎之后，人的灵魂可得上帝的拯救而获永生，在上帝的国——天国里得永福。

（七）信地狱和永罚

人若不信或不思悔改，就会受到上帝的永罚，要在地狱里受煎熬。

（八）信末世

是基督教对人类及世界的最终结局的信仰和理论。基督教相信在世界末日之时，人类包括死去的人都将在上帝面前接受最后的审判，无罪的人将进入天堂，而有罪者将下地狱。

三、基督教文学

（一）基督教文学的形成

基督教文学为基督宗教文化中的一个重要组成部分。基督宗教在产生时受到犹太教“先知文学”、“智慧文学”和“启示文学”的启迪和影响。在犹太文化遗产（即犹太民族的历史传说、宗教故事、神话典故、民间风俗、誓言圣咏、爱情诗歌等）的基础上，并结合古希腊罗马思想精神和文化精华，连同自身的福音传说和早期历史，形成了基督教文学。

（二）基督教文学的发展

以欧洲宗教改革运动为起点的基督教文学先后经历了16世纪虔敬主义文学、17世纪古典主义文学、18世纪启蒙运动文学、19世纪浪漫主义文学和20世纪现实主义和现代象征主义文学等阶段，已经发展成为一种体态完备、灵性特色突出的宗教文学形式。

（三）基督教文学的主要内容

基督宗教文学大体包括“圣经文学”和“教会文学”。

1. 圣经文学

基督教文学中的一大重要组成部分即“圣经文学”。“圣经文学”以圣经为核心和基础，由《圣经》中的故事、格言、典故、诗歌、传说等构成。它吸收并包容了古希伯来文学和希腊文学的精华。圣经文学的内容一方面指《圣经》本身所蕴涵的文学性，另一方面则指受《圣经》启迪或以《圣经》内容为题材来加以发挥的文学。

2. 教会文学

“教会文学”则为古罗马帝国后期的代表性文学，包括用拉丁文撰写的基督故事、圣徒传、祈祷文和赞美诗等。在此时期还有描述个人灵性体验的基督宗教文学作品问世，最为突出的作品是基督宗教思想家奥古斯丁的《忏悔录》，奥古斯丁在这部名著中以 13 卷的篇幅记述了自己的宗教信仰历史和思想转变的过程，其文笔生动、细腻，描述深刻入微，思路敏锐新颖，尤其在刻画内在心理体验和渲染宗教信仰激情上达到了前无古人之境地，从而使这部作品成为罗马晚期拉丁文学的代表作，被列为古代西方文学经典之一。

（四）基督教与中国现代文学

基督教对中国近现代文学的影响，在很大程度上始于 19 世纪以来《圣经》的大量汉译及各种中文版《圣经》的出版流行。西方传教士的汉译《圣经》工作主要是求信、求达，而后来中国学者翻译《圣经》则在信、达之基础上刻意以求雅、韵并与许多中国传统文学表述手法相对照、相比较，甚至尝试以某种中国文体或诗体来汉译《圣经》，使《圣经》的翻译成为一种中国文学的再创作。对此，朱维之曾谈到：“《圣经》文体中已经发现特别和中国文体吻合的，有《哀歌》和《离骚》。”

除了《圣经》汉译中的这种文学再创作之外，基督教对中国现代文学的发展也有直接的影响，并在许多作家的心路历程和文学创作上留下了引人注目、令人深思的印痕。鲁迅作为中国新文化运动的一面旗帜，在其小说《药》、论文《摩罗诗力说》等作品中就曾表现出勇于受难、决不媚俗的基督精神，因而被视为“孤独、受难中冷眼反抗的基督形象”；周作人则因《艺术与生活·圣书与中国文学》、《秉烛谈·谈笔记》、《宗教问题》、《新村理想与实际》、《自己的园地·文艺上的宽容》等文章而被认为“体现着宽容、博爱的浪漫化基督形象”；陈独秀以其《基督教与中国人》之长文表现出对“信与爱”的“基督人格和基督精神”的推崇与礼赞；田汉亦曾“以文学家的气质和情感去感受基督精神和人格魅力”。[①]

① 卓新平：《中国基督教基础知识》，宗教文化出版社，2005，第 312 – 327 页。

四、基督教音乐

（一）基督教音乐的发展

基督教音乐亦称教堂音乐，以基督教的圣乐、圣剧及其崇拜礼仪中的音乐为主。其早期音乐形态受古希伯来音乐传统的影响，由于古代犹太人的宗教禁止雕刻神像和从事形体崇拜，因而侧重于诗歌和音乐的发展。

基督教音乐的发展历程：基督教音乐在罗马帝国时期采用了犹太人的大量诗歌和圣歌，以唱诵《诗篇》为主。中世纪基督教音乐有了重大突破，以清唱剧的形式为主。到16世纪出现了基督教音乐的改革，丰富了基督教音乐的发展，改革的形式以“众赞歌”为代表，其中最为闻名的是《坚固保障歌》。18世纪，德国基督教音乐家巴赫升创了欧洲音乐史上的一个全新时代。他通过自己创作的圣咏、康塔塔、经文歌和受难曲而使“巴洛克”音乐风格达到鼎盛。从18世纪到20世纪，基督教音乐经历了古典时期、浪漫时期和近现代时期的发展变化，并产生了一大批对教会和社会都有重大影响的音乐大师。

（二）基督教音乐的体裁

基督教音乐在其漫长的发展过程中形成了丰富多样的圣乐体裁，对世界音乐的发展有着深远的影响和极大的促进作用。在各种圣乐体裁中，为人们所熟识和喜闻乐见的形式包括众赞歌、赞美诗、经文颂调、圣歌、清唱剧、康塔塔、弥撒曲、受难曲、安魂曲、现代圣乐和现代神剧等。

五、基督教建筑艺术

基督教在其漫长的历史发展中形成了自己独特的教堂建筑，在人类建筑艺术中占有重要的位置。这种教堂建筑随着基督教的历史演进而不断改变、更新，从而体现出不同的建筑风格。

（一）罗马式

罗马式教堂是基督教成为罗马帝国的国教以后，一些大教堂普遍采用的建筑式样。自公元1096年开始的十字军东侵，使欧洲兴起宗教的热潮，封建主对宗教的狂热达到如醉如痴境地，他们全力为自己的领地兴建规模宏大的教堂和修道院，建筑史上称这种新形制为“罗曼内斯克”，即罗马式。而这个时期的其他造型艺术如雕塑、绘画等都成为与教堂不可分割的装饰部分，因此在美术史上统称为“罗马式”。公元12世纪罗马式建筑样式遍及全欧洲，但在不同民族和地区又有其独特的表现。在法国有各种地方学派；德国以形式质朴为特色；英国和西班牙都是接近法国罗马式的；意大利的罗马式发展对西欧建筑样式的发展有巨大影响。

罗马式教堂建筑采用典型的罗马式拱券结构，它从古罗马时代的巴西利卡式演变而来。罗马式教堂的雏形是具有山形墙和石头的坡屋顶并使用圆拱的建筑。它的外形像封建领主的城堡，以坚固、沉重、敦厚、牢不可破的形象显示教会的权威。

巴西利卡是长方形的大厅，内有两排柱子分隔的长廊，中廊较宽称中厅，两侧窄称侧廊。大厅东西向，西端有一半圆形拱顶，下有半圆形圣坛，前为祭坛，是传教士主持仪式的地方。后来，拱顶建在东端，教堂门开在西端。高耸的圣坛代表耶稣被钉上十字架的骷髅地的山丘，放在东边以免每次祷念耶稣受难时要重新改换方向。随着宗教仪式日趋复杂，在祭坛前扩大了南北的横向空间，其高度与宽度都与正厅对应，因此，就形成一个十字形平面，横向短，竖向长，交点靠近东端。这叫作拉丁十字架，以象征耶稣被钉死的十字架，更加强了其宗教的意义。

（二）拜占庭式

“拜占庭式”是在东罗马帝国（拜占庭帝国）发展起来的教堂建筑风格，它起始于拜占庭帝国皇帝查士丁尼一世下令在君士坦丁堡建立圣索菲亚大教堂时所形成的“拜占庭风格”。

拜占庭式建筑的特点是十字架横向与竖向长度差异较小，其交点上为一大型圆穹顶。在方形的平面上建立覆盖穹顶，并把重量落在四个独立的支柱上，这对欧洲建筑发展是一大贡献。圣索菲亚大教堂是典型拜占庭式建筑。其堂基与罗马式建筑的一样，呈长方形，但是，中央部分房顶由一巨大圆形穹窿和前后各一个半圆形穹窿组合而成。

在建筑及室内装饰上，最早的成就表现在基督教堂上，最初也是沿袭巴西利卡式的形制。但到5世纪时，创立了一种新的建筑形制，即集中式形制。这种形制的特点是把穹顶支撑在四个或更多的独立支柱上，并以帆拱作为中介连接。同时可以使成组的圆顶集合在一起，形成广阔而有变化的新型空间形象。与古罗马的拱顶相比，这是一个巨大的进步。

（三）哥特式建筑

哥特式建筑是11世纪下半叶起源于法国，13－15世纪流行于欧洲的一种建筑风格。主要见于天主教堂，也影响到世俗建筑。哥特式建筑以其高超的技术和艺术成就，在建筑史上占有重要地位。最负盛名的哥特式建筑有俄罗斯圣母大教堂、意大利米兰大教堂、德国科隆大教堂、英国威斯敏斯特大教堂、法国巴黎圣母院。

哥特式建筑的特点是尖塔高耸、尖形拱门、大窗户及绘有圣经故事的花窗玻璃。在设计中利用尖肋拱顶、飞扶壁、修长的束柱，营造出轻盈修长的飞天感。它以新的框架结构增加支撑顶部的力量，使整个建筑以直升线条、雄伟的外观和教堂内空阔空间，再结合镶着彩色玻璃的长窗，产生一种浓厚的宗教气氛。教堂的平面仍基本为拉丁十字形，但其西端门的两侧增加一对高塔。

（四）斯拉夫式建筑

“斯拉夫式”教堂为东欧斯拉夫各民族中的东正教教堂，其中以东斯拉夫人中的俄罗斯东正教堂最为闻名。斯拉夫式建筑在其形成初期深受拜占庭建筑风格的影响，多为糅合罗马式和拜占庭式建筑风格而成，故亦有“仿拜占庭式”或“晚期拜占庭式”之称。斯拉夫式教堂建筑的早期代表有基辅索菲亚大教堂和诺伏奇罗德索菲亚大教堂，其建筑精品包括建于1479年的沃洛科拉姆斯基约瑟夫修道院教堂群体建筑、建于1475年的莫斯科克里姆林宫内的圣母升天大教堂和建于1554年的莫斯科升天瓦西里大教堂等。俄罗斯东正教传入中国后，这种斯拉夫式教堂建筑风格亦传入中国，其典型代表如哈尔滨的南岗尼古拉教堂等。

斯拉夫式教堂的典型建筑特色是多采用穹顶式或八角形加圆顶式的设计，保留着罗马式建筑的厚重之感，但在整体布局和塔顶设计上常标新立异，显出其独有风格，如以多层圆顶来形成大小不一的蘑菇群状、顶端为立有十字架的圆塔建筑或半圆形金顶、或雕饰成洋葱头式和椰壳式，因而比拜占庭式建筑显得更加富丽堂皇和豪华美观。

（五）文艺复兴式

“文艺复兴式”建筑最早兴起于意大利佛罗伦萨，随后传入威尼斯、罗马等地及法、德等国。“文艺复兴”原意指“重新出生”，在欧洲思想文化史上则指“古典文化的再生”，成为欧洲中世纪后期至近代发展之过渡时期影响深远的思想解放及文化更新运动的专称。文艺复兴式教堂建筑以1506年动工重建的罗马圣彼得大教堂为典范，它乃罗马式和文艺复兴式艺术风格有机结合的杰作。

文艺复兴式建筑多为世俗建筑，用于建造官邸和别墅等，其特点是按照古典柱式比例、采用半圆形拱券和以穹隆为中心的建筑形体，并使古希腊建筑风格中的一些创意得以恢复和发扬。文艺复兴式建筑风格兴起后亦渗透到基督教的教堂建筑之中，教堂设计因此而重新采用了古希腊式石柱和罗马式的圆顶穹窿。随着文艺复兴运动带来的人文主义思潮，教堂在内部结构的设计上亦不再将圣坛和中殿分开，从而使大厅面积扩大、座位增多，人间色彩突出。

（六）宗教改革式

“宗教改革式”教堂建筑是16世纪欧洲宗教改革运动兴起后在基督教地区流行的文艺复兴艺术风格在教堂建筑上的体现。用“宗教改革式”艺术风格命名旨在突出基督教特有的、与天主教形成鲜明对照的那些特点和风格。这类充满宗教改革精神、体现俭朴原则的基督教教堂以中欧和北欧地区居多，一般都比天主教堂矮小和简陋。

（七）巴罗克式

“巴罗克”式教堂建筑专指宗教改革运动之后在天主教内部为抵制这一宗教改革而形成的教堂建筑特色，显示了虚实一体和明暗突出等艺术特色，带来了欧洲近代艺术发展的繁荣。巴罗克教堂建筑始于意大利罗马，在欧洲天主教国家和地区发展最为迅速，留下了许多艺术珍品。被誉为“巴罗克建筑之父”的波罗米尼率先以正弦弧和反弦弧构成的多变状曲线外形来设计罗马圣卡尔罗教堂，其凹凸分明的复杂构图及其布满十字形、八角形、圆形、四方形和弧形图案的椭圆状穹顶，典型体现出巴罗克艺术“畸形珍珠”之寓意。巴罗克教堂建筑之集大成者则为梵蒂冈圣彼得大教堂及其椭圆形大广场。

（八）罗可可式

“罗可可”式建筑以世俗宫廷建筑为主，它主要体现在教堂的内部装饰之中。“罗可可”建筑艺术的特点是具有纤细、轻巧、华丽及烦琐的装饰性，多用C形、S形或其他曲线形的花草、贝壳、漩涡纹样和轻淡柔和的色彩，体现出女性化和“童趣”的特点，与巴洛克艺术所具有的张力感和豪放气势截然不同。典型的“罗可可”式教堂建筑如法国斯特拉斯堡圣托马斯教堂内的墓碑雕刻。

（九）中国教堂建筑风格

基督教传入中国后，其建筑教堂的原则和特色亦引入中国，但中国基督教教堂并无奢华、重彩之范例，而较为简朴。在吸纳西方建筑技术和风格的过程中，中国基督教最初采取了对之全面移植式、中介移植式、引进移植式、混合介入式等方式，但随着基督教在华“中国化”、“本色化”的发展，采用中西合璧式样的教会建筑和教堂日渐增多，在西洋现代建筑模式中融入了中国建筑古香古色的风格。一些来华传教士对中国园林和宫殿式建筑产生了浓厚的兴趣，对中国的庭院布局也颇为欣赏。于是，中国基督教教堂中出现了中国园林式的布局、中国庭院式的创意和中国宫殿化的建筑。中国基督教的教堂建筑形成了自己独特的风格。

1. 中国园林式

中国园林式教堂以北京西什库教堂为例，它是中国园林式与哥特式建筑结合的典范。

北堂是典型的哥特式建筑。它的四个高高的尖塔，三个尖拱券入口及主跨正中圆形的玫瑰花窗，塑造出端庄而绮丽的立面，在青松翠柏环绕之中越发显得洁白挺拔。堂前左右两侧各有一中式四角攒尖黄色琉璃瓦顶的亭子，亭内是乾隆亲笔题写的石碑。一西一中、一高一矮，巧妙搭配，令人叫绝。

2. 中国庭院式

中国庭院式教堂以南昌松柏巷天主堂为例，它是中国庭院式与罗马式建筑相结合的代表。

松柏巷天主堂位于南昌市罗家塘 82 号（原为松柏巷 57 号），由法国传教士孟德良于 1922 年主持建立，全名为“圣母无原罪堂”。天主堂坐东朝西，占地总面积（含附属建筑）达 10000 平方米，后来面积范围逐渐缩小，现占地面积约为 2600 平方米，其中教堂建筑占地面积 1363 平方米。松柏巷天主堂的主体建筑为罗马式风格，是江西教区主教堂，是天主教徒们集中做礼拜祈祷的场所。松柏巷天主堂融合了中国古典建筑庭院的元素。一进入庭院，看到青绿的松柏盆景，就给人一种静谧、安详的感觉。

3. 中国宫殿式

中国宫殿式教堂以杭州鼓楼堂为例。原鼓楼堂位于杭州吴山东南脚下的布市巷 24 号，建于 1885 年，1931 年改建，坐东朝西。主教堂矩形平面高二层，南侧小教堂为三层楼房，建筑面积为 1535 平方米。教堂外形是一座飞檐翘角的中国宫殿式建筑，屋面覆盖绿色琉璃筒瓦，外墙以青砖实砌，四壁装有大钢窗，主入口大门取中国式住宅垂花门式样，室内主堂顶面为宫廷彩绘雕花图案，主讲台两边写有一副出自张之江将军之手的楹联，整体建筑气势雄伟。鼓楼堂是西方教堂受中国传统文化影响布局发生完全改变的典型实例，对研究中国式教堂建筑式样有着不可替代的历史价值。可惜由于兴建中河高架路，1998 年 5 月，鼓楼堂被拆除，2002 年底开始易地重建。

第三节　基督教文化旅游资源

基督教文化内涵丰富，教堂景观、礼仪文化和节日活动构成了基督教文化旅游资源的重要组成部分，也是基督教旅游的特色资源，对基督教信徒和中外游客具有极大的吸引力。

一、中国著名教堂

（一）北京西什库教堂

1. 西什库教堂的创建

西什库教堂，又名北京北堂，位于北京西城区西什库大街南端，北京最大的天主教堂。建于清光绪十六年（1890）。前身是清康熙年间建于中海西边的“救世堂”，道光时拆除，同治时重建，称为“北堂”，又名“百鸟园”，光绪时迁西什库。

2. 教堂的建筑特点

西什库教堂属哥特式建筑风格，大殿正祭台雕镂精美，金碧辉煌，正门内建有乐楼，内有法国制巨琴，琴座为北京巧匠所雕，工艺精湛。教堂两旁耸立着两座古朴的中式建筑，用金黄色琉璃覆盖着十二柱四角亭亭顶，故又称“黄亭”。教堂右边是圣母山，圣母玛利亚雕像矗立在百花丛中。

3. 教堂的景区活动

北京地区信徒及各地参观者络绎不绝，是北京地区天主教活动中心。

（二）天津老西开教堂

1. 老西开教堂的创建

西开教堂又称法国教堂，在天津和平区滨江道独山路原墙子河外老西开一带，为法国罗曼式建筑，故又名法国教堂。包括天主教总堂和大教堂，分别建于1914年和1917年，为法国天主教徒所建。

2. 教堂的建筑结构

大教堂采用法国罗曼式建筑造型，高45米，建筑面积1585平方米，平面呈长十字形，正面和后部耸立高大塔楼三座，呈“品”字形，楼座以黄、红花砖砌成，上砌翠绿色圆肚形尖顶，檐下为半圆形拱窗。堂内为三通廊式，内墙彩绘壁画，装饰华丽。西开教堂是天津教堂中规模最大的一座。现已修饰一新，对外开放。

3. 教堂的景区活动

1976年大地震中，两座前塔楼圆顶的底座严重震损。1979年动工修缮，1980年秋竣工，正式对外开放，恢复宗教活动。西开教堂是天津市最大的天主教堂，也是天主教天津教区主教座堂。西开教堂内每日早晨举行宗教活动。逢星期日及天主教节日，早晚皆有宗教活动。

（三）上海徐家汇天主堂

1. 徐家汇天主堂的创建

徐家汇天主教堂位于上海市徐家汇漕溪北路，是上海地区规模最大的天主教堂，为天主教上海教区主教堂。道光二十七年（1847），法国天主教传教士利用清政府取消对天主教的禁令，想在上海的徐家汇建立天主教堂，但是当他准备购买民地修建时遭到当地农民群起反对而被迫终止，到清光绪二十二年（1896）才开始建造。它也叫“圣伊纳爵堂”，正式的名称为“圣母为天主之母之堂”。由于它位于徐家汇，人们习惯称之为徐家汇天主堂。

2. 教堂的建筑风格

徐家汇天主堂的建筑风格是典型的中世纪哥特式，整幢建筑高五层，砖木结构，可容纳3000多名教徒进行活动。大堂顶部两侧是哥特式钟楼，尖顶，高50米。大堂内圣母抱小耶稣像立祭台之巅，俯视全堂，为整座教堂之中心。这座圣母耶稣像是1919年由巴黎制成后运抵上海的。

3. 教堂的景区活动

现在的徐家汇天主堂每天都要接待大量教友，教堂内圣音缭绕，教堂外白鸽飞舞，也成为上海市一大景观。

（四）上海沐恩堂

1. 沐恩堂的创建

上海的“沐恩堂”位于上海市西藏路上，原属基督教监理会教堂，始建于清光绪十三年（1887），初名中区监理会堂。后因筹款时曾获得一位名叫慕尔（J. M. Moore）的信徒所捐巨款，遂于1890年将名字改为“慕尔堂”，以表示对其纪念之意。1929年，慕尔堂向西搬迁，在今址上扩建新堂，由捷克斯洛伐克邬远原设计，为哥特式教堂，于1931年落成，为典型的“社交堂”。1958年，上海基督教各派在慕尔堂举行联合礼拜，教堂从此改名为“沐恩堂”，以表示各教派信徒共沐主恩之意。

2. 游客容纳量

教堂采用砖木结构，门厅宽大，可兼作休息室。中部为教堂主体，可容纳1000人，其中正厅容纳560人、楼座容纳380人、唱诗班处可容纳60人。

3. 教堂的景区活动

沐恩堂在高高的钟楼上设有霓虹灯十字架，每至暮色来临，高高的钟楼上十字架闪烁，四面转动十分醒目，吸引远近游人观赏，沐恩堂的社交活动在上海基督教中产生了深远影响。

这座教堂除星期日礼拜外，天天敞开大门接纳教徒，让人们来进行各种社会活动。可见，基督教礼拜堂，不仅构成基督教文化活动圣地，也是旅游活动的重要场所。

（五）国际礼拜堂

1. 国际礼拜堂的创建

国际礼拜堂是中国基督教著名教堂，保存至今，现位于上海市西南的衡山路，是目前上海基督教规模最大的教堂。1920年9月，上海的美侨在今东湖路上修建教堂，取名为“协和礼拜堂”，以表示“万邦协和”之意。1923年，在上海的各国外侨基督徒又集资在今衡山路另建新堂，于1925年竣工，随之将中文堂名改为“国际礼拜堂”，从而成为各国各教派基督徒在上海共同礼拜的场所。

2. 教堂的建筑风格

国际礼拜堂呈英国民间乡村建筑风格，为红砖结构，堂体平面呈L形，教堂大门朝北，进甬道而入教堂，堂内为长方形，有三廊巴西里卡式长廊，侧廊为二层，设有尖拱；其主体堂顶为剪刀形木结构屋架，窗户为弧拱形，并镶嵌有冰裂纹玻璃。

3. 教堂的景区活动

国际礼拜堂近年来修缮一新，环境幽雅，各种宗教活动正常举行。该堂的圣诗咏唱班十分有名，每逢宗教节日和每月第三周的星期日，这里都举行盛大的音乐活动。美国前总统卡特、诺贝尔和平奖获得者图图主教等都曾来此聆听过美妙的歌声。

二、基督教的礼仪文化

基督教的礼仪文化包括基督教的圣礼和崇拜仪式。

（一）基督教的圣礼

圣礼又称圣事。基督教认为圣礼是圣灵借以净化人的灵魂的礼仪。由于宗派不同，对圣礼的理解也不完全相同。但有两件圣礼是各个教派都承认的，即洗礼和圣餐。在《威斯敏斯特信纲》中指出："我们的主基督在福音中所设立的圣礼只有两个，即圣洗和圣餐。它们除由合法受了圣职的人施行以外，不可由别人施行。"

1. 洗礼

即圣洗，是表示洗净在异教环境中沾染的污秽的一种仪式。施洗约翰传讲"悔改的洗礼，使罪得赦"，是要求一切人（包括选民在内）悔改，作为迎接弥赛亚到来的准备。基督教从一开始就把洗礼作为庄严的圣礼，认为这是耶稣基督复活后留下的重大使命。在《马太福音》第 28 章第 19 节中提到："你们要去使万民作我的门徒，奉父、子、圣灵的名给他们施洗。"从此，洗礼不仅是正式入教的仪式，也是悔改与信心的表示，是将自己奉献、交托给耶稣基督的决定性的一步，而且是"罪得赦免"接受圣灵的证明。所以，《威斯敏斯特信纲》指出："洗礼是'新约'的圣礼，由耶稣基督设立的，不仅是严肃地接纳受洗者进入有形的教会，而且对他乃是一种记号和印证，以表明恩典之约，与基督的联合，重生，罪得赦免，和因耶稣基督而对上帝有新生的奉献；基督自己指定这圣礼应在教会中举行，直到世界的末了。"

洗礼分注水礼与浸水礼，多数教会行注水礼，其步骤是由牧师将圣水（祝圣过的清水）洒在领洗者头上，并按手在他头上，口诵"我奉父、子、圣灵的名给你施洗"或"我奉耶稣基督的名给你施洗"。浸礼宗教会坚持行浸水礼，受浸者换上洗礼服进入洗礼池，主礼人念诵洗礼经文，然后与助礼人一起扶持受浸者向后仰全身浸入水中三次（表示纪念耶稣受难后葬在坟墓中的三天），礼成。[①]

2. 圣餐

在基督教中，天主教将圣餐称为圣体圣事，东正教将其称为圣餐或主的晚餐。据《圣经》记载说：耶稣受难前一天傍晚与门徒一起吃逾越节的宴席，吃饭的时候，耶稣拿起饼来，祝福，掰开，递给门徒，说："你们拿着吃，这是我的身体，为你们舍的，你们也应当如此行，为的是纪念我。"又拿起杯来，祝谢了，递给他们，说："你们都喝这个，这是我立约的血，为多人流出来，使罪得赦。"耶稣受难后，门徒们就把"掰饼"作为耶稣亲自设立的圣礼来遵行。基督教认为圣餐礼中的饼就是耶稣的身体，领受者吃饼就可从他的身体里获得生命；圣餐礼中的葡萄汁就是耶稣的血，领受者喝了他的血，就可获得赦免。基督徒领圣餐是按照耶稣的吩咐纪念他的救赎，同时藉此不断获得属灵生活的粮食。

圣餐礼的具体程序各教派不尽相同，一般是由主礼牧师将饼（无酵饼或有酵饼）和葡萄酒（或葡萄汁）祝圣，自己先领，然后分给受餐信徒（指受过洗礼的正式信徒，慕道教友没有领圣餐的资格）依次分享。

3. 除以上两件外，基督教的圣事还有另外五件，即坚振、告解、终傅、神品、婚配。

（1）坚振：即"坚信礼"，入教者在受洗后一定阶段再接受主教的按手礼，以使"圣灵"降于其身，使之坚定信仰。

（2）告解：被认为是耶稣为赦免教徒在领洗后对"上帝"所犯之罪，使他们重新获得恩宠而订立的。由教徒向神甫告明对"上帝"所犯罪过，并表示忏悔。

（3）终傅：教徒垂危时，神甫用经主教祝圣过的橄榄油，擦拭病人的耳、目、口、鼻和手足，并诵念经文，以此赦免其一生罪过，使其安心去见上帝。

（4）神品：即派立礼，亦称"按立礼"、"受神职礼"。教会工作人员只有在接受"派立礼"后成为神职人员才有主持"圣事"的资格。

（5）婚配：教徒在教堂内由神甫主持，按教会规定的礼仪结为夫妻。神甫先询问男女双方是否同意结为夫妻，在得到双方肯定的回答之后，诵念祈祷经文，宣布两人为"天主所配合的人，不能分开"，并为结婚双方祝福。

（二）基督教的崇拜仪式

礼拜是基督教（新教）的主要崇拜仪式，意思是对神顶礼膜拜。通常是在教堂里举行，也可以在家庭中举行。基督徒为纪念耶稣在安息日的次日（七日的第一日）复活，规定在这一天举行礼拜。礼拜仪式一般由牧师主领，如果牧师不在场，传道、长老、执事甚至平信徒也可以主领，但不能祝福。礼拜一般包括祈祷、讲道、唱诗、祝福等内容。

---

① 卓新平：《中国基督教基础知识》，宗教文化出版社，2005，第 299 页。

1. 祈祷：祈祷是信徒在心灵上与上帝直接对话的一种方式，是信徒对上帝的崇敬、信赖、感激、祈求等情感的自然流露与倾诉。信徒应该随时随地地祷告，将自己所愿、所想、所做的一切统统禀告上帝。祈祷的对象是上帝和耶稣基督（这一点与天主教、东正教不尽相同）。祈祷的内容因人、因事而异，不外是对上帝的赞颂、感恩、祈求、忏悔、倾诉等。祈祷的姿势无定式，可跪，可伏，可站，可坐，可卧。

2. 讲道：亦称"证道"，是礼拜仪式中的一个重要程序。由教牧人员或平信徒挑选一段《圣经》经文对信徒讲解。讲道的文稿称为"讲章"。

3. 唱诗：是在礼拜仪式中配合当天讲道的内容，挑选 2 至 3 首赞美诗，由全体会众在讲道前后各齐唱一首。有条件的教会，再由唱诗班演唱一首作为奉献。赞美诗多选自专门的诗集，最著名的赞美诗集是《普天颂赞》。个人或集体在平时也可以不受限制地唱赞美诗以抒发感情。

4. 祝福：是礼拜仪式的最后一个程序，常被视为礼拜结束的遣散仪式。由具有圣职的教牧人员向全体会众宣告上帝的祝福。具有圣职的教牧人员也可在平时对某个人或特定对象祝福，如婚礼中的新郎、新娘，新生婴儿，病人等。也用于某些庆祝活动中，如庆祝丰收，乔迁新居等。牧师或神父在祝福时往往是将右手高举，大声宣布祝福词。

三、基督教的节日活动

基督教的节日很多，且因教派不同而有所区别。其中有的已成为世界性的节日，如圣诞节、复活节、受难节、圣灵降临节和感恩节等。①。

（一）圣诞节（12 月 25 日）

圣诞节是基督教最重要的节日，为庆祝耶稣诞生，定于每年的 12 月 25 日为圣诞日。12 月 24 日通常称为圣诞夜，一般教堂都要举行庆祝耶稣降生的夜礼拜（根据《圣经》，耶稣降生于晚上），礼拜中专门献唱《圣母颂》或《弥赛亚》等名曲。像国际礼拜堂、沐恩堂、景灵堂都以圣诞夜音乐水准较高而闻名于基督教界。又如清心堂，华东神学院等每年圣诞节都有朝圣表演，再现耶稣诞生时的情景。

（二）复活节（4 月 4 日）

为纪念耶稣复活的节日。据《圣经·新约全书》载：耶稣受难被钉死在十字架上后，第三天复活。根据公元 325 年尼西亚公会议规定，复活节在每年春分后第一个圆月后的第一个星期日，一般在 3 月 22 日至 4 月 25 日之间。基督教多数教派都

① 王元海、黎美洋、陶华举：《旅游宗教文化》，四川大学出版社，2007，第 191－193 页。

纪念这个节日。庆祝活动的具体内容各地不一，最流行的是吃复活节蛋，以象征复活和生命。每逢复活节前后几日，上海各教堂都举行丰富的礼拜活动，参加人数也极多，气氛热烈。

（三）受难节（4月2日）

受难节是纪念耶稣受难的节日。据《圣经·新约全书》：耶稣于复活节前三天被钉在十字架上而死。这天在犹太教的安息日前一天，因此规定复活节前两天星期五为受难节。基督教多数教派都纪念这一节日。

（四）圣灵降临节（5月23日）

圣灵降临节，亦称五旬节。据《圣经·新约全书》载：耶稣复活后第50天差遣圣灵降临，门徒领受圣灵后开始向世界各地传布福音。教会规定每年复活节后第50天为圣灵降临节。基督教多数教派不守此节。

（五）感恩节（11月25日）

感恩节为美国基督教的习俗节日，起源于1621年，初为迁居美洲的清教徒庆祝丰收的活动，后经美国总统华盛顿、林肯等定此节为全国性节日。具体日期多经更改，1941年起定为11月第四个星期四举行，教堂在这一天举行感恩礼拜，家庭也举行聚会，通常共食火鸡等。中国基督教部分教派守此节，并举行感恩礼拜。

四、基督教文化旅游资源对旅游市场的影响

（一）基督教文化旅游景观扩大旅游客源市场

以青岛基督教文化活动为例。

随着我国进一步改革开放，青岛的基督教会与海外教会的交流活动日益频繁，推动了宗教旅游活动的开展。据了解，自1990年以来，青岛基督教会陆续接待了来自美国、德国、英国、加拿大、韩国、挪威、瑞典、日本、新加坡、澳大利亚、中国香港等30个国家和地区的客人，共计15000多人次。在来访的人中，不仅有教会内部的客人，也有外国政府的官员，如前美国驻华大使李杰明夫妇、德国巴伐利亚州州长K. SMDBODA等人。

青岛基督教会有关人员也应邀出国访问，例如，1984年李明主任出访日本，1988年王德仁牧师应瑞典基督教会邀请出访西欧五国，1997年孟庆湖长老、董延谅和董美琴牧师出访韩国，孙斌会长应邀于1999年访问韩国和香港，2000年访问

美国。[①] 通过友好往来，青岛基督教会结识了很多海外朋友，也使越来越多的国家和地区的人们了解中国基督教会的发展情况，在世界上逐步树立了中国基督教会的良好形象。交流有利于更好地挖掘青岛基督教文化的特色旅游资源，给青岛的旅游活动注入了新的内容，即基督教文化，并且扩大了青岛旅游的客源市场，为提高青岛旅游品位和发展旅游业奠定了基础。

（二）基督教文化旅游资源促进旅游市场的发展

1. 基督教文物给北京旅游市场带来的生机

基督教是世界性宗教之一，在中国的传播已有1300年的历史，经历了唐朝、元朝、明、清初和19世纪以来至今的四个不同历史时期。从元朝开始，基督教传入北京，并与中国的传统文化长期碰撞、吸纳和融合，形成具有特色的北京基督教。基督教文物构成北京的文化特色之一，并为北京旅游市场提供了新的发展契机。例如，北京市房山车厂村三岔山景教十字寺遗址，是全国唯一的一处有十字碑刻、有文献记载、有古老的银杏树等文物和很高宗教价值的景教寺遗址，因而备受国内外专家和学者的关注。自1919年房山景教十字寺的碑文与“古刹十字寺碑林”匾额被发现以来，国内外已经有无数有关人士前来考察，从各个方面加以关注。如今房山景教十字寺已经成为研究中国基督教形成与中西文化交流历史的佐证，成为北京宗教文物的精华之一。[②]

再例如明朝末年，外国传教士利玛窦在北京宣武门建立了宣武门教堂，在教堂中展示西方的地球仪、天棱镜、日晷仪、报时钟、西洋琴、世界地图等西方科技成果，成为西方科技的博物馆。南堂不仅成为中国人了解天主教的窗口，还成为中西文化交流的中心。后来通晓天文和历法的德国传教士汤若望在清顺治元年八月（1644年9月）精确地推算出中国各城市的日食时刻，得到清顺治皇帝的赏识，任命他为铁天监监正。擅长绘画的意大利传教士郎世宁一直在清宫廷任职，南堂的东西墙壁上的宗教历史画，取材于君士坦丁大帝的《人马凯旋图》即为郎世宁所画。这座古老的教堂记载着天主教在北京的传播以及本土化的历史过程，成为北京文化与西方文化交流的纽带之一，也是中外游客参观游览的场所。[③]

北京的教堂还记载着中国的荣辱史。法国传教士高加理在义和团运动后趁火打劫，用榨取的庚子赔款新建了东交民巷天主堂，建于1901年。1903年英国伦敦教会利用索赔款项在缸瓦市教堂旧址周围征地扩建了缸瓦市教堂。1900年后，美国卫理公会用庚子赔款先后开设了珠市口堂、花市福音堂、方巾巷堂、广安门关厢福音

---

① http：//dgwanfangdata. com. cn/conference. 7020388. aspx，董玉明、张玉亭：《参看基督教文化与宗教旅游》。

② 佟洵、张连城、孙雪雷：《超越紫荆城的神圣》，光明日报出版社，2006，第81-86页。

③ 佟洵、张连城、孙雪雷：《超越紫荆城的神圣》，光明日报出版社，2006，第81页。

堂、白纸坊福音堂、平门外上沙土园堂、左安门外教堂和右安门关厢福音堂。这些教堂成为西方殖民侵略者掠夺中国人民财产的历史见证，作为旅游资源，它们也对后人起到警世的作用，让参观者不忘国耻。这些教堂的存在成为中外游客受教育的场所，为北京旅游市场带来生机。①

2. 基督教文化促进北京旅游市场的发展

拿北京基督教堂文化来说，它是中西文化融合的产物，是中国历史文化吸收外来文化后形成的具有中国特色的文化遗产。北京基督教教堂文化，一方面将西方的科学技术、天文地理学、数学、医学、水利学等知识带入基督教堂展览、传播；另一方面把西方的文学艺术带入中国，在北京最早的西洋画，就是外国传教士带到教学展示的耶稣和圣母玛利亚的画像，引起中国人的关注。随着传教士的到来，西洋乐器及西洋音乐也传入北京。利玛窦曾经将一张缺弦琴贡献给明神宗，明神宗还命其子向传教士学习演奏西洋乐器。基督教信徒在教堂做弥撒时，也多以音乐伴奏唱诗，这说明西洋音乐自明万历年间就传入中国，随着西洋乐理、五线谱陆续传入北京，欧洲音乐也传入中国，使中国的音乐特别是宫廷音乐更加丰富。传教士还把欧洲文化，包括建筑学和语言学等内容传入中国，例如，天主教南堂与北堂的建筑风格都属于罗马哥特式建筑，教堂有彩色玻璃镶嵌门窗，正面都有精致的砖雕和雕像。随着北京基督教堂的形成，欧洲的建筑风格也在北京安家落户。在西方建筑风格的影响下，北京的皇家园林也出现了欧式风格，秀美可爱，成为典型的中西合璧产物。中国的语言文学与欧洲截然不同，外国传教士在基督教堂学习中国语言多采用罗马拼音方法。利玛窦当时为自己学习汉字方便而使用的罗马字母拼音，无意间开创了中国文字拼读应用的历史。②

北京基督教堂保存的中西文化，既丰富了北京传统的历史文化，又记载了北京文化的发展历程，即中西文化的交流历程。现在北京基督教堂作为旅游市场的文化景观之一，成为向世界各国基督教徒传播中西文化的窗口，推动了北京旅游市场的发展。

第四节　基督教文化旅游资源开发案例
——广东基督教文化旅游

基督教进入广东始于伦敦会传教士马礼逊 1807 年在广州的传教活动，已有二百余年的历史，是最早传入中国的基督教之一。广东基督教文化旅游资源的开发比

① 佟洵、张连城、孙雪雷：《超越紫荆城的神圣》，光明日报出版社，2006，第 86 页。

② 佟洵、张连城、孙雪雷：《超越紫荆城的神圣》，光明日报出版社，2006，第 87－88 页。

较早，而且发展速度快，截止到 1998 年，全省基督教教徒达到 184394 人，活动场所增加到 568 处①；到 2009 年时，人数已增至 38 万人②。基督教为广东的教育、医疗、慈善事业做出了贡献，同时基督教堂也构成广东旅游资源的重要组成部分，基督教文化成为广东旅游资源的载体之一。

一、广东基督教文化旅游资源的历史特征明显——以佛山为例

佛山是广东基督教发展较早、基督教文化景观分布颇具特点的城市之一。佛山科学技术学院旅游系副教授李凡和中山大学地理科学与规划学院司徒尚纪在《热带地理》2009 年第 5 期发表的论文，对佛山基督教文化景观空间分布及其特点做了较详细的论述，从佛山基督教文化旅游资源的特点可以窥见广东基督教文化旅游景观的一般特征。③

（一）基督教教堂景观与传统文化景观的交错分布

在清代，佛山北部的汾江沿岸各铺为佛山镇最繁华的商贸地带，各地客商云集，流动人口众多，是以工商业为主的区域。佛山南部各铺是以宗族血缘聚居、民间信仰等为主的传统文化区域。佛山中部各铺的工商业景观和宗教景观高度集中，处于传统宗族血缘空间、宗教神圣空间和工商业地缘空间的结合部，是一个混合文化区。

佛山的寺庵主要分布在中南部地区，尤以中部祖庙铺、山紫铺和观音堂铺的洛水、旗带水道沿岸最多，中部祖庙铺、山紫铺、丰宁铺和南部澜铺、耆老铺及其周围构成了佛教景观的集中区域。

佛山的民间信仰十分兴盛，在明代，佛山镇就形成了以祖庙铺（灵应祠）和明心铺（塔坡庙）及其周围地带为核心的神庙崇祀空间，主要以乡民聚居的中南部地域为主，到了清代、近代，随着佛山镇社会经济的迅速发展，神庙数量也增多，出现向佛山镇北部、南部扩展趋势，祠堂成为佛山突出的文化景观。而基督教文化景观主要集中在佛山镇北部和中部地区，与佛山南部的佛教、宗族文化和民间信仰融合、交错分布。

（二）基督教各教会的布道势力范围与教堂景观交错重叠

在民国时期，广东至少有 43 个教会，各教会大都有各自的宣教地，即布道势

① 薛熙明、唐雪琼、朱竑：《19 世纪以来基督教新教在广东传播的自然与社会环境》，《热带地理》，2009（1）。

② 曹斯：《基督教把西医带入广东》，《南方日报》，2011 年 4 月 11 日。

③ 李凡、司徒尚纪：《清至民国时期基督教在佛山传播的空间透析》，《热带地理》，2009（9）。

力范围。从明清代开始，佛山就属于重要的工商业中心，与广州并列为“岭南两大都会”，也是诸多基督教差会重要的宣教地。清咸丰十年（1860），广东基督教循道会开始进入佛山工作，后来，中华基督教伦敦会和美国基督教会理念会、神召会等7个差会先后进入佛山。随着佛山社会经济的发展，基督教教堂集中建立在佛山北部的工商业繁华区，如汾江岸的文昌沙、鹰嘴沙、大基尾等区域，而基督教其他教会集中在佛山中部区域，与基督教循道会的布道范围形成既交错又重叠的特征。

（三）基督教各教会空间扩展的特点不同

基督教各教会在佛山空间扩展的特征存在差异，以清代进入佛山的基督教和天主教教堂分布考察，可分为两种类型。一是“中心型”。就是基督教集中在佛山南部的传统文化区，如中华基督教伦敦会的福宁堂、洪安里的天主堂、营前大街的礼拜堂等集中建在佛山南部传统文化区，构成中心型教堂景观①。

二是“边缘——中心型”。在佛山北部的工商业文化区内有数座教堂，如循道公会的永兴堂、惠师礼堂和大基尾堂等。民国时期的9座教堂中有7座在北部工商业区，形成“边缘中心型”和“中心型”教堂景观。

构成这两类型的原因是不同差会传教理念的差异，以及教会布道势力的相互影响。大多数教堂设在传统文化区域外围，是为了避免与核心区的人们的反教情绪冲突。所以，呈现出教堂景观由边缘地带向中心扩展的局面。民国以后，佛山基督教文化景观逐渐渗透到中南部传统的宗教、宗族文化空间范围内，形成向佛山城市人口密集区和商业繁华的中心区扩展态势。

第一个特征反映出基督教文化旅游景观具有中西文化冲融特征；第二和第三个特征反映出传统宗族、宗教势力由强盛逐步衰弱的演变过程。

二、构成广东基督教文化旅游资源布局发展的因素

（一）广东基督教文化旅游资源的自然环境因素

1. 远离中原、面向海洋的地理区位②

广东北靠中原，南临南海。在长期的历史发展进程中，这种独特的地理区位构成一个既相对封闭又开放的地域空间。例如：南岭之阻使广东远离清王朝的统治，当清政府禁教时，基督教的传教士还能穿梭粤澳之间，在义和团等反教风潮中广东的地方官员恪守“东南互保”承诺，给了基督教相对自由的发展空间。另外面向海

① 李凡、司徒尚纪：《清至民国时期基督教在佛山传播的空间透析》，《热带地理》，2009（9）。

② 薛熙明、唐雪琼、朱竑：《19世纪以来基督教新教在广东传播的自然与社会环境》，《热带地理》，2009（1）。

洋又使广东具有一定的开放性。在历史上，中国东南沿海经马六甲海峡、印度洋到达西亚和非洲东海岸的海上丝绸之路是中国与外部世界交流的重要通道，也是外国传教士进入中国传播福音的首途之地。这种地理位置决定了广东的地域文化，使其既具有开放性又有反叛性。开放性使民众坦然面对基督教，因地处边陲而形成的反叛性又使他们对官府疾恶如仇。所以，广东人学习西方文化最早，西方人进入广东传教，广东民众既不讨厌，也不害怕。

2. 山川夹峙、海岸绵长的地貌特征

广东境内山脉大多为东北——西南走向。由西江、北江、东江三条支流汇成的珠江树状水系和粤东韩江水系，组成了东西向和南北向相结合的交通水网。基督教在广东传播明显地利用了广东便利的水运交通。如晚清民国期间，基督教从广州开始，向北沿北江传播到英德、韶州，以后又继续循北江支流在粤北南雄、连州等地扩散；向西沿西江扩展到肇庆、德庆等地，并越过省界到达广西的梧州和桂平；向东北沿东江上溯至龙川。在珠江三角洲的河网平原上，传教士往来各乡镇布道；不少差会甚至购买了水上福音船，向水上居民传教。基督教进入汕头、海口、北海等地，则利用了和广州、香港相连的近海航线①。例如，1910 年后，广州与增城新塘之间开行了“午由新塘开，晨由广州开”的固定航班，这有利于海上游客观光和乘客出行，由此也使各宣教地之间的联系更为紧密。

3. 基督教教堂景观设在交通便利、人口稠密的区域

作为基督教核心的文化景观，教堂选址通常在交通便捷的码头、道路上。例如，1860 年以前广州所建的教堂 12 座，分布在沿江一带的就有 10 座，均邻近码头。1918 年，广州市政公所成立后，陆续建成了多条马路，到 1936 年，全市新修筑马路总长 134 公里。路况的改善为教堂的扩展提供了机遇。②

教堂选址还要考虑人口稠密的因素，因为一方面人流汇聚之地能吸引传教士布道；另一方面，人口众多可决定信徒的质量，从而成为评判教会发展潜力的重要指标。

教堂一般都选在华侨集聚的地方，由于华侨长期居住在国外，容易接受基督教，所以成为教堂布局的重点地区。例如 1949 年全市 62 所基督教堂，有 43 所位于人口密集地区。

4. 高温湿热的自然气候有利于基督教传道

广东位于欧亚大陆的东南边陲，地处低纬。全省终年日照充裕，夏季漫长，由于靠近南海，广东还兼有季风海洋气候特征。在高温多雨的气候环境下，人们易于得风湿病、疫病和热病，传统的中医虽然在处治内科杂症上有疗效，但传教士带来

① 李凡、司徒尚纪：《清至民国时期基督教在佛山传播的空间透析》，《热带地理》，2009（9）。

② 薛熙明、唐雪琼、朱竑：《19 世纪以来基督教新教在广东传播的自然与社会环境》，《热带地理》，2009（1）。

的西医医术也得到华侨的信赖①。当麻风病在广东流行时，基督教教会先后建立了9所麻风病院，对那些原来被社会遗弃的病人进行统一收治，形成了良好的社会声誉。由此医学传道应运而生，后又发展到办学堂传道等。

（二）广东基督教文化旅游资源的文化环境

1. 基督教文化多样性显著

广东对外来文化的开放和兼容，使印度佛教文化、西亚伊斯兰教文化、欧洲天主教文化等异域文化纷纷进入广东。在多元文化影响下，广东基督教新教迅速传播扩散。②

1978年改革开放以来，在全球经济大潮的推动下，广东务工人员大量涌入珠江三角洲各城镇，各外国人社区也在广州、深圳等城市发展。基督教本身也形成了多样的地缘和民族色彩。例如，有近两万朝鲜族人口的深圳，就将宝安堂和松岗堂划定为朝鲜族堂点；深圳堂、南山聚会点、龙岗堂和布吉堂每周日还设有朝鲜语专场礼拜。朝鲜族居民喜好盛装参加礼拜、大声祷告，唱诗时活泼好动，从而使其礼拜习俗别具一格。广州沙面堂面向欧美人举办专场英语布道活动。广州光孝堂的温州话礼拜专场也是文化多样性在基督教传播过程中的典型体现。

2. 华侨文化推进基督教文化旅游

广东是我国著名的侨乡。据2012年估算，海外华侨华人总数约有5000万人③，原籍广东的华侨约2000万人④。在境外先期接受基督教的华侨回国后，往往扮演了传道人的角色，他们直接推动了基督教在广东的传播。例如，19世纪60年代潮州、樟林的浸信教会，就是由3位暹罗（泰国）归侨自发成立的。⑤ 巴色会在广东内陆客家地区的传教也是借助于在香港的一些华侨传道人来完成的。

广东华侨信徒还在经济上支持教会活动。例如，光绪年间，华侨甚多的新宁县“籍外洋之货；宣讲堂、育婴堂、赠医院　、方便所、义庄、诸善举所在多有”。而侨乡民众在语言、饮食、建筑等方面对西方文化的认同度高，为基督教在侨乡社区的深入发展提供了可能。从1920年中华续行委办会的报告看，侨乡集中的珠江三角洲和潮汕地区，信教者数量和密度都超过其他非侨乡地区，而成为基督教在广东最主要的扩展领域。

---

① 薛熙明、唐雪琼、朱竑：《19世纪以来基督教新教在广东传播的自然与社会环境》，《热带地理》，2009（1）。

② 薛熙明、唐雪琼、朱竑：《19世纪以来基督教新教在广东传播的自然与社会环境》，《热带地理》，2009（1）。

③ 网址：http：//wuxizazhi. cnki. net/artide/SCTY201204017. html

④ 网址：http：//bbs. gd. gov. cn/thred－6779938－1－1. html

⑤ 薛熙明、唐雪琼、朱竑：《19世纪以来基督教新教在广东传播的自然与社会环境》，《热带地理》，2009（1）。

3. 广东与港澳的近邻关系推动基督教文化旅游

澳门与香港位于珠江口外侧，历史上都属于广东管辖，近代以来则被置于西方殖民统治之下，广东因而也受到来自港澳西方文化的影响。① 鸦片战争以后，香港沦为英国的殖民地，作为英国国教的新教在香港迅速传播。不少香港居民都来自广东，他们在香港和澳门多使用粤语、潮语、客家方言，所以，英国人先到香港学习广东地方方言后，再到广东传教。这样 19 世纪中期的香港，便成为伦敦会、浸信会、巴色会等众多差会向广东乃至全国传教的大本营。1938 年，广东被日军侵占后，广协会、播道会等一批广东基督教教会组织都曾到香港避难。1966 年“文化大革命”期间，不少香港教会人员还潜入广东，为已经停止活动的内地教友带来《圣经》并提供资金、人员上的帮助。正是凭借着与港澳的邻近关系和文化上相通性，基督教文化旅游在广东得以发展。

4. 广东基督教文化与岭南文化的整合构成基督教文化旅游资源

文化整合是指不同文化相互吸收、融化、调和而趋于一体化的过程。在这一过程中冲突和融合是相伴而生的。这种冲突与融合的过程，构成广东独特的基督教文化旅游资源。②

（1）基督教文化与岭南文化冲突的表现

文化冲突是外来文化进驻之初与本土文化不可避免的碰撞。基督教文化是西方文化，在进入广东之初与广东岭南文化发生碰撞，在广东，汉族绝大多数聚居在三角洲、沿江和沿海平原地区，少数民族则集中在山地。不仅汉族与少数民族之间，而且在汉族的广府地区、客家地区、福佬地区，都存在地域文化的差异，形成广东基督教文化冲突的地域多样性。主要表现为以下几点：

①基督教文化与广府文化的冲突

广府地区平原广袤，资源充裕，既是传统的农耕区，其便利的河海联运交通条件又带动了商品交易的活跃。因而，本地居民“多务贾与时逐”，长期与外部世界的贸易往来使得广府文化的多元性特征最为突出。同时，由于广府地区是全省政治、经济、文化的中心区，各种宗教、不同教派都将此作为传教的重心；官方和民间对待宗教也多持实用主义态度，导致宗教类别庞杂多样。多种宗教和民间信仰混杂相居的状况使得宗教的排他性减弱，大多数宗教信徒在广府同时信仰多个神明。虽然持多神论的广府人并不排斥基督教，但一神信仰的基督教却无法接受多神信仰的广府人，出现矛盾。

②基督教与福佬文化的冲突

广府民系不同，福佬民系长期以来居住在沿海地区，地狭人稠。所以，人民敢

① 薛熙明、唐雪琼、朱竑：《19 世纪以来基督教新教在广东传播的自然与社会环境》，《热带地理》，2009（1）。

② 薛熙明、魏雷：《广东基督文化与岭南文化之整合研究》，《热带地理》，2008（1）。

于冒险，勇于开拓。其中的潮汕地区由于“广为水国，人多以舟楫为食”，借助海运便利越海谋生的华侨很多。而外出谋生必须团结协作，由此培养了潮汕人非比寻常的内聚力和共同对外的心态。当作为异质文化的基督教传入潮汕一带时，因建教堂占地等而与当地居民发生矛盾冲突。但由于福佬族（主要居住在雷州半岛和海南岛的沿海地区，经济发展较落后）“崇信巫觋，陬澨之间，丛祀迭起”，长期靠天吃饭而形成的自然神崇拜较流行，这种初级信仰形式很难与较成熟的基督教抗衡，基督教一传入，就驱除了本土原始信仰，所以，居住在雷州半岛和海南岛的福佬族教案发生率低于潮汕地区。

③基督教与客家文化的冲突

广府和福佬民系在岭南扎根较深，而客家来自中原，进入岭南地区较晚，只能聚集在粤东北、粤北山区。所处地区山多地少，人民生活较艰难。在长期与自然界的斗争中，养成“强悍、好勇、斗狠”的性格。人口与资源和环境的矛盾常常迫使客家人不断外迁，因而认祖归宗的意识在客家较明显。宗族的自我保护机制使得以地方乡绅为代表的宗族势力不愿轻易放弃既得利益，加上教堂占地、祭祖礼俗等与当地习俗的矛盾，使双方冲突不断。

④基督教与少数民族文化的冲突

广东少数民族以瑶、壮、黎、苗等为主，其中瑶族在粤北山区，壮族在连山合浦地区，黎、苗族在海南岛中部山区较多。这些地区教案发生率很低，与他们居住地区的交通不便有关。另外，民族语言难懂，传教困难也是原因之一。他们对基督教的进入不反对，很容易接受，这与官府对他们重视不够，基督教给他们送去医药、教育有关。但是，由于他们信奉的传统文化根深蒂固，接受新教文化有一定困难，容易引发冲突。

（2）基督教在广东的本土化

主要表现为四点：

①用地方方言推动基督教文化发展

瑞士巴色会在客家地区为传道出版了多种地方期刊和书籍、《圣经》的方言版。如，新中国成立以前，巴色会共出版了客家话刊物 10 种，书籍 30 种，其中《客话新旧全书》、《客话德华词典》的编撰推动了基督教文化在广东的发展。

②中西结合的基督教学校的出现

基督教学校是教会为培养教会人才所设，早期的教会学校多采用西式学制和英语教学，但效果不理想。于是，后期建的学校有意识地引入国学教学教育课程并聘请本土优秀的教师任教。借助汉文化来传播基督教教义。

③西医医院的中国化

当伯驾等第一批西医传教士来到广东后，面对民众的疑惑，西医的“委托制度”和卫生习惯使他们将医院封闭成一个陌生的空间，给普通民众造成了恐惧心理，出现了反教情绪。为了迎合地方的文化传统、生活习俗，西医传教士改变了做法，如公开展示外科手术，医院管理制度透明化，家庭式护理等举措，提高了病人的就诊率，也得到民众的理解，赢得他们对教会的拥护。

④教堂建筑的岭南化

教堂建筑是基督教最具标志性的文化旅游景观。大多数教堂是基督教建筑形式，但随着传教地区的扩大，中西结合的教堂也增多。如广州惠爱堂，采用红砖石脚、飞梁画栋的中国传统建筑结构；蕉岭叟乐天主堂由祠堂改建，增加了梅雀、梅鹿、羚羊等民间吉祥图案。

（3）基督教文化与岭南文化整合带来基督教徒和教堂的增多

自从基督教在广东本土化后，广东广府地区教徒队伍日益扩大。[①] 广府历来商人多，为维护既得利益，商人希望加入教会，利用殖民者的保护经营生意，但教案频发又使他们望而却步。庚子之后，信教风险减少，商人加入教会的人数迅速增加。如1884年的江门葵尾街耶稣堂，由于宗族的干预，直到1895年，新吸收的教徒只有4人。但此后除农民之外，商人、医生、教师陆续加入教会，到1911年新吸收的教徒已达到180人。民国之后，广东许多政界名人也纷纷受洗，1912年广东官员中基督徒的比例甚至达到65%。教会社会阶层面的扩充体现了基督教的利益导向作用，而各阶层教民，尤其是政界和商界人士的加入，壮大了教会力量，也维护了教会整体利益不受侵犯。在此环境下，教会和外国人所引领的西方文化被广府人认同，人们纷纷信教。

福佬系的潮汕地区向来是海外华侨的主要源流地，1911年潮汕地区海外移民人数不下300万人，这些华侨中75%回到故乡，同时带来西方的文化和生活方式，也包括基督教文化。另外潮汕人经商主要以贩运、国际贸易为主，他们对西方语言文化有较多需求。所以，回迁的华侨和国际贸易交流日益推动了基督教教育传道方式的发展，促使潮汕信教人数增加。

广东客家重视宗族，当基督教进入客家并且本土化后，客家某一宗族上层人士入教，族人也多会皈依上帝。基督教在客家地区立足，使这里成为天主教教徒村最多的地区之一。教徒村基本都处在偏远落后的山区，贫困造成了人们对基督教的极大精神依赖。例如，1722年，粤北山区始兴县方洞村全村300多人几乎全部入教。在教徒村，传统的宗族势力让位于教会，“伯公”的宗族领袖作用也随之消失，村规民约由教约取代，村民部分生活也基督教化。

作为旅游资源的基督教教堂，在潮汕地区颇为引人注目。[②] 潮汕地区是基督教传入中国较早的区域之一，现存教堂的规模和数量相当可观，目前尚存的教堂有20座之多，如潮州天主堂、澄海中华基督教堂、普宁洪阳堂、普宁大埔察堂、普宁窑

① 薛熙明、魏雷：《广东基督文化与岭南文化之整合研究》，《热带地理》，200（1）。

② 刘高勇、齐学栋：《浅析潮汕宗教建筑旅游资源的总体特征》，《韩山师范学院学报》，2003年6月第24卷第2期。

口堂等，中式风格、中西合璧式风格、西式风格多样，从开发价值讲不可低估，从建筑设计艺术角度讲丰富多彩，从所处地址的差异讲，形成截然不同的宗教文化氛围。适合人们旅游参观。

（三）广东基督教文化旅游资源的经济环境因素

1. 城区经济发展的整体水平是教堂能否持续发展的关键

一般讲，城区经济较强的地区往往会形成持久的增长，从而引起人口的聚集和交通条件的改善，可为教堂提供大量的潜在信徒，传教工作也容易扩大影响。例如，1920 年以后，华人自主建立教会日益增多，各自立堂的事业经费和职工薪金由会所租赁收入和该堂教友捐助维持。这就加速了自立教堂向经济发达地区的转移。从广协会在广州的教堂分布来看，新中国成立前的 17 间教堂中，有 10 座位于西关到今文德路一带的商业区和河南洪德商业区内；另外，西村堂和东山光东堂也分别在西村工业区和东山高级住宅区建立。

2. 城市空间形态决定基督教文化旅游资源的布局

城市空间形态对教堂旅游景观影响很大①。晚清时期，广州分为老城、新城、外城三个空间等级，从而使基督教教堂景观形成不同的特点。老城是广州行政、军事的核心区，因此外来基督教宗教场所在此分布极少；新城主要为商业区，对于以聚“客”为目的的教堂并不排斥；外城是待开发地段，闲置土地较多，给后来形成旅游景观的教堂提供了充分的生长空间。城西以十三街为中心而形成的对外贸易商业区和沙面租界，因外国人聚集而成为基督教教堂的首选之地。这种城市空间形态随着 1918 年民国广州政府的拆墙建马路运动而被打破，东山、河南、西村的陆续开发使得空间不断向外围扩展，也使基督教教堂向外围发展。

3. 基督教教堂景观依托其他宗教场所的信徒“客源”扩大

广州各种宗教场所集聚生长的现象十分明显，因为广州是一个多元文化汇集之所，民众多神崇拜现象突出，这导致了信徒“客源市场”可以为多种宗教所共享，因而，宗教场所集聚所带来的规模效应得以放大。基督教教堂景观便依托于其他宗教场所的信徒“客源”而迅速扩张②。例如，新中国成立前夕，广州全市共有寺观教堂 132 间，其中佛教寺庵 55 间，基督教教堂 62 间。有宗教职业者 680 余人，教徒共约 3 万人。这还不包括民间神庙。不同宗教机构如此高密度地聚集一城，使得宗教场所集聚产生的效应逐渐减退。这时，基督教会一方面广泛采用文学传道、教育传道、医药传道的方法，扩大其社会影响；与其他宗教机构展开竞争；另一方面，他们也主动到城市郊区寻求发展机会。

---

① 薛熙明、朱竑、唐雪琼：《城市宗教景观的空间布局及演化》，《人文地理》，2009（1）。

② 薛熙明、朱竑、唐雪琼：《城市宗教景观的空间布局及演化》，《人文地理》，2009（1）。

三、广东基督教文化旅游资源开发存在的问题及对策

广东作为国际大都市，经济发达、交通便利、文化景观多元化、各种宗教活动和教堂集聚生长、多民族文化共享。随着改革开放的到来，广东集聚了国内国外各界人士，形成巨大的旅游“客源市场”同时，也提供了旅游活动空间。在旅游业发展中，做到中西文化的有机结合，各种宗教文化的集聚发展。但是，在开发广东基督教文化旅游资源中还存在一定问题，根据广东基督教文化旅游资源的构成因素，我们对开发中的问题及对策谈一些粗浅的看法。

（一）广东基督教文化旅游资源开发存在的问题

1. 广东基督教教学景观分布与旅游结合不够紧密

广东基督教教堂景观分布，由历史原因决定大部分建在经济较发达的地区，基督教信徒一般学历较高，年轻人居多。而我国自然风光较好的山区是人们旅游、陶冶情操的最佳场所，也是大多数年轻人向往的地方。但这些地方基督教教堂景观较少，使基督教教堂景观与旅游联系不紧密。

2. 广东基督教文化旅游活动单一，无法使其持续发展

在广东基督教文化旅游活动仅局限于做礼拜，参观游览，由于广东基督教教徒年轻人多，年轻人兴趣爱好广泛，所以长此下去很难使其持续发展。

3. 广东缺少懂基督教文化知识的导游人员

基督教教堂景观数量在广东居全国之首，但能解说基督教文化知识的导游人员却不多，这严重影响人们对基督教教堂文化的了解。

（二）广东基督教文化旅游资源开发对策

1. 针对经济较落后，交通不便利的偏远山区和少数民族聚居地区开发基督教文化旅游景观。

（1）从基督文化旅游景观的建设空间讲，随着城市使用土地减少，发展空间不足有必要向农村，经济落后地区发展。

（2）从少数民族地区文化特色讲，有必要开发基督教文化旅游资源。原因两点：一是少数民族地区缺医少药、文化教育薄弱，很容易接受基督教的传道方式即办医院、建学堂的做法。二是，少数民族的文化特色。他们信奉神灵，能歌善舞，地处偏远山区；风景秀丽、景色迷人，适合基督教教堂景观的建设，并且是旅游目的地的最佳场所。如果基督教文化能与少数民族的传统文化相融合，会给旅游业带来意想不到的收益。因为作为文化一部分的宗教文化景观，反映和体现了人们的宗教生活。为了促进宗教文化的发展，各种宗教都想方设法把精湛的艺术技巧运用到该教派的文化景观上，比如，使圣像增添艺术的光辉；通过雕塑、绘画等手段为神

塑造、描绘庄严慈祥的形象，为教徒提供了顶礼膜拜的对象。以音乐、舞蹈和诗歌为神注入热爱、关怀、拯救人类的灵性和情感，这种物质和非物质的文化景观是通过形象、声乐、诗歌、造型等感性的情感形式，来强化人们宗教心理和宗教感情，吸引更多的教徒，促进宗教发展。① 而我国少数民族的文化中包含丰富的音乐、舞蹈、诗歌、绘画雕塑等艺术，它们如果融汇到基督教文化景观建设中，会丰富基督教文化旅游资源。

2. 利用高科技手段开发广东基督教文化旅游景观

因为广东是沿海城市，与港澳相邻，又是国际化大都市，交通发达、信息化程度高、高科技含量大、外来务工人员文化素质较高、年轻人居多。同时广东还是吸纳外国人来工作和生活的好去处，四季如春，景色优美，环境幽雅。所以，世界上各种宗教活动也集聚在此。我们利用广东的地理优势，人气旺盛的大好时机，开发基督教文化旅游景观，可吸引更多的基督教教徒和旅游者来广东工作和游玩，带来可观的收益。那么，广东基督教文化旅游景点的建设就要因人而异，在外国人聚居地区，建设西式基督教教堂，以便外国人从事基督教活动。在商业发达地区建科技含量高的有文化特色的基督教堂景观，便于有学历的年轻旅游者和基督教徒参观浏览，做礼拜等活动。比如，在教堂建展播厅，用电脑投影仪放录像等形式，展示基督教文化。

3. 广东基督教文化与旅游商品相结合，开发有旅游特点的基督教文化景观

旅游业是当今世界发展较快的朝阳产业之一，已经成为我国许多省的支柱替代产业。宗教旅游是很有发展潜力和前景的专门层次的旅游活动②。参加这种旅游活动的人既包括到宗教圣地朝圣、云游宗教名胜、在宗教场所举行宗教仪式的宗教徒、也包括受其宗教气氛的吸引前来的非宗教信徒。事实上，宗教旅游者大多为非宗教信徒。因为经过多年的演化，我国许多宗教活动已失去原来的意义，变为民俗活动。流行于年的庙会就是如此。庙会实际上是一种重大的贸易集会、文化、娱乐集会。旅游商品包括旅游购物品、旅游纪念品、艺术品等。在我国广东建立的基督文化旅游景观，如教堂景观也应成为供人们参观、欣赏的文化、娱乐集会场所。可以在教堂附近设立小康生活商品展示台，把基督教文化小册子、基督教的历史知识等书籍、基督教文化景观雕塑艺术品，摆在展示台出售，让更多的旅游者了解基督历史。还可以在基督教教堂举办带有基督教文化的舞蹈、音乐会。让更多的人参与到基督教文化活动中。

4. 培养一批既懂基督教文化又懂旅游知识的解说人员

目前广东的基督教文化活动较丰富，参与其活动的教徒和旅游者较多，基督教教堂景观数量也是全国之首，但懂得基督教文化和旅游知识的导游人员却不多，这

---

① 庄恒恺：《试论宗教与旅游文化景观的关系》，《商业文化》，2008（1）。

② 庄恒恺：《试论宗教与旅游文化景观的关系》，《商业文化》，2008（1）。

既影响基督教文化的传播，也不利于旅游业的发展。所以，我们应在开发基督教文化旅游资源的同时，培训一批导游人员。让他们为基督教文化旅游活动服务。

思考与练习

1. 什么是基督教，基督教文化的内涵有哪些？
2. 基督教传入中国的原因有哪些？
3. 基督教文化的特点？
4. 基督教文化旅游资源的构成有哪些？
5. 影响基督教文化旅游资源的因素是什么？
6. 广东省基督教文化旅游资源开发的问题与对策？

参考文献

1. 保继刚，陈云梅．宗教旅游开发研究——以广东南华寺为例．热带地理，1996年第3期

2. 陈国典．藏民族宗教信徒朝圣初探．西南民族大学学报，2005年第4期

3. 康有玺译．布哈里圣训实录全集（第一部）．经济日报出版社，（出版年份?）

4. Trevor Sofield and Sarah Li. Tourism development and cultural policies in China. Annals of Tourism Research，1998. Vol. 25（No2）

5. 陈传康、牟光蓉、徐君亮．宗教旅游及其政策研究．北京旅游，1988年增刊（理论专辑）

6. 吕大吉．宗教学通论新编．中国社会科学出版社，1998年

7. 吴必虎．区域旅游规划原理．中国旅游出版社，2001年

8. 吕大吉、牟钟鉴．中国宗教与中国文化——概说中国宗教与传统文化．中国社会科学出版社，2005年

9. 谢彦君．旅游体验研究——走向实证科学．中国旅游出版社，2010年

10. 杜达山．为宗教文化旅游正名．中南民族大学学报（人文社会科学版），2004年第6期

11. 杨继瑞、曹洪．对西部地区发展宗教旅游的思考．宗教学研究，2004年第3期

12. 方百寿．论宗教旅游的生态化趋向．社会科学家，2001年第1期

13. 郑嬗婷、陆林等．宗教旅游可持续发展研究．安徽师范大学学报（人文社会科学版），2004年第5期

14. 崔凤军、刘家明等．泰山宗教旅游开发研究．华中师范大学学报（自然科学版），1998年第3期

15. 曹绘嶷．剖析我国的“宗教旅游热”．海南大学学报（人文社会科学版），2003第2期

16. 王瑛．丹霞地貌与宗教生态旅游．经济地理，2003年增刊

17. 侯冲．宗教生态旅游与21世纪人类文明．思想战线，2000第5期

18. 文传浩、常学秀．中国宗教旅游活动与自然保护区可持续发展关系初探—

以陕西太白山国家级自然保护区道教为例．http：//www. eedu. org. cn/Article/academia/papers/sumpapers/200406/1748. html

19. 颜亚玉．宗教旅游论析．厦门大学学报（哲学社会科学版），2000 年第 3 期

20. 黄心川．世界宗教圣地的形成、发展及其历史意义．世界宗教研究，1994 年第 2 期

21. 叶小文．与时俱进话宗教．中国宗教，2001 年第 6 期

22. 乔修业．旅游美学．南开大学出版社，2000 年

23. 牟钟鉴．宗教、文艺、民俗．中国社会科学出版社，2005 年

24. 玛利亚·克里斯蒂娜·高佐莉著．彭小樵译．歌特艺术赏鉴．北京大学出版社，1989 年

25. 陶汉军、林南枝．旅游经济学．上海人民出版社，1994 年

26. 钟志平．旅游商品学．中国旅游出版社，2005 年

27. 林南枝、陶汉军．旅游经济学．南开大学出版社，2005 年 7 月

28. 朱蕴丽．社会基本道德缺失的原因与公民道德教育的重构．求实，2010 年第 3 期

29. 叶朗．旅游离不开美学．中国旅游报，1988 年 1 月 12 日

30. 蒋述卓．宗教艺术的涵义．

31. 吴涵．2011 世界人口将突破 70 亿，印度人口 2025 年超中国．人民网，2011 年 1 月 3 日

32. 古道．福布斯评出 20 个人口最稠密城市．中国网，2007 年 12 月 17 日

33. 张文祥．西南经济区旅游商品开发策略初探．社会科学家，1992 年第 3 期

34. 苗学玲．旅游商品概念性定义与旅游纪念品的地方特色．旅游学刊，2004 年第 1 期

35. 吴克祥．旅游商品开发与文化因素．旅游学刊，1994 年 3 月

36. 马晓京．旅游商品消费的文化人类学解读．中南民族大学学报（人文社会科学版），2005 年第 4 期

37. 曾兰君．我国旅游商品开发策略初探．企业家天地，2007 年第 3 期

38. 李明德、石美玉．中国旅游购物的现状和展望．中国网，2002 年 11 月 19 日

39. 张佐邦．宗教器物对人类审美心理的浸润——以中国西南少数民族为例．贵州社会科学，2008 年第 5 期

40. 周太良、李辉．话说十字架．中国宗教，2004 年第 3 期

41. 卓新平．十字架的象征意义．中国宗教，1995 年第 3 期

42. 张育英．谈宗教与艺术的关系．社会科学战线，1999 年第 1 期

43. 保继刚、楚义芳．旅游地理学．高等教育出版社，1999 年

44. 克里斯·库珀等编著．张俐俐、蔡利平等编译．旅游学（第三版）．高等教育出版社，2007 年

45. 孙文昌等．应用旅游地理学．河北师大出版社，1989 年

46. 郭来喜．人文地理学（中国大百科全书·地理卷）．中国大百科全书出版社，1984 年

47. 邓观利．旅游概论．天津人民出版社，1983 年

48. 黄辉实等．旅游经济学．上海社科院出版社，1985 年

49. 陈传康等．旅游资源鉴赏与开发．同济大学出版社，1990 年

50. 李天元．旅游学概论．南开大学出版社，1991 年

51. 楚义芳．旅游的空间经济分析．陕西人民出版社，1992 年

52. 杨桂华．旅游资源学．云南大学出版社，1994 年

53. 魏小安．起步·实践·探索．中国旅游出版社，1996 年

54. 杨时进．旅游学．中国旅游出版社，1996 年

55. 丁季华．旅游资源学．上海三联书店，1999 年

56. 鄢志武．旅游资源学．武汉大学出版社，2003 年

57. 苏文才、孙文昌．旅游资源学．高等教育出版社，1998 年

58. 甘枝茂、马耀峰．旅游资源与开发．南开大学出版社，2005 年

59. 陈兴中、方海川、汪明林．旅游资源开发与规划．科学出版社，2005 年

60. 陈才、王海利等．对旅游吸引物、旅游资源和旅游产品关系的思考．桂林旅游高等专科学校学报，2007 年第 1 期

61. 国家旅游局．旅游区（旅游点）质量等级的划分与评定（讨论稿摘要），1987 年

62. 尹泽生、陈田等．旅游资源调查需要注意的若干问题．旅游学刊，2006 年第 1 期

63. 李萌．论宗教旅游资源的特征及开发原则．北京第二外国语学院学报，2003 年第 4 期

64. 张键、李长青，北京宗教文化旅游资源评价研究．首都师范大学学报，2005 年第 3 期

65. 苏勇军．以苏南为例论宗教旅游资源的开发．浙江工商职业技术学院学报，2005 年第 4 期

66. 王建军．旅游资源分类与评价问题的新思考．旅游学刊，2005 年第 6 期

67. 马进福．我国的宗教旅游资源及深度开发．陕西师范大学学报（自然科学版），1997 年第 1 期

68. 何仁芳．浅释宗教旅游资源的文化内涵．文教资料，2007 年

69. 阮仪三、林林．文化遗产保护的原真性原则．同济大学学报（社会科学版）．2003 年第 3 期

70. 杨永刚、景天星等．基于共生理论与产业集群的旅游资源整合研究——对晋陕豫三省的实证分析．山西大学学报（自然科学版），2003 年第 4 期

71. 史正涛、雷志义．区域多种旅游资源整合开发战略研究．云南师范大学学报（哲学社会科学版），2005 年第 6 期

72. 维克多·密德尔敦著．向萍等译．旅游营销学．中国旅游出版社，2000 年

73. 申葆嘉、刘住．旅游学原理．学林出版社，1999 年

74. 王兴武．旅游产业规划指南．中国旅游出版社，2000 年

75. 谢彦君．基础旅游学．中国旅游出版社，2004 年

76. 张俐俐、杨莹．旅游市场营销．清华大学出版社，2005 年

77. 张桥贵、孙浩然．宗教旅游的类型、特点和开发．世界宗教研究，2008 年第 4 期

78. 刘汉洪．论我国宗教旅游的深度开发．旅游研究与实践，1994 年第 2 期

79. 杨丽．论云南宗教文化的旅游开发．云南师范大学学报，2002 年第 2 期

80. 梁彦明．基于游客体验的旅游产品设计．江苏商论，2005 年第 5 期

81. 魏小安．中国旅游发展大趋势探讨．五峰旅游网，2009 年 2 月 13 日

82. 洪文艺、胡希军．旅游功能的演化研究．产业经济，2009 年

83. 方立天．中国佛教与传统文化．上海人民出版社，1988 年 4 月

84. 张晓华．佛教文化传播论．人民出版社，2006 年 4 月

85. 中国社会科学院世界宗教研究所等．中国五大宗教知识读本．社会科学文献出版社，2007 年 5 月

86. 香港中国旅游出版社．中国佛教名山圣地游．广东汕头大学出版社，2008 年 1 月

87. 王元海，黎美洋，陶华举．旅游宗教文化．四川大学出版社，2007 年 8 月

88. 沈祖祥，李萌．旅游宗教文化（第三版）．旅游教育出版社，2008 年 7 月

89. 章采烈．中国宗教特色旅游．江苏人民出版社，2002 年 10 月

90. 秦惠彬．伊斯兰教知识读本．宗教文化出版社，2005 年 10 月

91. 佟洵、张连城、孙雪雷．超越紫荆城的神圣．光明日报出版社，2006 年 2 月

92. 马进福．我国的宗教旅游资源及深度开发．陕西师范大学学报，1997 年第 11 期

93. 周丽君，王金伟．论佛教旅游资源及其开发．重庆工商大学学报，2006 年第 9 期

94. 王凯，魏敏．宗教旅游资源深度开发模式探讨——长沙开福寺宗教民俗旅游区个案研究．云南地理环境研究，2003 年第 4 期

95. 桓占伟．佛教旅游文化内涵的认识误区与正确解读．边疆经济与文化，2009 年 7 月

96. 曹绘嶷．剖析我国的“宗教旅游热”．海南大学学报（人文社会科学版），2003 年第 2 期

97. 桓占伟．我国佛教旅游文化开发的问题和误区．学术探讨，2009 年第 4 期

98. 潘宝明．我国佛教旅游文化开发的偏颇及其矫正．旅游科学，2003 年第 4 期

99. 赵伯乐．佛教文化旅游资源开发中应处理好的几对关系．云南民族学院学报，2003 年 1 月

100. 孙爱丽，王晞．五台山的佛教文化及其宗教旅游发展的探讨．社会科学家，2003 年 3 月

101. 李鑫，郭建龙．旅游地文化内涵的挖掘与传播策略．攀枝花学院学报，2010 年 4 月

102. 李秀英．五台山旅游资源开发的意义．旅游文化，2005 年第 1 期

103. 袁银枝．魏宝山道教文化旅游资源与开发略论．研究生论坛，2004 年第 4 期

104. 毛丽娅．论道教文化旅游资源的开发与利用．四川师大学报，2002 年 3 月第 2 期

105. 卢世菊．浅谈湖北道教旅游资源的开发与利用．当代经济，2001 年第 1 期

106. 胡桂兰，朱小玉，周志俊．试论武当山旅游资源之道教文化．重庆工学院学报，2006 年第 20 期

107. 王敏．论四川道教旅游资源及其开发利用．西华师范大学学报，2004 年第 5 期

108. 江妍，陶莉．中国道教文化与旅游．商业文化，2007 年 5 月

109. 袁银枝．试析道教文化旅游资源及开发价值．宜宾学院学报，2004 年第 3 期

110. 秦永红．道家旅游观与现代旅游的契合．西南民族学院学报，2001 年 12 月第 12 期

111. 雷晓鹏．论四川道教文化资源的深度开发．四川行政学院学报，2009 第 2 期

112. 杨丽霞．道教神仙文化遗产的开发研究．中南民族大学学报（人文社会科学版），2004 年 52 期

113. 孔令宏．论道家与道教文化旅游．浙江大学学报（人文社会科学版），2005 年 06 期

114. 刘涛．论清真饮食规定及其特色．扬州大学烹饪学报，2004 年第 1 期

115. 吴天池．中国古建筑赏析．铜陵职业技术学院学报，2011 年第 4 期

116. 冉红，陆亦农．新疆伊斯兰教文化旅游．新疆师范大学学报，2005 年 9 月

117. 薛熙明、唐雪琼、朱竑．19 世纪以来基督教新教在广东传播的自然与社会

环境．热带地理，2009 年第 1 期

118. 薛熙明、魏雷．广东基督文化与岭南文化之整合研究．热带地理，2008 年 1 月

119. 庄恒恺．试论宗教与旅游文化景观的关系．商业文化，2008 年 1 月